珍藏本
纪念版

汉译世界学术名著丛书

法与国家的一般理论

〔奥〕凯尔森 著

沈宗灵 译

商务印书馆
SINCE 1897 The Commercial Press

2017年·北京

Hans Kelsen

GENERAL THEORY OF LAW AND STATE

本书根据 Transaction Publishers 2005 年版译出

汉译世界学术名著丛书
(120年纪念版·珍藏本)
出 版 说 明

2017年2月11日,商务印书馆迎来120岁的生日。120年前,商务印书馆前贤怀揣文化救国的理想,抱持"昌明教育,开启民智"的使命,立足本土,放眼寰宇,以出版为津梁,沟通中西,为中国、为世界提供最富智慧的思想文化成果。无论世事白云苍狗,潮流左右激荡,甚至战火硝烟弥漫,始终践行学术报国之志,无改初心。

迻译世界各国学术名著,即其一端。早在20世纪初年便出版《原富》《天演论》等影响至今的代表性著作,1950年代后更致力于外国哲学和社会科学经典的译介,及至1980年代,辑为"汉译世界学术名著丛书",汇涓为流,蔚为大观。丛书自1981年开始出版,历时三十余年,迄今已推出七百种,是我国现代出版史上规模最大、最为重要的学术翻译工程。

丛书所选之书,立场观点不囿于一派,学科领域不限于一门,皆为文明开启以来,各时代、各国家、各民族的思想与文化精粹,代表着人类已经到达过的精神境界。丛书系统译介世界学术经典,引领时代思想，为本土原创学术的发展提供丰富的文化滋养，为推动中国现代学术和现代化进程做出了突出的贡献。

为纪念商务印书馆成立120周年，我们整体推出“汉译世界学术名著丛书”120年纪念版的珍藏本，寄望既利于文化积累，又便于研读查考，同时向长期支持丛书出版的译者、编者和读者致以敬意。

两甲子后的今天，商务印书馆又站在了一个新的历史时间节点上。我们不仅要铭记先辈的身影和足迹，更须让我们的步伐充满新的时代精神。这是商务人代代相传的事业，更是与国家和民族的命运始终紧密相连的事业。我们责无旁贷，必须做好我们这代人的传承与创造，让我们的努力和成果不仅凝聚成民族文化的记忆，还能成为后来人可以接续的事业。唯此，才能不负前贤，无愧来者。

商务印书馆编辑部

2017年10月

目　　录

动态法

第二编 国家论

导　　言

A. 哈维尔·特雷维尼奥

(A. Javier Treviño) xxi

汉斯·凯尔森(Hans Kelsen)被公认为 20 世纪最重要的法律理论家,他最著名的就是阐述了"纯粹法律理论",而这当中他的专业领域是国际法。手头这部《法与国家的一般理论》初版于 1945 年,凯尔森借此将其纯粹法律理论适用于"二战"后美国的环境。该书还为他提供了一个机会,向英语世界的读者展示自己国际法至上的最新理念。全书四百多页的篇幅分为两个部分:第一部分讨论法律,第二部分讨论国家。这两个相关的主题结合起来就是截止到当时凯尔森法理学最系统与全面的阐述。

一　生平

汉斯·凯尔森于 1881 年 10 月 11 日诞生于布拉格一个操德语的犹太家庭,布拉格当时属于奥匈帝国中奥地利一方。凯尔森的父亲是磨坊主,属于中产阶级之家。作为家中的长子凯尔森获得了一流的教育。1883 年,在凯尔森三岁时,全家移居维也纳,凯尔森在学术中学(Akademisches Gymnasium)读书。稍后,作为维也纳大学的学生，凯尔森最初感兴趣的是研究哲学，他为此一生迷恋，但虑及谋生的现实需要，则勉强决定学习法律。

尽管最初对法律缺乏热情，但凯尔森对法律的兴趣在大学期间剧增。他的兴趣十分浓厚，故在1906年获得博士学位之后，又撰写了高等博士学位的任职资格论文（Habilitation），讨论法律规范的性质。任职资格论文使得凯尔森可以从事学术，1911年他开始在维也纳大学讲授国家法和法哲学。

在第一次世界大战期间，凯尔森担任了战争部长的法律顾问。1918年他成为维也纳大学法学副教授，第二年成为国家法与行政法的教授。战后建立了以德语为母语的独立的奥地利共和国，时任临时政府总理的卡尔·伦纳（Karl Renner）委托凯尔森帮助起
xxii 草新的奥地利宪法。作为宪法问题的专家，凯尔森设计了宪法的第六个主体部分，主要是考虑建立一个具有专门司法职能的最高宪法法院。1921年，凯尔森被任命为宪法法院的法官，在此任上，他在很长时间内都强烈地影响着法院的裁决。正是凯尔森就“婚姻特许”（marriage dispensation）问题的裁决，推翻了下级法院关于特许问题的处理，这导致其于1930年被免除了宪法法院的职务。在奉行天主教的奥地利，因为他在司法上支持婚姻特许，反对的政治意见非常强烈，凯尔森遂决定永远离开奥国。他因政治原因离奥地利而去，也引发了未来数年中因为类似原因而在整个欧洲颠沛流离。

凯尔森从维也纳到了科隆，他在大学里讲授国际法。不过，1933年4月13日，即纳粹上台之后数月，凯尔森就被解职了。当年夏天，他偕妻女搬到了日内瓦以便在高级国际关系学院（Institut Universitaire des Hautes Etudes International)开始新的学术研究。凯尔森关注的主要是国际法，在该学院授课（他的法语流利）并且就诸如国际法的集中和国际联盟条约的修订等问题著文。随着日内瓦法西斯主义和排犹主义的高涨，而且担心秘密警察因为他拥有左轮手枪而设法构陷，凯尔森用香蕉皮裹着手枪弃之于莱茵河，然后与家人逃到了布拉格。

凯尔森在布拉格大学继续讲授国际法，在此他不仅遭遇到学生当中狂热的排犹情绪，还有公然的骚扰和威胁。他在学校就职演讲期间，法西斯分子要求非犹太人和共产党人都离开讲堂，而仍留在那里的学生则遭到毒打。凯尔森不得不在警察的保护下继续授课，但最终还是被迫从学校辞职。在针对他的暗杀计划泄露之后，他逃离了布拉格。

1940 年，在年届 60 岁而且英语蹩脚的境况下，凯尔森移民到了美国，接受了哈佛大学研究助理的职位。在此任职期间，凯尔森在哈佛法学院发表了著名的“霍姆斯（Oliver Wendell Holmes）演讲”。五年后，在哈佛法学院资深的庞德（Roscoe Pound）院长的支持下，凯尔森获得了加州大学伯克利分校政治学系的永久席位。同一年，他被华盛顿联合国战争罪行委员会聘为法律顾问，为纽伦 xxiii
堡审判的法律和技术问题做准备。凯尔森任职伯克利期间很是高产，就联合国的法律、联合国安理会、世界和平、国家法和国际法等问题发表了若干著名的篇章。即便在 1952 年退休之后，作为一名学者，凯尔森仍然非常活跃和高产。汉斯·凯尔森于 1973 年 4 月 20 日在伯克利逝世，享年 92 岁。

二　著作

在将近70年的学术生涯中，凯尔森以德语、英语和法语撰写了大约400多件学术作品并且被翻译为24种以上的文字。他的主要著作包括1942年的《国际关系中的法律与和平》(*Law and Peace in International Relations*)，这是“霍姆斯演讲”的文集；1950年的《联合国法》(*The Law of the United Nations*)，讲的是联合国的组织、批准与功能；1952年的《国际法原理》(*Principles of International Law*)，是关于国际法特征与操作的系统研究。

《法与国家的一般理论》一书不仅是凯尔森当时毕生著作的概要，而且是他理论的扩展“以便容纳英美法律和民法法系国家的问题和制度”(第xxxv页)。实际上，相较于散见正文中的美国宪法和若干美国法院的判决，参考欧洲大陆法的情形很少。凯尔森在《法与国家的一般理论》中考虑英美法律问题和制度，不只是对美国读者的妥协：这也意味着他的法律理论确实是一般性的，既可以用于解释民法法系，也可以用于解释普通法系。作为法理学理论的系统性专论，《法与国家的一般理论》基本上是对凯尔森此前几本著作的理念进行重新阐述，尤其是1925年的《宪法的一般理论》(*Allegmeine Staatslehre*)，该书也是他1923年第2版《公法理论的主要问题》(*Hauptprobleme der Staatsrechtslehere*)的重要扩展；同时还有1932年《国际公法的一般理论》(*Théorie générale du droit internationalpublic*)以及1934年的《纯粹法律理论》(*Reine Rechtslehre*)。该书的附录包括凯尔森对自然法学说与法律实证主义的知名研究，即是1928年初版的《自然法与实在法的哲学基础》(*Die Philosophischen Grundlagen der Naturrechtslehre und des Rechtspositivismus*)的英文翻译。凯尔森在《法与国家的一般理论》所讨论的法理学的各式问题——法律的应然、法律 xxiv
的等级性、基础规范、国家法与国际法的统一性——都是以他独特的法律科学为基础，即他所说的“纯粹法律理论”，这在本书中进行了全面的阐释。

凯尔森纯粹法律理论的基本要素有两个。第一个是凯尔森试图将他的法理学置于道德理想主义与平凡的物理事实之间某个模糊且往往自相矛盾的学术领域。第二个是凯尔森相信，法律秩序是一个规范的等级制度，其有效性取决于一种假设的基础规范。

三　法律科学的纯粹化

凯尔森的主要目标是“纯粹化”法律科学，一方面排除所有源自道德规范和意识形态的主观影响，另一方面排除通过研究自然现象而建立的所有经验性联结。凯尔森的目标是要为所有具有独特主题(实证或真实的法律)和方法(理性认知)的法律领域(私法、刑法、行政法、宪法和国际法)建立一元的客观法理学。

首先，与自然法学说相对，凯尔森的纯粹法律理论是一种实证法的理论，完全不关心政治或意识形态问题，因为这些问题是以超法律的前提为基础的。自然法全神贯注于道德，假定如果存在违法行为，即违反法律秩序目的的行为，就必然存在由法律共同体实施的制裁。然而，事实则完全不同。就其本身而言，法律关注的只是如果存在违法行为，那么就应当存在制裁。按照这种方式理解，违法行为与制裁的法律关联就完全独立于任何道德或政治考量。

因为凯尔森认为绝对的价值不应当进入实证法的讨论，正义在他看来是非理性的、情绪化的理想，在法律科学的逻辑中没有位置。所有回答什么是正义这一问题的努力，或者是以止步于诸如“行善去恶”这样的陈词滥调，或者是从各种主观且相对的解释加以考察。凯尔森因此认为正义既不是某种超验的知识，也不是特殊形式的司法推理问题，而是承载着利益冲突的意识形态。凯尔森的实证主义法理学认为古代自然法学说站不住脚，后者将法律
xxv 视作超自然意志的产物，就像作为神授的不可让渡的权利那样，或者是纯粹的认知推理。

出于同样的原因，凯尔森绕开了将归纳科学作为没有“哲学”方法（解释、演绎和理论）的庸俗还原论。从纯粹法律理论的立场来看，法理学只能是规范性的而不能是描述性的科学：“诸如法律权利这种现象的法律性质不是用感官可以感觉到的。”（第 79 页）关于有效规范这种纯粹法学的考虑，使得凯尔森的理论与法律中的社会学运动截然不同，后者试图系统地观察和描述与法律有关的社会现象的真实社会行为模式，自 20 世纪初以来就居于主导地位。例如，无论庞德的社会法学还是卢埃林（Karl N. Llwellyn）的法律现实主义都受实用主义影响，而且在凯尔森看来可能最重要的是，运用归纳的方法非常审慎地考虑社会法现实的“是”（is）：法律的真实现象（卢埃林的“真实规则”）和个体的实际行为。

凯尔森的规范法学还与埃利希（Eugene Ehrlich）和蒂马沙夫（Nicholas S. Timasheff）所主张的法律的社会学分析形成了对比，

因为他们的方法很大程度上是一种图算学(nomographic science),关注的是法律的情境与法律的因果联系。正如凯尔森所述,“自然[和社会]科学据以描述其对象的原则是因果性;[纯粹]法学据以描述其对象的原则是规范性”(第 46 页)。

但凯尔森超越了埃利希和蒂马沙夫的图算法,还批评了马克斯·韦伯表意性的“同情理解”(verstehen)进路,后者认为个体的社会行为就是适应法律秩序(orientiert)的那种行为。就考虑个人中介的这种解释主义进路而言,凯尔森派不上什么用场。凯尔森写道:“个人行为所以关系到法律社会学范围,并不是因为其‘适应’法律秩序,而是因为法律规范规定这种行为是条件或结果。只是因为通过法律秩序决定的……,个人行为才构成了法律的现象。”(第 178 页)因而,纯粹法律理论否定形而上学的自然法学说的考虑,否定关注真实现象的法律社会学的实在性实用主义,否定韦伯式的理解有目的的人类行为的理想主义进路;相反,其支持的法理学认为实证法律是“应然”领域的一种秩序。

(一) 法律的应然 xxvi

早在 1920 年,随着《主权问题与国际法理论》(*Das Problem der Souveränität und die Theorie des Völkerrechts*)的出版,凯尔森就将其纯粹法律理论建立在“实然”与“应然”的坚实区分之上。在凯尔森看来,在法学的意义上,法律只能是一系列非人格化的“应然”,即阐明法院就违法行为所负义务的规范组合体。作为事实,法院是否对违法行为做出反应,只是一个与实然科学有关的问题(心理学、社会学等等),因为它们关注的是通过因果性联系起来的“实然”现象（具有物理学、心理学或社会学性质的）。然而，这与法理学无关。因此，在凯尔森看来，霍姆斯著名的说明，法律只是“法院事实上将会做什么的预告”是完全错误的。法学家不可能预计到如果存在违法行为会发生什么，例如是否会适用适当的制裁，他只可以说应该发生什么。因为可以观察到的事实不可能得出司法上的结论，法学家更多关注的是事实的意义，而法律的规范性质则使这一意义变得可能。

尽管事实行为的法律含义不可能通过物理感官感知，换言之，法官只能够通过认知的方式解释为诸如纵火罪等，但法律规范仍然会赋予司法行为“客观的”意义。这样的客观意义之所以可能，是因为所有法律规范都是在应然领域存在的，该领域独立于任何个体的意识。在区分“实然”与“应然”、事实与意义时，凯尔森排除了将法律的有效性归结为实效的传统法理学。

（二）效力与实效

凯尔森承认法律规范的意义最终以权力观念为基础，意思是国家，或更准确的说，是国家机关或官员有权就违反法律的行为予以强制性的制裁。作为国家的强制性命令，法律必须具有某种程度的实效，也就是说，通常必须得到遵守。尽管法律规范是否真的得到执行或遵守对于法律社会学来说至关重要，但就法理学而言，它们则是无关的。凯尔森说，法律命令的存在不取决于实效，而是效力，取决于法律规范应当得到适用和遵守的观念。

因此，在凯尔森看来，实效和效力是两种完全不同的属性。尽管法律规范的效率存在于实然领域、事实领域，但效力还是完全与

应然领域有关。因而,法律规范可能是有效的,具有约束力,而不 xxvii
管是否具有实效,实际上是否得到了适用和遵守。再者,“法律规范始终是有效力的,不可能没有效力,但可以被废除。”(第159页)就像美国宪法第十八修正案一样,该法律因为不起作用而被废除(撤销)。但如果法律规范的效力不是在司法上与实效联系在一起(或与韦伯的克里斯玛或传统权威的观念联系在一起,因为这些观念是超司法的,或心理学与社会学的影响),那么是什么赋予了其正当性呢?在凯尔森看来,答案在于法律秩序的等级结构与动态过程。

四 法律体系的动态等级

根据凯尔森的纯粹法律理论,法律秩序最恰当地是理解为具有等级结构的实证规范体系。法律秩序首先是一个**体系**,而非一个纯粹的集合,因为构成法律秩序的法律规范的多元性,是通过法律创制的渐次授权发挥作用。法律秩序的动态运作使其成为一个封闭的或“统一的”体系,因为相互联系的规范是通过逻辑演绎的方法自我创制。渐次授权和逻辑演绎的递归式法律创制过程不仅是体系内的,而且因此也是等级性的。

渐次授予权力以创制与适用法律的制度,是由等级结构自上而下发展的。这意味着,法律体系的每一个规范之所以有效,是因为以更高位阶的规范为基础,而后者则是以其他更高的规范为基础,所有规范都通向等级结构顶部最高、最根本的规范。尽管各种规范的地位存在差别,其统一性在于共同存在于同一个法律体系。

凯尔森将这种法律授权程序的解释称作“法律金字塔”(Stufenbau des Rechts)理论。法律金字塔的框架是由单个的规范(司法和行政决定、私人契约)组成的,这些规范在法律上与法院、立法或习俗所确立的一般规范有关(法院的判决、制定法、先例),而一般规范接着是由宪法决定的(因为宪法规定了创制所有规范的程序,因而是最高的授权规范),而宪法本身则是以整个法律体系中我们不会怀疑其有效性的最高规范为基础,凯尔森称之为“基础规范”。

xxviii 基础规范

基础规范(Grundnorm)并非实证的规范,并非对事实的陈述。在这一问题上,基础规范也不依赖于哲学、道德或政治考量。基础规范是一种纯粹形式性的最后预设、高级的假定,不能从其他更高的规范中得出。作为法律的“最终”渊源,基础规范赋予了法律体系规范多元性根本的效力。再者,基础规范赋予了最高的实证法律规范——即宪法——效力,因为其赋予了宪法创制法律的权力。在国家法律体系的层面,基础规范是非人格化的命令,“制定国家的规范”。但是,就国际法而言,不同国家法律秩序的基础规范实际上是实证规范,因为它们本身要服从国际法律秩序的基础规范,表述为“国家应按照惯例行事”,以此为基础则有信守诺言的规则(pacta sunt servanda),这是所有国际条约的法律基础。凯尔森最关注的就是国家与国际法的法律体系以及二者之间的关系,他在《法与国家的一般理论》中花了大约三分之二的篇幅对此进行了讨论。

五 国家与国际法理论

凯尔森最初对国际法性质与功能的研究是他的论文《主权问题与国际法理论》，该文写于“一战”期间，发表于1920年。事实上他将国际法及其与国家法关系的主题置于自己理论思考的核心，这使得凯尔森有别于诸如哈特、德沃金等其他法律理论家，后者或者无视国际法，或者仅予以非常有限的讨论。实际上，从其生涯的早期，凯尔森就执着地推动当时尚有争议的观念，即国际法本身也是法律，他在自己的法理学中详尽地分析了这一主题。

就国家和法的一般理论而言，凯尔森的一个基本主张就是，国家法和国际法的性质与主题不存在区别。该观点与当时占主导地位的两个法学思想流派直接对立。一派追随的是黑格尔，将国际法包括在国家法当中，将国际法视作只是国家法的一个分支。以“多元主义”理论为代表的另外一派提出的观念则是，国家法和国际法是两个不同的、互相独立的法律秩序，根据各自的管辖范围加以区分：国家法只关注国家与国民（公法）之间的关系，以及公民本身之间的交易（私法），而国际法则只考虑国家之间的关系。为了 xxix
回应黑格尔式的和多元主义的进路，凯尔森提出了一个“一元化的”理论，使得国际法成为“客观的”法律体系，包括并且决定着所有的国家法律体系。实际上，在凯尔森看来，所有的人类活动都包括在国际法的领域——现在这是一个司空见惯的观念，因为国际法如今通常支持保护人权。

(一) 主权问题

凯尔森将国际法和国家法视作形成一个一元化的体系,迫使他认真应对国家主权的问题。如果我们将国家等同于"我们称为法律秩序的人类行为秩序(第188页),那么国家主权、绝对自由都必须以下述事实为基础,即其基础规范并非源自且服从另外一个法律秩序。另一方面,如果我们认为国际法是一个有效的法律秩序,那么作为一个更高位阶的规范体系,国际法就决定着国家法律秩序的三个效力领域:空间性的领域(地理空间)、时间性的领域(存续的阶段)以及间接通过国家法律体系的媒介、人的领域(生活在其领土范围内的人)。"这里要说的是两点:第一点,无论国家是否同意,调整其地域、时间和人的效力范围的"必然是国际法的规范"(第350页);第二点是,国际法和国家法律秩序本身构成了一个不可分离的整体。

作为民族共同体的一员,如果一个国家有义务遵守国际法,那么就不可能是主权者。再者,国家平等的观念只有国家不是被预设为主权者才是可信的,即,只有当其从属于一个更高的权威时。正如凯尔森的解释所说:"国家在国际法面前是'平等的',因为它们都平等地服从国际法,而国际法也平等地适用于国家"(第253页)。因此,国家的法律秩序就是国际法的部门,尤其是它们被迫要遵循国际规则,信守诺言,这使得国家有义务按照它们所缔结的契约行事。在提出这样的看法时,凯尔森不仅质疑国际法只是国家之间的法律这一传统观念,他还强烈反对民族国家至上的观念。结果,作为最高的和排他性的主权,只能被归于最高的法律秩序,

也就是国际法。国际法的首要地位和普遍性构成了凯尔森国家法 xxx
与国际法关系的法理学基础。

(二)法律的强制力

凯尔森《法与国家的一般理论》将法律理解为一种规范秩序，可以假想如下：只要存在法律规范，就应当遵守之：如果不遵守，就应当加以制裁。因此，在凯尔森看来，法律义务(与道德或宗教性质的义务相对)是通过其所需要的、按照社会方式组织的制裁加以界定的："正是因为法律规范给特定行为赋予了一定的制裁，所以相对的行为就成为法律义务。"(第 62 页)相应地，法律就是一种"强制的命令"(Zwangsordnung)。

在国际共同体中运用强制的情形，可以被描述为或者是一种违法行为，即国家违反国际法(当没有具体理由侵犯另外一个国家的领土时)，或者是制裁，即国际法律共同体对违法行为的回应。凯尔森将制裁非常明确地界定为物理强制力的运用或威胁。作为一种强制性的秩序，国际法存在两种可以利用的制裁：报复和战争。

在凯尔森看来，只有"正义的"战争才是国际法的适当制裁，即权利遭到另外一个国家侵犯的国家所执行的正当强制行为。古老的正义战争学说(bellum justum)，即诸如《凡尔赛条约》(1919 年)和《凯洛格-白里安公约》(Kellogg-Briand Pact，1928 年)等重大国际协约的基础，在"一战"结束前从现代国际法领域中抹掉了，"一战"结束后才通过诸如列奥·斯特里索尔(Leo Strisower)等法律哲学家以简化的形式恢复，斯特里索尔是凯尔森在维也纳大学的教授和曾经的同事。除了正义战争限制国家发动战争的裁量权之外，非正义的战争就是不正当地运用武力，因而是违法行为。根据凯尔森的看法，否定正义战争的理论就相当于否定国际法的法律性质。

（三）分散化的法律秩序

国际法可以运用的两种制裁——报复（倘若国家或私人财产被没收以及其他权利遭到侵犯）和战争（倘若人类遭到屠杀、伤残或囚禁）不是国际共同体本身实施的，而是由单个国家以自助的形
xxxi 式实施的。这意味着，相较于国家的法律秩序——规定由中央法律机关适用制裁（即法院、警察）——在凯尔森写作时，国际法并不具备永久性的、高度组织化的结构集中实施制裁，无论法院还是执行机关都不存在。相应地，凯尔森认为国际法比较“原始”或“分散”，因而必须按照更高级的国内法律制度的方式，发展出集中化的法律机构以授权发动作为制裁行为的战争。尽管国际法太过分散，无法在组织上被认为是一个国家，但仍然可以被视作“真正的”法律，不过显然是初生状态的法律。

（四）世界法律体系

凯尔森最初是在《主权问题与国际法理论》中提出了走向更集中的国际法，他提出了一种世界法律体系，以古代世界联邦的神学观念为基础。世界联邦或世界人类共同体由德国哲学家沃尔夫（Christian Wolff）重新引入了 18 世纪启蒙时期的形而上学，根据凯尔森的看法，这种观念将在国际法中找到组织上的统一性。尽

管在《法与国家的一般理论》中并没有采用世界联邦的表述，但凯尔森仍然援用了世界法律体系的观念，即世界法律统一，存在专门的法律机构，其功能就是确定最初违反国际规范的行为，并针对违反的国家实施制裁。在将国际法律体系集中化和普遍化的时候，凯尔森激烈反对国家主权的观念，相反主张服从非人格化的国际规范。

六 从目前的事件审视凯尔森的国际法理论

无疑，凯尔森在《法与国家的一般理论》中预测到了国际法在过去大约半个世纪的方向，不过有时候他的认识也是比较模糊的。例如，凯尔森世界法律共同体的观念与当前正在经历的全球化过程完全一致。不过，这些过程在很多人看来不过就是肯定西方世界的霸权倾向。从这样的政治视角出发，任何由超国家权威实施的国际制裁，诸如由美国和英国在 2003 年伊拉克战争中所领导的几个国家组成的所谓“志愿者联盟”（Coalition of the Willing），因而必须被认为并非正当的法律制裁行为，而是专横的入侵行为。

确实，凯尔森清楚地意识到了实际上很难区分作为违法行为的战 xxxii
争和作为制裁的战争，在有些情形下甚至根本不可能。再者，从凯尔森的理性认知方法来看，即他关于法律客观效力的新康德主义式认识论假设，伊拉克战争可以说是非正义的战争，因为像联合国秘书长科菲·安南（Kofi Annan）2004 年所说，联合国安理会从未批准其军事行动。

1944 年，在《法与国家的一般理论》前一年出版的《通过法律实现和平》(*Peace through Law*)这本简明但非常具有预见性的著作中,凯尔森主张,保障国家之间持久且普遍和平的唯一方法就是建立一个永久性的独立法律机构强制裁决国际争端,即世界法院,其有权解决国际冲突,检控个人的战争罪和反人道罪。可以说,在《法与国家的一般理论》出版的1945年,随着联合国的建立,出现了向更加集中化的国际法过渡的转折点。不过,凯尔森设置国际法院的提议更久之后才实现,直到2002年,才在荷兰海牙建立了国际刑事法院(ICC)。尽管国际刑事法院就犯有国际社会所关注的大部分严重罪行的人都有管辖权,例如大屠杀、种族灭绝和战争罪,但也并不是没有争议。声称国际刑事法院可能会针对美国国民提出政治性的检控,到本文写作时,美国尚未批准国际刑事法院条约。

在联合国的框架下,为了审判据称严重违反国际人道主义法律的人,还设立了两个特别的国际刑事裁判机构,一个是1993年的前南国际法庭(ICTY),一个是1994年的卢旺达国际刑事法庭(ICTR)。这样受审的是前南斯拉夫总统米洛舍维奇(Slobodan Milosevic),他在南联盟解体时策划了一场血腥的种族清洗运动。到本文写作时,米洛舍维奇正在接受前南国际法庭的战争罪审判。在1998年,卢旺达刑事法庭发布了第一份国际法庭关于种族屠杀罪的判决,当时卢旺达前总统坎班达(Jean Kambanda)承认了六起种族屠杀的指控。因为这些以及其他的检控,两个国际刑事法庭都展示出国际法正在成熟,而凯尔森对此会衷心赞同:国际法不
xxxiii 仅直接裁决"法律的人",即国家,特别是还裁决"真实的人",即在行使国家机构的公共职能时实施违法行为的个人。

凯尔森在1944年4月写作《法与国家的一般理论》的前言时，欧洲仍处于法西斯主义的高压之下，他在前言中主张，接受其法与国家一般理论——即免于全部政治意识形态的纯粹法律理论——最有利的情形是在“社会均衡时期”(第xxxix页)。这样的时期是否真的会很快实现，在社会政治非常不稳定的时代，是一个纯属猜测的问题，甚至是凯尔森试图避免的政治意识形态问题。无论怎样，致力于在21世纪的世界实现真正且持久的和平时，我们最好还是认真考虑20世纪最重要的法律理论家提出的法律原则。

2004年11月

(毕洪海 译)

作　者　序 xxxv

本书意图与其说只是为了重新出版，不如说是为了重新陈述以前用德文和法文已经表述过的思想和观念①。这里有两个目的：第一，设法提出作者称之为"纯粹法理论"(Pure theory of law)的基本原理，使那些在普通法(Common law)传统和气氛中成长起来的读者易于了解；第二，使这一学说的陈述能包括英美法系以及民法法系(Civil Law Countries)的问题和制度，原先，本书是就后者陈述的。希望这样的重新叙述能够得到预期的结果。

本书主要部分所要探讨的理论是实在法(Positive Law)的一般理论。实在法始终是一定共同体(Community)的法：美国法、法国法、墨西哥法、国际法。这里所陈述的法的一般理论旨在对构成相应法律共同体的那些特殊的法律秩序(Legal order)加以科学的阐明。这一理论是比较分析不同的实在法律秩序的结果，它提供了能够用来叙述一定法律共同体的实在法的基本概念。法的一般理论的主题就是法律规范(Legal norm)及其要素和相互关系、作为一个整体的法律秩序及其结构、不同法律秩序之间的关系，以及

---

① 《国家学概论》(1925年)；《国际公法的一般理论》(1928年)；《纯粹法学》(1934年)。其他著作见本书末所附作者著作目录。

最后法在多数实在法律秩序中的统一。

既然这个法的一般理论的目的是使和某一特殊法律秩序有关的法学家、律师、法官、立法者及法律教师，能尽可能正确地了解并陈述其本国的实在法，这一理论就必须完全从实在法律规范的内容中去推究它的概念。它决不能受立法当局的动机或意图的影响，或受法律支配的个人关于法律形成的愿望或利益的影响，除非这些动机和意图、这些愿望和利益体现在立法过程产生的材料中。在实在法律规范的内容中所不能找到的东西就不能吸收在一个法
xxxvi 律概念内。本书所提出的一般理论旨在从结构上去分析实在法，而不是从心理上或经济上去解释它的条件，或从道德上或政治上对它的目的进行评价。

当我们称这一学说为“纯粹法理论”时，意思是说，凡不合于一门科学的特定方法的一切因素都摈弃不顾，而这一科学的唯一目的在于认识法律而不在于形成法律。[②] 一门科学必须就其对象实际上是什么来加以叙述，而不是从某些特定的价值判断的观点来规定它应该如何或不应该如何。后者是一个政治上的问题，而作为政治上的问题，它和治理的艺术有关，是一个针对价值的活动。而不是一个针对现实的科学对象。

但是，法律科学所针对的现实并不是构成自然科学对象的自然的现实。如果将法律科学和政治分开是必要的话，那么，将它和

② 参见作者的“纯粹法理论的作用”一文，载《一个进步的世纪，1835—1935 年；纪念纽约大学法学院创办一百周年论文集》，第 2 集《法律》，1937 年版，第 231—241 页。

自然科学分开同样也是必要的。法的一般理论的最困难的任务之一就是决定它的主题的特定现实并表明法律现实和自然现实之间所存在的区别。法律的特定现实并不体现在受法律秩序支配的个人的实际行为中，这种行为可能或不可能符合这一秩序，它正是我们所讲的那个现实。法律秩序决定着人们应当怎样行为，它是一种规范的体系，一种规范性的秩序。至于实际存在的个人行为，是由自然法则根据因果关系原则来决定的。这是自然现实。而当社会学研究这个由因果法则决定的现实时，社会学就是自然科学的一个部门。法律现实，也就是法律的特定存在，体现在一种多半被称为法律的实在性的现象中。法律科学的特定主题是实在的或真正的法律，不同于理想法，即政治的目标。正像个人的实际行为可能或不可能符合于调整这种行为的实在法规范一样，实在法可能不符合于作为正义或“自然”法而被提出来的理想法。实在法的现实出现于它和被称为正义或“自然”法的理想法的关系中。它的存在并不依赖于符合或不符合于正义或“自然”法。

纯粹法理论并不认为它的主题是一种先验观念的或多或少不完备的复本。它并不试图将法律了解为正义的产物，了解为出自
上帝的人类产儿。纯粹法理论通过把先验的正义从它的特定领域 xxxvii
中排除出去，而坚持明确区别经验的法和先验的正义。它并不认为法是超人的权威的体现，而认为它只不过是以人类经验为基础的一种特定的社会技术（social technique），纯粹法理论拒绝成为一种法的形而上学，因而它并不从形而上学法律原则中，而是从法的假设中，从对实际法律思想的逻辑分析所确立的基本规范中去寻求法律的基础，即它的效力的理由。

很多传统法学的特征是具有一种将实在法的理论同政治意识形态混淆起来的倾向，这些政治意识形态或伪装为对正义的形而上学的空论，或伪装为自然法学说。它把有关法律实质的问题，即法律实际上是什么的问题，同它应该是什么的问题混淆起来。它多少倾向于把法律和正义等同起来。另一方面，某些法学理论所表现的倾向是，忽视调整人们行为的法律规范的理论和从因果关系上来说明实际人们行为的科学之间的界限。这种倾向的结果是，把人们在法律上应当如何行为的问题和人们实际上如何行为以及他们在未来大概将如何行为的问题混淆起来。后一问题即使能够加以回答的话，也只能在一般社会学的基础上来加以回答。现代法学的野心似乎正是想把它融合到这种科学里去。只有把法的理论和正义哲学以至和社会学分开来，才有可能建立一门特定的法律科学。

纯粹法理论的方向在原则上是和所谓分析法学一样的。就像约翰·奥斯丁(John Austin)在其著名的《法理学讲义》中一样，纯粹法理论试图专门从分析实在法中取得其结果。法律科学所提出的每一论断必须建立在一个实在法律秩序或对几个法律秩序内容加以比较的基础上。只有将法学局限于对实在法的结构分析上，才能将法律科学与正义哲学以及法律社会学区分开来。从这方面说，分析法学和纯粹法理论之间并没有实质上的差别。它们的差别在于：纯粹法理论试图比奥斯丁及其追随者更首尾一贯地推行分析法学这种方法。在关于某些基本概念③上特别是这样，例如一方面关于法律规范的概念，另一方面关于法律权利和法律义务 xxxviii
的概念，即法国和德国法学中体现为客观意义上的法和主观意义上的法的对比。还有，最后但并不是最不重要的一点是关于法和国家的关系。

奥斯丁保持着把法和国家当作两种不同实体的传统意见，虽然他并没有像多数法学家那样走得那么远，他们将国家看作法的制造者，看作法背后的权力和道德力量，看作法律世界的上帝。纯粹法理论表明这些形象表述法的真正意义。它表明作为一个社会秩序的国家和法律必然是同一的，或者至少和一个特定的相对集权化的法律秩序，即和国际的、高度分权化的法律秩序相对比的国内法律秩序是同一的。正如纯粹法理论排除了法律和正义以及客观法和主观法(objective law and subjective law)的二元论(dualism)一样，它也废除了法和国家的二元论。由于这样，它就建立了一个作为法的理论不可分割部分的国家理论，并假定在一个包括所有实在法律秩序的法律体系内的国内法与国际法的统一。

纯粹法理论是一个一元论(monistic)的理论。它表明被设想为一个人(personal being)的国家。充其量也只是国内法律秩序的人格化(personification)，而更经常地只是一定道德、政治假设(postulate)的实体化。纯粹法理论由于取消了通常同那意义含混的“国家”一词相联系的实体化概念而废除了这种二元论，也就揭

③ 参见作者的论文“纯粹法理论和分析法学”，载《哈佛法律评论》，1941年，第55期，第44—70页。

露了传统法学内的政治意识形态。

正是由于它的反意识形态的特征，纯粹法理论才得以证明自己是一门真正的法律科学。科学作为认识，始终有揭示其对象真相的内在倾向。但政治意识形态却掩盖现实，或美化现实以保持和维护现实，或贬损现实以攻击和摧毁现实，或以另一现实来代替这一现实。每一种政治意识形态的根源在于意志，而不在于认识；在于我们意识中的情感成分，而不在于它的理智成分；它产生于一定的兴趣，或者不如说产生于对真理的兴趣以外的其他兴趣。当然，这一说法并不意味对其他兴趣的价值作任何论断。在对立价值之间不可能理智地加以判断。正是在这种情况下，就产生了一个真正可悲的矛盾：科学的基本原则即真理，与政治的最高理想即正义之间的矛盾。

创造法律并从而希望维持它的政治权威可能怀疑，对它的产物的一种不受任何政治意识形态影响的纯粹科学的认识是否是它所需要的东西。同样地，意图推翻现行秩序并用另一种被认为更
xxxix 好的秩序来代替它的那些势力，也不会需要这样一种对法律的认识。但法律科学不顾这种态度或那种态度。纯粹法理论就希望成为这样一种科学。

如果有像法律科学这样一种东西的话，那么对法学与政治完全分开的假设就毫无怀疑余地。能怀疑的只是在这一领域中可以实行分开的程度。在自然科学和社会科学之间，这一特征确实存在着一个显著的差别。当然，任何人都不会主张自然科学丝毫不受政治势力的影响。历史说明了相反的事实，并清楚地表明，一个世界强国以前会感到它自己受着行星运行真理的威胁。

但过去自然科学之所以能完全脱离政治而独立，那是由于这一胜利具有强有力的社会利益，即具有只有自然科学才能保证技术进步的利益。但是社会理论并不能使人获得像物理学和化学在工程知识和医学治疗上的那种社会技术所提供的直接利益。在社会科学、特别在法律科学中，仍然没有一种影响来抵制那些合乎正在掌权以及渴望掌权的人的愿望的理论，即政治意识形态的压倒一切的利益。

在我们当代特别是这样，这实际上是“混乱”的时代，两次世界大战从根本上动摇了社会生活的根基。独立于一切政治意识以外的关于法和国家的客观科学的理想，在社会均衡时期才有取得承认的较好机会。

所以，在一些处于政党独裁统治下的国家中，一些法学方面的著名代表人物所知道的重大任务仅在于——以他们的“科学”——为当权的政治权力服务时，纯粹法理论在今天似乎是不合时宜的。然而，如果作者敢于发表这一法与国家的一般理论，这是因为他相信，在科学自由还继续被人尊重，政治权力比任何其他地方更为稳定的英美世界中，思想比权力更受到尊敬；而且他还希望，甚至在欧洲大陆，当它从政治暴政下解放出来后，年轻一代也将被争取到独立的法律科学的理想方面来，因为这样的科学成果是决不会丧失的。

我之所以能准备这本书，只是因为有幸来到美国并在哈佛大 xl
学工作两年之久。我把这种机遇主要归功于洛克菲勒基金会的慷慨协助，并对此表示由衷感谢。

感谢国际研究局的重大帮助，它的资助使我能够进行本书关于国际法理论部分的写作。

还要感谢美国法学院协会的《二十世纪法律哲学丛书》的翻译和出版委员会，它提供了翻译的经费。

特别感谢杰罗姆·霍尔教授，因为他提供了不少有益的建议并阅读清样。

最后还要感谢安德斯·魏特伯格博士，他将本书主要部分译成英文；感谢沃尔夫冈·克劳斯博士翻译的收在本书附录中我的题为“自然法学说与法律实证主义”(1929 年)的专论。

汉斯·凯尔森

1944 年 4 月于加利福尼亚州伯克利

第一编

法　　论

静　态　法 3

第一章　法的概念

一、法与正义

（一）人的行为作为规则的对象

法是人的行为的一种秩序（order）。一种"秩序"是许多规则的一个体系（system）。法并不是像有时所说的一个规则，它是具有那种我们理解为体系的统一性的一系列规则。如果我们将注意力局限于个别的孤立的规则，那就不可能了解法的性质。将法律秩序的各个特殊规则联结起来的那些关系，对法律的性质来说，也是必不可少的。只有在明确理解构成法律秩序的那些关系的基础上，才能充分了解法的性质。

法是人的行为的一种秩序这一说法，并不是指法律秩序仅与人的行为有关，仅人的行为才成为法律规则的内容。一个使杀人成为该惩罚的不法行为的规则，涉及以人的死亡为其效果的人的行为。可是，死亡本身并不是人的行为而是一个生理过程。每个法律规则使人们在一定情况下负有遵从一定行为的义务。这些情况并不必须是人的行为，它们可能是例如我们所称的自然事件。一个法律规则可能使洪水受难者的邻居负有援助受难者的义务。洪水并不是人的行为，但它是法律秩序所规定的人的行为的条件。在这一意义上，并非人的行为的事实就可能成为法律规则的内容。但是，它们之可以成为法律规则的内容，只因为它们同人的行为有关，或作为其条件，或作为其效果。

看来这似乎仅仅适用于文明人类的法律。在原始法律里，对待动物，甚至植物和其他无生物，经常像对待人一样，甚至也要使
4 它们受到惩罚[①]。当然，这一定要和原始人(Primitive man)的万物有灵论(animism)联系起来看。原始人认为动物、植物和无生物也有一个"灵魂"，有人的甚至超人的精神能力。原始人并没有文明人认为人类和其他东西间存在着根本差别的那种观点。他们将自己的法律也适用于非人类，因为对他们来说，非人类也是人，至少是与人相似的。在这一意义上，原始法也是人的行为的一种秩序。

① 古代雅典有一个特别法院，它的职能是惩治无生物，例如杀死一个人所用的矛。参见狄摩西尼：《反贵族演说》，第 76 节(J. H. 万斯的英译本，1935 年，第 267 页)："还有设在市政厅的第四个法庭。它的职能是，如果一个人被落下来的石头或木块或铁器或其他类东西所击，而他也不知道是谁丢的，但他认出并持有这一行凶器具，就可以在那一裁判所里对这些器具提起追诉。"也可参见柏拉图的《法律篇》第 873 节和亚里士多德的《雅典政制》第 57 节，在中世纪仍可能对一个动物提起诉讼，例如一只狗或一头公牛弄死了一个人，或者蝗虫吃谷物而造成损害。法院便在正式法律程序里，将被控动物判处死刑，而且采用对人一样的方式加以执行。参见卡尔·冯·阿米拉的《禽兽的刑罚和禽兽的程序》，1891 年版。

然而，除法律外，还有关于人的行为的其他秩序，例如道德和宗教。法的定义必须具体说明，法在哪些方面有别于人的行为的其他秩序。

（二）法的科学定义与政治定义

对一个概念下定义的任何企图，必须要将表示该概念的这个词的通常用法当作它的出发点。在对法的概念下定义时，我们必须从考查下述问题开始：一般称为“法”的这些社会现象是否提供了一个使它们区别于其他同类社会现象的一个共同特征？这一特征在人的社会生活中是否重要到这样的程度，即可能成为有助于认识社会生活中的各种概念的基础？为了说明问题起见，人们必须从“法”这一词的最可能广的用法出发。也许我们不能发现我们所寻求的那种特征，也许实际上的用法是这样的宽泛，以致被称为“法”的那些现象并不体现出任何真正重要的共同特征。但是如果我们能发现这样一个特征的话，那我们就有理由将它包括在定义中。

这并不是说，拟订一个并不包括通常称为法的所有现象的较狭窄的法的概念是不正当的。我们对自己智力工作中想当作工具用的那些术语，可以随意界定。唯一的问题是它们是否将符合我们打算达到的理论目的。一个在范围上大体和习惯用法相符合的法律概念，在其他情况相同时，比一个只能适用于很狭窄现象的概
念显然要好些。让我们举一个例子来说。即使在布尔什维主义、 5
国家社会主义和法西斯主义兴起后，人们仍在讲俄国、德国和意大利的“法”。当然，没有什么东西可以阻止我们在法律秩序的定义

中放进某种最低限度的个人自由和私有财产的可能性。采取这样一种定义的一个结果，就会使俄国、意大利和德国所实行的社会秩序不能再被认为是法律秩序，尽管它们和民主资本主义国家的社会秩序具有非常重要的共同因素。

上述概念——事实上出现在法律哲学的近期著作中——也证明了一种政治成见能如何影响法的定义。在这里，人们使法的概念适合于一个特定的正义理想，即民主和自由主义的理想。从摆脱任何道德或政治价值判断的科学角度看，民主和自由主义只是社会组织的两种可能的原则，正如专制和社会主义一样。在科学上没有理由说为什么界定法的概念应将后者排除在外。在这些研究里所使用的法的概念没有任何道德含义，它仅指出社会组织的一个特定技术。法律问题，作为一个科学问题，是社会技术问题，并不是一个道德问题。“具有法律性质的一定社会秩序是一个法律秩序”这一说法并不意味着从道德上来判断这一秩序是好的或正义的。有的法律秩序，从某种观点看是非正义的。法和正义是两个不同的概念。法与正义不同，是实在法。在这里研究的是实在法的概念，而实在法的科学必须同正义的哲学明确区分开。

（三）法的概念与正义观念

将法的概念从正义观念中摆脱出来是有困难的，因为在非科学的政治思想以至一般讲话中，这两者是不断被混淆的，而且因为这种混淆符合于使实在法看来合乎正义的意识形态倾向。如果把法律和正义等同起来，如果只是合乎正义秩序才被称为法律，那么，呈现为法律的社会秩序同时也被呈现为合乎正义的，而这意思就是说它在道德上是正当的。将法和正义等同起来的倾向是为一个特定社会秩序辩护的倾向。这是一种政治的而不是科学的倾向。鉴于这种倾向，将法和正义当作两个不同问题来处理的努力，就会有完全拒绝要求实在法应该合乎正义的嫌疑。这种要求是不言而喻的；但实际上它到底意味着什么却是另一问题。无论如何， 6
一个纯粹法理论在宣称自己无力回答某一个法律是否合乎正义以及什么是正义的基本要素的问题时，丝毫不反对要求合乎正义的法律。一个纯粹法理论——一门科学——不能回答这个问题，因为这个问题是根本不能科学地加以回答的。

说一个社会秩序是合乎正义的，这到底是什么意思呢？这意味着，这种秩序把人们的行为调整得使所有人都感到满意，也就是说，所有人都能在这个秩序中找到他们的幸福。对于正义的期望是人们永恒的对于幸福的期望。这是人作为孤立的个人不能找到幸福，因而他就在社会中寻找。正义是社会幸福。

1. 正义作为主观价值判断

显然，只要人们从个人幸福的原始的、狭义的角度（也就是一个人的幸福是他自己认为的那种幸福）来对幸福的概念下定义，那就不可能有为每个人都提供幸福的“合乎正义的”秩序。因为一个人的幸福总会在一定时候不可避免地同别人的幸福直接发生冲突。即使我们假定，一个合乎正义的秩序正在企图实现的不是每一个人的个人幸福，而是最大多数人的最大幸福，这种秩序也是不可能的。社会秩序所能保证的幸福只能是集体意义上的幸福，即作为社会权威的立法者承认对某些需要的满足是值得加以满足的那些需要，例如吃、穿、住的需要。但是人类哪些需要是值得加以满足的呢？特别是，什么是它们适当的排列顺序呢？这些问题不能用理性认识的方法来加以回答。对这些问题的决定是一种取决于情感因素的价值判断(judgement of value)，因而在性质上是主观的，它只对判断人有效，从而只是相对的。这个决定将随着回答问题的是一个虔诚基督徒还是一个唯物主义者而有所不同，前者相信死后灵魂的幸福比尘世的财富还重要，后者则不相信有来世；同样，自由主义和社会主义也将作出不同的决定，自由主义者认为个人自由是最高的幸福，而对社会主义者来说，社会安全和人人平等比自由更为重要。

精神财富或物质财富，自由或平等，能否代表最高价值这一问题，是不能理性地回答的。但在回答这一问题时的主观的从而是
7 相对的价值判断，却经常呈现为一种客观的、绝对的价值判断，一种普遍有效的规范。人类的一个特点是，他有一种深切的需要，想通过他的智力功能，他的思想和认识，来证明他的行为、他的感情表示、他的愿望和渴望是正当的。在愿望和渴望关系到赖以达到某种目的的手段，就这一范围而论，这种需要至少在原则上是可能的；因为手段和目的的关系是原因和结果的关系，而这是可以基于经验，即理性地加以决定的。固然，根据目前社会科学情况来看，即使这一点也往往是不可能的，因为在很多情况下，我们还没有使我们能决定如何最好地达到一定社会目的的充分经验。因此，关于适当手段这一问题也往往取决于主观价值判断，而不是取决于对手段和目的、即因果联系的客观洞察；因而，至少就目前来说，正义问题，即使像这样局限于达到公认目的的适当手段问题上，也不是总能理性地回答。例如，自由主义和社会主义之间的争论。大

部分并不真正是关于社会目标的争论，而只是对于达到人们基本上都同意的目的的正确途径的争论；而这一争论是不能科学地决定的，至少现在还不能。

宣称某种东西是达到一个预定目的的适当手段这种判断，并不是一个真正的价值判断；正如已指出的，这是关于因果关系的判断，而这样一种判断是关于现实的一种判断。一个价值判断是这样的陈述，它宣称某个东西是一个目的，一个最终目的，其本身并不是达到一个进一步目的的手段。这种判断始终是由感情因素决定的。

然而，就这是最终目的，就其本身并非达到进一步目的的手段而论，在原则上是排斥理性功能、感情功能的辩护的。

如果这种最终目的的论断以正义的假设或规范的形式出现时，它们总依靠纯粹主观的因而是相对的价值判断。不言而喻，这种价值判断是大量的，彼此不同，且互不相容。当然，这并不意味着每个人都有他自己的价值体系。事实上，很多人的价值判断是一致的。一个实在的价值体系并不是孤立的个人的一种任意创造，而始终是在一个特定集团中，在家庭、部族、阶级、等级、职业
中，各个人相互影响的结果。每一价值体系，特别是道德体系及其 8
核心的正义观念，是一个社会现象，是社会的产物，因而按照其所产生的社会的性质而有所不同。在某一社会里有着某些一般接受的价值这个事实，与这些价值判断的主观的、相对的特征并不是矛盾的。许多人对他们的价值判断意见一致，并不能证明这些判断是正确的。正如许多人相信或过去常相信太阳绕着地球运转这个事实，无论现在或过去，都不能证明这种观念是真理。正义的标

准，像真理的标准一样，并不依赖于对现实判断或对价值判断的频繁。

既然人类分成许多民族、阶级、宗教、职业等等，彼此往往发生分歧，所以也就有着许多很不同的正义观念，多到使人甚至不能简单地讲“正义”的地步。

2. 自然法

可是人们却倾向于将自己的正义观念说成是唯一正确的、绝对有效的观念。理性地辩护我们的感情行为的需要是如此之强烈，以致我们甚至冒着自欺的危险来满足这种需要。对一个以主观价值判断、即以一个愿望为基础的假设进行理性辩护，例如说所有的人应该自由，或应平等地看待所有的人，乃是一种自欺或者等于一种意识形态。两者是一样的。这类意识形态中最典型的，就是断言某类最终目的，因而人类行为的某类固定规则，来自“自然”，即来自事物的本性或人的本性，来自人的理性或上帝的意志。所谓自然法学说的实质就在于作这样的假定。这种学说认为有着一种不同于实在法的、比它更高而且绝对有效和正义的人类关系的安排(ordering)，因为这种安排导源于自然、人类理性或上帝意志。

在自然法学说中，就自然被设想为上帝所创造、自然法为上帝意志的表现这一意义上，上帝的意志就与自然等同起来。因此，根据这一学说，决定自然的法则与立法者颁布的法律规则有同样的性质：它们是指向自然的命令；自然遵守这些命令，遵守自然的法

则，就像人们遵守立法者所颁布的法律一样②。实在法是由立法 9
者，即由人类权威的一种意志行为所创造的法律。根据自然法的特定学说，自然法并不是由一种人类意志行为所创造的；它并不是人为的、任意的产物。它能够并且必须通过精神作用从自然中引申出来。人们通过仔细地考察自然、特别是考察人的本性及其对其他人的关系，就能发现这种规则：它们在同自然一致因而完全合乎正义的方式下来调整人的行为。这种自然法所确定的人的权利和义务，被认为是人天生的或与生俱来的，因为这是由自然所培植的而非人类立法者所设定或授予的；就自然表示上帝意志这一意

② 布莱克斯通：《英国法释义》，绪论第36—39节："法律，在其最一般和最广泛意义上说，是指行为的一种规则，且不加区别地适用于各种行为，无论是有生命的或无生命的、理性的或非理性的。所以我们说运动三定律、引力定律、光学定律和力学定律，以至自然法和国际法。那就是由某个在上者加以规定，在下者必须遵守的行为规则。因而当上帝缔造宇宙并从虚无中创造出物质时，他就对那个物质加上一定的原则，否则它就会不再存在。当上帝使物质运动时，他就建立了某些运动定律，一切可动的物体就必须遵从它们……因而这就是法的一般意义，某个在上者所命令的行为规则：在那些无能力思考或表示意志的创造物方面，只要其本身还继续生存，就必须永远服从这些法，因为它们的存在就依靠这种服从。但法，就其较狭的意义上说（现在我们正是照这种意义上来加以讨论），不是指一般的行为规则，而是指人的行动或行为的规则，即箴规（precept），根据这种箴规，人，即地面上最尊贵的存在，被赋予理智和自由意志的一种生物，奉命在一般的行为调整中使用那些天赋。"——"人在任何事物上都绝对依赖于造物主，他必须在各方面都符合造物主的意志。造物主的这种意志就被称为自然法。当上帝创造物质，并给予它运动的原则时，上帝就建立了这种运动的永恒方向的某些规则；同时，当上帝创造了人并给予他在生活的各个方面以决定其行为的自由意志时，上帝规定了某些有关人性的不变的法律，从而在某种程度上调整并限制那种自由意志，上帝还给人以理智的天赋去发现那些法律的大意……上帝所规定的只是建立在那些正义关系中的法律，这些关系存在于事物本性中，先于任何实在箴规。这些就是有关善与恶的永恒的、不变的法律，也就是造物主自己在其所有施舍中都遵守的；而就它们对人的行为是必要的而论，造物主使人们具有发现它们的理智。"

义而论,这些权利和义务是神圣的。

然而,在众多自然法学说中,迄今还没有一个能以较正确与客观的方式来成功地界定这种正义秩序的内容,能像自然科学决定自然律的内容、法律科学决定实在法律秩序的内容一样。迄今为止,被认为是自然法的,或者说等于正义的事物,大都是一些空洞
10 的公式,例如 Suum cuique(各人应得的归于各人),或者是一些没有意义的同义反复,如绝对命令(categorical imperative),即康德的公式,就具有为任何实在法律秩序作辩护的效果。它们容许任何所需要的实在法律秩序看来都是正义的。

当称为“自然法”或正义的规范具有固定内容时,它们体现为一定实在法的或多或少一般化的原则。这些原则,没有充分理由,但却仍被人宣称为自然的或正义的法律,作为绝对有效的原则而被提出来。

在所谓人的自然的、与生俱来的、神圣的权利中,私有财产起着一种重要的(即使不是最重要的)作用。自然法学说的所有著名作者几乎都肯定私有财产制符合人性。因此,一个并不保证与保护私有财产的法律秩序就被认为是违反自然的,因而是不能持久存在的。“当社会并不认为财产像上帝的法律那样神圣,也没有一种法律和公共正义的力量去保护它时,无政府状态和暴政就产生了。假使‘你勿贪求’、‘你勿偷盗’(这是以私有财产制为前提的规则)不是上帝的戒律,那么在社会变为文明或自由之前,人们也一定要使它们在每个社会中成为不可侵犯的箴规。”[③]这几句话是约

③ 《约翰·亚当斯选集》,第 6 卷,1851 年版,第 9 页。

翰·亚当斯(John Adams)写的，表明了他那个时代普遍接受的信念。根据这种理论，一个排斥私有财产而只承认公有财产的共产主义组织，一个使土地和其他生产资料专归共同体所有、尤其是专归国家所有的法律秩序，就不仅违反自然，因而是非正义的，而且实际上也是不能维持的。

然而，这一学说几乎是不能证明的。历史表明，除了建立私有 11
财产制的法律秩序以外，还有其他法律秩序充其量也只在非常有限的范围内承认私有财产。我们知道，在比较原始的农业社会中，最重要的物——土地，并非私人所有，而属于共同体；最近二十五年的经验表明，一个共产主义组织甚至在一个强大的高度工业化的国家中上述情况也是完全可能的。到底是以私有财产原则为基础的资本主义制度较好，还是以公有财产原则为基础的共产主义制度较好，乃是另一问题。无论如何，私有财产在历史上并不是法律秩序所能依据的唯一原则。宣称私有财产是自然权利，因为它是唯一合乎自然的，这是使一个特殊原则绝对化的企图，而这种原则在历史上只在一定时期，并且在一定的政治和经济的条件下，才变为实在法。

有种情况即使不大常见，但却的确是有的，那就是被称为“自然的”或“正义的”原则与一定的实在法背道而驰。也有人以自然法学说的特定方法鼓吹社会主义，而私有财产社会被宣称是违反自然的。人们用这种方法总可以主张并且明白地证明相反的假设，自然法原则无论表现为赞同或反对一个实在法律秩序，反正在任何情况下，它们的效力都有赖于非客观性的价值判断。批判的分析一直证明，它们只是一定集团利益或阶级利益的反映。因此，自然法学说在性质上有时是保守的，有时是改良的或革命的。它或者是为实在法辩护，宣称它和自然的、合理的或神圣的秩序相一致，一种断定的而不是证明的一致；或者就是怀疑实在法的效力，宣称它和一个预定的绝对物是抵触的。革命的自然法学说，像保守的一样，并不关心对实在法、法律现实的认识，而只关心对它的维护和攻击，只关心政治的而非科学的任务④。

12 **3. 实在法与自然法的二元论⑤**

自然法学说的特征是实在法与自然法之间的基本的二元论。在不完善的实在法之上，存在着完善的——因为它是绝对正义的——自然法；而实在法只能由于符合自然法才能证明是正当的。从这方面讲，作为自然法学说特征的实在法和自然法之间的二元论，类似于现实（reality）和柏拉图的理念（idea）之间的形而上学的二元论。柏拉图哲学的中心就是他的理念学说。根据这一具有彻底的二元论性质的学说，世界被划分为两个不同的范围：一个是用我们的感官可以感觉到的可见的世界，我们称它为现实；另一个是不可见的理念世界。在这个可见世界中的每个东西，在另一个不可见的世界中有着它的理想模型和原型。在这个可见世界中所存在的事物，可以说只是存在于不可见世界中的理念的不完善的复

---

④　罗斯科·庞德：《法律哲学导论》，1922 年版，第 33 页以下：“自然法作为全部实在法的宣示；作为衡量所有实际规则的尺度，实际规则要尽可能制定得同它一致。新的规则要根据它来制定，旧的规则要由它来扩大或限制其适用范围——这种自然法概念，是法学家手中的一个强有力的工具，它使他们有充分的信心来完成缔造法律的任务。”确实是“一个强有力的工具”，但是，这个工具只不过是一种意识形态，或者用法学家更熟悉的术语来说，是一个虚构而已。

⑤　参见本书附录。

本、影子。在这种现实与理念之间、在我们感官的不完善世界和另一个不能为我们感官的经验所到达的完善世界之间的二元论，自然与超自然，自然的与超自然的、经验的和先验的、现世（here）与来世（hereafter）的二元论，世界的这种双重性（reduplication）[6]，不仅为柏拉图哲学的一个要素，而且也是对世界作各种形而上学的或像宗教一样解释的典型要素。这种二元论，根据它所宣称的在经验的现实与先验的理念之间是否一致或矛盾，或者具有乐观——保守的性质或者具有悲观——革命的性质。这种形而上学的目的并不是像科学的目的那样，理性地解释现实，而却是富于感情地接受或拒绝现实。由于理念定义中包含了先验主义，人们不可能客观地认识理念，那么，人们就对现实和理念间的关系自由地选择这种或那种解释。如果人们对理念世界有充分的洞察力，那他就能使自己的世界，特别是他的社会世界、他的行为，适应其理想模型；而且，只要人们的行为能符合这种理想，他会变得十分幸
福，那么他就一定会这样行为。他，因而还有他自己的经验世界， 13
就能变得十分完美。因此也就根本不会有先验的理想世界与经验的真实世界之区别，由于人的缺陷而造成的此一世界和彼一世界间的二元论就会消失，理想会成为真实。如果人们能知道自然法学说所断言存在的那种绝对正义的秩序，那么实在法就成为多余

---

⑥　亚里士多德：《形而上学》，第 990 b，在批评柏拉图的理念学说时说：“至于那些断定理念是原因的人，首先，他们在设法把握我们周围物品的原因时，引进了另外一些同这些物品的数目相等的物品，好像一个想要计算物品的人认为物品太少就不好计算，可以增加物品的数目，然后才来试算一样。形式实际上同物品一样多，或者并不比物品少……。”

的而且简直是毫无意义的。实在法的立法者面对从自然、理智或神圣意志中了解的社会正义秩序的存在，他们的任务就如同是在灿烂阳光下进行人工照明那样的愚蠢工作。如果我们有可能像解决自然科学或医学技术问题那样来回答正义问题，那么人们就不会想到用权威性强制措施来调整人们的关系，就如今天他不会想到由实在法来强制规定一个蒸汽发动机应怎样制造、一种专门病症应如何治疗一样。如果有一种客观上可以认识的正义的话，那就不会有实在法，因而也就不会有国家；因为没有必要去强迫人们得到幸福。然而，常有一种讲法：的确有一个自然的、绝对善良的秩序，但却是先验的因而是不能理解的；的确有正义这样一种事物，但却是不能明白界说的。这种说法本身就是矛盾。事实上，这只是对一个痛苦事实的委婉说法，即正义是一个人的认识所不能接近的理想。

4. 正义与和平

正义是一个反理性的理想。无论它对人们的意志与行为可能是多么必要，但它却是不能被认识的。从理性认识的观点来看，只有利益，因而也就只有利益的冲突。它们的解决可以用这样一个秩序来实现：或者是满足一种利益而牺牲其他利益；或者是在对立利益之间力求造成一个妥协。这两种秩序之间只有一种是“正义的”秩序，是不能由理性认识来确认的。这样的认识只能及于一个实在秩序，即以客观决定的行为来加以证明的秩序。这一秩序便是实在法。只有实在法才能成为科学的一个对象；只有这才是纯粹法理论的对象。它是法的科学，而不是法的形而上学。它提出了现实的法，既不称之为正义而加以辩护，或者名之为不正义而加以谴责。它寻求真实的和可能的法，而不是正确的法。正是在这一意义上，它是客观的和经验的理论。它拒绝对实在法加以评价。

然而，有一个说明是在经验基础上可以提出的理论：只有这样一种法律秩序，它并不满足这一利益而牺牲另一利益，而是促成对 14
立利益间的妥协，以便使可能的冲突达到最小的限度，才有希望比较持久地存在。只有这样一种法律秩序才能在比较永久的基础上为其主体保障社会和平。虽然这里所说的原来意义的正义理想，是与和平理想完全不同的，但却也存在着使这两种理想等同起来或至少使和平理想代替正义理想的趋势。

5. 正义与合法性

正义概念在意义上的这一变化是与这样的趋势齐头并进的，即将正义问题从主观价值判断的不可靠领域里撤回，而将其建立在一定社会秩序的可靠基础上。这一意义上的“正义”就是指合法性(legality)；将一个一般规则实际适用于按其内容应该适用的一切场合，那便是“正义的”。把它适用于这一场合而不适用于另一类似场合，那便是“非正义的”。这里所谓的“非正义的”与一般规则本身价值是无关的，这里仅讲一般规则的适用。在合法性的意义上，正义具有与实在秩序内容无关而与其适用却有关的特性。在这一意义上，正义是与任何实在法律秩序相一致并为它所要求，且不论这是资本主义的或共产主义的、民主的或专制的实在法律秩序。“正义”的意思是指认真地适用以维护实在法律秩序。它是“在法律下”的正义。一个人的行为是“正义”或“非正义”这样陈述，就“合法”或“非法”的意义上来说，意思是这种行为符合或不符合某个法律规范，而这个规范由于是属于一个实在法律秩序的，所以是判断人所预定为有效的。这样的陈述在逻辑上同我们将一个具体现象纳入抽象概念中去的陈述是一样性质的。如果将某种行为是否符合法律规范的陈述称之为价值判断,那么,这是一个客观价值判断,必须同用以表达判断人愿望或感情的主观价值判断明确地划分开来。特定行为是合法或非法的陈述是不以判断人的愿望和感情为转移的;它只能用一种客观的方式来测定。只有在合法性的意义上,正义概念才能进入法律科学中[7]。

15 二、法的标准(法作为特殊的社会技术)

如果我们的研究限于实在法,如果我们将所有那些一般称为"法"的、过去和现在的社会秩序加以比较,我们将发现它们有着为其他类社会秩序所没有的一个共同特征。这一特征对社会生活及其科学研究构成了一个无比重要的事实。而这一特征是我们可以将法与道德、宗教这些其他社会现象加以明确区分的唯一标准。这一标准(criterion)又是什么呢?

(一)直接动因与间接动因

每一社会秩序、每一社会——因为社会不过是一个社会秩序——的功能(function),就是促成人们的一定的互惠行为:使他们不作出根据某种理由被认为有害于社会的某些行为,并使他们作出根据某种理由被认为有利于社会的其他行为。

---

⑦ 参见本书第 47 页及其后几页。

按照促成社会所希望有的行为的形式，我们可以区分出各种不同类型的社会秩序，这些类型（这里要提出的是理想类型）的特征，就是社会秩序在引导个人作出所要求的行为时凭借的特种动因（motivation）。这种动因可能是间接的或直接的。秩序可能对服从行为赋予某种利益，对违反行为赋予某种不利，并从而使所约许利益的欲望或对威胁不利的恐吓成为行为的一个动机。符合于既定秩序的行为是由秩序本身中所规定的认可与制裁*来达到的。社会生活基础的赏罚（reward and punishment）原则，即报应（retribution）原则，就在于将符合既定秩序和违反秩序的行为，分别同所约许的利益与所威胁的不利，即认可与制裁联系起来。

但是，即使社会秩序没有约许人们在服从时给予利益，也没有威胁人们在违反时予以不利，即没有规定认可与制裁时，社会秩序仍能要求人们作出对个人看来分明是有利的行为，所以，仅仅一个规定这种行为的规范的观念，就已足以成为符合规范行为的动机。这种纯粹类型的直接动因在社会现实中是罕见的。

首先，调整个人行为的规范，如旨在直接诉诸个人因而仅仅规范的观念就足以成为动因，但这种规范简直是没有的。还有，个人
的社会行为始终是由一种价值判断伴随着的，即由符合秩序的行 16
为是“好的”，而违反秩序的行为是“坏的”这种观念伴随着的。因此，符合秩序通常就同人们共同的赞许联在一起，不符合秩序就同

* 此处英文是 sanction，原意可指某种有利或不利的后果，即赏罚。汉语中制裁一词一般仅指对违反法纪的不利后果。因此，对 sanction 的汉译要根据不同情况。此处译为“认可与制裁。”——译者注

人们的反对联在一起。集团对个人行为符合或违反秩序的这种反应的效果，就成为秩序的认可或制裁的效果。从现实主义观点来看，决定性的差别并不在于其实效（efficacy）基于认可或制裁的社会秩序和不基于它们的社会秩序之间的差别。每个社会秩序总会由共同体对其成员符合或违反秩序的行为的特定反应来加以"认可或制裁"的。高度发达的道德体系也是这样，这种道德体系最倾向通过无认可与制裁规范的直接动因类型。唯一的差别是某些社会秩序本身规定了固定的认可或制裁，而其他秩序的认可与制裁存在于共同体的、不由秩序明白规定的自发反应中。

（二）先验的认可或制裁与社会有组织的认可或制裁

社会秩序本身所规定的认可与制裁可能有先验的、即宗教的或社会内在的两种性质。

首先，由秩序所规定的认可与制裁在于由一个超人的权威，一个或多或少具有像神一样特征的存在，对个人适用利益或不利。按照宗教发展初期，人们关于超人所抱的观念是这些超人并不是在与现世不同的来世中存在，而是在人们周围的自然中同他们密切地联系着的。原始人还不知道现世与来世的二元论[8]。他们的第一批神大概就是生存在树木、河流、岩石中，尤其是某些动物中，死人的灵魂，特别是已死祖先的灵魂。这些神保证维护原始社会的秩序，以死亡、疾病、狩猎时和相似情况下的厄运，来惩罚侵犯社会秩序的行为；以健康、长寿、狩猎时的好运来奖赏服从社会秩序

⑧　参见本书作者著：《社会和自然》，1943 年版，第 24 页及其后几页。

的行为。报应确实来自于神力，但却在现世中实现。原始人总是根据报应原则去解释自然。他们只是从同他们有联系的利益和不利来看待自然事件，他们将有利事件解释为奖赏，将不利事件解释为惩罚。他们设想，这种赏罚是存在于自然现象内部或背后的那种人和超人施加予他们的。最早的社会秩序具有一种完全宗教的 17
性质。起先，除宗教制裁，即出自一个超人权威的认可与制裁以外，社会秩序就不知道还有其他什么认可或制裁。只是后来，至少是在较狭小的集团本身内，才出现与先验的认可与制裁并存的社会内在的认可与制裁，就是说，有组织的、由社会秩序根据这一秩序规定所决定的个人来执行的认可与制裁。在不同集团之间的关系中，很早就出现了血亲复仇（blood revenge），它是对被认为是不正当的，由一个外集团成员所造成的伤害作出社会有组织的反应。

产生这种反应的集团是一个以血亲关系为基础的共同体。这种反应是对被杀害人的灵魂的恐惧所引起的。如果杀人者属于外集团，看来被杀害人不能由自己去对杀人者进行复仇，因而他就强迫他的亲属去复仇。这样的社会有组织的制裁本身就是由先验的制裁所保证的。那些没有因其亲属之死而对外面杀人者及其集团实行复仇的人，就受到被杀害人的灵魂以疾病和死亡的威胁。血亲复仇看来是最早的社会有组织的制裁。值得注意的是，血亲复仇在最初具有部族之间的性质。只是在社会共同体已包括了以血亲关系为基础的几个集团时，它才变为一个部族内的制度。

在宗教的进一步发展过程中，人们将神力设想为属于一个与现世完全不同的而且同它距离极远的领域，神的报应的实现也就被推之于来世。这种来世往往——与报应的两重性相适应——被划分为一个天堂和一个地狱。在这一阶段，社会秩序就失去其宗教性质。宗教秩序只起着社会秩序的补充和支持的作用。社会秩序的认可与制裁专门是社会秩序本身所调整的人的行为。

（三）惩罚与奖赏

很值得注意的一个事实是：在这里所提出的两种类型的 sanction，即在不服从时所威胁的不利（最广义的惩罚）与服从时所约许的利益（奖赏），在社会现实中，第一种比第二种起着远为重要的作用。在社会秩序仍显然具有宗教性质，即由先验的认可与制裁所保证时，人们就特别清楚地看出，惩罚技术优于奖赏技术。原始
18 人的符合社会秩序的行为，特别是遵从很多称为“禁忌”（taboos）的禁令，原则上是由支配着这些人生活的那种恐惧所决定的。它是对超人权威所带来的巨大灾祸的恐惧。这种灾祸是超人权威对每一个侵犯传统习惯行为的反应。如果在原始社会里，破坏社会规范的行为远比文明社会少，就像某些人类学者所介绍的那种情况，这主要就是因为人们对精灵复仇的这种恐惧、也即对来源于神但却在现世实现的惩罚的这种恐惧，才会有保障社会秩序的效果。对奖赏的期望只有次要的意义。甚至在那些更发达的宗教里，神的报应已不再或不仅在现世中实现，而却要在来世实现，但预期死后会有惩罚的观念还占第一位。在人类的实际信念中，同在未来天堂里我们的美德将获得奖赏这种往往模糊的希望相比，人们对地狱的恐惧，就更为逼真，实行惩罚场所的情景也更为具体。即使在个人满怀希望的幻景不受任何限制时，这种幻景也会将先验秩序想象为与经验社会的技术并非完全不同的技术。

这可能是由于宗教意识形态始终或多或少反映实际社会现实这一事实。在这种情况下，以集团组织而论，实质上只考虑到实现社会所希望有的行为的一种技术：在相反行为时，以灾祸加以威胁与适用，即采用惩罚技术。奖赏技术只在人们的私人关系里，才起着重要的作用。

（四）法作为强制秩序

当制裁已在社会上组织起来时，对破坏秩序所适用的灾祸就在于剥夺所有物（possession）——生命、健康、自由或财产。由于所有物是违背他本人意志而被剥夺的，所以这种制裁就具有一种强制措施的性质。这并不意味着在实现制裁时必须使用武力（physical force）。这种武力只有在适用制裁遭遇抗拒时才是必要的。如果适用制裁的权威拥有充分权力，使用武力只是例外的情况。凡设法以制定这种强制措施来实现社会所希望有的人的行为，这种社会秩序就被称为强制秩序（coercive order）。它之所以是这样一种秩序，就因为它以强制措施来威胁危害社会的行为。作为这样一种秩序，它就显示出与其他一切可能的社会秩序的对
照，其中有些秩序规定以奖赏而不是以惩罚作为 sanction，特别是 19
有些秩序根本不规定任何 sanction，而依赖直接动因的技术。同制定强制措施的秩序不同，其他秩序的实效并不依赖强制而依赖自愿服从。但这种对照并不像表面上那么显著。这是因为奖赏技术，作为间接动因技术来说，处于作为强制手段的、通过惩罚的间接动因技术，与自愿服从技术的直接动因技术这两者之间的地位。自愿服从本身也是一种动因、即强制的一种形式，因而就不是自

由，但这是心理学意义上的强制。如果强制秩序与并无强制性的、依赖自愿服从的秩序，只有在一种秩序规定了强制措施作为制裁，而另一种秩序却并未如此规定这一意义上才有可能加以对比。而这些制裁也只是这种意义上的强制措施，即违反这些本人的意志而剥夺他们的所有物，必要时使用武力。

在这一意义上，法是一种强制秩序。

如果在不同时期以及极端不同的人民中通行的，而在意义上又异常不同的各种社会秩序，都被称为法律秩序，我们可能设想人们是在使用一个几乎没有意义的说法。古代巴比伦人的所谓法与今天美国所通行的法能有什么共同之处？一个在专制酋长领导下的黑人部族的社会秩序、也称为法的一种秩序，与瑞士共和国宪法，又能有什么共同之处？可是有一个共同的因素，足以证明这一术语是正当的，并使“法”这一词体现为一个具有高度社会重要意
50 义的概念。因为这个词指的是一个强制秩序的特定社会技术。尽管在古代巴比伦的法与今天美国的法之间、在西非洲亚山蒂人(Ashantis)的法和与欧洲瑞士的法之间存在巨大差别，但这种强制秩序，对这些在时间、地点、文化方面如此大不相同的人民来说，却基本上是相同的：都是这样一种社会技术，在相反行为时通过强制措施的威胁来促使人们实现社会所希望有的行为。使这种技术成为必要的社会条件是什么，这是社会学的一个重要问题。我不知道我们能否满意地加以回答。我也不知道人类是否可能将自己从这一社会技术中完全解放出来。但如果社会秩序在未来会不再具有强制性，如果社会会没有“法”而存在，那么这一未来社会和今天社会之间的差别，会比美国和古代巴比伦之间或者瑞士和亚山

蒂部落之间的差别不知要大多少。

（五）法、道德、宗教

既然承认法是一种强制秩序的特种社会技术，我们就能将它与其他社会秩序加以鲜明对比，那些社会秩序追求的部分目的与法一样，但却使用了很不同的技术。法是一个手段（means），一个特种的社会手段，而不是一个目的。法、道德和宗教三者都禁止杀人。但法之完成这一任务是通过规定：如果一个人犯杀人罪，那么由法律秩序所选定的另一个人就应对杀人者适用由法律秩序所规定的某种强制措施。道德则使自己限于要求：你勿杀人。如果一个杀人者受到同伴们的道德上的抵制；如果许多人之所以不去杀人，与其说是想逃避法律惩罚，倒不如说是由于逃避同伴们的道德谴责。但法与道德之间的巨大差别依然存在，即：法的反应在于秩序所制定的社会有组织的强制措施，而道德对不道德行为的反应或者是不由道德所规定，或者是有规定，但都不是社会有组织的。从这方面说，宗教规范比道德规定更接近法律规范。因为宗教规范以一种超人权威的惩罚去威胁杀人者。但是宗教规范所规定的制裁具有一种先验性，尽管宗教秩序规定了制裁，然而不是社会有组织的制裁。这种制裁也许比法律制裁更加有效，然而它们的实效预定要有对超人权威的存在与权力的信仰。

当然，这里讨论的不是关于制裁的有效性，而只是关于它们是否以及如何由社会秩序所规定。社会有组织的制裁是由社会所决定的一个人，以社会秩序所决定的方式，针对应就违反秩序的行为负有责任的那个人所采取的强制行为。这种违反秩序的行为，我们就称之为“不法行为”(delict)。不法行为与制裁都由法律秩序所决定。制裁是法律秩序对不法行为的反应,或者说就是法律秩序所构成的共同体对作恶者、即不法行为人的反应。实现制裁的人则是法律秩序的代理人(agent)。这等于说,实现制裁的人是由法律秩序构成的共同体的一个机关。一个社会共同体只不过是一
21 个调整那些从属秩序的各个人相互行为的社会秩序。说那些人属于某个社会或组成某个社会的意思,只是指那些人属于一个调整其相互行为的共同秩序。因而法律制裁就被解释为法律共同体的行为;至于先验的制裁,如犯罪者的患病或死亡或在另一世界中的受罚,却不能被解释为社会集团的反应,而却总被解释为超人的、因而也就是超社会权威的行为。

(六)使用武力的垄断

这里所说的强制秩序的社会技术有许多矛盾,其中一个事实是:这种社会技术的特殊工具,制裁的强制行为,和制裁要在人们关系中防止的行为,即不法行为,恰巧是同一类的行为;对社会危害性行为的制裁本身就是这样的行为。通过强制剥夺生命、健康、自由或财产的威胁所要达到的正好是为了制止人们在相互行为中强制剥夺别人的生命、健康、自由或财产。武力被用来防止在社会中使用武力。这看来是自相矛盾的;而避免这种社会的自相矛盾的努力就导向绝对的无政府主义,后者排斥即使是作为制裁的武力。无政府主义倾向于建立完全依赖个人自愿服从的社会秩序。它拒绝强制秩序的技术,从而拒绝法律作为组织的一种形式。

然而,自相矛盾只是表面现象。法律诚然是促进和平的一种

安排，它禁止在共同体成员关系中使用武力。但法律并不绝对地排斥使用武力。法律和武力不应被了解为相互绝对对立的。法律是武力的一种组织。因为法律对在人们关系中使用武力赋予一定条件，它授权只由一定的人并只在一定的情况下使用武力。法律所容许的行为就是在所有其他情况下将被认为是“禁止的”行为；法律上被禁止的意思就是采取制裁这样一种强制行为的条件。由法律秩序所授权适用强制措施（制裁）的人，作为这一种秩序的代理人而行为，或者说就是作为由该秩序构成的共同体的一个机关而行为。只有这个人，只有共同体的机关，才被授权使用武力。所以有人可能说法律造成共同体对使用武力的垄断。法律正因为这样做，才使共同体获得和平。

（七）法律与和平 22

和平是不使用武力的状态。在和平一词的这种意义上，法律仅仅提供了相对的而非绝对的和平。在这种和平中，法律剥夺了个人使用武力的权利，但却将该权利保留给共同体。法律的和平并不是绝对没有武力的无政府状态，它是共同体垄断武力的状态。

从长期看，只有在每个人尊重所有其他人的一定利益——生命、健康、自由和财产，就是说每个人能不强行干预别人的这些利益范围时，才有共同体可言。我们称之为“法律”的那一社会技术就在于用特种方法去诱导人们不强行干预别人的利益范围：如果有这种干预，法律共同体本身就要以对干预别人的人的利益范围的同样干预作出反应。以牙还牙，这就是作为这一社会技术基础的报应观念。只是到一个较近的进化阶段上预防观念才代替报应观念。但那也不过是为法律这一特种技术进行辩护的意识形态上的一个变化而已，技术本身依然如故。

因此，对别人利益的强行干预，一方面构成了一个非法行为、不法行为；另一方面，又构成了一种制裁。法律就是这样的一种秩序：根据这种秩序，使用武力一般地是受禁止的，但例外地，就一定情况和对一定人来说，却又作为一种制裁被容许。在法律规则里，使用武力，或者是作为一个不法行为、即采用制裁的条件而出现；或者是作为一个制裁、即法律共同体对不法行为的反应而出现。

正因为对个人利益范围的强行干预只被容许作为共同体对个人被禁止行为的反应，对个人利益范围的强行干预成了共同体的垄断，个人的固定利益范围才受到保护。在这种强行干预的共同体垄断并不存在时，就是说，社会秩序并没有规定对个人利益的强行干预只能在非常确定的条件下才能采取（即作为对个人利益范围非法干预的一个反应，而且只能由规定的人来实行）时，那就不
23 会有受社会秩序保护的个人利益范围。换句话说，就没有法律状态，而这种状态，就这里所发挥的意思来说，实质上是和平状态。

（八）精神强迫

强制是法律的一个要素这种观点经常被人错误地理解为法律制裁的有效性（effectiveness）是法律概念的一部分。而据说制裁之有效就是如果从属于法律的人，为了避免制裁的祸害而“合法地”行为，或者是如果制裁，当其条件、即不法行为具备时，已被执行。这种观点的一个表达便是下述经常听到的论调：法律是一个“可强制执行的”（enforcible）规则，或者甚至是一个由一定权威实

际上"已强制执行的"规则。霍兰(Holland)所下的一个著名定义便是典型:"原来意义上讲的法律是……人的外部行为的一般规则,由具有主权的政治权威加以强制执行。"[9]这就是说,法律规则所定的制裁由相应机关执行是法律规则的实质。但只有在一个人并不合法地行为,在他"违反"法律规则时,才是这种情况。换句话说,只是在法律秩序所试图促成的行为并未"强制执行",因而也就证明不是"可强制执行"这种具体情况下,才规定将由机关执行的制裁。制裁只是为这种情况才规定的。

让我们用"国民"这一术语来代表服从或不服从法律的人,用"机关"这一术语来代表执行制裁从而适用法律的人。如果有人把法律说成是一个"可强制执行的"或"已强制执行的"人的行为的规则,那么,就必须把国民的行为和机关的行为区分开来。霍兰的定义似乎指的是机关的行为。但是讲法律的"强制执行"的人通常所想的毋宁是国民的行为,即国民被迫服从法律规则。他们不是指由机关所实际执行的强制措施,而指的是国民的那种恐惧,担心在不服从法律、非法行为情况下将采取的措施。他们所想的"强制"因而是从人们关于法律秩序的观念中所产生的一种精神强迫(psychic compulsion)。这种观念如果提供了法律秩序所希望有的行为的一个动机,那么它就是"强制性的"。至少就这种精神上的强迫而论,法律与道德规范或宗教规范并无区别。因为道德规范和宗教规范,就我们对他们所抱的观念使我们符合这些规范而行为这一点说,也是有强制性的。

[9] 托马斯·厄斯金·霍兰:《法学大纲》,1924年第13版,第41页及其后几页。

24 **（九）合法行为的动机**

使这种“精神强迫”成为法律概念的一个要素的企图，还会引起另一个严重的异议。我们并不确切知道到底什么动机在吸引人们符合法律规则。迄今还没有人为了回答这一问题而以一种令人满意的科学方式对任何一个实在法律秩序作过考虑。目前，我们甚至还没有掌握任何方法，它们能使我们在一种科学的方式下处理这一社会科学上和政治上极端重要的问题。所有我们能做到的只是作出多少可以说得过去的推测。然而，合法行为的动机大概不会只是对法律制裁的恐惧或甚至是对法律规则约束力的一种信念。当一个人的道德观念和宗教观念同他所从属的法律并行存在时，他的合法行为经常是由于那些道德的和宗教的观念。有些好处决不是法律秩序所决定的，但事实上却与合法行为联结在一起，也可能是符合法律行为的一个动机。一个人之履行清偿债务的法律义务，往往不是因为他希望避免法律规定的对不偿还债务的人的制裁，而是因为他明白如果他注意清偿债务，他的信用便会增高；如果他不清偿债务，他便会失去信用。法律并没有将信用的利益规定为履行自己义务的一个奖赏。这种利益是事实上与合法行为连在一起的一种好处，而合法行为的动机往往是取得这种好处的希望。如果我们从一般人依法律规则行为这一事实，就得出结论说，这种现象是由法律秩序的观念，对法律秩序制裁的恐惧所施加的精神强迫而造成的，那是没有理由的。一个法律秩序是“有实效的”（efficacious），只严格地指人们的行为符合法律秩序。其中丝毫不涉及关于这一行为的动机，尤其不涉及来自法律秩序的“精神强迫”。

（十）反对法律作为强制秩序定义的论据

1. 尤根·埃利希的理论

强制为法律的一个要素的学说经常为人所争辩，尤其从社会学观点出发的人更是如此。最典型的论据是提出以下事实：人们服从法律秩序、履行法律义务，在很多——即使不是大部分——情况下，不是由于恐惧法律秩序所规定的制裁，而是由于其他理由。因而，例如埃利希（E. Ehrich），法律社会学奠基者之一，就说： 25

> “很明显。一个人生活在无数法律关系中，而且除少数例外，他很自愿地履行由于这些关系而负的义务。一个人履行自己作为父或子、夫或妻的义务。不干预他的邻人对其财产的享有，清偿自己的债务，交付他所出售的物品，向雇主提供他理应承担的工作。当然，法学家总会提出异议，认为所有的人之所以履行他们的义务，仅仅是由于他们知道法院最终能强迫他们履行这些义务。但如果法学家能费心观察一下（其实，他们并不习惯这样去做），到底人们做了什么和没有做什么，那么，他很快就会相信这一事实，即一般地说，法院强迫的概念甚至还没有进入人们的脑海中。人们的行为，只要他们并不只是本能地行为（其实他们往往不是这样的），是由完全不同的动机决定的。不然的话，他们就会同自己的亲属发生争吵，就会失去自己的地位、失去顾客，就会得一个爱争吵、不诚实、不负责任的人的坏名声。在所有人中，法学家应当是最

> 注意下述事实的人：人们做或没有做作为一种法律义务意义上的事，常常是完全不同于、有时远远超过权威者所能强迫他们做或不做的事。行为规则常常完全不同于因强迫(Zwangsnorm)而服从的规则。”[⑩]

说从属法律秩序的人之所以使自己的行为符合这一秩序，不仅仅是由于他们希望避免秩序所规定制裁的不愉快后果，这种讲法无疑是正确的。但这种讲法和认为强制是法律的一个要素的学说并不是不可调和的。后一学说并不指从属法律秩序者行为的实际动机，而是指行为的内容，指法律秩序为促使个人实现一定行为所采用的特种法律手段，这一社会秩序的特种技术。主张强制为法律要素的学说，并不指从属法律秩序者的实际行为，而指法律秩序本身，指法律秩序规定制裁的事实，以及正由于而且也只是由于这一事实、即由于这一特种社会技术，才使法律秩序与其他社会秩序区别开来。如果一个人之所以——违反他的本能冲动——不去杀人、通奸、偷窃，是因为他信奉上帝并且感到自己受上帝十诫(Ten Commandments)的约束，而并不是因为他恐惧一定法律规
26 范赋予这些罪行的惩罚，那么，至少就这个人而论，法律规范完全是多余的；从社会心理学的角度看来，对这个人来说，法律规范甚至是不存在的。如果我们从动机的角度来说明人的行为的话，这个人的行为是一个宗教现象，而不是法律现象，是一个宗教社会学上的，而不是法律社会学上的主题。如果法律秩序规定一个人犯

⑩　尤根·埃利希：《法律社会学基本原理》，1936 年英文版，第 21 页。

杀人、通奸、偷窃罪时的惩罚，这是因为立法者假定——不论其正确或错误——对上帝及其十诫的信仰，恐惧法律惩罚以外的其他动机，并不是以引导人们不去杀人、偷窃和通奸。如果存在了规定有特种制裁的任何法律秩序，这正是因为创造和执行这一法律秩序的人——假定，不论其正确或错误——其他社会秩序并未规定制裁或者其他的制裁不足以有效到能促使实现法律秩序创造者和执行者所想要的行为。

法律秩序不同于一切其他社会秩序之处就在于法律秩序以一种特种技术来调整人们行为的事实。如果我们忽视法律这一特殊因素，如果我们并不认为法律是一种特种社会技术，如果我们将法律简单地界说为只是秩序或组织而不是一种强制秩序（或强制组织），那么，我们也就失去了区别法律和其他社会现象的可能性；我们也就将法律和社会、法律社会学和一般社会学，等同起来。

这是许多法律社会学家的，尤其是尤根·埃利希的法律社会学的一个典型错误。埃利希的主要论点如下：我们只有将法律看成是法院在判决它们面前的法律争端时所必须依据的规则，那么，法律才是一个强制秩序。但是法律并不是，或者不只是，法院在判决争端时所依据或必须依据的规则；法律是人们实际行为时所依据的规则。

“人的行为规则以及法官判决法律争端所依据的规则，可能是两个完全不同的事物，因为人们并不是始终根据在解决他们争端时所适用的规则而行为的。法律历史学家无疑会认为法律是人的行为规则，他讲到在古代和中世纪，缔结婚姻、

夫妇、双亲和子女在家庭中共居所依据的规则。他告诉说财
产是个人所有或共同所有；土地由地主耕种或由交租金的租
佃人耕种，或由服劳役的农奴耕种；契约如何成立，财产如何
继承。如果有人要求一个刚从外国归来的旅游者讲一下他们
27 结识的那些人民的法律时，就会听到同样的事情。这个旅游
者会讲诸如婚姻习惯、家庭生活、成立契约的方式，但这个旅
游者将很少讲到判决诉讼所依据的规则。

当法学家为了纯粹科学的目的而研究一个外国的或遥远时代的法律时，会很本能地采取上述这种法律概念，然而当他转向他本国的以及当代的实在法时，他就马上放弃了这种概念。他并没有意识到自己的改变（仿佛这是秘密地发生的），而人们行为所依据的规则已变成了法院或其他审判机关用以判决人们行为的规则了。后一种规则的确也是一种行为规则，但它只是对很少一部分人，即对被委托适用法律的权威者来说，才是行为规则，而并不是像前一种规则那样，是对全体人的。科学的观点已让位于适应司法官要求的实用观点。司法官当然有兴趣了解他所必须照办的规则。法学家的确把这些规则也看作是行为规则，但他们是通过自己思想上的一个跳跃而具有这种观点的。他们的意思是说，法院判决所依据的规则就是人们必须据以调整其行为的规则。在这点上他们还加上了一个模糊不明的观念，即：在时间的进程中，人们实际上将根据法院所据以判决的规则来调整自己的行为。一个行为规则的确不仅是人们习惯地调整其行为时所依据的规则，而且也是一个他们应当如此行为所依据的规则；然而说这

> 个"应当"专门由或者主要由法院来决定，这却是一个完全不能容许的推定。日常经验的教导恰恰相反。当然没有人否认司法判决影响人们的行为，但是我们首先要问一下这一点真实到什么程度以及依什么情况为转移。"⑪

埃利希对这一问题的回答是，司法判决只在很有限的范围内影响人的行为。法院与共同体其他机关据以决定争端的规则，这也就指规定强制行为作为制裁的规则，只不过是法律的一部分而且甚至不是一个主要的部分，法律是人们(包括并非共同体机关的人)在实际行为时所依据的规则或规则的总和。然而并不是人们实际行为所依据的每一条规则都是法律规则。在法律规则和人们行为的其他规则之间究竟有什么特殊差别？这意思就是：法律的标准又是什么？法律社会学的不同于一般社会学的特殊对象又是什么？对于这一问题，埃利希只作了如下回答：

> "因此，法律作为国家所维护的强制秩序的概念中有三个因素在任何情况都必须加以排除。这种法律概念是传统的法 28
> 律科学，虽然不是在形式上始终如此，但在实质上却坚持不放的，这三个要素，即法律由国家所创立，法律构成法院或其他审判机关判决的基础，法律是因这些判决而来的法律强制的基础，都不是法律概念的要素。第四个因素仍然存在，而它必将成为出发点，即：法律是一种安排……我们认为可以确立的

⑪ 《法律社会学基本原理》，第 10—11 页。

> 是，在联合(association)这一概念的范围内，法律是一种组织。就是说，一种规则，它分配该联合的每一成员在共同体中的地位(不论居于统治地位或从属地位〔Überordnung，Unterordnung〕)及其义务；我们现在完全无法推定说法律之所以存在于这些联合内，主要目的是为了解决共同关系中所产生的争端。解决争端所依据的法律规范、供判决之用的规范，只是一类具有有限功能和目的的法律规范。"⑫

埃利希企图使法律定义摆脱强制因素的结果就是以下定义：法律是人们行为的一种安排。但这是社会的定义，而不是法律的定义。每一个调整人们相互行为的规则的总和都是一个秩序或组织，它们构成一个共同体或联合，"分配该联合的每一成员在共同体中的地位及其义务"。这种没有法律性质的秩序为数甚多。即使我们将秩序和组织的概念限于那些相对集权的秩序，它们设立了创造和适用秩序的特殊机关，但秩序的概念仍不足以说明法律。法律是一种秩序，通过一种特定的技术，为共同体每个成员分配义务从而决定他在共同体的地位；它规定一种强制行为，对不履行义务的共同体成员加以制裁，如果我们忽视这一因素，我们就不能将法律秩序同其他社会秩序区分开来。

2. 永无止境的制裁系列

反对强制是法律的一个因素或制裁成为法律结构中的一个要素这一学说的另一种论据，可表达如下：如果为了保证规定某种行

⑫ 《法律社会学基本原理》，第23—24页。

为的一个规范的实效，必须用另一个规范规定出不服从前一规范时的制裁，那么，一种永无止境的制裁系列（never-ending series of sanctions），一种 regressus ad infinitum（无限的倒退）就会是不可避免的。“为了保证一个甲规则的实效，就必须有一个甲＋1 的规则”。[13] 可是既然法律秩序只能由固定数目的规则构成，那么，规 29
定制裁的规范就预定会有不规定制裁的规范。强制并不是法律的一个必需的而只是一个可能的因素。

为了保证一个甲规则的实效就必须有一个甲＋1 的规则，因此，这就不可能用规定制裁的规则来保证一切法律规则的实效，这种论断是正确的。但是法律规则并不是一个其实效由另一规定制裁的规则所保证的规则，即使这一规则的实效也不由其他规则所保证。一个规则之所以是一个法律规则并不是由于其实效由另一规定制裁的规则所保证；一个规则之所以是一个法律规则是由于它规定了一个制裁。强制（约束、制裁）的问题并不是保证规则实效的问题，而是规则内容的问题。以规定制裁的规则来保证一个法律秩序的所有规则的实效是不可能的，这一事实并不排除我们可以认为只是规定制裁的规则才是法律规则。一个法律秩序的所有法律规范都是强制规范，即：都是规定制裁的规范，但在这些规范中，有些是其实效并不由其他强制规范所保证的规范。例如甲规范规定如下：如果一个人进行偷窃，另一个人，共同体的一个机关，应对前者加以惩罚。这一规范的实效是由甲＋1 规范保证的：

---

[13] N. S. 蒂马沙夫：《法律社会学导论》，1939 年版，第 264 页，转引自 L. 彼得拉任斯基的《法律和国家理论》（1909 年俄文第 2 版，第 273—285 页）。

如果该机关不惩罚偷窃者，另一机关就应惩罚不履行惩罚偷窃者义务的那一机关。并没有保证甲＋1 规范实效的甲＋2 规范。那个甲＋1 强制规范：如果该机关不惩罚偷窃者，另一机关应惩罚该违法机关，并不是由甲＋2 规范来保证的。但是这一法律秩序的所有规范都是强制规范⑭。

最后，有人以在一个法律秩序的规范里有许多根本没有规定制裁的规则这种说法来反对强制是法律的一个要素的学说。宪法规范虽然没有规定制裁，但却常被称为法律规范。这一论据我们将在其后一章中再加述及⑮。

三、效力与实效

因而，对法律所必要的“强制”因素并不在于所谓“精神强迫”，
30 而却在于这种事实，即组成法律秩序的规则规定了在特定场合下作为制裁的特定强制行为。强制因素仅关系到作为这一法律规范内容的组成部分，作为这一规范所规定的一种行为，而不是从属规范的人的精神活动。构成道德体系的规则就没有这种含义。不论人们实际上是否在为避免法律规范所威胁的形式下行为，不论制裁在其条件具备时实际上是否实现，这些都是关于法律实效（efficacy）的问题。但是这里讨论的并不是法律的实效，而是法律的效

---

⑭　这并不意味在一个法律规范里所载的制裁的执行，始终具有一种法律义务的性质。参见本书第 59 页及其后几页。

⑮　参见本书第 143 页及其后几页。

力(validity)问题。

(一)“规范”

法律的效力有别于法律实效的性质是什么呢?这种不同可以用一个例子来加以说明:一个法律规则禁止偷窃,它规定法官必须惩罚每一个偷窃者。这一规则对所有的人、对从而被禁止从事偷窃的人、对必须服从该规则的人,即“国民”,都是“有效力的”。这一法律规则尤其对那些实际上已进行偷窃并因而“违反”规则的人,更是“有效力的”。这就是说,这一法律规则即使在它缺乏“实效”的情况下,也是有效力的。正是这种情况下,这一法律规则必须由法官加以“适用”,那么它就不仅对国民,而且对适用法律的机关,都是有效力的。即使偷窃者万一能逃脱,法官因而也就无法惩罚他并适用法律规则,但这一规则仍保留其效力。因而,在特殊情况下,即使这一规则,在其所规定制裁条件已具备,然而法官却发现他本人无法下令制裁这种意义上,并无实效,但这一规则对法官来说,却仍是有效力的。即使在一个具体场合下,这一规则缺乏实效,并未被服从或并未被适用,但却仍是有效力的,这种说法的意义又是什么呢?

我们所说的“效力”,意思就是指规范(norm)的特殊存在。说一个规范有效力就是说我们假定它的存在,或者就是说,我们假定它对那些其行为由它所调整的人具有“约束力”。法律规则,如果有效力的话,便是规范。更确切些说,它们是规定制裁的规范。然而规范又是什么呢?

1. 法律作为命令，即意志表示

在我们企图解释一个规范的性质时，就让我们暂时假定规范便是命令(command)。奥斯丁就是这样来说明法律的特征的，他
31 说："每一法律或规则……是一个命令。或者不如说，原来所称的法律或规则，是命令的一种。"[16]一人命令是一个人的以另一人的行为为客体的意志(或愿望)的表示。如果我想要(或愿望)某个人在一定方式下行为，而且如果我在一个特殊方式下向别人表示了我这种意志(或愿望)，那么，我的这种意志(或愿望)表示便构成了一个命令。命令在其形式上不同于请求，不同于单纯"祈求"。命令是一种绝对必要形式的意志表示，某个人应在一定方式下行为。当一个人具有或者相信他自己具有对其他人的一定权力时，当他处于或者相信他处于一个能强行实现要别人服从的地位时，他就大概会特别提出这种形式的意志。但并不是每一个命令都是有效力的规范。一个命令只有在它对它所指向的人有约束力、只有这个人应当做命令所要求做的事情时，才是一个规范。当一个成年人指挥一个儿童做某件事，且不论这个成年人在权力上如何优越，也不论这种命令的形式是如何绝对必要，但这并不是一个有约束力的命令。如果这个成年人是儿童的父亲或老师，那么这个命令就对孩子有约束力。一个命令之是否有约束力要依命令人是否已"被授权"(authorized)发出命令为根据。假定他已被授权的话，那么他的意志表示便是有约束力的，即使事实上他没有任何优越的权力，并且这种表示也不具有绝对必要的形式。奥斯丁确实认为

[16] 约翰·奥斯丁：《法理学讲演集》，1885年第5版，第88页。

“一个命令不同于其他愿望，不在于表示希望的式样，而在于当希望被忽视时命令施加处罚或痛苦的权力和目的。”他还说：“一个命令不同于其他愿望表示在于这一特点，即命令所指向的一方，在违背愿望时就应受另一方所加的处罚。如果我违背你所表示的希望就要受你所加的处罚，我就受你的命令所约束或负有义务。”[17]这样一来，奥斯丁就把“命令”和“约束性的命令”这两个概念等同起来。但这是错误的，因为并不是某一具有优越权力的人所发出的每一个命令，都是有约束力的。一个盗匪要我交出钱来的命令是没有约束力的，纵使这个盗匪实际上能强行实现他的意志。重复一下：一个命令之所以有约束力，并不是因为命令人在权力上有实际优势，而是因为他“被授权”或“被赋权”发出有约束力的命令。而他之“被授权”或“被赋权”，只是由于一个预定是有约束力的规
范性命令，授予他这种能力(capacity)，即发出有约束力命令的权 32
限(competence)。因而，即使命令人对接受命令人事实上并没有什么实际权力，但他指向另一人行为的那种意志表示，便是一个有约束力的命令。命令的约束力并不“来”自命令本身，而却来自发出命令的条件。假定法律规则是有约束力的命令，那么显然，那些命令中之所以有约束力，就因为这些命令是由有权限的机关所发出的。

2. 法律行为中的当事人“意志”

然而，根据比较严密的分析，法律规则显然只是在一种很含糊不明的意义上才是“命令”。命令就这个词的原意说，只是在特定

---

[17] 约翰·奥斯丁：《法理学讲演集》，1885年第5版，第89页。

人作出并表示意志行为时才存在。一个命令的存在预定要有两个因素:其一是以某个别人的行为为其对象的意志行为;其二是通过文字或姿态或其他标志的相应表示。一个命令只有在这两个因素均具备时才存在。如果某个人给我一个命令,而我在执行以前,有充分的证据说明作为基础的意志行为已不再存在(如命令人的死亡),那么我实际上就没有收到任何命令,即使这个命令的表示依然还在,如这个命令是书面的。但在命令有约束力时,情况就完全不同,即命令还"继续存在",即使意志行为已不再存在。一个人的所谓"最后的意志"——他的遗嘱,就是这样一种命令,它首先要:他本人已死去,因而他已不再能表示意志;以及一个命令(就该词的原意而论)已不再可能存在时,它才具有约束力。因此,在这种情况下,约束力一定不在于遗嘱人心中的心理意志行为,而是另有所在。即使遗嘱人方面的真实意志对遗嘱的效力是必要的。约束力也不可能属于这一意志;它一定属于由遗嘱人意志所"创造"的某种事物,其"存在"和"效力"超过那个真实意志存在的某种事物。

为了要成立一个"有约束力的契约",两个人就一定要表示他们的协议,即他们关于某种相互行为的一致意图或意志。契约是双方缔约当事人的意志的产物。然而,即使在后来当事人一方改变他的意思而不再想要他在缔约时表示想要的东西时,这个契约还是被假定生效的。因此,契约就使这一方承担了违反其真实意
33 志的义务,所以,约束力不在于双方当事人"意志";这种"意志"也不可能在契约已缔结后,继续"有效力"。如果我们用"契约"这个术语来指具有约束力的事物,那么,有约束力的契约与成立契约的程序,即双方当事人一致意图的表示,是两个不同的现象。再有,

成立一个有约束力契约的程序，是否在每一方的心里必然包含了一个真实意图，即以契约内容作为对象的“意志”，这也是值得怀疑的。

3. 立法者的“意志”

如果我们将议会以宪法规定的形式所决定的法律称为“命令”，或称为立法者的“意志”，那么这一意义上的“命令”与原意所称的命令很难有共同之处。议会决议所产生的法律显然是在这样一个时刻开始存在的，当时决议已作出并且当时——假定决议是意志的表示——那里已不再有任何意志。议会成员在通过法律后，就转向其他问题并停止再对这一法律的内容表示意志，如果他们持有任何这样意志的话。由于法律要依靠立法程序的完成才开始出现，所以法律的“存在”就不在于属于立法机关的个人的真实意志中。一个希望确认法律“存在”的法学家总不会去试图证明心理学现象的存在。法律规范的“存在”并不是心理学上的现象。即使当那些创造了一个法律的个人已不再对这一法律的内容表示意志时，甚至当任何人都不对它的内容表示意志时，至少那些有权以他们的意志行为来创造法律的人已不再如此时，法学家还认为这个法律是“现存的”。当那些创造法律的人死去已久并已不再有任何一类意志时，那个法律却还“存在”，这种情况确是可能的并且实际上也往往如此。所以，纵使对立法来说，一个真实的意志行为是必要的，但有约束力的法律不能是立法者心中的意志。

如果我们从心理学来分析宪法上创造法律的程序，我们将进一步发现创造有约束力规则的行为并不必然是以规则内容为其对象的“意志”行为。法律是由议会的决议所创造的。根据宪法，议

会是有权制定法律的机关。议会用以决定法律的程序主要在于对
34 提交议会议员的草案的表决。如果多数议员投票赞成该草案，法律就被“决定”。投票反对该草案的议员对这一法律的内容并无“意志”。尽管事实上他表示了相反的意志，而他们的意志就法律的创造来说，是同投赞成票的那些人的意志表示一样重要的。这一法律的确是包括持反对意见的少数人在内的整个议会的“决议”。但显然，这并不意味着议会对这一法律表示了心理学上的意志，就像议会的每个议员对法律的内容表示了意志。就让我们只考虑投票赞成这一法律的多数人来说，即使是他们，说这多数议员对该法律表示意志也分明是虚构的。投票赞成一个草案毕竟并不意味实际上愿意要求这一法律的内容。在心理学意义上说，一个人“愿意要求”的只是他持有观念的事物。“愿意要求”某人所茫然无知的事物是不可能的。可是事实上往往是，如果不是始终是的话，相当多的投票赞成草案的人，充其量只有对草案内容很肤浅的了解。宪法所要求他们做的全部事情就是他们以举手或说“是”的办法投票赞成草案。他们可以这样做而并不了解草案的内容并且也没有将草案的内容当作他们表示“意志”的对象，也就是这种意义上的“意志”，一个人表示“意志”要求：当他命令另一人在一定方式下行为时，此人将这样行为。我们在这里将不再对议会议员对一草案给予宪法上所要求的“同意”的事实作进一步心理学上的分析。这样说也就足够了，同意一个草案并不必然是对一个法律的内容表示意志，法律也不是立法者的“意志”（如果我们把“意志”了解为一个真正的意志、一种心理学上的现象），所以，法律也不是原来意义上的命令。

4. 习惯法作为命令

当我们考虑习惯法时，关于法律规则是命令这种一般说法的虚构性就更加显然了。假定在某一共同体中，下述规则是被认为有效的：债务人必须向债权人支付5%的利息，如果在这一点上双方并无其他协议的话，再假定这一规则是通过习惯而成立的；长久以来，债权人事实上就已要求5%的利息，而债务人事实上也付出了这一数目。也假定，他们在这样做时的意见是，这样的利息是“应当”付的，就如罗马法学家所讲的 Opinione necessitatis（认为必要）。

不论我们关于习惯法的法律创造事实的学说如何，但我们永不能争辩说，每一债务人接受一笔借款而未约定其他利率就应付 35
5%的利息的习惯，就是其实际行为构成这种习惯的那些人的“意志”或“命令”。在每一个特殊情况下，无论债权人或债务人都没有关于别人行为的任何意志。一个债权人要一个债务人付他5%的利息，而这个债务人实际上就付给了这个债权人以所要求的利息。这就是那些特殊事实的性质，这些事实共同构成了“习惯”的存在，创造了一般规则：在一定情况下，借款债务人一定要付给借款债权人5%的利息，习惯的存在并不包含任何以这一规则为其内容的意志。在一个特定案件中，共同体的法院责成债务人支付5%的利息，法院判决的根据是，它推定在借贷问题上，人们必须像共同体成员一贯所做的那样行为。这一推定并不反映任何立法者的真实“意志”。

5. “应当”

当法律被描写成立法者的“命令”或“意志”表示时，以及当法律秩序本身被说成是国家的“命令”或“意志”时，这必须被了解为一种比喻性说法。比喻说法往往来自类推(analogy)。一个法律规则“载明”、“规定”或“订定”人的一定行为这种状态，事实上就像一个人要另一个人以如此这般方式行为并以命令的形式表示这一意志的状态。唯一的不同是，当我们说人的一定行为由一法律规则所“载明”、“规定”或“订定”时，我们使用了一个抽象化的办法，它消除了体现为命令的心理学上的意志行为。如果法律规则是命令，那就可以说它是一个排除心理化的命令，并无心理学意义上的“意志”的命令。法律规则所规定的行为是在没有任何人必须表示心理学意义上的“意志”时“被要求”的。这是用人们“应”、“应当”遵守法律订定的行为这种讲法来表达的。“规范”是这样一个规则，它表示某个人应当以一定方式行为而不意味任何人真正“要”他那样行为。

规范的“应当”和命令之间的对比只在很有限的意义上才是有根据的。根据奥斯丁的观点，使法律成为“命令”者就是法律的约
36 束力。这就是说，在我们将法律称为命令时，我们只不过表示法律是“规范”的事实。在这一点上，在议会制定的法律、双方当事人所缔结的契约、或一个人立下的遗嘱这三者之间，并无不同之处。契约也是有约束力的，它是约束双方当事人的规范。遗嘱也是有约束力的，它是约束遗嘱执行人和继承人的规范。如果一个遗嘱，即使用对比的方式，是否可以被说成“命令”还有可疑的话，那么，把契约说成是“命令”则是绝对不可能的。否则在契约的场合下，同一个人就会既发出命令又受命令的约束。严格地说，任何人都不可能命令他自己。但规范却可以由受规范所约束的同一个人所

创造。

这里有人可能会提出异议:契约本身并没有约束双方当事人,约束当事人按契约行为的是国家的法律。然而,法律有时可以很像契约。民主制的实质是:法律就是由受这些法律所约束的人创造的。既然命令与被命令的等同是和命令的性质不相容的,那么,以民主方式所创造的法律就不能被认为是命令。如果我们要把法律比之于命令的话,我们就必须用抽象化的办法来消除这一事实,即这些“命令”是由它所针对的人所发出的。人们只有对发命令的人和命令所针对的人之间的关系置之不理,他推定的只是命令所针对的人和被认为是不具人格的、无名的机关那种“命令”之间的一种关系,那么他才能把民主的法律说成是“命令”。那便是凌驾于被命令的人和命令人之上的法律的权威。约束力并不来自任何下命令的人而却来自不具人格的、无名的“命令”本身这一观念。体现在这句名言中:non sub homine,sed sub lege(不在人下,仅在法下)。如果命令概念包括上下级关系,那么只有在我们认为由法律规则所约束的人从属于规则时,这些法律规则才是命令,一个不具人格的和无名的“命令”——这就是规范。

认为一个人“应当”在一定方式下行为这种说法,既不意味着某一其他人表示“意志”要求他或“命令”他这样,也不意味着应当以一定方式行为的那个人实际上就这样行为。规范表示这样的观念:某件事应当发生,特别是一个人应当在一定方式下行为。规范丝毫没有讲到有关个人的实际行为。认为一个人“应当”在一定方
式下行为这种说法意味着,这一行为是由一个规范(它可能是道德 37
的或法律的规范,或某种其他规范)所规定的。“应当”只不过表示

了人的行为是由一个规范所决定的这一特定意义。为了说明这种意义，我们所能做的一切就是说，这种意义不同于我们说一个人实际上在一定方式下行为、某件事实际上发生了或存在着的那种意义。认为某件事应当发生这种说法是关于一个规范的存在和内容的一种说法，而不是关于自然现实，即自然中的实际事件的一种说法。

一个表示某件事应当发生（虽然它可能实际上并不发生）这种观念的规范，是“有效力的”。而如果所指的发生的事是某个人的行为，如果规范说某个人应当在一定方式下行为，那么，该规范就对那个人有“约束力”。只有借助于规范的概念与相关联的“应当”的概念，我们才能理解法律规则的特定意义。只有这样，我们才能理解法律规则及其与为他们的行为而“规定”的、为他们订定一定行为方针的那些人之间的关系，以说明人们实际行为的规则来代表法律规范的意义，并从而使法律规范的意义不依靠“应当”的概念的任何企图，是一定要失败的。无论是关于创造规范的那些人的实际行为的说法，还是关于受规范支配的那些人的实际行为的说法，都不能复制规范本身的特定意义。

总之，说一个规范对某些人是“有效力的”，并不是说某个人或某些人“要”其他人在一定方式下行为，因为如果不存在这样的意志，规范还是有效力的。说一个规范对某些人是有效力的，并不是说一些人实际上就在这种方式下行为，因为即使这些人并不那样行为，规范对他们也是有效力的。区别“应当”和“是”（is）对说明法律是具有根本性的。

(二) 一般规范与个别规范

如果称法律为“规则”,那就一定要强调指出法律规则(legal rules)实质上不同于其他规则,尤其不同于那些体现为(物理学意义上的)自然法则(laws of nature)的规则。自然法则是关于事物的实际过程的讲法,而法律规则则是对人的行为的规定。自然法则是描述自然事件实际上如何发生以及这些事件为什么发生的规则,那就是说什么是它们的原因。法律规则只指人的行为;它们讲
人们应当如何行为,而不讲人们的实际行为及其原因。为了防止 38
(对法律性质)误解起见,因此在这里最好不用“规则”这一术语,而将法律称为规范。

为什么法律的“规则”称谓会引人误解的另一个理由是,“规则”一词含有某种“一般”的内涵。“规则”并不指一个单独的、不重复发生的事件,而是指一整批同样的事件。规则的意义是,当某种条件具备时,某类现象就发生,或应当发生,总会或几乎总会发生。事实上,法律经常被人解释为“一般规则”。奥斯丁[18]就是在“法律”和“特殊命令”之间作了一个明显的区别:他说,当命令“一般地使一类的行为(act)或不行为(forbearance)负有义务时……命令就是法律或规则。但当命令使特定的行为或不行为负有义务时,命令就是偶然的或特殊的”。既然法律已与规则等同起来,我们也就只能认为法律是一般规范(general norm)。但法律无疑并不只是由一般规范组成的。法律包括了个别规范(individual norm),

[18] 约翰·奥斯丁:《法理学讲演集》,1885 年第 5 版,第 92 页。

即：它决定一个人在一个不重复发生的状态下的行为并从而只对一个特殊场合才有效而且只可能被服从和适用一次。这样的规范之所以是“法律”，就因为它们是整个法律秩序的组成部分。正好像借以创造它们的那些一般规范一样的意义。法院判决，至少就其约束力限于当前的特殊案件而论，就是这种特殊规范的例子。假定一个法官命令债务人甲向他的债权人乙归还1000元。这里法官就通过公开地或暗示地威胁甲如不付款就予以民事制裁的办法，来“命令”甲付给乙1000元。这个法官的判决如同下述一般原则同样意义和同样理由的法律规范，这个一般原则就是：如果某人并不归还借款，那么根据债权人申请，就应当对他加以民事制裁。与法律的“约束力”或“效力”内在地联系着的，并不是法律的可能的一般性，而只是法律作为规范的性质。既然法律按其本性来说是规范，那就没有理由为什么只有一般规范才能被认为是法律。如果从其他方面看，个别规范体现了法律的主要特征，这些规范也必须被承认为法律。

（三）有条件规范与无条件规范

一般法律规范总具有假设性（hypothetical）说法的形式。规范所定制裁是在一定条件下规定的。个别规范也可以具有这种假设性形式。刚才提到的法院判决就提供了一个例子。民事制裁是在被告不遵守法律所定的行为这一条件下规定的。然而，也有不
39 具有假设性的个别法律规范。例如，刑事法院首先确认某人犯有一定不法行为之罪，然后对他处以一定刑罚，如监禁两年。刑事被告人应被剥夺两年人身自由是法院所创造的个别规范，就是以假

设性一般规范为基础的。这种个别规范是无条件的。

（四）规范与行为

这一法院判决的执行——意指被定罪人实际上被投入监中并在那里服刑两年的过程——本身并不是一个法律规范。如果我们称这一过程为一个“法律行为”（legal act），从而表示这一行为也属于法律，那么，法律是规范体系的定义就似乎太狭窄了。法律行为不仅是法律规范的执行，它所规定的制裁的设定，而且还有用以创造法律规范的全部行为。法律调整它自己的创造是法律的一个特点，它有极端重要的理论意义。这一问题在本书以下再加论述。创造法律规范（一般规范或个别规范）的行为，之所以是由法律秩序所决定的行为，是由于它不亚于执行法律规范的行为。行为之所以成为法律行为正因为它是由法律规范所决定的。行为的法律性质等于行为与法律规范的关系。行为只是因为它是由法律规范决定并且也只在这一范围内才是一个“法律”行为。所以说法律是由规范和行为组成的，这是不正确的。说法律是法律规范与由这些规范决定的法律行为所构成，还比较近乎正确。如果我们采取一种静态观点，即如果我们只在法律秩序的已完成的形式下或静止的状态下来考虑法律秩序，那么我们只注意到用以决定法律行为的规范。另一方面，如果我们采取一种动态观点，如果我们考虑到法律秩序被创造和执行的过程，那么我们只看到法律创造行为和法律执行行为。对静态法和动态法之间的这种重要区别，我们以后将再作论述。

（五）实效作为行为对规范的符合

在前面，我们已试图澄清法律的效力和实效之间的不同。法律效力的意思是法律规范是有约束力的，人们应当像法律规范所规定的那样行为，应当服从和适用法律规范。法律实效的意思是人们实际上就像根据法律规范规定的应当那样行为而行为，规范实际上被适用和服从。效力是法律的一种特性；所谓实效是人们实际行为的一种特性，而不是像日常语言似乎指的那样，是法律本身的一种特性。法律是有实效的说法仅意指人们的实际行为符合
40 法律规范。因而，效力和实效是指的完全不同的现象。效力和实效都是法律属性的日常用语，是容易引人误解的，即使法律实效的意思是指法律观念提供了合法行为的动机。法律作为有效力的规范体现在人们应当在这一方式下行为这一讲法里，其中并不告诉我们任何有关实际的事件。上述意义的法律实效，就在于人们由其规范观念指引去遵守该规范所要求的行为。这样理解的法律实效的讲法是关于实际行为的讲法。用“规范”这同一个词既指有效力的规范又指一个心理学事实的规范观念，那就犯了一种可能引起严重谬误的模棱两可的错误。然而，正如我已指出的，关于人们的法律观念可能具有的推动力量，我们无法精确地论述。客观地说，我们只能确定人的行为符合或不符合法律规范。在本书中，赋予法律“实效”这一用语的唯一含义就是人的实际行为符合法律规范。

（六）与规范“相反”的行为

认为实际行为“符合”规范的判断，或者认为某人的行为就像根据规范，它应当是那样的判断，可以说是价值判断。它宣告一个对象，尤其是人的行为，与宣告者预定有效的规范之间的关系。这种价值判断一定要与另一种宣告仔细地区别开来，即宣告对象与宣告者或其他人的利益之间的关系。在判断某个事物是“好”时，我们可以指我们（意思就是判断者或其他人）希望要这个事物或者我们发现它是令人愉快的。这样，我们的判断就宣告了一个实际的事物状态：它是我们自己或其他人对我们确定称为“好”的事物的感情态度。关于某个事物是“坏”的判断也是这样，仿佛因此我们对它表示了我们的态度，那就是，我们并不希望要它或者我们发现它是令人不快的。如果我们将这种判断称之为价值判断，那么这些价值判断是关于实际事实的论断；它们与其他关于现实的判断，在原则上并无区别。

关于某个事物——特别是人的行为——是“好”或“坏”的判 41
断，除了宣告作出判断者或其他人，希望要或不希望要这种行为，发现这种行为是令人愉快的或不愉快的以外，还有其他意义。这样一种判断也可以表示关于行为是否符合其效力为我所预定的规范的那种观念。在这里，规范被用来作为评价的标准[19]。这种判断也可以被说成是根据规范来“解释”实际事件。规范（其效力是被认为当然的）就用作“解释方案”。一个行为或不行为符合一个

[19] 参见本书第 47 页及其后几页。

有效力的规范或者是“好”的(就这个词的最一般意义上说),意思就是有关的人已实际上遵守了根据规范他所应当遵守的行为。如果规范规定了甲行为,而一个的实际行为也是甲,那么他的行为便“符合”规范。这是规范所规定行为的实现。一个人的行为是“坏”的(就这个词的最一般意义上说),意思是他的行为与有效力的规范不一致:这个人不曾遵守根据规范他应当已遵守的行为。他的行为就不是规范所规定行为的实现。规范规定了甲行为,但一个人的实际行为却是非甲,在这种情况下,我们便说:这个人的行为和规范“有矛盾”。然而,这种“矛盾”并不是一个逻辑上的矛盾。虽然在甲与非甲之间有逻辑上的矛盾,可是在以下两个讲法之间却并无逻辑上的矛盾。一个是表示“一个人应当做甲行为”的规范的意思;另一个是陈述个人的实际行为,“一个人做了非甲行为”。这样两个讲法相互之间是完全相容的。逻辑上的矛盾只可能发生在两个都断定了一个“应当”的讲法之间,即两个规范之间,例如,在“乙应当讲真话”与“乙不应当讲真话”;或者只可能发生在两个都肯定“是”的讲法之间,例如,“乙在讲真话”和“乙并不在讲真话”。“符合”或“不符合”的关系,是在一个规定一定行为并被认为是有效力的规范这一方面,和另一方面人的实际行为之间的关系。

(七)实效作为效力的条件

一个规范是有效力的和它是有实效的的确是两个不同的讲
42 法。虽然效力和实效是两个截然不同的概念,两者之间仍然有很重要的关系。规范只能在属于一个规范体系、属于一个就其整个来说是有实效的秩序的条件下,才被认为是有效力的。因而,实效是效力的一个条件；它只是一个条件，而不是效力的理由。规范并不是由于它是有实效的所以才有效力；如果一个规范所属的秩序，就其整个来说，是有实效的话，这个规范就是有效力的。然而，效力和实效之间的这种关系，只能从研究效力理由的问题和法律秩序概念的动态法理论的观点来看，才能认识[20]。从静态法理论的观点来看，现在只研究法律效力问题。

（八）规范的效力范围

既然规范调整人的行为，而人的行为是在时间和空间中发生的，那么，规范也就对一定时间和一定空间是有效力的。一个规范可能在这一时开始而在另一时告终。捷克斯洛伐克的法律规范在1918年的某一天开始有效力；奥地利的法律规范在奥地利共和国于1938年被并入德国的那天就不再有效力。规范的效力与空间也有关系。规范为了要有效力，它不仅要对一定时间有效力，而且还要对一定地域有效力。法国法律规范只在法国才有效力；墨西哥法律规范只在墨西哥才有效力。因而我们就可以讲一个规范的属时（temporal）效力范围和属地（territorial）效力范围。为了要决定人们必须如何行为，就一定要决定何时和何地他们才必须在所规定的方式下行为。至于他们应如何行为，什么行为他们应做或不做，那是一个规范的属事（material）效力范围。调整人们宗教生活的规范涉及另一种属事范围，它不同于调整人们经济生活的规范的范围。然而，讲到一定规范，人们可以不仅提出什么应做或

---

⑳　参见本书第118页及其后几页。

避免做的问题，而且也可以提出谁应做或避免做的问题。后一问题就关系到规范的属人(personal)效力范围。正如有只对一定地域、一定时间和一定事件有效力的规范一样，也还有只对一定人，例如只对天主教徒或只对瑞士人，才有效力的规范。组成规范内容并在时间和空间中发生的人的行为，是由属人因素和属事因素构成的，即由在某地和某时做或不做某事的人，与他做或不做的事即行为，所一起构成的。因而，规范就必须要在所有这些方面来调整人的行为。

43 在规范的四个效力范围(sphere of validity)中，属人和属事这两个范围先于属地与属时的范围。后两个范围只是一个人应遵守某种行为所在的地域和所处的时间。一个规范只有在关系到人的行为时才能决定时间和空间。说一个规范对该地域有效就是说它涉及在那一地域所发生的人的行为。说一个规范对该时间有效就是说它涉及那一时间内所发生的人的行为。人的行为发生在任何地域以及任何时间，可能组成规范的属地和属时的效力范围。

有时人们宣传，规范不对过去而只对未来才能有效力。事实并不如此，这一论断似乎是由于没有区分开规范的效力和规范观念的实效。作为心理事实的规范观念，只在未来才能变成有实效的，那就是说，这种观念在时间上一定先于符合规范行为，因为原因在时间上一定居结果之先。但规范也可能涉及过去的行为，过去和未来都是相对于一定时刻的。辩说规范只对未来有效力的人所想的时刻，显然是指规范被创造的时刻。他们的意思是规范不能指在那一时刻之前所发生的事件。但如果我们所考虑的是不同于规范观念实效的规范效力，那么他们的意思就不能成立了。没有东西能阻止我们将规范当作一个解释方案、一个评价标准，而适用于在这一规范出现之前就已发生的事实。对某人在过去所做的事，我们可以按照只是在这一事件已做了之后才有效力的规范来加以评价。在遥远的过去，牺牲人来祭神是一个宗教义务，而奴隶制则是一个法律制度。今天我们则说这些牺牲人的行为是犯罪，而作为一个法律制度的奴隶制是不道德的。我们就对这些事实适用了我们时代有效力的道德规范。纵然禁止牺牲人的行为和奴隶制度的规范，是在那些我们现在根据这些新规范判断是犯罪和不道德的事实发生很久以后才出现的。以后的合法化是可能的并且也是经常有的，尤其在法律领域里更是这样。一个特殊例子就是：有一条德国法律，根据该法，因德国元首于 1934 年 6 月 30 日的命令所犯的某些杀人行为，被追溯既往地(retroactively)解除其不法行为的性质。对这些杀人行为追溯既往地赋予制裁性质也是可能的。一个法律规范，即一个法律，以制裁赋予这一规范创造以前就已完成的事实。这一规范，对不应为不法行为的国民和应执行制裁的机关来说，都是有效力的。这样的一个规范，就国民方面说， 44
是对过去有效力的。

(九) 追溯既往的法律和不知法律

追溯力法律的道德和政治价值可以争辩，但这种法律的可能性却是不能怀疑的。例如，《美国宪法》第 1 条第 4 项第 3 款中说，“……expost facto(追溯既往)之法律不得通过之”。“追溯既往的法律”这一用语被解释为是具有追溯力的刑法。追溯力法律之所以被人认为是应加反对的和不希望有的，就因为有种情况伤害了我们的正义感,那就是:对一个人,由于一个他不能知道这会引起制裁的作为或不作为,而施加一种制裁,尤其是一种刑罚。然而,另一方面,我们承认 ignorantia juris neminem excusat,即任何人不因对法律的无知而受原宥的原则——所有实在法律秩序的一个根本原则。一个人不知道法律对他的作为或不作为赋予制裁的事实,并不能成为对他不施加制裁的理由。有时,上述原则被限制地加以解释:如果一个人虽然有可能知道法律但却并不知道,那么就不能以对法律的无知为辩解。因而这一原则和对追溯力法律的拒绝,似乎是不矛盾的。因为在一个追溯力法律的情况下,当人们在行为时,确实不可能知道法律对这种行为赋予制裁。然而,在一个人当他做不法行为时能知道法律是有效的情况,与一个人不能知道法律的情况之间的分别,却是更加有争论的。事实上,一个有效力的法律能为由法律调整的人所知道,是被一般人所预定的。事实上,一个实在法律秩序的全部规范能为从属这一秩序的人所知道,是一个 presumptio juris et de jure,即一个"不容争辩的假定",一个不容以任何证明来加以反对的法律假定,一个不应证明是错误的法律假设。这显然是不真实的,这种假定是一个典型的法律虚构。因此,关于知道法律的可能或不可能的问题,在追溯力的法律,与这许多情况之间,即一个无追溯力的法律,并没有而且也不可能为这一法律必须对其适用的那个人所知道的情况之间,并没有实质上的区别。

四、法律规范 45

（一）法律规范与叙述意义上的法律规则

如果这里界定意义上的“强制”是法律的一个要素，那么组成法律秩序的规范就一定是规定强制行为，即制裁的规范。特别是，一般规范一定是依靠一定条件而成的某种制裁规范，而这种依靠是用“应当”的概念来表达的。这并不意味着创造法律（law-making）机关必然要使规范具有这种假设性的“应当”讲法的形式。规范的不同因素可以被包含在创造法律程序的十分不同的文件中，并且在语言上，可以在十分不同的方式下被表达。当立法者禁止偷窃时，他可以，例如，首先在组成一条法律条文的几句话里确定偷窃的概念，然后在另一句话里规定制裁，而这另一句话可能是同一法律的另一条文的组成部分，或者也可能甚至是一个完全不同法律的组成部分。然而那句话往往并不具有命令或“应当”那种语言形式，而却是预测未来事态的形式。立法者经常使用将来时态，说一个偷窃者“将”在如此这般的方式下受罚，因而他就预定谁是偷窃者的问题，已在本法或其他某个法律的别的某个地方加以回答。“将受罚”这一措辞并不意味对将来事态的预测——立法者不是先知，而是比喻意义上的辞句：一个“命令”。创建规范当局的意思是，当制裁的条件已具备时，就“应当”对偷窃者执行制裁。

法律科学的任务就是以这些陈述的形式，即：“如果如此这般条件具备时，如此这般的制裁就应随之而来”，来表达一个共同体的法律，也即法律权威（authority）在创建法律程序中所产生的材料。法律科学用以表达法律的这些陈述，一定不能与创建法律权威所创造的规范混淆起来。我们最好不把这些陈述称为规范而称其为法律规则。法律创制权威所制定的法律规范是规定性的（prescriptive）；法律科学所陈述的法律规则却是叙述性的（descriptive）。“法律规则”或“法律的规则”这些用语在这里是在叙述意义上使用的，这一点很重要。

（二）法律规则与自然法则

叙述意义上的法律规则，是以对某些条件赋予某些后果的假
46 设性判断。这也是自然法则的逻辑形式。正如法律科学一样，自然科学也以具有假设性判断性质的语句来描述其对象。就像法律规则一样，自然法则也是拿作为条件和后果的两个事实相互联系起来。这里，条件就是“原因”，后果就是“结果”。自然法则的基本形式是因果律。法律规则和自然法则之间的差别似乎是前者指的是人及其行为，后者则指的是物及其反应。然而，人的行为，就其也属于自然而论，也可以是自然法则的主题。法律规则和自然法则之差别与其说是它们联系的因素，倒不如说是它们联系的形式。自然法则确认：如果甲事这样，乙事也就（或将）这样。法律规则则说：如果甲事这样，乙事就应当这样。法律规则是一个规范（就该词的叙述意义上说）。自然法则所确认的两个因素之间的联系的意义为“是”（is）；而法律规则所确认的两个因素之间的联系的意义是“应当”（ought）。自然科学据以描述其对象的原则是因果性

(causality)；法律规则据以描述其对象的原则是规范性(normativity)。

自然法则与规范之间的差别往往被说成：自然法则没有例外，而规范却可以有。然而这是不对的。“如有人偷窃，他应当受罚”这一规范性规则，即使在特定案件中，偷窃者并没有受罚，也还是有效力的。并没有受罚这一事实并不包含对表示规范的应当陈述有什么例外；这一事实只有对“是”的陈述，才是一个例外。这一陈述表述的规则是：如果某人偷窃，他实际上将受罚。如果在一个具体情况下，事实并不符合规范，但规范效力仍然不受影响。如果确认事实的陈述与规则发生逻辑上的矛盾，那么，这个事实就具有对这个规则的“例外”的性质。由于规范并不是现实的陈述，任何关于真正事实的陈述都不可能与规范发生矛盾。因此，不可能有对规范的任何例外可言。规范，就其本性而论，是不能被违反的。说规范被某种行为所“违反”，这是一个比喻性的表述；而在这一讲法里所用的比喻是不正确的。因为这种陈述根本没有讲到规范；它只不过说明实际行为违反规范所定的行为。

然而，自然法则却不是不能违反的[21]。对自然法则的真正例外并没有被排除。叙述自然现实的自然法则中所确认的因果联系，只具有或然性，而不是像较老的自然哲学所推定的那样绝对必 47
然。即使作为实验研究的结果，两个现象被认为具有因果关系，并

[21] 参见威廉·A.罗伯逊：《文明和法律的成长》，1935年版，第340页，其中讲到：“科学家们已不再主张自然法则有以前被认为具有的那种坚定的、不变的和客观的效力。”

且这一结果是在一个自然法则中陈述的，但是也可能发生与这一法则相矛盾的，所以也就代表了这一法则的真正例外的事实，也不是绝对地被排除的。如果这样一个事实成立的话，那么就必须要将法则的陈述改变得使新的事实和新公式相一致。但新公式所确认的因果联系也还是只有或然性，而不是绝对必然性；对法则的例外并未被排除。

如果我们考查到因果观念在人的思想中发展起来的方式，我们就发现因果律起源于一个规范。自然的解释最初具有社会性。原始人认为自然是其社会的固有部分，他根据决定其社会关系的相同原则来解释自然现实。对他来说，他的社会秩序同时就是自然秩序。正如人们服从社会秩序规范一样，事物则服从出自超人的规范。基本的社会法律就是这样一个规范：根据这一规范，善必受报，恶必受罚。报应原则完全支配着原始人的意识。法律规范是这一原则的典范。原始人根据这种报应原则来解释自然。他的解释具有一种规范的法律的性质。因果律就起源于报应规范，并且在逐步改变意义的方式下发展起来。甚至在 19 世纪时，因果律还被人设想是一个规范，是神的意志的表示。因果律从报应规范中解放出来的最后一步就在于因果律摆脱了规范性，并从而不再被设想是不可违反的[22]。

[22] 参见作者著：《社会和自然》，第 233 页及其后几页。

（三）法律规范作为评价标准[23]

法律规范之可被适用，不仅在于它由机关所执行或由国民所服从，而且还在于它构成一个特定的价值判断的基础。这种判断使机关或国民的行为成为合法的（根据法律的、正当的）或非法的（不根据法律的、错误的）行为。这些是特定的、法律上的价值判断。其他价值判断关系到法律本身或创制法律的人的活动。这些 48
判断宣称立法者的活动或其产物，即法律，是正义的或非正义的。法官的活动的确也被认为是正义的或非正义的，但这只是在他创制法律的能力起作用时才是这样。当他只不过适用法律时，那么，他的行为，就像从属法律的那些人的行为一样，被认为是合法的或非法的。对一定行为是合法或非法的判断中所包含的价值表语，在这里，就被称为“法律的价值”，而对一个法律秩序是正义的或非正义的判断中所包含的价值表语，则称之为“正义的价值”。宣称法律价值的陈述是客观价值判断，而宣称正义价值的陈述是主观价值判断。关于一定行为是合法或非法的法律上的价值判断是说明行为与判断人推定其存在的一个法律规范之间的一种积极的或消极的关系。法律规范的存在在于其效力；而法律规范的效力，虽然并不等于某些事实，但却是以这些事实为条件的。这些事实就像我们将在下一部分所表明的；[24]这一规范所属的整个法律秩序的实效，它有创制规范的事实而无任何废除规范的事实。说明一

㉓　参见作者论文：《法律科学中的价值判断》，载《社会哲学和法学季刊》，1942年，第7期，第312—333页。

㉔　参见本书第118页及其后几页。

定人的行为与法律规范之间的一种积极的或消极的关系的那种法律上的价值判断，意味着对一个法律规范的存在的说明。这一说明以及从而是法律上的价值判断本身，都可以通过作为规范存在条件的事实来验证。在这种意义上，法律上的价值判断具有客观性。法律价值的存在是在客观上可以验证的。然而，正义的价值却并不是与法律价值同样性质的。当我们判断法律秩序或法律制度是否正义时，我们要想说的是超过当我们说这盘食品好或不好，意思是说我们发现它好吃或不好吃。关于一个法律制度，例如，奴隶制度或私有财产制度，是否正义的陈述，并不意味着某个人对这一制度或其对立物具有一种利益。这种陈述的含义是该制度符合或不符合陈述人推定其效力的一个规范。但是这个规范并不是实在法规范。虽然如此，正义判断却主张一种客观价值。

正如我们已指出的，实际上用来作为正义标准的规范是因人
49 而异的并且是经常相互冲突的。某一事物是否正义只是以认为存在适当正义规范的人而定。这一规范也只是为了那些由于这一或那一理由，对该规范所定的事情抱有希望的人才存在的。以独一无二的方式来决定正义规范是不可能的。这种规范最终就是宣称一个社会制度是正义的或非正义的那个人的利益的表示。但是这一点是他所意识不到的事情。他的判断主张一种不依人的意志为转移的正义的存在。当正义观念以“自然法”形式出现时，这种对客观性的主张也就特别明显。根据“自然法”学说，正义规范是自然中(人的本性或物的本性中)所内在具有的，人们只能领悟这种规范，但却不能创造或影响这种规范。这一学说是一个典型的幻想，是为了使主观利益加以客观化。

正义的价值确实不在于对利益的关系而在于对规范的关系。然而，这种规范并不是像判断人所相信的那样，是客观的，而却是依他的主观利益为转移的。所以，这就不是仅有一个正义标准，而却有了许多不同的和相互抵触的这类标准。

可是，实在法却只有一种。或者说每一片领土上只有一种实在法，如果我们希望估计到不同国内法律秩序的存在。实在法的内容是可以用客观方法独一无二地来加以确定的。法律价值的存在是以客观上可验证的事实为条件的。就实在法规范来说，有一定社会现实与之相适应；但就正义规范来说，却并不如此。在这一意义上，法律价值是客观的，而正义价值是主观的。从这一观点来看，有时很多人持有相同的正义观念，也就毫无关系了。法律上的价值判断是可以借助于事实而客观地验证的判断。所以，这种判断是可以进入法律科学的。正义判断是不能在客观上验证的，所以，它们在法律科学中无容身之地。

道德判断和政治判断是与正义判断一样性质的。这些判断希望表示一种客观价值。根据其意义来说，它们所指的对象是对每个人都是有价值的。它们预定了一个客观上有效力的规范。但是这种规范的存在与内容是不能用事实来验证的。它是只由作出判断的主体的主观愿望决定的。道德的和政治的价值判断，尤其是正义的价值判断，都是以意识形态为基础的，而这些意识形态，并不是像法律上的价值判断那样，是与一个确定的社会现实并行的。

50
第二章　制　裁

法律规则在其两个方面的概念，也就是作为由法律权威为调整人的行为而创制的规范以及作为法律科学用来描述实在法的工具的概念、是法理学的中心概念，其他基本概念就是制裁、不法行为、法律义务、法律权利、法律上的人（legal person）与法律秩序。

制裁是由法律秩序所规定以促使实现立法者认为要有的一定的人的行为。法律制裁具有上面所讲的那种意义上的强制行为的性质。最初它只有一种制裁——刑事制裁，即狭义的惩罚，涉及生命、健康、自由或财产方面的惩罚。最古的法律只是刑法。后来制裁中才有区分：除惩罚外，还出现了一种特定的民事制裁，民事执行，也就是对财产的强制剥夺，旨在提供赔偿（reparation），即补偿非法造成的损害。这样，除刑法以外，民法也就发展起来。但民法，即调整经济生活的法律，以一种与刑法在其范围内完成任务时实质上并无不同的方式，在民法领域中保证所希望有的人的行为，这种方式就是，对相反行为的场合下建立起它自己的特定的强制措施——民事制裁。民法和刑法的不同是它们各自制裁性质方面的差别。如果我们只考虑制裁的外表，那我们就不能发现有任何一般显著的特征。例如，虽然民事制裁总是对某些经济所有物的剥夺，但作为一种刑事制裁的罚金，也是这种性质。更重要的是两者目的上的不同：刑法旨在报应，或者，从现代观点来说，就是威慑(deterrence)，即预防(prevention)；而民法却旨在赔偿。这种不同就体现在法律秩序的内容中。有些规定是关于如何使用被剥夺的所有物的。这些所有物或在它们被出卖后所得的金钱，在民事制裁场合下，必须转归被非法地损害了的国民；而在刑事制裁的场合下，则必须转归法律共同体(国库)。然而，民事制裁与刑事制裁之间，以及最后也就是民法和刑法之间的不同，仅具有相对的性质。民事制裁也至少附带地，服务于通过威慑的预防目的，这是几乎不必争辩的。还有一种不同可以在用以实行这两类制裁的程序中见 51
到，这种程序在不同法律秩序中已实际上建立起来。旨在民事执行的程序，即法院的民事程序，只能由对执行有利害关系的某一主体，即被侵犯了的“权利”的主体的起诉来开始。旨在刑事制裁的程序，即法院的刑事程序，则 ex officio(依据职权)，即由一个机关、检察官的行为来开始。然而，这种程序上的不同(以后将更多地讲到)是不重要的。因而，不管在刑事制裁和民事制裁之间存在什么不同，但这两种情况下的社会技术却基本上是一样的。民法和刑法之分的基础就是民事制裁和刑事制裁之间这种相对的不同。

第三章　不法行为

一、"本质不合法"与"法律禁止的行为"

制裁是被当作对某种行为的一个后果，这种行为是被认为对社会有害的，且根据法律秩序的意图，是必须加以避免的。这种行为就称为"不法行为"(delict，就这一术语的最广义而言)。如果我们按照纯粹法理论的原理来界定不法行为的概念，那么，"法律秩序的意图"或"立法者的目的"只能在以下这种程度上才能进入到定义中，即它们表达在法律创制程序中所产生的材料并体现在法律秩序的内容中。否则，不法行为的概念就不是一个法律概念。

从这种观点来看，不法行为是法律秩序赋予制裁的条件。一定行为之所以是不法行为，就因为法律秩序对这一作为条件的行为，赋予作为后果的制裁。如果行为具有刑事制裁的后果，它便是一个刑事不法行为；如果具有民事制裁的后果，则便是民事不法行为。按照通常的推定，人的某类行为之所以引起制裁，就因为它是不法行为，这种推定是不正确的。它是一个不法行为，就因为它引起了一种制裁。从一个以实在法为唯一对象的理论来看，除了行为是制裁的条件这一点以外，不法行为就别无其他标准。没有什么本质上的不法行为。在传统的刑法理论里，在 mala in se 和

mala prohibita 之间[①]，即在本质上不合法与仅因实在社会秩序禁止才成为不合法行为之间，作了一个划分。这种划分在一个实在法理论中是不能加以保持的。这种划分是自然法学说的典型因素[②]。它是从一个不能科学地加以证明的推定出发的，这种推定就是，某些模式的人的行为，按其本性是不法行为。然而，关于一定人的行为是否不法行为的问题，是不能以分析这一行为来加以回答的；它只能在一定法律秩序的基础上来加以回答。相同的行为，根据甲共同体的法律，可能是一个不法行为；而根据乙共同体的法律，则根本不是不法行为。不同民族的不同法律秩序在不同时期将完全不同模式的行为打上不法行为的烙印。的确，相同文化状态的各种不同法律秩序在将某些模式行为打上不法行为烙印方面，在一定程度上是一致的；而且某些类型的行为不仅为实在法所不赞成，也为与这一实在法相联系的道德体系所反对。然而，这些事实并不证明 mala in se 的推定是对的。还有，我们还必须区 52

① 参见杰罗姆·霍尔：《刑法科学导论》，载《宾夕法尼亚大学法律评论》，1941年，第 89 期，第 549—580 页。mala in se 和 mala prohibita 之间，即本质上不合法与仅由于受一个实在社会秩序禁止才成为不合法的行为之间的划分，几乎等于亚里士多德在其《尼各马可伦理学》第 1134 页中关于“自然的”与“法律的”之间所作的划分：“自然的就是指它到处都有同样的力量而不管人们如何想法；法律的就是指原来是无关紧要的，但当它已被规定后，就是紧要的了。”

② 布莱克斯通：《英国法释义》，绪论，第 65 节，划分了自然义务和实在义务：“关于自然义务以及像 mala in se 的罪行方面；这里我们是受良心拘束的，因为在那些人类法律出现以前，我们受更高法律拘束来行为与不行为。关于另外一些法律，它们只命令实在义务并只禁止像不是 mala in se 的而只是 mala prohibita 的事情，其中并无道德罪行的任何掺杂，对违抗行为加以刑罚，这里我认为在我们违反这些法律时，除了命令提交刑罚外，并不进一步涉及良心方面。”

分两个问题；一个是在实在法理论中如何界定不法行为概念这一法学上的问题；另一个是立法者应该将什么行为有意识地、公正地与制裁联系起来这一道德—政治上的问题。当然，立法者为了对某种行为赋予制裁，就一定会首先认为这一种行为是有害的，是一个恶行(malum)。然而，在规定制裁以前，这个行为并不是法律意义上的 malum，并不是不法行为。mala in se 是没有的，有的只是 mala prohibita，因为一个行为只是 prohiitum(受禁止)的，才是一个 malum。这只不过是刑法理论中所一般接受的下述原则的结果，即：nulla poena sine lege，nullum crimen sine lege[③]，也就是：法无明文不为罚、法无明文不为罪。这些原则是法律实证主义在
53 刑法领域中的表现，但至少就民事不法行为和民事制裁而论，在民法领域中也是通行的。这些原则意味着，人的行为只有在实在法律规范对这一作为条件的行为，赋予作为后果的制裁时，才能被认为是不法行为。

二、不法行为作为制裁的条件

从纯粹法学的观点来看，不法行为的特征是制裁的条件。但是不法行为并不是唯一的条件。在刑事不法行为的场合下，这一点也许不像在民事不法行为、即引起民事的而非刑事的制裁的不法行为的场合下，那样完全明显。且让我们举一个不履行契约的

③　参见杰罗姆·霍尔：“*nulla poena sine lege*”，载《耶鲁大学法律季刊》，1937年，第47期，第165—193页。

例子。相应的法律规则是:如果双方当事人缔结了一个契约,如果一方并不履行契约,如果另一方在主管法院中对第一方提起追诉,那么,法院应对第一方下令制裁。但是这种陈述决不是完全的。它并没有列举出所有可能的条件而只举出了作为这一特殊案件中制裁特征的那些条件。这些条件就是:(1)契约已缔结;(2)双方当事人中一方并不遵守契约;(3)另一方提出追诉,即要求采取最后导致执行制裁的司法程序。不法行为,即一方并未履行契约的事实,还不足以说明它是“制裁的一个条件”。契约的缔结和另一方的起诉也都是这样一些条件。那么称为“不法行为”的那一条件的显著的特征又是什么呢?如果除了立法者希望有这种行为(违反这一行为就被说成是“不法行为”)这一假设的事实外,就别无其他标准的话,那么,不法行为的概念就不会成为一个法学上的定义。不法行为被简单地确定为社会上所不希望有的行为这种概念,是一个道德的或政治的概念,总之,不是一个法学上的而只是一个超法学的概念。将不法行为说成是一个“法律的违反”,是一个违反法律的、“不根据法律的”或“非法的”行为,是一个“法律的否定”(在德文里,就是非法律〔Unrecht〕)。这些定义,都是这一类东西。所有这些解释只不过等于说不法行为是违反法律的目的的。但这对不法行为的法律概念是无关的。从一个仅仅法学上的观点来看,不法行为并不是“法律的违反”,而却是法律规范存在的特定形态,法律规范的效力丝毫没有遭到不法行为的危害。从法学观点来看,不法行为也不是“违反法律”或法律的一种“否定”。对法学家来说,不法行为是一个由法律所决定的条件,不亚于我们上面例子里所讲到的契约的缔结和提起追诉。

54 三、不法行为作为制裁所针对的人的行为

不法行为的法学上的定义,一定要完全建立在法律规范的基础上。事实上这样一个定义是可以作出的。一般地说,不法行为是:作为行为后果的制裁所针对的那个人的行为。这就是不法行为的法学上的定义。"不法行为"这一概念的标准就是构成法律规范内容的一个因素。这种标准并不是立法者假设的意图。它是规范的一种因素,立法者在客观上可以被认知的方式下用以表示其意图,它是一个可以通过分析法律规范内容就能发现的因素。从政治观点来看,立法者之所以规定这一制裁并使它针对某一个人的理由和目的,当然是最有兴趣的。但从法学观点来看,立法者的理由和目的只有在体现于规范的内容中时,才能在考虑之列;而立法者一般地是,通过针对违反立法者所希望有的行为的那个人进行制裁的办法,来体现他的意图。不法行为,尤其是刑事不法行为,往往是道德上和宗教上反对的对象,被认为是"罪恶",并且这样一种含义就被赋予人们通常用来称为不法行为的那些字眼,诸如"过错"、"不根据法律的"、"非法的"、"法律的违反"。但不法行为的法律概念必须完全从这些成分中解脱出来。它们对分析实在法律理论是无关的。

不法行为就是作为行为后果的制裁所针对的那个人的行为这一定义,就预定(虽然它并不指的是事实)制裁所针对的是立法者认为其行为是对社会有害的并因而意图以制裁来加以预防的那个人。就文明人的法律来说,这在原则上是成立的。

在这一点上，应该注意到，不法行为的事实可能不仅在于某类行为，而且还在于这种行为的结果。法律秩序之所以对一个人的行为附加制裁，就由于这一行为对其他人所产生的结果。称为“谋杀”的不法行为在于一个人意图使另一个人致死并且实际上致人于死的行为。这种行为并不必须是一种行为，它也可能是一种不作为，即一种行为的不履行。在这种情况下，有时看来仿佛制裁所针对的是另一个人，而不是不法行为的实行者、“不法行为人”(delinquent)。例如，一个儿童造成某人死亡，根据实在法，他的父亲 55
“因而”被惩罚时就是这样。然而，在这里，不法行为并不是儿童的作为，而是父亲的行为，他没有防止儿童作出社会上所不希望有的作为；正是“由于”这种不作为，父亲才被惩罚。“不法行为人”是父亲而不是儿童。

根据文明人的刑法，制裁通常只是为了不法行为人故意地或过失地造成社会上所不希望有的结果的那些场合才规定的。如果意图是犯罪所必要的话，不法行为人的一定精神状态就成为不法行为的一个实质要素；在这种场合下，不法行为是具有心理学上的条件的。如果社会上所不希望有的结果既非故意地又非过失地[④]造成的，那么，对其行为导致这一结局的人，也就不必执行任何制裁。这种情况就预定了一个原则：制裁一定只能针对不法行为人，也就是由于自己的作为或不作为、直接地或间接地造成了对社会有害的结果的那个人。这里的原则是制裁所针对的是其行为被认为是对社会有害的那个人；我们因而在法学上就可以将不法行为

④　过失并不是不法行为的一个心理学上的条件。参见本书第66页及其后几页。

界定为作为行为后果的制裁所针对的那个人的行为。这种原则是从制裁的目的中产生出来的，且不论这种目的是报应或者是预防（通过威慑）。只有在制裁的祸害加于作恶者身上，报应的要求才算实现，而对制裁的恐惧才能防止人们作出不法行为。

如果制裁所针对的不是其行为被认为是对社会有害的那个人，而是别的人，那么报应或预防（威慑）目的的实现，就只有这个人由于某种理由，被认为等于制裁所针对的人。如果制裁想使它的直接的受害者所受的祸害也由另一个人来体验。因而，制裁就终于打击了其行为被认为是对社会有害的那个人；并且从法学观点来看，即使在这种情况下，不法行为也可以被界定为：作为行为后果的制裁所间接地针对的那个人的行为。一个人可以通过杀死一个孩子来惩罚这个孩子的父亲，而这比可以加于他本人的任何祸害更加严厉。扣作人质（hostage）这种残忍但却有实效的办法，就是以这种事实为根据的，那就是，我们总或多或少认为自己就等于属于我们自己集团的那些人，不管这个集团是家庭、村落也好，
56 政治的、宗教的共同体也好。人质就是一个人被扣作为履行某种规定的一个担保。如果规定不被服从的话，当作人质的人就被处死。由于他的亲属或同胞感到他的死亡是一个祸害，所以将他处死的威胁也就起着对规定的潜在的违反者的一种间接制裁的作用。

民事制裁的目的，至少主要地，就是通过强行剥夺财产的手段的损害赔偿。法律秩序在这里几乎毫不例外地应用了这样一种手段：法律秩序所立出作为制裁条件的，不仅是损害已被造成，而且还要是从其财产中取得赔偿的那个人并不自愿地赔偿损害。制裁

总是被制定来对付应赔偿损害但却并不赔偿的那个人。民事不法行为就在于不赔偿损害。这样一来，民事不法行为的主体与民事制裁的客体在这里总是同一个人，且不管将被赔偿的损害是否由负责赔偿的那个人所造成或由另一个人所造成。不法行为的法律概念在原则上预定，其行为具有一种从政治观点来看有社会危害性的那个人，与对之直接或间接执行制裁的那个人，是一致的。只有根据这一条件，不法行为的法学定义，即作为行为后果的制裁所针对的那个人的行为，才是正确的。

四、不法行为人与其集团成员的等同性

制裁针对不法行为人这一原则似乎只有一种有限的效力。至少原始法律就似乎提供了例外。在原始人的信念中，来自某种超人权力的那种无法验证的制裁，往往是不仅针对不法行为人，而且也针对其他的人，这些人既未参与不法行为，也毫无办法阻止这一行为。如果某人破坏了一个禁忌规则，并且如果后来他的妻子或子女患病，这就被解释为惩罚。这同样适用于原始法律中社会有组织的制裁。对杀人行为的复仇(revenge)不仅针对杀人者，而且还针对他的家庭及他是其中一员的整个社会集团。这种法律技术是原始人思想和感觉的集体性的一个结果[⑤]。原始人并不认为自 57
己是独立于他所属的那个社会集团以外的人，而却认为是这个集团的一个必不可少的部分。他使自己和他的集团等同起来并且使

⑤　参见作者著：《社会和自然》，第6页及其后几页。

其他每一个人和这个人所属的集团等同起来。在原始人的眼光里，并没有一个独立的人之类的事的。在许多不同的原始部落中，人们都曾观察到这样的事实，如果一个人患病，那么，不仅病人本人，而且其妻子与子女，都要受应有的医治。个人的与社会有关的每一个行为或不行为，都被认为是其社会集团的行为或不行为。所以自然地，制裁就被定来反对不法行为人所属的整个集团。根据原始人观点，作出不法行为的是整个集团。集团，而非个人，才是社会单位。从现代文明人的观点来看，原始法律的制裁针对着不法行为人与其社会集团中的所有其他成员，这些人与不法行为人是连结在一起的，所以也被认为是与他等同的。在这种情况下，不法行为的主体和制裁的客体也是一致的。而且在这种情况下，不法行为也就是作为行为结果的制裁所针对的那个存在(being)的行为。但这个存在并不是一个人，而却是一个集团。所以不法行为的法学上的概念，对原始法律也是适用的。原始法律的意识形态还不是预防，而是报应；即使在制裁所针对的是不法行为人以外的某个人时，如果由于某种理由，这个人被认为等于不法行为人，那么报应的要求也就实现了。

五、法人的不法行为

文明人的法律中也有类似的情况。一个法人(juristic person)、一个社团(corporation)，在某些情况下，也被认为是一个不法行为实行者，而这一不法行为是由作为社团机关的那一单独的人所直接作出的。因而制裁就不仅针对着这个应负责任的人，而且在原则上也针对着社团的全体成员。例如,国际法中就是这种情况。如果发生一个国际不法行为"违反"国际法,那么,尽管事实是不法行为在于一个确定的人,例如国家元首或外交部长的行为,但特定国家被认为是这一不法行为的主体。因为那个人是国家的一个机关,他的行为被认为是国家所作出的不法行为。国际法制裁,即报复(reprisal)与战争,针对着国家,而这就意味着针对其全体成员,而不是只针对直接的不法行为人。只要国家被设想为一个法人,那么不法行为主体与制裁客体就是等同的。在这种
情况下,不法行为也是作为行为后果的制裁所针对的那个主体的 58
行为。

作为一个法人的社团的概念,在一定意义上,主张个人及其社会集团的等同性,就似发生在原始人思想中的那种等同性。如果我们希望避免用这一概念以及它所包含的等同性,那么,我们就必须满足于这种陈述:制裁所针对的是与不法行为人有某种法定关系的人。为了使这种情况也包括在我们的定义中,我们就必须将不法行为界定为:制裁所针对的那个人的行为,或者是与制裁所针对的那些人具有某种法定关系的那个人的行为。

结果是不法行为与制裁之间的关系可能有两种类型。的确,在这两类情况下,不法行为的主体和制裁的客体都是等同的。但是在一种情况下,这种等同是一个实在的自然的等同;而在另一种情况下,却只是一个虚构的、法律上的等同。在一种情况下,制裁被用来对付不法行为的直接的实行者——不法行为人;而在另一种情况下,则被用来对付与不法行为人具有某种法定关系的那个人或那些人。

第四章　法律义务

一、义务与规范

与不法行为概念密切联系的是法律义务(legal duty)的概念。义务概念最初是一个道德上的特定概念,并表明道德规范与规范为之订定或禁止一定行为的那个人的关系。“一个人具有(道德)义务,或(道德上)负有义务,遵从某种行为”的陈述,意思是一个命令这种行为的有效力的(道德)规范,或这个人应当以这种方式行为的规范。

法律义务的概念也只不过是法律规范概念的一个复本而已。但这里的关系更加复杂,因为法律规范具有比道德规范更为复杂的结构。法律规范并不像道德规范那样,只涉及一个人的行为,而却涉及至少是两个人的行为:为或可能为不法行为的那个人——即不法行为人,以及应当执行制裁的那个人。如果制裁所针对的是直接不法行为人以外的另一个人,那么法律规范就涉及三个人。
59 法学中实际使用的,特别是奥斯丁所界定的法律义务概念,只涉及制裁所针对的为不法行为的那个人。他在法律上负有义务不为不法行为:如果这种不法行为是某种积极的行为,他就负有义务不要从事这一行为;如果这种不法行为是某种不行为,他就负有义务去从事这种行为。一个人在法律上要对行为负有义务：与此相反的行为是针对他（或针对与他有一定法定关系的人）的制裁的条件。当他在这样一种方式下，即他的行为是制裁的条件的那种方式下来行为，那么，他就“违反”了他的义务，或者也就是说，他作出了不法行为。当他的行为是与前面那种行为相反的行为时，那么，他就履行了他的义务，或者也就是说，他不为不法行为。因而，在法律上对某一行为负有义务，意思是相反的行为是一个不法行为并且本身就是一个法律规范所规定制裁的条件；因而，在法律上负有义务就意指一个不法行为的一个潜在主体、一个潜在的不法行为人。然而，只有在制裁针对直接不法行为人时，要对法律规范所规定的制裁负责的那个人，即制裁的潜在客体，才是义务的主体。当制裁针对直接不法行为人以外的一个人时，义务的主体（这就是说，潜在的不法行为人）与制裁的潜在客体，就并不一致了，至少在现实中是不一致的，只有根据法律上的虚构才算一致。一个法律义务的存在不过是法律规范的效力而已，这一规范使制裁有赖于违反法律义务的行为，法律义务不是离开法律规范的事物。法律义务不过是法律规范对某行为在规范中赋予制裁的那个人的关系而已。法律义务的内容是与作为一个不法行为、成为制裁条件的那种行为相对立的（相反的）行为。法律义务是不为不法行为的义务。它是国民“服从”法律规范的义务。

二、义务与“应当”

在这种法律义务的定义中，法律规范通过赋予制裁而使国民负有义务不为不法行为，但并没有规定执行制裁，“适用”规范本身的任何法律义务。只有在另一规范，它对不执行第一个制裁的行为赋予另一个制裁时，那么法官，或者用更一般的讲法来说，适用法律的机关，才能在法律上负有执行制裁的义务，其意义等于国民负有义务不为不法行为，“服从”法律规范。这样就必须是两个不
60 同的规范：一个规定机关应对国民执行制裁；另一个则规定，当第一个制裁并未被执行时，另一个机关应对第一个机关执行制裁。相对于第二个规范而论，第一个规范中的机关就不是法律“适用”“机关”，而是一个服从或不服从法律的“国民”。第二个规范使执行第一个规范所规定的制裁，成为第一个规范的机关的法律义务。第二个规范的机关也可能转过来因第三个规范而使自己负有义务去执行第二个规范所规定的制裁，如此等等。

然而，这一系列法律规范不能无限地扩张。这一系列中一定有一个最后规范，它所规定的制裁并不是已界定意义上的法律义务。如果这最后一个规范的意义也表达为：在某些条件下，制裁“应当”被制定，那么，“应当”的概念与法律义务的概念就不一致了。一个“应当”制定制裁的机关，在法律上可能或可能不负有义务这样做。在原始法律秩序与国际法中，机关并没有执行法律制裁的法律义务。如果法律规范以这种说法来表达：当某些条件具备时，机关应当命令并执行制裁，那么，“应当”一词只表明在规范中“规定”、“提供”、“决定”了制裁这种特定的意义。其中并未讲到关于机关是否“负有义务”制定制裁的问题。在道德领域中，义务的概念和“应当”的概念是一致的。成为某人道德义务的行为只不过是他根据道德规范所应当遵守的行为而已。

法律义务的概念也意味着一种“应当”。某人在法律上对一定行为负有义务意思就是在相反行为时，机关就“应当”对他适用制裁。但是法律义务由于下述事实而不同于道德义务的概念，法律义务并不是规范所“要求”的、“应当”被遵守的行为。法律义务是由于遵守而得以避免不法行为的行为，从而也就是与成为制裁条件的行为相反的行为。只有制裁才“应当”被执行。

三、次要规范

如果也有人说，法律义务“应当”履行，那么这个“应当”可以说是制裁的“应当”的附带现象。这一陈述预定法律规范被分割两个规范、两种“应当”的陈述：一种陈述的大意是某人“应当”遵守某种行为；另一种陈述的大意是另一个人在第一个规范被违反时应当
执行制裁。例子就是：不应偷窃；如果某人偷窃，他就应受罚。如 61
果假定禁止偷窃行为的第一个规范，只有在第二个规范对偷窃行为赋予制裁时才有效力，那么在正确的法律解释中，第一个规范肯定是多余的。如果真存在的话，它是包含在第二个规范中的，后者才是唯一真正的法律规范。然而，如果我们容许自己推定第一个规范的存在，法律的表达会大大方便。但只有在人们认识到要求不为不法行为的第一个规范，有赖于规定制裁的第二个规范，上面这样做法才是正当的。我们可以称第二个规范是主要规范(primary norm)、第一个规范是次要规范(secondary norm)，以表示这种主从关系。次要规范规定法律秩序企图通过规定制裁来加以实现的那种行为。如果有人使用次要规范这一辅助概念，那么

与不法行为相反的行为就表现为“合法行为”或符合次要规范的行为，不法行为则表现为“非法行为”(unlawful behavior)或与次要规范相抵触的行为。当不法行为被简单地界说为非法行为时，法律也就被认为是一个次要规范的体系了。但如果我们已了解到法律规定了制裁的强制秩序性，上面这种看法就不能成立了。法律是规定制裁的主要规范，而且这种规范不能为国民的不法行为所抵触，相反地，不法行为是制裁的特定条件。只有机关才能对抗法律本身，即主要规范，尽管制裁条件已经具备但它却并不执行制裁。可是当人们讲到国民的不法行为是非法行为时，他们心中想到的并不是机关的非法行为。

四、服从与适用法律规范

如果“效力”的意思是指法律上的“应当”，那么，法律，即主要规范，只是对应当执行制裁的机关来说，才是直接地“有效力的”。仅因为人们在法律陈述中使用了次要规范的概念，即国民“应当”避免不法行为并履行法律义务，因而，法律才间接地对国民也取得了效力。严格地说，只有机关才能通过执行或不执行所规定的制裁，而“服从”或“不服从”法律规范。然而像通常所讲的，“服从规范”与“不服从规范”却指的是国民的行为。国民能“服从”或“不服从的”只是次要规范。如果我们同意国民服从或不服从法律这种日常说法，这就最好说机关“适用”或“不适用”法律。我们只有采
62 取这样一种用语上的区分，才能清楚地看到法律对国民、可能的不法行为人的关系和法律对机关的关系这两方面之间的不同。就我

们将法律理解为真正的、主要的法律规范而论，法律如果为机关所适用，即如果机关执行了制裁，它就是有实效的。而机关之必须适用法律正好是在国民“不服从”法律的情况：这就是制裁为此所规定的情况。然而，在法律的实际遵守和它的实际适用之间也有一定联系。如果一个法律规范长久地不被国民所服从，它大概也就不再被机关所适用。所以，虽然法律的实效主要是指它被相应机关所适用，次要地说，则指它被国民所服从。

五、奥斯丁关于主要义务与次要义务的区分

奥斯丁理论的主要缺点之一就是缺乏清楚地洞察规范的次要性质。规范规定了法律秩序所期待的国民的行为。他说：“法律是使一人或数人负有义务的命令。”[①]他认为法律命令的特有功能在于其创造法律义务，“所以，命令与义务是相互联系的术语”。“‘负有做或不做的义务’，或者‘遇有做或不做的义务’，就是在不服从一个命令时，要对制裁负责或应受制裁”。[②] 如果，像奥斯丁所假定的，法律义务就是制裁的后果，那么，作为我们有法律义务要遵守的那一行为就不等于法律规范所命令的行为。被命令的只能是制裁。法律规范并不规定组成法律义务的行为。法律规范中所出现的只是与此相对立的行为，也就是作为制裁条件的、被称为“过错”、“非法”、“损害”等行为，这种条件就是法律规范所规定的东

① 奥斯丁：《法理学》，第 96 页。

② 同上书，第 89、444 页。

西。正是因为法律规范对一定行为赋予一定制裁，所以与此相对立的行为才成为一个法律义务。但奥斯丁却将问题说成，仿佛法律规范（他称之为命令）制定了构成法律义务的行为。因此，他就违背了他本人关于法律义务的定义。在奥斯丁的命令中，制裁是没有容身之处的。可是只有通过制裁的手段，命令才使人负有义
63 务。奥斯丁的"命令"就是上面称之为"次要规范"的那种辅助概念。既然认识到制裁是法律的一个要素，他就应当将真正的法律规则界定为规定制裁的"命令"。他不这样做就使他陷入矛盾之中。

看来奥斯丁本人意识到这一事实，但他还是没有能获得一个明晰的见解。在论《物法》这一章里[③]，也就是在已界定"命令"和"义务"概念很久以后，他才感到有必要划分"主要的"权利和义务与"次要的"权利和义务。分析表明这种区分事实上关系到主要命令和次要命令之分。主要的义务和权利（最好改为命令）的实质就是立法者所希望有的行为；次要的义务和权利（最好改为命令）的实质是在主要命令未被服从时将加以执行的制裁。这样，奥斯丁就将次要义务（和权利）称为"进行制裁"，"因为它们原来的目的就是为了防止不法行为或罪行"。它们是规定制裁的规范，或者在奥斯丁的用语里，就是规定制裁的命令。当他说以下这些话时，他就把法律和主要命令（义务、权利）等同起来："如果遵守法律是绝对完善的话，那么，主要的权利与义务就是唯一会存在的权利与义务"。创造这些义务的法律是由这样一些命令构成的：它们规定了

③　奥斯丁：《法理学》，第760页及其后几页。

立法者所期待的、国民的合法行为，并且它们是不规定任何制裁的命令。这样，奥斯丁就直接违背了上面引用的他本人关于“命令”和“义务”的定义：“负有义务就是要对一个制裁负责”。如果没有规定制裁的命令，那也就不会有任何法律义务。但在规定合法行为的命令里，制裁是无容身之处的。那就是为什么奥斯丁要被迫引入次要的或进行制裁的、装作“权利与义务”的命令的理由。然而，主要与次要的（或进行制裁的）权利和义务之分，与他原来的立场是不相容的。

如果人们推定，由于对不法行为赋予一个制裁，法律规范就创造了一个避免不法行为的义务，而这一义务也可能体现为一个禁止不法行为的单独的规范形式。正如上面已讲过的，这样一个规范的表述无疑便于法律解释。但是只有在人们记住唯一真正的法律规范是进行制裁规范，那么这样一个办法才是有根据的。理由已经讲过，这是主要规范；如果我们要使用禁止不法行为规范，那么，这一规范只具有次要规范的地位。当奥斯丁指出只有进行制裁的法律才是不可能缺少时，他最后也认识到了这一点。首先，他的确只说：“在某些情况下，授予或设定主要权利或义务的法律，以 64
及确定损害性质的法律，从含义上说，是包括在给予补救（remedy）或决定惩罚的法律中的。”④在这里，被说作进行制裁的是法律，而不是权利和义务。但接着他就不再把从含义上说，主要法律包括在次要法律中的陈述，局限于“某些情况”。他只说：“给予补救或决定惩罚的法律才是唯一绝对不可缺少的，这是十分清

④　奥斯丁：《法理学》，第767页。

楚的。因为补救或惩罚意味着一个先已发生的损害，而一个先发生的损害意味着一个主要的权利或义务已被违反。而且还有，主要权利或义务的存在本身要依赖对一定行为的禁令或禁止，要依赖在不服从时将适用的补救或惩罚。每一个命令性法律的实质部分就是它的命令部分：即对一定行为的禁令或禁止，以及在不符合时一个祸害的胁迫。”[⑤]在评论边沁(Bentham)区分“命令性”法律和“惩罚性”法律时，奥斯丁宣称：“法律这两个部分(命令性的法律和惩罚性的法律)是互为联系的。如果法律的命令性部分不含有进行制裁的意思，它就不会是命令性的，e converso(反过来也是这样)。”[⑥]主要法律和次要法律之间的整个划分，只是用来便利法律的陈述这一目的而与法律性质并无关系。“所以要单独说明主要权利和义务，单独说明损害、补救和惩罚，其理由都是因分开而产生的清晰和细致。”[⑦]最后，我们读到：“严格地说，我本人关于主要和次要的权利或义务的用语，并不代表一个逻辑上的划分。因为一个主要的权利或义务，没有次要的权利或义务的支持，并不自成为一个权利或义务；反过来也是这样。”[⑧]如果主要义务的存在要完全依赖于次要的或进行制裁的义务，那么将前者称为“次要的”，后者称为“主要的”，并且说成主要的和次要的命令以代替主要的和次要的义务，似乎更为正确。

⑤ 奥斯丁：《法理学》，第767页。

⑥ 同上书，第767页。

⑦ 同上书，第767页。

⑧ 同上书，第768页。

第五章　法律责任 65

一、应受罚责任与绝对责任

法律责任(responsibility,liability)是与法律义务相关的概念。一个人在法律上要对一定行为负责,或者他为此承担法律责任,意思就是,他做相反行为时,他应受制裁。在正常情况下,这就是说,在制裁针对直接不法行为人时,一个人要对他本人行为负责。在这种情况下,法律责任的主体和法律义务的主体是一致的。

在传统理论里区分为两类责任:基于过错(fault)责任与绝对责任(absolute resposibility)。正如在别处指出过的,法律秩序由于一个人的行为对另一个人的结果而对这一行为附加制裁。原始法律技术的特征就是行为及其结果之间的关系并无心理学条件。行为人是否已预料到或意图达到其行为的结果这一点是没有关系的,只要他的行为已造成立法者认为是有害的结果,他的行为和结果之间存在一种外部联系,那就已足够了。不法行为人的精神状态及其行为结果之间的关系并不是必要的。这种责任就称为绝对责任。

精致的法律技术要求分清下述两种情况:一种是当行为人预料并意图达到其行为的结果;另一种是一个人的行为已造成了一

个他所不曾预料的或意图达到的有害结果。一种个人主义的正义理想要求，只有在行为的有害结果已由行为人所预料或意图达到，并且行为人意图以自己的行为伤害另一人，其意图具有恶意(malice)的性质时，对这个人的行为才应赋予制裁。立法者认为是有害的结果，可能是由一个人故意地造成的但却并不具有损害另一个人的意图。例如，一个儿子为了结束其患有不治之症的父亲的痛苦而将其杀死。儿子使他父亲致死的意图并不是恶意的。

只有在结果已由行为人所预料并意图达到才能对其行为附加
66 制裁这一原则，在现代法律里，并没有被完全接受。一个人，不仅在如果客观上有害的行为已由其行为恶意地造成，而且在如果行为并无恶意地意图达到，或者是如果行为虽然并未为他所意图达到，但至少实际上已为他所预料并且仍由他的行动所造成时，在法律上，都要被认为负有责任。但是在这些不同的情况下，制裁可能是不同的。这些不同情况的特征在于构成不法行为的行为具有心理学条件。不法行为人的一定精神状态，即他预料到并意图达到有害的结果(所谓 mens rea〔犯意〕)是不法行为的一个因素。这一因素就称为“过错”(fault，dolus 或广义的 culpa〔过失〕)的术语。当制裁只附加于一个具有心理学条件的不法行为时，人们就讲基于过错或应受罚(culpability)责任，与绝对责任相对比。

然而，现代法律对这样一种行为也附加制裁，这就是：由于这种行为，一个有害的结果虽未意图达到或实际上所预料但却已经造成，尤其是如果一个人并不曾采取使这一有害结果在正常情况下可以得以避免的措施。现代法律使人们负有义务采取目的在于避免其行为对别人有害的结果的措施。没有行使法律所定的注意就称为疏忽(negligence);而疏忽通常也被认为是另一种“过错”(过失),虽然要比预料和意图达到(有无恶意)有害结果这种过错为轻。然而,在这两种情况之间有实质区别。只有后面那种过错才是不法行为的心理学条件;只有在这种情况下,不法行为人的一定精神状态才成为制裁的必要条件。疏忽的特征是完全缺乏预料和故意。它并不是不法行为的特定条件,它是不法行为本身,即某些防范措施的不作为,而这就意味着根据法律应当加以注意却没有注意到。疏忽是一种不作为的不法行为,而疏忽的责任与其说是一种应受罚责任,倒不如说是一种绝对责任。

当我们把一个具有疏忽性质不作为的不法行为与一个构成应受罚不作为的不法行为比较一下,上面这一点就清楚了。有一在湖旁玩耍的孩子落入湖中并被淹死,同孩子在一起的母亲并没有行使必要的注意,因为她愿意摆脱开这个孩子。她清楚地预见到事件的可能性并且恶意地意图这件事发生。这就是一种“过错”或应受罚的情况。在另一种情况下,发生了同样的事情,但是母亲之所以放弃了必要的注意,并不是因为她愿意孩子死,相反地,她爱这个孩子;但却是因为在那紧要关头,她正在看一本侦探小说里紧
张的一节而忘记了外面的情况。这就是疏忽的情况。母亲并没有 67
预料到这一意外事件,因为她已完全为侦探小说中的幻想事件所吸引;她也当然并不意图发生这一意外事件。但是她应该预料到这一意外事件的可能性并且因而就不应该在看一本紧张的小说和忘记她的孩子在湖旁玩耍的外部情况。她的不法行为在于没有料到意外事件的可能性和没有做防止这种事件所必要的行为。但这是法律或道德,而不是心理学方面的问题。从心理学角度来看,孩

子之死和母亲行为之间是没有关系的。她关于孩子的死的精神状态只能以消极方式来说明。如果绝对责任在于：对一个行为附加制裁而不管这一行为的有害结果是否已由行为人所预料或意图达到，如果纵使在不法行为人的精神状态及其行为的有害结果之间并无心理学关系，但仍要使不法行为人受制裁，那么，对疏忽而犯不法行为附加制裁就构成了一种绝对责任。

虽然如此，在这一类的绝对责任与原始法律里所流行的绝对责任之间，还是有区别的。后者并不使人负有义务采取可以得以避免其行为对别人有害结果的必要措施；原始法律也并不将制裁只限于有害结果已由不法行为人所预料并意图达到的情况或行使必要注意的法定义务并未被履行的情况。根据原始法律，不管已行使必要注意而仍造成行为的有害结果，对这一行为还是要加以制裁。现代法律，虽然并不完全拒绝绝对责任原则，但倾向将它限于不履行这种义务，即采取在正常情况下可以得以避免人的行为的有害结果的措施。当一个人由于自己的行为而对另一人造成有害结果时，在原则上，他可以证明他并不曾预料或意图达到他的行为的有害结果并且他已履行了采取在正常情况下可以使有害结果得以避免的措施的义务，从而免予刑事的或民事的制裁。

68 二、义务与责任；个人责任与集体责任

当制裁不针对或不是只针对直接不法行为人，而却针对在法律上与他有联系的人时(这种关系由法律秩序所决定)，那么，法律义务与法律责任之间的用语上的区分是必要的。一个社团就其机

关所犯不法行为所负的责任，就提供了一个例子。假设一个社团不履行契约并不赔偿由此所造成的损失，根据契约另一方的起诉，就对社团的财产执行民事制裁，而这一财产是该社团全体成员的共同财产。或者举另一个例子来说，根据甲国元首的命令，甲国的一团士兵占领了一个属于乙国的岛屿。由于对其权利的侵犯，乙国向甲国开战，这就意味着乙国军队企图杀死或俘虏尽可能多的属于甲国的人，并且毁灭尽可能多的属于甲国人的经济设施。在这两个例子里，制裁都针对着本人并没有犯不法行为但与犯不法行为人有一定法律关系的人。制裁所打击的那些人属于这样一个社团或国家，它们的一个或几个机关犯了不法行为。在法学语言里，社团和国家是人格化了的，它们被认为是与“自然人”即人类的人相对比的、作为义务和权利主体的“法人”。只要以法人的用语来说明问题时，那么，法律义务的主体和制裁的客体就是等同的。在我们前面第一个例子里，犯不法行为的以及制裁所针对的是社团。在我们的第二个例子里，破坏国际法的以及国际法制裁、战争所针对的是甲国。在所有这两个例子里，负有义务避免不法行为的以及要对这种行为负责的是法人；义务和责任似乎是一致的。但如果人们消除了人格化并且不用法人概念来说明有关的人之间的法律关系的话，那么，不法行为的直接主体和制裁的直接客体这两者之间的不同就变得显然了。不法行为是由某一个人——社团的机关或国家的机关所犯的；制裁则针对社团的全体成员和国家的全体国民。

可是，在回答下述问题时，就有了某些困难：谁在法律上负有避免不法行为的义务？这不可能是执行制裁所针对的人，因为他

69 们并不处于履行义务的地位，并且他们也不能以自己的行为避免制裁。只有在社团或国家的主管机关才能履行或违反义务。制裁所针对的人很难负有其他某些人即机关应以一定方式行为的“义务”。一个人只能对他本人的行为负有义务。对与作为制裁条件的行为相反的那种行为负有义务的那个人，就是能履行或违反义务的人，也就是能以自己的行为解除或避免制裁的人。义务是放在那些作为主管机关必须履行法人义务的人的身上的，他们的行为才组成这种义务的内容。但制裁却不是针对他们的。制裁所针对的那些人要对义务的不履行负责。在法律上一个人的责任也可以包括别人的行为。不法行为和制裁之间的这种同一法律关系就体现在义务与责任这些概念中。但这两个概念却涉及这同一关系的两种不同情况。换句话说，同一法律规范既代表了义务又代表责任。法律规范意味着一个关于不法行为的可能主体的义务：它意味着对制裁的可能客体的一种责任。所以，在制裁并不针对或并不仅针对不法行为人，而却针对与不法行为人具有某种法定关系的其他人的那些情况下，将义务和责任区分开来是适当的。不法行为人，行为者，或者不法行为的主体，就是这样一个人：他由法律秩序所决定的行为，是针对他或针对另一个（或不如说另一些）与他有法定关系的人的制裁的条件。法律义务、法律上负有义务的主体，就是能服从或不服从法律规范的人，也就是他的作为不法行为性质的行为是制裁条件的那个人。对不法行为负责的人就是制裁所针对的那个人或那些人，即使针对他或他们的制裁的条件，并不是他或他们的行为，而是他或他们与不法行为人的法定关系。

在文明人法律中，对某一行为负有义务的人，一般地说就是要

对这一行为负责的人。通常，一个人只对他本人的行为、对他本人
所犯的不法行为负责。但有例外情况，它使一个人要对组成某个
其他人的义务的那种行为，对别人犯的不法行为负责。责任与义 70
务都涉及不法行为，但义务总涉及一个人本人的不法行为，责任却
可能涉及别人所犯的不法行为。

在民法领域中，就像有人所说的——一个人要对其他某个人所造成的损害负责，但这并不是上面所说的对其他人所犯的不法行为的责任。假设对造成损害的人并没有制裁，那么，就如前面已指出的，不法行为就在于赔偿损害的义务并未履行这一事实。但是这一义务是放在执行制裁所针对的人的身上的。在这里，要对制裁负责的人能够以相当的行为，即赔偿其他某个人所造成的损害而避免制裁。制裁的条件是他本人的行为，他之不赔偿损害，并不是他与造成损害者的关系。在这种情况下，我们一定要推定对这一行为的义务，而义务的主体在这里因而也就同时是责任的主体。当社团的全体成员要对那个社团的机关所犯的不法行为负责时，那些要负责的人是不能以他们的任何行为来避免制裁。针对他们的那种制裁的条件，并不是他们的行为，而是他们与为不法行为人的特定关系。因此，他们就不能被认为是任何法律义务的主体。

当制裁所针对着的人与作为一个法律共同体机关而为不法行为的那个人属于这同一个共同体的人时，当不法行为人和要对不法行为负责的那个人之间的关系是由不法行为人和那些要对不法行为负责的人属于同一法律共同体的事实所构成时，那么，人们就讲集体责任。个人责任则发生在制裁针对不法行为人时。

当制裁并不针对不法行为人，即以他本人的行为为不法行为的那个人，而却针对与不法行为有一定法律关系的其他人时（就如在集体责任的情况下），那么，制裁所针对的那个人或那些人的责任就始终具有绝对责任的性质。对要负责任的人以外的人所为的不法行为的责任，是决不能以要负责任的人的过错为根据的，即不能以他曾预料或意图达到有害结果这一点为根据的。集体责任始终是绝对责任。

然而，有可能的是，根据实在法，只有在不法行为由直接不法
71 行为人故意作出时，才产生集体责任；所以，如果有害的结果曾由直接的不法行为人无意地造成时，就不发生责任问题。因此，就对不法行为负责任的人的方面来说，责任就具有绝对责任的性质；而就不法行为人方面说，即以自己的行为犯不法行为的人方面说，就具有基于过错的责任的性质。责任是基于不法行为人的过错的一种责任；但由于不法行为人并不是或不单独是要负责任的人，所以就其他负责任的人来说，就成了一种绝对责任，因为它并不是以负责任的人的过错为基础的。

三、奥斯丁的义务概念

（一）义务（法定义务）和责任的不分

这里所发挥的义务概念就是奥斯丁的分析理论所旨在达到，但却并没有很成功地达到的概念。奥斯丁的论据基于下述推定：制裁始终是针对不法行为人的。他没有想到制裁可针对与不法行

为人有一定法律关系的人这种情况，所以就不明白对某一行为负有“义务”和对此负有“责任”之间的区分。他关于法律义务的定义，就如上面已引过的，就是：“‘负有义务做或不做’，或者‘遇有做或不做的一个义务’，就是在不服从一个命令时，要对制裁负责或应受制裁。”[①]但是在不服从法律规范（奥斯丁称之为命令）的人以外的某个人要对制裁负责时又怎样呢？根据奥斯丁的定义，法律规范在这种情况下不会规定任何义务。然而，在奥斯丁的理论中，规定义务却是一个法律规范、一个法律命令的实质。使个人负有义务就是命令。

（二）法律义务并无心理学约束

奥斯丁理论中的矛盾最终是由于他之墨守命令的观念以及他没有得到一个非人格的规范的概念。这一缺点对他的法律义务学说有着更进一步和更严重的后果。从分析法理学的角度来说，法律义务的概念是一个纯粹的规范概念，即：它表示了属于一个法律
规范内容的一定关系。一个人在法律上对一定行为负有义务这一 72
陈述，是关于法律规范内容的论断，而不是关于任何实际事件，尤其不是关于负有义务人的精神状态的论断。法律秩序在规定义务、对违反义务和不法行为附加制裁时，可能想使人们出于对制裁的恐惧而履行其义务。但是任何人是否实际上恐惧制裁，以及出于这种恐惧而履行义务的问题，对法律理论来说是无关的。如果法律义务是以一个人受法律秩序的“拘束”这一说法来表达的话，

① 奥斯丁：《法理学》，第 444 页。

那么这一表达方式一定不要在他对法律秩序的想法推动了他的行为这种心理学的意义上来加以理解。这一表达方式意思只是说在一个有效力的法律规范中，个人的某种行为是与制裁联系着的。个人在法律上对一定行为负有义务这一法学上的陈述，即使这个人对他在法律上负有义务这一点毫无所知，但也还是有效的。对法律的无知不能免除义务是所有法律秩序所奉行的一个原则，而且也是一个必须奉行的原则，因为否则适用法律秩序就几乎不可能了。在实在法里，有人负有法律规范义务却不可能知道该规范。当法律规范，尤其是制定法具有追溯力时就是这种情况。一个有追溯力的法律规范对该规范颁布以前所发生的行为附加制裁，因而在不法行为作出或不作出的时刻，这一规范还不是有效力的。应该注意的是：正是在法律秩序并没有达到所希望的心理学结果时，法律义务才成为有关系，而一个人之违反他的义务就因为法律秩序的想法不是避免不法行为的一个充分的动机。

(三) 义务作为对制裁的恐惧

奥斯丁的定义因而是完全中肯的："当事人受有拘束或负有义务做或不做，因为他应受祸害，"但是奥斯丁却继续说，"并且由于他恐惧祸害。借用流行的虽不十分准确的说法来说，就是由于他对祸害的恐惧，他就被迫为所命令的行为，或者由于他对祸害的恐惧而'抑'不为所禁止的行为。"[②]这就与另一定义发生矛盾："负有义务……就是在不服从命令时，要对制裁负责。"一个人是否"要对

② 奥斯丁：《法理学》，第 444 页。

一个制裁负责”，丝毫不以他是否恐惧制裁为转移。如果“当事人受有拘束或负有义务是因为……他恐惧祸害”是真的话，那么定义就应当这样下：“负有义务就是恐惧祸害。”但这样一个定义和奥斯丁所设想的分析法学的原则是不相容的。根据奥斯丁的看法，法律是一个命令的体系，而对命令内容的任何分析都不能确认恐惧 73
这种心理学事实。奥斯丁明白地说：“为了要使一个义务可以有实效（换句话说，就是为了使制裁可以起一个履行义务的动机的作用），就一定要同时有两个条件：第一，当事人必须知道设定义务并附有制裁的法律；第二，他必须实际上知道（或者通过适当注意或关心，就可以实际上知道），一定的行为或不行为或不作为会违反法律或者就等于破坏义务。除非这些条件同时发生，否则制裁就不可能对他的希望发生作用。”[③]然而，奥斯丁并不否认“任何人不因对法律的无知而受原宥”是实在法的一个原则。他为这一原则提出了一个出色的理由：“赞成该原则的唯一充分的理由似乎就是这样：如果对法律的无知被承认为豁免（exemption）的根据，那么法院便陷入几乎不能解决的问题中，这种问题会使司法达到几乎无能为力的情况。如果对法律的无知被承认为豁免的根据，那么，当事人始终会主张对法律的无知，而法院也就会在每一案件里不得不判决这一点。”[④]他特别讲到英国的法律：“我不知道有过这样一次，对法律的无知（per se〔本身〕来考虑）而在民事上或刑事上

③　奥斯丁：《法理学》，第480—481页。

④　同上书，第482页。

豁免或解除当事人。”[⑤]奥斯丁还承认具有追溯力法律规范的可能性以及从而还有因规范而负有义务的人不能知道规范的可能性。奥斯丁并不主张这样的规范(所谓“追溯既往的法律”)是没有效力的。他不过提出了一些对它们的法律上、政治上的反对意见:“对追溯既往的法律的反对意见,是从已经解释过的一般原则中推论出来的,即故意或懈怠是构成损害所必需的。法律在一定行为、不行为或不作为的当时并不存在:结果当事人并不、而且也不能知道他正在违反一个法律。既然没有东西要服从,制裁也就不能起作为一个服从的动机的作用。”[⑥]他甚至说:“一定要看到:一个primae impressionis(初次见)的司法判决,或者一个新法律观点头一次判的判决,对首先出现这一观点以及要下判决的那一特殊案件来说,始终是一个追溯既往的法律。”[⑦]

74 (四)心理学义务概念与分析法学

奥斯丁的敏锐的逻辑力使他体会到他的心理学的义务概念和法律的分析解释之间所存在的矛盾。“关于法律状态的无知和误解方面,我造成了一个自然会出现的困难:问题就是这样。为了使义务可以有效果,或者为了使制裁能决定当事人不犯错误,就必须:第一,当事人应知道或猜测到设定义务并附有制裁的法律;第二,他应知道或者通过适当注意或关心就可以知道,特定的行为、不行为或不作为,是和法律的以及义务的目的抵触的。除非这些

⑤　奥斯丁:《法理学》,第485—486页。

⑥　同上书,第485—486页。

⑦　同上书,第487页。

条件同时发生，制裁就不能起一个动机的作用，而那种行为、不行为或不作为就不能归罪于非法的故意、疏忽、轻率或卤莽。虽然为了使制裁有效果，就必需当事人应知道法律，可是在每一法律制度中，对法律状态的无知或误解不应豁免当事人的责任这一点却是被一般地或普遍地推定的。这一硬性的或近乎硬性的准则似乎是与我所反复讲到的关于损害或过错的要素的必要原则发生冲突的。由于对法律的无知往往是不可避免的，而在损害或过错是这种不可避免的无知的结果时，对法律的无知也就决不是非法的故意或非法的懈怠了。”[⑧]但是奥斯丁决没有解决这一困难：“这一困难的解决将在司法证据的原则中碰到。容许对法律的无知作为豁免的一个特定根据，将导致对难以解决的事实问题的无止境的调查，并且事实上，将会由于阻碍司法而使法律无效。所以，这一规则是一个有必要加以维持的规则，虽然它有时挫伤了非法故意或懈怠是损害的一个必要因素这一重要原则。”[⑨]但是这不是这一困难的“解决”。它不过是 ignorantia juris nocet（对法律无知自受其害）原则的一个法律上、政治上的辩解而已。这一困难在奥斯丁的理论里是解决不了的，因为它是他的法律是“命令”的定义的一个结果。

⑧　奥斯丁：《法理学》，第 487 页。

⑨　同上书，第 489 页。

75

第六章　法律权利

一、权利与义务

义务概念通常是与权利概念相对称的。“权利”(right)这一术语具有一些十分不同的意义。这里我们只涉及被理解为“法律权利”的那一种。这一概念必须要从纯粹法理论的角度出发来加以界定。

口语语言似乎提出了两类“权利”的区分。一个人说:“我有一个做或不做这样那样的权利。”一个人也说:“我有一个要求某个人应做或不做这样那样的权利。”习惯语言因而就作出了一个关于一个人自己行为的权利和对某个别人的行为的权利这两者之间的划分。在口语语言里,我们还作出了另一个划分。我们不仅说一个人有一个对一定行为(对本人的行为或对其他某个人的行为)的权利;我们还说一个人有对一定物的权利。财产便是对一定物的权利的典型例子。我有某物意思就是我对该物有权利。因此就在以下两者之间作出了一个划分:jus in rem 即对物的权利,和 jus in personam 即要求某个别人应在一定方式下行为的权利、对某个别人的行为的权利。例如,债权人有要求债务人支付一定数目金钱的权利。但是对物的权利似乎只是关于一个人自己行为的权利的一个特殊情况。我有一物，意思就是我有权使用它或毁坏它，总之，我可以任意地处分它。

如果权利是法律权利的话，它就必然是对某个别人行为、对别人在法律上负有义务的那种行为的权利。法律权利预定了某个别人的法律义务。这在我们说对别的某个人的行为的权利时是不证自明的。如果债务人在法律上负有义务，有支付一定数目金钱的法律义务，那么债权人就具有要求债务人支付这笔钱的法律权利。但是我们也能讲只有在相应义务加在某个别人身上时才有关于一个人自己行为的法律权利。有种说法：我有使用一条通过某个别人地产的道路的法律权利，意思就是这一地产的所有人在法律上负有义务不阻止我使用这一道路。我有以一定方式行为的权利这一陈述，的确可能只有消极意义，即我并不负有其他行为的义务。在说我有权做某件事时，我可能只是想说：我并不负有不做这件事 76
的义务；而在说我有权不做某件事时，我可能只是想说：我并不负有做这件事的义务。在这种意义上，我有一个权利这一陈述就只有消极的意义：就一定行为来说，我是自由的，并没有什么规范使我负有做这一行为或一个相反行为的义务。

但是为了就一定行为来说，在法律上是自由的，那么，另一个人或其他所有的人就一定要对相应的行为界限负有义务。如果别人在法律上并不负有让我做我所愿意做的事情的义务，那么，我在法律上也没有做我所愿意做的事情的自由。我的法律上的自由总是别人在法律上的服从，我的法律权利总是别人的法律义务。只是因为并且也只有在别人有不妨碍我做或不做某件事的法律义务时，我才有做或不做某件事的法律权利。如果我有利用一条通过某个别人地产的道路的权利，这在法律上就意味着这一财产的所有人以及还有因这一理由，其他每个人，都负有义务不阻止我利用这条道路。如果他们阻止我的话，他们就违反了法律秩序为他们设定的义务，就使他们自己招来制裁。我有一物从法律角度来说，意思就是：其他每个人负有义务不干预我对该物的处分。如果某人干预了的话，他就犯了使他要对制裁负责的不法行为。我有居留在我的公寓里的法律权利，也就意味着如果某人竟试图强使我出去，他就犯有不法行为之罪。没有对其他某个人的法律义务，也就没有对某人的法律权利。权利的内容最终就是某个别人义务的履行。

另一方面，一个人对一定行为界限的义务，始终是关于这个人对别人行为的一个义务。一个人负有向其债权人偿还借款的义务；一个人负有不杀害别人的义务；等等。甲对另一个人乙负有义务的 a 行为，相当于乙的 b 行为，即乙对 b 行为有一种权利，即乙具有一种要求甲为 a 行为的权利。债权人收回借款就相当于债务人对这笔钱的偿还。如果债权人拒绝收回这笔钱，债务人也就不能偿还借款。甲之所以负有义务向乙偿还借款（甲负有在自己的行为方面对乙的义务）、乙之所以有权从甲那里收回这一借款（乙有在他自己行为方面的权利），就因为乙有甲应该向他偿还借款的权利（因为乙有对某个别人的行为的权利）。一个人“行使”、“利用”他的“权利”，“享受”他的权利（Rechts-Genuss），意思就是他表明了相当于某个别人负有义务的行为的那种行为。至于这个人利用或不利用他的权利，那是他的自由。

二、许可 77

以一定方式行为的权利往往被人解释成许可(permission)。我有权做或不做某件事,也被表示为法律准许我做或不做它这种说法。因此,也就有了下述划分:一方面是命令或禁止的法律规范;另一方面是许可的法律规范。“法律是命令的(imperative)或许可的。”但这种划分是不能成立的。法律秩序只有通过为其他某个人设定义务,才能给予某人许可,授予某人权利。而法律又通过规定制裁而设定义务。所以,如果制裁的规定被称为“命令的”,那么说法律是“命令的或许可的”就不正确了。法律对这个人是命令的,从而对别人就是许可的。由于法律规范使一个人负有对另一个人有一定行为的义务,它就为后面那个人保证了相当于前一个人的行为的那种行为。这便是关于“命令的”法律和“许可的”法律之间的颇为不幸的划分所想要说明的事实。

三、狭义的法律权利

(一) 权利超过与义务的关联

如果法律秩序决定某人负有义务的行为,它就同时决定了另一个人的行为,通常就称之为这另一个人具有这种行为的权利。在这一意义上,每个权利相当于每个义务。这种意义上的“权利”不过是义务的关联(correlative)。一个人以一定方式行为的权利便是另一个人对这个人以一定方式行为的义务。奥斯丁就讲到一种"相对义务"。他说："'权利'与'相对义务'二词是相互关联的表示。它们标志着从不同方面出发加以考虑的相同的观念。"[①]奥斯丁的理论似乎不承认有不同于义务概念的权利概念。然而，这样一个概念在法理学中存在着并起着重要的、甚至决定性的作用。因为当有人讲到个人的权利时，他心里想到的是一个比与另一个人的义务一致这一概念还要狭义的概念。对一个人的每一义务并不都需要对别的某个人的法律权利（就法律权利这个用语的狭义的技术意义而论）。那么这个狭义的法律权利的存在的标准又是
78 什么呢？在哪些条件下某人才有这样的权利呢？法律规范本身的内容一定会提供对这一问题的回答，就像提供对早先那一问题的回答一样，即在哪些条件下，某人才有法律义务。就如法律义务一样，法律权利就是与规范本身所指定的某个人有关系。法律规范使某人负有对某一别人做一定方式行为的事实，并不自然就意味着后者有对前者的这种行为的权利，即要求他履行其义务的法律权利。为了构成一个技术意义上的法律权利，法律规范一定要有一个很特定的内容。法律义务已被界定为法律规范与其行为代表不法行为的那个人的关系。那个人就是制裁所针对的人或者就是与前一个人有一定关系的人。现在，我们必须以一种类推的方式来界定法律权利。

① 奥斯丁：《法理学》，第 395 页。

（二）法律与权利

通常的法律权利定义不能满足纯粹法理论或分析法学的方法论要求。这种定义或多或少有意识地预定法律和权利是两个不包含在一个共同的、一般的用语中的不同现象。英语中以两个完全不同的词："law"和"right"默认上述事实；德语和法语中只有一个相应的词，即"Recht"和"droit"，而用"客观意义的 Recht"和"主观意义的 Recht"、"客观意义的 dorit"和"主观意义的 droit"来区分法律和权利。虽然如此，在德国和法国的理论中也仍流行着一种二元论的观点。"客观意义的 Recht"、"客观意义的 droit"和"主观意义的 Reeht"、"主观意义的 droit"，被认为是完全不同性质的实体。只有"客观意义的 Recht"、"客观意义的 droit"（"法律"）才被认为是规则或规范，而"主观意义的 Recht"、"主观意义的 droit"（"权利"）则被界说为"利益"或"意志"。法律权利的确并没有被解释成是无条件的利益或意志，而却是由法律秩序所保护的利益，或者是法律秩序所承认并使之生效的意志。法律和权利就在这种方式下被带入某种相互关系中。但只要法律权利被认为在逻辑上和时间上先于法律，那么二元论还是保持着。在一开始，只有权利——尤其是一切权利的典范、（通过占有而取得的）财产权，只是在后一阶段，才加上作为国家秩序的法律，旨在认可和保护那些曾独立于这一秩序之外而出现的权利。这种观念被最清晰地发挥在历史学派的理论中，它不仅对上一世纪的法律实证主义，而且对英 79
语国家的现代法理学，都曾起了决定性的影响。例如，在德恩堡（H. Dernburg）的著作中，我们就看到："权利在历史上早在具有周密法律的国家出现以前就已存在。权利的基础在于个人的人格以及他能取得并实现的那种尊敬上。法律秩序的概念只能借逐步抽象化的过程从对既存权利的感觉中获得。所以推定说权利不过是法律的产物,无论在历史上和逻辑上都是不正确的。法律秩序保证法律权利并使之定型,但却并不创造法律权利。”②

(三)权利作为被承认的意志或被保护的利益

从逻辑的以及从心理学的观点来看,不难明白这种权利居先存在的理论是站不住脚的。现象的法律性质不是用感官可以感觉到的。个人有权或无权拥有物品的事实是不能被人见到、听到或摸到的。个人有权或无权拥有物品的陈述,只是在有这一陈述的人预定一个关于所有权的一般规范的存在(意思就是效力)时,才是一个在逻辑上以至心理学上有可能的价值判断。这一规范无论在逻辑上或者在心理学上,都不是以概括权利的类似感觉为根据的抽象化结果,就像例如树的一般概念是以综合类似感觉为根据的抽象化结果一样,因为权利并不是像树那样可以用感官感觉到的。一个一般规则的观念到底如何出现是我们在这里并不必须要回答的问题。我们只需要确认,不预定一个调整人的行为的一般

② 海因里希·德恩堡:《罗马法制度》,1911年版,第65页。布莱克斯通:《英国法释义》,第1卷,第167节:“社会的主要目的是保护个人享有那些不变的自然法所授予他们的绝对权利;但是如果没有相互协助与交往,这些权利就不能和平地保全,而这些协助和交往是通过友好的和社会共同体的制度而获得的。因此结果是,人类法律的首要目的便是保持和调整个人的这些绝对权利。至于社会的和相对的权利则来自并后于国家和社会的形成……”所谓绝对的权利即是指权利存在于国家形成之前。

规范，关于权利的存在与否的陈述是不可能的。如果有法律权利
问题的话，就一定要预定一个法律规则。在有法律之前就不能有
什么法律权利。法律权利作为一个由法律所保护的利益或由法律
所承认的意志这种定义，模糊地表示了对这一事实的洞察。当权 80
利还不曾由法律秩序，用德恩堡的话来说，所“保证”时，它还不是
一种法律权利。它之成为法律权利首先是借助法律秩序的保证。
这就意指法律在权利之前或与权利并存。

权利居先存在的理论虽然在逻辑上是站不住脚的，但在政治上却极端重要。这一理论的目的显然是为了影响法律的形成而不是分析实在法的性质。如果法律秩序不能创造而仅能保证权利，它就不能取消现存的权利。因而取消私有财产制度在法律上就是不可能的，不仅如此，而且立法也就不能剥夺任何一个人的任何特定财产权。权利居先存在学说的所有这些后果与法律现实是有矛盾的。这种学说并不是对实在法的科学说明而是一种政治意识形态。

将法律权利界说为法律所保护的利益或法律所承认的意志，同样是不正确的。让我们先批判地分析利益论。这两种理论所共有的基本错误在利益论中也许是最明显的。某人对某个其他人的某种行为具有利益，意思就是他希望有这种行为，因为他认为这种行为对他本人是有益的。“利益”一词就标志了某种精神状态，可是，说一个人只是在对某个别人的某种行为具有一种实际利益时，他才有要求某个别人作这种行为的法律权利，这显然是不对的。即使你并不介意你的债务人是否向你偿还借款，或者由于某种理由，甚至还但愿他不偿还，但你还是有收回你的钱的法律权利。当

立法者使一个人负有对另一个人做一定方式行为的义务，从而来保障后者的利益时，这种利益就在后者借以利用或行使自己权利的行为中有了特定的表现。但一个人可以随意利用或不利用他本人的权利。即使他不利用，但还是具有这一权利。甚至还可能有法律权利但却并不知道，在这种情况下，就不能存在任何利益。另一方面，一个人可能并无对另一个人的法律权利（狭义的、技术意义上的权利），但却对那个人之履行他的法律义务却强烈地感到有利益。因而，一个人可能对另一个人的一定行为具有权利但却对这一行为并无利益；一个人也可能虽有利益但却并无权利。

无疑地，立法者之所以给予债权人以收回自己的钱的权利，给所有权人以处分自己财产的权利，就因为他推定一个债权人照例
81 对收回他的钱是有利的，而所有权人的利益按例就是别人不应干预他对其财产的处分。立法者推定人们在某些条件下有某些利益，而他想要保护其中某些利益。但是一个权利，即使在——与立法者的推定相反——不存在实际利益的那些情况下，也还存在着。所以，权利一定不在于假设有的利益，而却在于法律保护。立法者给予一种利益的保护就在于确立某种重大意义的法律规则。所以，债权人的权利就是债务人因而负有归还借款义务的法律规范，所有人的权利就是他人负有不干预前者处分自己财产的义务的法律规范。总之，法律权利就是法律。

（四）权利作为推动制裁的法律上的可能性

正如已提到过的，每一个使个人负有义务对另一个人做一定方式行为的法律规范，并不都授予后者以对前者的法律权利。刑

法使人负有不去杀害他人的义务时，并没有授予受这一规范所保护的每一个人以不被杀害的法律权利，就像债权人有权从债务人那里收回他的钱以及所有人有权排他性使用其财产那种技术意义上的法律权利。为什么债务人向债权人偿还钱不仅是"权利"？为什么债务人应偿还钱是"债权人的权利"？是我作为债权人的权利？"权利"的原来意义是与"法律"一样的，因而例如就有"权利是强力"这种陈述。什么理由说在一定情况下，法律就是我的法律，即：我的权利？债权人与所有权人同保护他们利益的法律规范之间有什么特定关系？什么关系使这些规范得以成为"他们的"法律，即"权利"。将客观意义上的法律、调整人的行为的规范体系或这一体系的一个规范，在某种情况下，当作是一个国民的权利、一种主观意义上的法律，其理由是什么？

法律权利是由法律所承认的意志或法律所授予的权力的学说，比权利是由法律所保护的利益的学说，更接近于对上述问题的解决。根据前面那种学说的观点，作为个人权利实质的权力，在于法律秩序赋予个人意志表示以该意志所旨在达到的效果。法律秩序真正给人们这样的"权力"，例如以私法行为(legal transaction)特别是契约，来调整其经济关系的权力。契约是两个或两个以上的人之间关于一定行为的协议。"协议"(agreement)的意思是契约当事人在他们相互行为方面所表示的意志趋于一致。契约具有 82
契约当事人负有按照契约行为的义务的法律效果。每个契约当事人具有其他当事人应按照契约行为的"权利"；然而，他的权利并不是他的意志、不是他通过缔结契约所表示的意志。按照法律秩序创造契约双方当事人义务的，并不是他的意志及其表示，而是协议，所有契约当事人取得一致的意志表示。单独一个人并没有通过其意志表示而使别人负有义务的法律权力。如果契约当事人一方对另一方所具有的“权利”是一个“意志”的话。那么，它一定是缔结契约行为中所表示的意志以外的另一个意志。

一个契约当事人，只有在另一当事人对他有以一定方式行为的法律义务时，才有对另一当事人的权利；而另一人只有在法律秩序规定了一个在相反行为时的制裁时，才有对前者以一定方式行为的法律义务。但是这还不足以构成另一方的法律权利。一个契约当事人之所以有对另一方的法律权利是因为：法律秩序使制裁的执行不仅要依靠一个契约已缔结以及一方没有履行契约的事实，而且还要依靠另一方表示了应对不法行为人执行制裁的意志。一个当事人通过在法院里向另一方当事人提起诉讼来表示这样一种意志。在这样做时，原告就推动了法律的强制机器。只有通过这样一个诉讼，法院用以确定不法行为，即违约和下令制裁的程序才得以开始。这是民法的特种技术的一部分。作出制裁的条件之一就是要依靠一方已提出诉讼，这意味着一方已宣布了他认为上述程序应开始的意志。当事人有使适用规定制裁的有关法律规范得以实现的法律可能性。因此，在这一意义上，这一规范就成了“他的”法律，意思就是他的“权利”。只有在法律规范具有这样一种关系时，只有在法律规范的适用、制裁的执行，要依靠指向这一目标的个人意志表示时，只有在法律供个人处理时，才能认为这是“他的”法律、一个主观意义的法律，这就是指“权利”。只有这样，权利概念中所意味着的法律的主观化、客观意义的法律规范作为个人的主观意义的权利的体现，才是有根据的。

只有以这样方式来加以界说，法律“权利”概念才不会与法律
义务概念一致起来，甲对乙的一定行为的权利才不会等于乙对甲 83
以一定方式行为的义务。如果个人有通过其起诉而“强行实施”(enforcing)另一个人的法律义务的法律可能性时，那么，只提出乙对甲做一定方式行为的义务，就没有完全说明这一法律状态。如果法律权利的概念是一个与法律义务概念有所不同的概念，那么，前一概念一定要限于这种情况。

因而，权利是法律规范对为制裁应予执行而必须表示这样一种意志的人的关系。权利的主体就是其意志表现指向制裁，即其起诉是制裁条件的那个人。如果我们将法律秩序授予起诉可能性的那个人称为可能的原告，那么权利主体总是一个可能的原告。法律秩序通常以这种可能性授予立法者假定其对制裁有某种利益的那个人。但如果法律秩序以这种可能性授予那个人，那么这个人即使在一个具体案件中，居然缺乏这样一种利益以及也因而缺乏认为制裁应被执行的“意志”，他还是有权利的。权利不是个人的属于他的那种利益或意志，就像义务也不是负有义务的人心里对制裁或强迫的恐惧。就像法律义务一样，法律权利是法律规范对一个由规范所指定的人，即可能的原告的关系。

(五) 权利与代表制

权利的主体是可能的原告这一陈述似乎并不是在所有场合下都是适用的。个人通过某种法律行为，可以使另一个人、他的“代理人”(agent)所作的宣告，具有和自己本人的宣告同样的效果。如果某人利用这一法律机构(legal institute)——所谓“协议代表

制”(consensual representation)的话，他也就可以通过他的代理人的介入而提起诉讼。根据现代法律，甚至还有一些人一定要有代表，例如未成年人和精神上有缺陷的人。在这样一种“非协议代表制”的情况下，称为“监护人”(guardian)的代表，并不是由他和他所代表的人、即被监护人(ward)之间的法律行为所设立的，而却或者是直接由法律秩序不经任命而设立，例如父亲作为子女的法定代表的情况；或者是由一个公共机构，尤其是法院的行为所设立，例如，精神病患者的监护人的情况。监护人也可代表其被监护人在像代理人可以代表本人(principal)一样的方式下，提起诉讼。
84 代理人或监护人“代表”本人或被监护人表示意志，意思就是他的意志宣告具有恰像它是由本人或被监护人(假定他已成年或处于精神健康的人状态)所作出的同样的效果。这一复杂事态就由一个虚构公式以很简化方式加以说明，代理人或监护人的意志宣告被认为就是本人或被监护人宣告。如果代理人或监护人通过起诉所追求的是本人或被监护人的权利，那么权利主体不是可能原告，而却是一个与可能原告具有一种特定的、法定关系的人、具有协议代表制或非协议代表制关系的人。因而法律权利的主体是可能的原告或在法律上代表他的那个人。

四、权利作为特定的法律技术

正如已指出的，使制裁的执行有赖于某个人(原告)，提起诉讼、授予技术意义上的“权利”，是民法技术的典型。因而，法律规范的实际适用在每个特殊案件里都有赖于以下情况对权利主体

（或其代表）是否充分有利，即：法律规范的适用，通过他的“起诉”开始导致执行制裁的程序。立法者在使法律规范的适用有赖于一定的人的意志宣告时，就认为这个人的利益是有决定意义的。但往往是，一个法律规范的适用对法律共同体其他所有成员或其他大多数成员都有利，而不是只对特定的人才有利。对一个不履行自己义务的债务人执行法律秩序规定的制裁，对每一个也可能成为债权人的人，甚至对每一个希望维护法律秩序的人来说，都是有利的。正如人们通常所说的，法律秩序的全部规范均被服从和适用，是合乎法律共同体利益的。在一个以私人资本主义原则为基础的法律秩序中，民法技术是由以下事实决定的：立法者忽视在规范适用中的集体利益并将真正的重要意义只归诸特定人的利益。这就是为什么引向制裁执行的诉讼只是由于一个特定的人——即原告，作出这样一个意志宣告的结果才开始并实行的。

在这方面，刑法提供了相反的技术。一个刑事诉讼照例不能由利益最受不法行为直接损害的人来开始。一般地说，某个公共
机构、共同体的机关，才有权提起必要的诉讼并且它通常也负有义 85
务这样做。由于刑事制裁并不依靠任何私人起诉，所以，私人没有什么不被盗劫或杀害——一般地说，不做刑事不法行为牺牲者的那种“权利”。但由于制裁的执行要依靠国家主管机关的起诉，所以有人也可以说国家有共同体成员不为犯罪的一种“权利”。在这一领域里，共同体的特别重要的利益必须加以保护，立法者就将集体利益置于私人利益之上。但刑事诉讼具有像民事诉讼一样的形式，至少是一样的外表；它体现了双方的争端：刑事诉讼是在法律共同体，由一个公共机关所代表的国家和一个私人、被控告人之间

的争端；民事诉讼则是两个私人、原告和被告之间的争端。

现代法律（民、刑法）关于导致制裁的诉讼只能根据一个被指定的人的起诉来开始的法律技术，关于法律适用机关、法院的程序具有双方争端性质的法律技术，并不是唯一可以设想的技术。一个公共机构完全可以不经另一公共机构（如在刑法中）或私人（如在民法中）的任何事先的起诉而适用制裁。如果法律秩序真是这样性质的话，它还创造了一个不做不法行为的法律义务，但它不再会给任何人以要求履行义务的法律权利。法律权利没有相应法律义务是不可设想的，但没有任何相应法律权利（狭义权利）的法律义务却完全可以有。

五、绝对权利与相对权利

正因为个人的权利只有在与另一人的义务发生关系时才有可能，所以，所有的权利都是相对权利。然而，所有的义务，却只是就个人在对另一个人负有做一定方式行为的义务而论，才是相对的，这另一个人可能是但并不必然是相应权利（狭义的、技术意义的权利）的主体。

可是当人们区分绝对义务和权利以及相对义务和权利时，“绝对”和“相对”这些术语却是在另一种意义上了解的。相对义务是指个人具有与一个被指定的人有关的那种义务，而绝对义务则是指个人具有与不定数目的人或其他所有人有关的那种义务。不杀
86 人、不偷窃、不干预别人对其财产的处理，都是绝对义务。一个债务人向其债权人归还借款的义务是相对义务。这种狭义的相对权

利就是一个和某些被指定人的义务相应的权利，而绝对权利则引起不定数目的人的义务。典型的相对权利就是债权人对债务人的权利：债权人只能从债务人那里要求归还借款的权利。财产是一个典型的绝对权利：所有权人有要求每一个人不干扰其拥有财产的权利。绝对义务与绝对权利相适应；相对义务与相对权利相适应。对人权和物权之间的区分可回溯到相对权利和绝对权利之间的区分。但对物权这一用语是引人误解的。严格地说，对物权也是对人权，是对人的权利，而不是像这一用语所意味的对物的权利。财产是个人对物的排他性的支配这一著名定义忽视了一个实质性的事实：除所有人以外的每个人都被排除在对客体的处理之外。财产权是个人要求所有别的人关于他应做一定方式行为，即要求所有别的人对他在处理某物上应不加任何干预的权利。在法律上，除所有权人以外的所有的人都被排除在对财产客体的处理之外；他们负有义务对物的任何可能的所有人在物的处理方面不加任何干预。就如权利一样，相应的义务也是针对不定数目的人的。作为A地产的所有权人甲在利用一条通过乙的B地产的道路的权利，具有地役权(servitude)性质，一种对物权，条件是不仅乙，而且每一个人，尤其是B地产的任何可能的所有权人，在法律上都负有义务不阻止甲或A地产的任何所有权人使用这条道路。A地产的任何所有权人都有这种权利，B地产的所有权人都有相应的义务。A地产就被称为“需役地”(dominant estate)，B地产则被称为“供役地”(servient estate)，就像树一样，权利依附或生根于这块地，义务则依附或生根于那块地。这是一个对法律状况的比喻性的和很说明问题的但却也是很容易引人误解的说明。权利或义务并不是一个可以和其他东西联在一起的东西。权利和义务是个人对别人的特定关系。对物权并不是对物的权利而是要求不定数目的人在对某一客体方面应做一定方式行为的权利；它是与绝对义务相适应的绝对权利。

87 六、权利作为法律创造的参与

正如已指出的，法律授予个人以这样权利，它给予他或其代表提起最后导致执行制裁的诉讼的可能性。法院判决（它是在具体案件中决定制裁的典型行为）就创造了有条件地或无条件地规定制裁的个别规范。例如，刑事法院的司法判决，就命令（根据法院的陈述）犯偷窃罪的某人应予监禁两年。这一个别规范将由其他公共机关予以执行。

民事法院命令某个人，即被告（根据法院的陈述）因到期未交房租，应在十天内向其房东即原告，交一定数目的钱；如逾期未交，就应对被告进行民事执行。这是一个个别规范。可是在这一案件中的个别规范、制裁的命令，具有一种有条件的性质，即如果被告在十天之内还未交，就应对他进行民事执行；而在刑事案件中制裁的命令、个别规范，却是无条件的：不法行为人应被监禁。民事法院判决对个别规范的创造是由原告起诉所开始的司法程序的直接目的。从这种动态的观点来看，原告因而就在以法院判决为代表的个别规范的创造中起着一种重要的作用。有权利，就是具有法律能力参与个别规范创造，由这一规范对根据法院陈述已为不法行为、违反其义务的人命令制裁。如果法律权利是一个法律现象的话，那么这种个别规范一定也具有法律性质。法律不能只由一般规范或一般规则所组成。

七、公民权利与政治权利

如果从一个动态的观点来看，权利的性质是参与法律创造的能力，那么“私法”权利、所谓“私权利”(private right)和公法权利、所谓“政治权利”之间的区分，就不像通常所推定的那样重要。我们所了解的政治权利就是公民具有参加政府、参加国家“意志”形成的可能性。用实在话来说，这就意味着公民可以参与法律秩序的创造。人们因而就特别想到一般规范或最一般意义上的“立法” 88
的创造。从属法律秩序的人参与立法，是民主制不同于专制的特征，在后一制度中，国民被排斥于立法之外，并无政治权利。在民主制度中，立法权可能或者是由人民在初级会议(primary assembly)上直接行使，或者由一个选举产生的议会单独地或与一个选举产生的国家元首共同行使。民主制可能是直接民主制或间接(代议)民主制。在直接民主制中，决定性的政治权利就是公民参与民众大会的审议和决议的权利。在间接民主制中，国家意志的形成，就一般规范的创造而论，分两个阶段进行：首先是议会和国家元首的选举，然后是一般规范、即法律(statute)的创造，或者是由议会单独地或者与国家元首共同创造。相应地，在间接(代议)民主制中的决定性的政治权利就是投票权，即：公民参与议会、国家元首以及其他法律创造(与法律适用)机关的选举的权利。

看来仿佛我们前面在考虑民法时所得出的法律权利概念，与政治权利的概念是完全不同的。政治权利的问题在国家和公法理论中将加以比较全面的论述。在这里，我将只试图证明怎样有可能把所谓“政治”权利与“私”权利综合在“权利”这同一个总的用语中；原告与投票人有什么共同之处，起诉和投票又有什么共同之处。

如果政治权利就是与私权一样意义的“权利”，那就一定有一个与政治权利相当的义务。与投票权相当的义务是什么？接受投票人的投票，根据法令加以处理，尤其是公布已获得规定票数的当选的人，这些都是负责选举的那些公共机关的义务。国民的投票权就是使他的投票根据有关法律，由主管机关加以收受并计算。选举工作官员的义务与公民的投票权相适应。这一义务由一定制裁加以保证；在这一义务被违反时，投票人就可以对这些制裁的适用行使这样的影响，即类似于私权利的主体就针对要为违反相应

89 义务负责的人适用制裁上可能行使的那种影响。在各种不同的法律秩序里，有这样一些特殊的机关，例如选举法院，其任务就在于保护投票人在公共机关履行相应义务方面所具有的利益。当投票人在其权利被侵犯，可以向这样一个选举法院申诉时，投票权就是一个正如私权利一样的技术意义上的权利。

纵使投票人的功能并未得到这种方式的保证，即授予投票人以这样一种技术意义上的“权利”，但他的功能还是具有和行使私权利相共同的要素。这便是参与法律创造活动。差别在于，被称为“投票”的功能是一个对法律创造活动的间接参与。投票人只参加一个机关（议会、国家元首）的创造，这个机关的功能就是创造国家的意志、法律规范，而这个机关所必须创造的法律规范是一般规

范、法律。私权利的主体则直接地参与法律规范的创造，而这种法律规范（司法判决）却是个别规范。私权利的行使也标志了国民对“国家意志”创造的参与，因为国家意志也体现在司法判决中，法院也是国家机关。

像议会和国家元首这种选举产生的机关基本上是创造一般规范的机关。然而创造个别规范的机关有时也可能是选举产生的，例如由普遍投票所选出的法官。在这种情况下，称为投票的政治权利的功能和私权利之间的差别就被缩小到投票权只意指对法律规范创造的间接参与。

从全部法律创造活动中的功能角度来看，私权利和政治权利之间并无实质上的差别。两者都容许权利持有者参加法律秩序、“国家意志”的创造。私权利最终也是政治权利。一旦人们理解到以私权利授予个人是民法的特种法律技术，而民法是私人资本主义（同时也是政治制度）的特种法律技术时，那么，私权利的政治性质就变得越发显著了。

如果法律权利被看作是法律创造活动中的一种特殊功能，那么，法律与权利的二元论就趋于消灭。这样，义务对权利在法律上的居先存在地位也就显然了。法律义务是每一法律秩序中每一法律规范的主要功能，而法律权利只不过是特殊法律制度的一个特
定因素——私权利是资本主义法律秩序的制度、政治权利是民主 90
法律秩序的制度。

第七章　资格(法律能力)

法律规范不仅决定人的行为,使它作为义务或权利的内容,而且还可以以其他方式决定人的行为。一个例证是根据规范而成为某些条件后果的制裁。命令或执行制裁显然并不是法律适用机关的“权利”;然而,机关却可能负有命令或执行制裁的义务;但这也未必一定这样。机关只有在这种情况下才负有义务:第一个法律规范规定机关命令或执行制裁,该机关并不遵从;另一个规范规定对机关实行制裁。在制裁的条件中,也有些人的行为,既不能当作义务又不能当作权利。且让我们拿债务人负有义务向其债权人归还借款的法律规定当作一个例子来看,就要领来看,这一规范可表述如下:如果两个人缔结借贷契约,债务人到期不归还借款,又如果债权人向债务人提起追诉,那么法院就必须对债务人进行一定制裁。缔结契约并不是构成双方义务或权利内容的行为。他们在法律上并不负有义务,也并不具有法律权利缔结契约;他们通过契约,在契约已缔结后,才取得法律权利和法律义务。但是他们在法律上有能力缔结契约。他们也不存在为不法行为的义务或权利,但是却有为不法行为的法律能力(legal capacity)。机关并无命令制裁的法律权利,而且它可能甚至并不负有这样做的义务。但是它在法律上有能力命令制裁。当规范将某个人的行为当作法律条件或法律后果时，意思是只有这个人才有“能力”做或不做这一行为；只有他才有“资格”(competence，最广义的资格)。只有当这个有能力的和有资格的人做或不做时，才发生根据规范来说成为法律条件或法律后果的行为或不行为。

正如已经指出的，由法律规范所调整的人的行为是由两种因素组成的：属事因素和属人因素，必须要做或不做的事以及必须要做或不做这件事情的人。法律规范在决定作为法律条件或法律后果的人行为时，就决定了这两个因素。由法律规范构成的属人和属事这两种因素之间的关系，在德语和法语中就以最一般意义上的“资格”这一用语来称谓。一个人有“资格”为一定行为，意思就 91
是只有在这一行为是由这个人作出时，才被给予法律条件或法律后果的质(quality)。即使是不法行为也预定了不法行为人的“资格”(最一般意义上的资格)。并不是每一个存在(being)都能为不法行为。在文明人法律秩序中，只有人才有能力为不法行为。在原始法律中却并不如此，那里的动物、植物甚至无生命的客体都被认为有为不法行为的能力。根据现代法律，甚至也不是所有的人都是不受惩罚的；儿童和精神病患者按例对任何制裁是不负责的，因此他们也就没有能力为不法行为。

“资格”这一用语平常确实是在狭义上使用的。人们通常只讲行为的资格，而不讲不行为的资格。此外，这一用语只被用来指采取行为而非不法行为，指以创造法律规范的法律能力。说议会有“资格”制定法律，但是这种表达方式实际上只不过意味着这样一个事实：法律秩序决定作为立法职能的就是组成议会的那些人的某种行为，因而这些人才有能力创造法律。说法官有资格作出判决，这意思就是，法律秩序所决定作为司法职能的就是一定人的一定行为，因而这个人就有能力作出判决。英语法律用语所用的管辖(jurisdiction)的概念只不过是适用在一个特殊案件的资格这一总的概念。严格上说的管辖就是法院的资格。然而，行政当局也有其“管辖”，不仅如此，任何国家机关均有其“管辖”，即做行为的能力，而这一行为是法律秩序决定只是这一机关而非其他机关的行为。当人们认识这一事实后，就一定会承认任何一个人都有某种“管辖”，即为或不为法律秩序所决定是这个人的行为或不行为的那种能力。这便是“资格”这一概念的实质。当人们说只有某个人有“能力”为不法行为时所用的就是这一概念。

第八章　归责(可归责性)

为不法行为的能力往往用归责(德语 Zurechnung)的概念来加以表示。制裁,尤其是刑事制裁,正如已讲过的,只被加予具有某些质的人,即有某种最低年龄和某种精神能力的人的行为。这 92
样,人们往往就说不法行为对儿童或精神病患者是不可“归责的”(imputable)。在德语里,儿童或精神病患者的特征就是 unzurechnungsfähig(不负责任的)。然而,不法行为对儿童或精神病患者是不可归责的这一说法是引人误解的。他们的行为根本并不构成任何不法行为。他们的行为只有在他们已到达要求的年龄或精神健全时,才是不法行为。某类行为,如谋杀,是否是一个不法行为,要依赖行为人是否具有某些由法律秩序决定为制裁的一般条件的质。当然,在任何情况下,行为总是“他的”行为,这意思就是行为是归责于他的,纵使这一行为,就如在这种场合下,并非不法行为。一个精神病患者可以作出谋杀,这就是说,他可以以他的行为故意地造成另一个人的死亡。谋杀是否是他的行为是毫无问题的;至少,这不是法学上的问题。唯一的问题是是否这一杀人是一个不法行为。由于法律秩序并没有对精神病患者所作出的谋杀行为附加任何制裁,所以这种杀人就不是不法行为。所以,不可“归责的”并不是谋杀,不归责于他的只是制裁而已。一个人是

unzurechnungsfähig（不负责任的），意思就是：因为他并不具备进行制裁的某些属人要求、条件，所以就没有什么制裁针对着他。当一个人的不负责任等于他还没有达到必要年龄以及精神上不健全等等，总之，他还不具备法律秩序使人要对制裁负责的属人条件这种事实时，人们就让“责任”一词指只是责任的先决条件。一个人在法律上的不负责任只不过是他对制裁无责任而已。英语中的“不负责任的”（irresponsible）这一用语等于德语中的unzurechnungsfähig，它在字面上的意思就是没有能力成为一个某种事物可以被归责的主体。的确，“归责”一词表达了这一或那一事件被归给某一个人或使它和他发生一种联系。但这里所讲的归责却并不是一个人及其行为之间的关系，而却是法律制裁与行为因而就是间接地与行为人本人之间的关系。与一个在法律上不负责任的人不能发生联系的，是制裁而不是如果由其他某个人来作出就会是一个不法行为的事实。归责的概念指的是不法行为与制裁之间的特种关系。

第九章　法律上的人 93

一、实体与质

法律上的人(legal person)的概念是在陈述实在法时所使用并且同法律义务与法律权利概念密切联系着的另一个一般概念。法律上的人(按定义来说,他是法律义务与法律权利的主体)的概念,符合一种想象,需要有一个权利与义务持有者。法学思想不满足于只看到某种人的行为或不行为组成义务或权利的内容,必须还存在着某个“具有”义务或权利的人物。这种想法体现了人类思想的一般趋向。在经验上可以观察得到的一些质也就被解释成为一个客体或实体(substance)的那些质,而在文法上它们就相当于一个主语的谓语。这个实体并不是一个外加的本体。表示这一实体的文法上的主语只是一些质组成了统一体这一事实的象征而已。树叶并不是绿色、光滑、弧形等所有这些质之外的一个新的本体,而只不过是这些质的一个综合的统一体而已。但在语言形式所决定的日常想法里,这一实体却被当成是设想在“它的”质之外有一个独立存在的分立的本体。文法上的主语、实体,似乎可以说是一个由那些谓语、实体中所固有的质所组成的那一系列中的一个新的成员。

认识对象的这种双重化是被称为万物有灵论的原始神话思想的特征。根据万物有灵论对自然的解释，人们以为每一个可感觉世界中的对象都是一个不可见的精神的住所，这个精神就是对象的主人，他之"有"这个对象，就像实体有它的那些质、文法上的主语有它的那些谓语一样。因而，就如通常所理解的，法律上的人也就"有"它的同样意义上的法律义务与权利。法律上的人就是法律上的实体。作为法律上的质的义务和权利则属于这实体。"人有"义务和权利这种观念就包括了实体和质的那种关系。

然而实际上，法律上的人并不是在"它的"义务和权利之外的一个分立的本体，而不过是它们的人格化了(personified)的统一体，或者由于义务与权利就是法律规范，所以不过是一批法律规范的人格化了的统一体而已。

二、自然人

(一) 自然人与人

构成这种统一体的是什么？什么时候，一批义务和权利、一批
94 法律规范才有这种统一体？这有两个不同的标准，它们来自通常对两类法律上的人的分析，即自然人(physical[natural]person)和法人(juristic person)。

界说自然人以及同时将他和法人区分开来的普通办法，就是说自然人是一个人(human being)，而法人却不是。例如奥斯丁就

下了这样的定义:“人是被授予权利或被认为从属义务的。”[①]换句话说,人是被认为是义务与权利主体的一个人。说甲是一定义务的主体或具有一定义务,意思只是说甲这个人的一定行为是法律义务的内容。说甲是一定权利的主体或具有一定权利,意思只是说甲这个人的一定行为是法律权利的客体。这两个陈述的意思都是指甲这个人的一定行为,在一种特定的方式下,是法律规范的内容。这一法律规范只决定了甲这个人的特定的行为或不行为,而不是决定了他的全部生活。甚至整个法律秩序也从不决定从属这一秩序的人的全部生活,或影响他的所有的精神和肉体的功能。人只是在某种特定的行为或不行为方面才从属法律秩序;至少所有其他的行为或不行为方面,他与法律秩序就毫无关系。在法学思想中,我们只是在人的行为成为法律秩序的内容时才涉及他。因而只有那些有资格作为法律秩序中义务或权利的人的行为和不行为,才是与法律上的人的概念有关的。一个人只是在他“具有”义务和权利时才存在,离开义务和权利,就无所谓人了。将自然人界说为人是不正确的,因为 man[*] 和 person 不仅是两个不同的概念,而且还是两种完全不同思考的结果。作为 man 的人是一个生物学的和生理学的,总之,是自然科学的概念。作为 person 的人却是一个法学的、分析法律规范的概念。

man 和 person 是两个完全不同的概念这一点可被认为是分析法学的一个公认的产物。只不过人们并没有始终由此得出最后

---

① 奥斯丁:《法理学讲义》,1885 年第 5 版,第 350 页。

* 在本文中,man 与 human being 是通用的。——译者注

的结论。这一结论就是作为义务与权利主体的自然人并不是其行为是这些义务的内容或这些权利的客体的那个人，自然人只不过是这些义务或权利的人格化。更确切地表达的话是：自然人是这
95 批法律规范的人格化，这些法律规范由于构成了包含这同一个人行为的义务与权利而调整着这个人的行为。正如我们已了解的，一个对物权并不是一个依附于一定物的权利，而不过是一个要求别的人对一定物应以一定方式行为的权利。物并不是对物权的客体，而不过是正如奥斯丁所恰当地说“权利的范围。”[②]由此可见，人(human being)并不是自然人，而却可以说只是自然人的“范围”而已。一个所谓自然人和往往被误认为自然人的人(human being)之间的关系，就在于：那些被概括在人(person)的概念中的义务和权利都是指人(human being)的行为。奴隶在法律上不是人，或者说是没有法律人格的，意思就是说并没有能使这个人的任何行为有资格成为义务或权利的法律规范。说甲这个人是一个法律上的人或具有法律人格，意思就是说，相反地，有这样的规范。“person 甲”就是使甲的行为有资格成为义务或权利的全部法律规范的概括。当我们设想这些规范组成一个单一的统一体，把它们人格化起来时，我们就说“甲的人格”了。

（二）自然人：法人

自然人的概念的意思不过是法律规范综合的人格化。人，一个被个别地规定的人，只是构成这些多数规范统一体的因素。

② 奥斯丁：《法理学》，第 369 页。

“自然人就是人”(human being)的讲法之不正确，从以下事实来看也是显然的，那就是：human being 被说成是 person，但对 human being 来说是对的东西，对 person 来说却决不一直是对的。一个人(human being)具有义务和权利这一陈述，意思是法律规范在特定方式下调整着这个人的行为。另一方面，一个人(person)具有义务权利这一陈述却是没有意义的，或者是一个空洞的同义反复。它的意思是一批其统一体已被人格化的义务和权利，“有”义务和权利。为了避免这种无意义的话起见，我们必须将“有”解释为“是”：一批义务和权利“是”义务和权利。说法律对人(human being)设定义务并授予权利是很有意义的，但说法律对人(person)设定义务并授予权利就是没有意义的。这样一个陈述的意思是，法律为义务设定义务并以权利授予权利。只有对 human being 而不是对 person 才能设定义务并授予权利。因为只有 96
human being 的行为才能成为法律规范的内容。使 man 与自然人等同，具有这样的危险，它模糊了对一个摆脱虚构的法学来说是根本性的原则。

由此可见，自然人并不是自然现实而只是法律思想的构造。它是一个可能并非必然被用来代表某种(并非全部)法律现象的辅助性概念。法律的任何表述最终总是指其行为由法律规范所调整的人(human being)的行为和不行为。

三、法人

由于所谓自然“人”(person)的概念不过是法学上的构造，并且它本身完全不同于"man"的概念，所以，所谓"自然"人其实就是一种"法"人。如果所谓自然人就是法人的话，那么，在自然人(person)和通常被仅认为"法"人之间，就不可能有什么实质上的区别。传统法学确实倾向于承认所谓自然人事实上也是一个"法"人。但是在界说自然人是man，而法人则是非人类的人(non-man)时，传统法学又模糊了这两者实质上的相似性。man和自然人(person)之间的关系并不比man和技术意义上的法人之间的关系来得更密切。说每个法律上的人归根结底是一个法人，说在法律领域里只存在法人，毕竟都只是一个同义反复。

(一)社团

狭义的、技术意义上的"法"人的典型是社团(corporation)。社团的通常定义是：由法律当作是一个统一体的个人集团，即当作一个具有与那些组成集团的个人的权利和义务有所不同的权利和义务的人(person)。社团之所以被认为是一个人，就由于法律秩序规定某些权利和义务，它们关系到社团成员的利益但却又似乎并非是成员的权利和义务，因而就被解释为社团本身的权利和义务。尤其是，这样的权利和义务是由社团机关的行为所创造的。例如，一座建筑物是由机关代表社团租下的。根据通常的解释，使用建筑物的权利是社团的权利而不是其成员的权利。交纳租金的
97 义务是社团本身而不是其成员承担的。或者，用另外一个例子来说，一个社团的机关购买了不动产，因而这一不动产是社团的而不是其成员的财产。在有人侵犯社团权利时，必须提起追诉的也还是社团本身而不是任何一个成员。通过民事制裁所取得的补偿也

加在社团本身的财产中。如果社团的一个债务还未履行，例如，如果到期未交租金，那么，同样也是对社团本身，而不是对其成员，提起追诉，民事制裁最后也是针对社团本身，而不是其成员。这意思就是民事诉讼针对的是社团本身的财产，而不是其成员的财产。至于制裁也针对成员财产的情况（例如如果社团的财产不够赔偿损害，上述情况就可能发生），这里暂且不论。为什么社团被认为是法人的决定性理由看来是这样的事实：社团的民事不法行为的责任，在原则上限于社团本身的财产。

（二）法人的义务与权利作为人的义务与权利

当人们用这些说法来说明情况时，如作为法人的社团参加法律行为、缔结契约、提起诉讼，等等；作为一个法人的社团，具有义务和权利，因为法律秩序对作为一个法人的社团设定义务并授予权利，所以这些陈述显然都不过是词藻而已。行为和不行为只能是人（human being）的行为和不行为，这一点是不能当真加以否认的。当有人说到法人的行为和不行为时，一定是有关人的行为和不行为。唯一的问题是确认这些人的行为和不行为的特殊性，说明为什么这些人的行为和不行为要被解释成作为法人的社团的行为或不行为。其实法人的行为始终是人的被称为法人行为的行为。法人的行为是那些作为法人机关的人的行为。因而法学就面临着这样的任务：决定什么时候个人将被认为作为法人的机关来行为，这就是社团作为一个行为人的问题。社团作为义务和权利主体的问题则是完全类似的问题。

既然法律秩序只能为人设定义务并授予权利，因为只有人的

98 行为才受法律秩序所调整，那么，作为法人的社团的义务与权利也就一定是个人的义务与权利。要决定什么时候个人的义务与权利才被认为是法人的义务与权利这一问题又产生了。所谓法人的义务与权利不是——至少不同时是——人的义务与权利这一点是被priori（先天地）排斥的。

（三）社团的章程（秩序与共同体）

如果个人的行为在一定方式下符合构成社团的特殊秩序，他就作为社团的机关而行为。几个人只有当他们已被组织起来，仿佛每个人关于别人都有特定的功能时，他们才组成一个集团、一个联合。当他们的相互行为由秩序、规范制度所调整时，他们才被组织起来。构成这一联合，使几个人组成一个联合的，就是这种秩序，或者就是说这种组织。这一联合具有机关的意思同组成联合的人由一个规范秩序所组织的意思，正好是一样的。构成社团秩序或组织就是社团的法律，社团的所谓“章程”（by-laws），即调整社团成员行为的规范的总和。这里应注意的是，社团只有通过它的法律才算在法律上是存在的。如果有人将社团及其法律分别开来，将前者认为是一个“联合”或“共同体”，后者则是构成这一联合或共同体的一个秩序，那么，他就犯了在本章一开始所说的那种双重化的错误了。社团及“其”法律、调整某些人行为的规范秩序以及由秩序所“构成”的联合（共同体），并不是两个不同的本体，它们是等同的。说社团是一个联合或一个共同体只不过是表示秩序的统一体的另一种方式而已。人们只是在他们的行为受“联合的”秩序所调整时，才“属于”这一联合或组成这一联合。当他们的行为不受秩序调整时，人们就不“属于”联合。人们只有通过秩序才被联合起来。如果我们用“共同体”这一术语来代替“联合”，我们便表达了“组成”一个联合的人们有某种共同之处的观念。他们共同有的就是调整其相互行为的规范秩序。所以说一个联合或共同体是由人们“组成”或构成是引人误解的，仿佛共同体或联合只是一群个别的人。联合或共同体只是由秩序所决定的人的那些行为所 99
组成的；而这些行为只是当它们组成秩序规范的内容时才“属于”联合或共同体。联合或共同体不过是“它的”秩序而已。

（四）共同体的机关

作为一个共同体的社团只是在个人、即作为其机关的那些人的行为中，才体现出它的存在。正如前面已讲过的，个人只是当他的行为由秩序在特定的方式下所决定时；才作为共同体的机关而行为。以共同体机关的资格的人所表现的行为之所以不同于这个人的其他行为，即不被解释为共同体的行为的那种行为，只是由于前一种行为，在一种特定的意义上，符合了秩序。个人之作为一个机关的特质完全在于他对秩序的关系。个人的行为或不行为被解释为共同体的行为，意思就是这个人的行为或不行为被归入在一个特定的方式下决定这个人行为的那一秩序。个人的行为被归入以单位代表的秩序，而这意思就是，被归入作为秩序的人格化的共同体。将个人的行为归入作为人格化了的秩序的共同体，就是将这种行为归责于共同体。

（五）对秩序的归责

然而，这是另一类归责，而不是在论述作为犯不法行为的法律能力的可归责性问题。这一归责是由法律秩序所决定的两个事实之间的一种特殊联系。个人的行为或不行为对共同体的归责关系到一个事实对在特定方式下决定这一事实的法律秩序的关系，对作为一个单位来看待的法律秩序的关系。

这种归责就允许我们讲共同体就像讲行为人一样。对共同体的归责就牵涉作为单位来看待的秩序的人格化。

（六）法人作为人格化的秩序

狭义的法人只不过是调整有些人行为的秩序的人格化而已，可以说就是对所有那些由秩序所决定的人的行为提供归责的共同点。所谓自然人就是调整同一个人的行为规范综合体的人格化。
100 因而在这两种情况下，人格化的基础在原则上是相同的。只是在以统一性给予人格化了的规范综合体的因素之间才有差别。

什么使若干不同规范成为一个秩序，这是一个我们以下将更多地讲到的问题。在这里，我们强调这一事实就够了，那就是：社团是构成国家的整个法律秩序内的一些部分法律秩序。构成国家的法律秩序与属于国家的法人的关系，完全不同于国家与为之设定义务并授予权利的个人的关系。在构成国家的整个法律秩序，所谓国家的法律或国内法律秩序，和社团法人之间的那种关系是两个法律秩序，一个整个法律秩序和一个部分法律秩序之间，国家的法律和社团的章程之间的关系。说得更具体一些，这是一个委托(delegation)的情况。

(七) 法人的负有义务与赋予权利

“国家的法律”、国内法律秩序，在对法人设定义务并授予权利时，就调整着人们的行为，使人的行为和不行为成为法律义务的内容和法律权利的客体。但是它在这样做时只是间接的。构成国家的整个法律秩序只决定行为的属事因素，而将决定属人因素的任务留给构成社团的部分法律秩序，即留给社团的法律。这一部分秩序决定什么人作为机关必须要从事某种行为，这种行为使社团的权利和义务得以创造出来、社团的权利得以行使、义务得以履行。当“国家的法律”，即整个法律秩序，在对社团法人设定义务并授予权利时，作为社团的“机关”的那些人因而就被负有义务并授予权利；但是设定义务并授予权利的功能在整个和部分、两个法律秩序之间有所划分，其中后一秩序使前一秩序趋于完满。“国家的法律”给予法人以权利与义务并不意味个人以外的一个人被负有义务或授予权利；它只意味着义务与权利间接地给予个人。充当这一过程的中介就是部分法律秩序的特殊功能，而社团的法人就是这种法律秩序的人格化。

(八) 法人概念作为辅助概念

任何调整一些人的行为的秩序都可以被认为是一个“人”(person)，意思是可以人格化的。然而，一个狭义的、技术意义上
的法人却只有在下列情况下才能被推定，即只有被认为作为一个 101
法人的共同体机关在法律上有能力代表社团，代表属于社团的那

些人，意思就是，参加法律行为，在法院出庭、作出有约束力的宣告，所有这一切都代表共同体，即代表属于共同体的那些人；此外，共同体的责任（即属于它的那些人的责任）则在特定的方式下加以限制，限于法人的财产的范围，即法人成员的集体财产。所以法人（社团）成员只是以他们的集体财产、以他们作为社团成员而具有财产来负责，而不是以他们个人的财产来负责。但这种有限责任只有在"国家的法律"已使构成社团的法律取得确认的效果时才有可能。"国家的法律"授予社团法律人格这一表示就是想达到这一目的。法学家可以有使用或不使用法人概念的自由。但当"国家的法律"给予社团的成立以上述效果时，即：社团的机关有能力代表社团，也就是它的成员，而参加法律行为、在法院出庭，以及成员的民事责任限于社团财产，也就是成员的集体财产时，那么，这一辅助概念就特别有用。在这种情况下，就可能产生一些权利与义务，它们属于社团成员的方式，不同于他们的、与成员地位无关的方式所得到的权利与义务。我们在把这些权利与义务当作属于社团本身的权利与义务时，也就提出了这种差别。这一差别是存在的；但它并不是指那些被当作社团的义务与权利不是属于社团的人的义务与权利；这是不可能的，因为义务与权利只能是人的义务与权利。差别在于：被当作社团的义务与权利是属于社团的人在一个特定方式下所拥有的义务与权利，与他们不是社团成员而拥有义务与权利的方式有所不同。

（九）法人的义务与权利：人的集体义务与权利

被设想是法人的社团具有遵守一定行为的义务，意思就是：第一，国家的法律使一定行为成为义务的内容，但是其行为是这一义务的内容及以社团机关资格而必须履行义务的那个人，却是由社团的法律、由构成社团的部分法律秩序决定的。义务是由固定的人承担的，但由于这个人是由构成社团的部分法律秩序所决定的， 102
并且这个人又必须作为社团机关履行义务，所以就有可能将他的义务归属社团，讲“社团的义务”。

就让我们考虑一个例子，某社团已购入一座建筑物并根据契约负有交付价金义务。交付价金是一个由“国家的法律”所规定的义务。一般地说，作为一个缔结买卖契约的买方必须交付价金。但如果契约是由社团通过主管机关，即通过社团法律所决定的人所缔结的话，那么，必须用社团的财产交付价金的还是社团的机关。

这种财产在别的方面来说也是有重大意义的。因为社团具有遵守一定行为的义务的事实，也意味着如果义务不予履行，制裁就可以针对被认为是社团财产的财产。这一点就预定了法人享有权利，因为财产只意味着代表一种货币价值的那些权利的总和。为了要理解一个法人具有法律义务的意义，人们就首先必须要了解它拥有法律权利的意义。

作为一个法人的社团拥有相对的或绝对的权利，意思就是一个特定的人或一些不特定的人根据“国家的法律”负有对社团做一定行为的义务，而且在义务不能履行时，“由社团”即由社团法律所指定的一个人的起诉，就应执行制裁。对社团负有义务就是对其成员负有义务。但是，只负有对一个人的义务和负有对一些以社团成员资格出现的人的义务之间，是不同的。不同就在于与权利相应的义务在被违反时进行起诉的方式上。在社团权利的情况下，构成相应义务的制裁不能由每一个作为社团的成员，人们对他们负有义务的人来推动，而只能由社团法律授权其代表社团提起诉讼的那个人来推动。制裁所强制取得的赔偿也归诸社团财产。

特定人权利与社团权利之间的另一个差别，关系到权利“行
103 使”的方式（个人“利用”其他权利、“享有”其权利这种意义上的行使）。社团权利总是由个人在这种意义上来行使的。因为只有人才能行使权利、才能消费物品、花钱、住房、使用电话，等等。在这种意义上，只有属于社团的人才拥有被解释为社团权利的那种权利。如果一个俱乐部有一个高尔夫球场，在球场上运动的，因而就行使财产权利的，是俱乐部成员，而不是俱乐部本身，不是法人。社团权利是由以成员资格，就是指以社团机关（广义的机关）资格的人来行使的。然而，在通常情况下，权利可以由拥有这一权利的人随意行使，但社团的法律却规定被认为是属于社团的权利如何由其成员行使。

在一个比较一般的表述中，法人的权利就是那些其行为由某个部分法律秩序所调整的人的权利，这个部分法律秩序就构成了体现为人（person）的社团。然而，这种权利并不是由那些人随意地行使的。构成社团的部分法律秩序决定着这些人可以行使这种权利的方式。他们并不是在通常的、即个人的形式下，而是在集体形式下拥有这种权利的。法人的权利是其行为由构成某一部分法律秩序所调整的人的一种集体权利，而这一部分法律秩序就构成了体现为法人的共同体。

（十）法人的民事不法行为

正如已经讲过的，法人具有法律义务就是指，在义务未被履行时，根据具有相应权利的一方的起诉，就必须对法人的财产执行制裁。这是否也意味着不履行义务的不法行为就可以归责社团，并且就可以被认为是法人的不法行为？每一个不法行为都在于人的做或不做某件事情。然而，一个人做或不做的事情，只能在个人的这一行为是由构成法人的部分法律秩序所决定时，才能归责于法人。至少就法人而论，这是可归责性的唯一标准。由于构成法人的部分法律秩序的效力，尤其是社团章程的效力，最后要依国家的法律为转移，所以，社团机关必须要为不法行为所依据的章程，一般地说，就不能被认为是有效力的，尤其当章程在国家机关的监督下成立时，更是如此。当法人机关为不法行为时，通常并不是以机 104
关的资格行为的。不法行为是不归责于法人的。然而，如果由社团成员之一所为的不法行为同该成员作为社团的机关所必须履行的功能具有一定联系时，那么，社团就可能要对这一不法行为负有责任。在这种情况下，以不法行为为条件的制裁，就可能针对社团的财产。这意思就是社团的成员们要集体地对他们中一个人所为的不法行为负有责任。例如，如果社团负有交付它所承租的建筑物租金的义务，而主管机关却并未交付，那么集团的成员就要以社团的财产集体地对未为交付负责。虽然如此，一个机关所为不法行为归责社团本身还是可能的。例如，以我们上面的例子来说，假设机关不交付租金，是执行股东大会的一个决议，而章程也给予集会的股东们有权作出这类决议。社团的法律顾问可能错误地向会议提供意见，认为该租金是不应付的。股东们的一个决议创造了一个属于构成社团的部分法律秩序的规范，恰如议会的一个决议创造了一个属于国家的整个法律秩序的规范。所以，在这种情况下，未为交付就可归责社团。社团也就要为它自己的一个不法行为负责。

（十一）法人的刑事不法行为

目前为止，我们只考虑了民事制裁与民事不法行为。刑事不法行为能归责法人吗？法人能对刑事制裁负责吗？无论哪一个问题，都不能无条件地予以否定的回答。

有时，societas non potest delinquere（一个联合不能犯罪）这一学说是以这种事实为根据的，即：一个法人不能具有一种犯意(guilty mind)，就是指构成应受罚的特殊精神状态，因为一个法人不是一个真正的人，根本不可能具有精神状态。这种论据并不是无可争辩的。mens rea（犯意）的规则并不是没有例外的。即使在现代刑法中，绝对责任也并没有被排除[③]。此外，虽然法人并没有肉体，但如果将个人所表现的有形行为归属法人是可能的话，那么，虽然法人没有灵魂，但将精神行为归属于它也一定是可能的。
105 如果法律规定了对法人的刑事制裁，条件只是法人机关曾故意地和恶意地行为，那就完全可能说为了使法人受到惩罚，它一定具有犯意。对法人的归责是一个法律上的构造，而不是自然现实的描述。所以，没有必要徒然企图论证法人是一个真正的人而不是一

③　参见本书第65页及其后几页。

个法律虚构(legal fiction),以便证明不法行为,尤其是犯罪行为可以归责法人。刑事制裁是否能针对法人是更加微妙的问题。

法人往往因归罪于它本身的税务欺诈行为而被科以罚款。但是从我们的观点看来,罚款与民事制裁并无实质上区别,它们都是针对法人财产物。对社团科以罚款肯定不会比针对社团财产的民事制裁有什么更多的怀疑之处。然而,对社团处以像死刑或监禁那样的身体刑看来是不可能的。只有人才能被剥夺生命或自由。但是纵然只有人才能行为,由于我们把人的行为归责社团,我们就设想社团是一个行为人。身体刑能否被施加于社团,是个意味着像社团能否行为问题一样的归责问题。问题是:某些人所遭受的身体刑的苦楚能否归责给这些人就是其成员的社团。这样一种归责之可能是无法否认的。其他的问题是:在什么情况下这样的归责才有可能以及它是否实际可行。

将作为刑罚而施加于个人的死刑或监禁的苦楚,归责于这些个人就是其成员的社团,将这些事实解释为社团所受的惩罚,只有在处以死刑或监禁的不法行为归责于社团时,才加以考虑。这样的归责预定社团法律上有效的章程中包含这样一个规范,它使机关负有义务或授权它犯这一刑事不法行为。当我们只涉及国家法律秩序内部所存在的法人时,这一问题是不太重要的。在这里,这样一个部分法律秩序或它的那个使机关负有义务或授权它犯不法行为的特定规范,按例是被认为无效的。但是这样的问题,对国家本身在国际法体制内组成的法人来说,正如我们以下将了解到的,就变得非常重要。构成国家的法律秩序,在法律上能使一个人以国家机关的资格负有义务从事,从国际法的角度来说是不法行为

106 的行为，即由国际法规定为制裁条件的行为。作为一个法人的国家，是国际不法行为，违反国际法的可能主体，国际不法行为就归责于作为法人的国家。国际法的制裁，尤其是战争，的确在通常并不被解释为惩罚；但虽然如此，它们在原则上仍然具有像刑法制裁（强制剥夺人们的生命和自由）一样的性质；国际法制裁是被认为针对国家本身的。所以考查以下问题不是多余的：在什么条件下，对个人的强制剥夺生命或自由、死刑或监禁，可被认为是针对法人的制裁？回答是：当制裁在原则上针对体现为法人的共同体全体成员时，纵然这一不法行为只是由他们中一个人犯的，但却是以共同体机关的资格作出的。制裁所针对的并不是由法律秩序个别地决定的一个特定的人，而却是由它集体地决定的个人集团。这就是制裁针对一个法人这一陈述的意思，制裁是适用于一些人的，因为只有人才能是制裁的客体，才能是强制剥夺生命和自由的受害者。但制裁是集体地而不是个别地适用于他们的。制裁针对法人，意思就是：有些人的集体责任已成立，他们属于人格化的法人概念中的整个或部分法律秩序。

国际法的特殊制裁、战争和报复，就具有这种性质。就它们意味着对个人的强制剥夺生命和自由而论，它们是针对人的，这并不是由于这些个人已犯了国际不法行为，而是因为他们是其机关已违反了国际法的那个国家的国民。然而在现代刑法里，个人责任原则盛行。文明国家的刑法典大概不会规定对这样一些人执行死刑或监禁，这些人并没有犯罪，但他们却是社团成员，而有一个人以社团机关资格犯了一个应受死刑或监禁之罚的犯罪，因而这一犯罪就归责于该社团。

社团就其本身的不法行为，即归责社团的不法行为所负的责
任，同社团就其成员所犯的但并不归属它的不法行为所负的责任，
一定不要对两者加以混淆，通过对社团科以罚款或对其财产执行 107
民事制裁，从而使社团就其成员之一所为的不法行为，甚至并不是以社团机关资格所为的不法行为负有责任，这是完全可能的。这就是一种间接的或转承责任（vicarous responsibility）[④]。

（十二）法人与代表制

法人的真正性质之所以通常被人误解，就由于人们对什么是自然人有不正确的想法。人们推定，为了要成为一个人（person），个人一定要有意志。根据定义，个人具有义务和权利，则被错误地解释为他具有可以用以创造和追求义务和权利的一种意志。结果，人们就认为社团为了要成为法人也就一定要有意志。可是大多数法学家认识到一个法人不可能有个人意志这种意义上的意志。所以他们就解释说，人，即法人机关，“以法人名义”，“代替”法人表明意志，而法律秩序则赋予这些意志宣告以创造法人义务与权利的效果。有人还提出未成年人或精神病患者与监护人之间的那种假想为相似的关系，以用来支持上述解释。正像法人本身虽无意志但由于其机关的意志而仍然有义务和权利一样，未成年人和精神病患者虽无（在法律上被承认的）意志，但由于他们的监护人的意志，而却仍然具有义务和权利。社团机关就被视为社团的一种监护人，而转过来社团则被设想为一种未成年人或精神病患

④　参见本书第358页及其后几页。

者。机关的意志"归诸"于社团,就像监护人的意志归诸于他的被监护人一样。格雷(Gray)就说:"现在人们将观察到,迄今为止,对法人来说并没有特别之处。另一个人的意志的归属,与例如在一个监护人的意志被归诸于一个未成年人时所发生的关系,正好是一样性质的。"[5]然而,这里有一个实质上的不同:监护人和被监护人的关系是两个个人之间的关系,而机关和法人之间的关系并不是这种关系。机关的确是代表。但是它所代表的是社团成员而非社团本身。机关与社团之间的关系是个人与特殊法律秩序之间的关系。而代表,就像监护人与被监护人或代理人与本人的情况,
108 却总是两个个人之间的关系。机关通过它的法律行为为社团成员创造了集体的权利和义务。以监护人与被监护人间的关系来作对比之所以是不合适的,还在于那种关系是非协议代表的情况。机关与社团及其成员之间的关系,至少在一个民主地组织的社团内部,是像代理人与本人之间关系那样的协议代表。机关是由任命,尤其是成员的选举,才成为成员的代表的。然而,任何这种类推都无法解释机关对社团的关系,因为机关并不是社团而只是其成员的代表。

(十三)法人作为真正的存在(有机体)

关于法人由其机关所代表,正如被监护人由其监护人所代表,或本人由其代理人所代表这种理论的基本错误,就是法人被设想是一种人(human being)。如果自然人是一个人,那么据设想,法

---

[5] 约翰·格雷:《法律的性质和渊源》,1938年英文第2版,第51页。

人也就一定是一个超人。法人纵然只是一个虚构但却有意志(即:“归诸”法人机关的意志)这种理论,因而就和另一种理论并无多大不同,这另一种理论就认为,法人,尤其是社团,是一个真正的本体,一个有机体、一个超人,它具有一个它自己的、并非其成员意志的意志,认为法人的意志是真正的意志,它是国家的法律所承认的,并且就像有些作者所辩称的,是国家的法律所必须要承认的。法人是真正的本体并且具有真正意志这种理论,有时具有这样一种有意或无意的倾向,那就是将立法者引到一个关于社团的特定的规章上去,证明这一规章是唯一“可能的”并且因而也是唯一正当的规章。

社团是具有真正意志的真正存在,同导致原始人以“灵魂”赋予自然中的事物那种万物有灵论的信念是一样的。就像万物有灵论一样,这种法学理论将它的对象双重化起来。一个调整人的行为的秩序先被人格化,然后这一人格化又被认为是一个新的本体,它不同于个人但却仍然是由他们在某些神秘的式样下“组成”的。这一秩序所规定的人的义务和权利,因而也就被归诸超人类的存在、由人所构成的超人。这样,秩序就被实体化(hypostatize)起来,这就是说,使秩序成了一个实体,而这一实体又被认为是一个分立的东西、一个与秩序以及其行为由该秩序调整的人有所不同的存在。

(十四)社团作为“人的团体” 109

甚至我们的普通语言以及尤其是法律用语,也都具有这样一种实体化的倾向。我们称社团是“团体”并且也就自然地倾向于将它当作一个身体来看待。如果社团是身体的话，那么这一身体也就一定被推定是由那些其行为由社团的组织，即由它的章程所调整的人的身体所组成的。人们从而也就看不见这种事实："人们组成社团"，或者"属于社团"这种陈述，不过是他们的行为是由构成社团的法律秩序所调整的这一事实的一个很形象化的讲法而已。除了法律秩序之外，就没有什么共同体，没有什么社团，正如除了社团成员的身体之外，就没有什么社团的身体一样。

社团的典型定义是格雷[⑥]所下的那一个："社团是国家已授予它权力以保护其利益的人的有组织的团体，而推动这些权力的意志是根据社团的组织所决定的某些人的意志。"格雷的定义的一个优点是他明显地企图避免通常的实体化。但是当他将社团界说为一个"人的团体"时，他就危险地向实体化靠拢了。社团并不是一个人的有组织的团体而却只是人的组织，那就是说，是调整人的行为的秩序。格雷关于国家授予社团权力的说法包含了两度陷入相同的不精确。授予权力的并不是国家而是称为国家的国内法律秩序，国内法律秩序并不是将权力授予社团，而是授予那些其行为由社团组织所决定的人。格雷定义中的"社团的组织"一语是一个冗语。它表示了像"共同体有一个组织"或"共同体是通过一个组织来建立的"这些讲法一样的双重化。共同体不过是它的组织而已。

⑥　约翰·格雷：《法律的性质和渊源》，1938 年英文第 2 版，第 51 页。

动　态　法 110

第十章　法律秩序

一、规范秩序的统一

（一）效力的理由：基础规范

法律秩序是一个规范体系。于是就产生这样的问题：什么东西使许多规范成为一个体系？什么时候一个规范属于某个规范体系、某个秩序？这一问题是和关于规范效力的理由问题密切联系着的。

为了回答这一问题，我们首先必须弄明白我们将效力赋予规范的根据是什么。当我们推定一个关于现实的陈述的真实性时，这是因为这一陈述符合现实，因为我们的经验证实了这一陈述。“物体受热就扩张”这一陈述之所以是真实的，就因为我们曾反复地且毫无例外地观察到当物体受热时，它们就扩张。规范并不是关于现实的陈述因而也就无法是上述意义上的“真”或“假”。规范或者是有效力或者是没有效力。在这两种陈述里:“你应帮助处于患难中的朋友”以及“一旦你发现说谎有用你就应说谎”,只有第一个,而不是第二个,才被认为表示了一个有效力的规范。其理由又是什么?

规范效力的理由,不同于对“是”的陈述的真实性测验,不是规范符合于现实。正如我们已讲过的,规范并非因为它是有实效所以才有效力。关于为什么某件事应当发生的问题决不能用断言发生某件事来加以回答,而只能用断言某件事应当发生来加以回答。的确,在日常生活语言里,我们往往援用一个事实来证明一个规范是有根据的。例如,我们说:“你不应杀人,因为上帝在十诫之一中禁止杀人。”或者一个母亲向她的孩子说:“你应当上学去,因为你父亲已吩咐过。”然而,在这些陈述中,上帝已发出过一个命令的事实或父亲已吩咐过孩子做某件事的事实,只不过是这些规范效力的表面理由。真正的理由是由于认为理所当然而被默认地预定了的一些规范。你不应杀人这一规范效力的理由是:你应服从上帝的命令这一一般规范。你应当上学去这一规范效力的理由是:子
111 女应当服从他们的父亲这一一般规范。如果这些一般规范并不被预定,而仅讲那些有关事实,并不是对为什么我们不应杀人,为什么孩子应当上学去这些问题的回答。某人命令某件事本身并不是一个人应当符合命令而行为这一陈述的理由,不是认为命令就是一个有效力规范的理由,不是其内容与命令相一致的那个规范的效力的理由。一个规范效力的理由始终是一个规范,而不是一个事实。探求一个规范效力的理由并不导致回到现实去,而是导致回到由此可以引出(在下面将考查的意义上),第一个规范的另一

个规范。目前且让我们讨论一个具体事例。我们之所以将“你应帮助一个处于患难中的朋友”这一陈述当作一个有效力规范来接受，就因为它来自这一陈述：“你应爱你的邻居。”而我们之所以把这一陈述当作一个有效力规范来接受，或者是因为我们似乎觉得它是一个其效力是自明的最终规范，或者是因为——例如——基督已嘱咐你应爱你的邻居，而我们则假定“你应服从基督的戒律”是最终有效力的规范。至于“一旦你发现说谎有用你就应说谎”这一陈述，我们之所以不把它作为一个有效力规范来接受，就因为它既不是可以从另一有效力规范中引申出来的，本身也不是一个最终的、自明的有效力规范。

不能从一个更高规范中得来自己效力的规范，我们称之为“基础”规范(basic norm)。可以从同一个基础规范中追溯自己效力的所有规范，组成一个规范体系，或一个秩序。这一基础规范，就如一个共同的源泉那样，构成了组成一个秩序的不同规范之间的纽带。一个规范属于某一规范体系，属于某一规范性秩序，只能通过这样的办法来检验，即确定它是从构成秩序的基础规范中得来自己效力。一个“现实”的陈述之所以真实，是因为它与感觉经验的现实相一致；而一个“应当”的陈述，只有在它属于这样一个有效力的规范体系时，只有在它可以从一个被预定为有效力的基础规范中得来时，才是一个有效力的规范。一个“是”的陈述的真实性的根据是它与我们经验现实的一致性；一个规范效力的理由却是一个预定、被预定是一个最终有效力的规范，即基础规范。探求规范效力的理由，并不是像探求结果的原因那样，一个 regressus ad infintum(无止境的回溯)；它终止于一个最高规范，这个最高规范是规范体系内的效力的最终理由，而在一个自然现实的体系中，是没有最后或最初原因的地位的。

112 ## （二）静态规范体系

根据基础规范的性质，我们可以区分两种不同类型的秩序或规范体系：静态体系和动态体系。在第一类的秩序内，规范之所以"有效力"，而这意思就是我们假定，那些其行为为规范所调整的人"应当"像规范所规定那样行为，是依靠这些规范的内容的：它们的内容具有一种保证它们效力的直接明显的特性；或换句话说，这些规范是由于它们的固有魅力而有效力。这些规范具有这种特性，是因为像特殊是可以从一般中得来的一样，它们是可以从一个特定的基础规范中得来的。基础规范的拘束力是本身自明的，或至少我们假定它是这样的。像"你决不可说谎"、"你决不可欺骗"、"你应守信"这样一些规范，都是随着一个规定真诚老实的一般规范而产生的。从"你应爱你的邻人"这一规范里，人们可以推断出像"你决不可伤害你的邻人"、"在患难时你应帮助他"等等的规范。如果有人问为什么他必须爱他的邻人，也许将在某个更一般的规范中找到回答，比方说一个人必须"与宇宙和睦"相处的准则。如果那个规范是我们深信其效力的最一般规范的话，我们就认为这个规范是最终的规范。它的强制性质可以表现得如此显然，以致人们并不感到有什么需要去问它的效力理由。也许人们还能从这一"和睦"的准则中成功地推断出真诚老实的原则及其各种后果。然后人们就会获得一个整个道德体系可以作为依据的规范。然而，在这里，我们的兴趣并不在于哪一个特定规范是这种道德体系基础的问题。重要的只是，任何这样体系的多种不同规范都为基础规范所包含，正如特殊为一般所包含一样；因而，这样一个体系的所有特殊规范，只能通过一种智力的作用，即通过从一般到特殊的推论，才能得到。这样一种体系是静态性质的体系。

（三）动态规范体系

然而，一个特殊规范的得来也可以在另一种方式下实现。当一个孩子问为什么他决不可说谎时，他可能得到这样的回答，他的父亲曾禁止他说谎。如果这个孩子竟进一步问为什么他必须服从他的父亲，答复也许会是上帝曾命令他服从他的双亲。如果孩子提出为什么一个人必须服从上帝命令的问题，唯一的回答会是这 113
是一个人们在它之外不能指望一个更根本的规范的规范。那个规范是为动态性质体系准备根基的基础规范。这种体系的各种各样的规范是不能通过智力的作用从基础规范中得到的。基础规范仅仅建立一定的权威，这个权威可以依次把创造规范的权力授予某些其他的权威。一个动态体系的诸规范，只能由那些曾由某个更高规范授权创造规范的那些个人通过意志行为而被创造出来。这种授权是一个委托。创造规范的权力从一个权威被委托给另一个权威；前者是较高的权威，后者是较低的权威。动态体系的基础规范是用来创造这一体系的诸规范的基本规则。如果一个规范已在这样一种方式下，即最后由基础规范决定的方式下被创造出来，那么该规范就成为一个动态体系的部分。如果一个规范是为上帝所创造的或渊源于一个具有来自上帝的权力的权威，即由上帝所“委托”的权威，那么，这个规范也就属于刚才举例中所说的那个宗教体系。

二、法作为动态规范体系

(一) 法的实在性

我们称为法律秩序的规范体系是动态类体系。法律规范并不是由于它们本身或基础规范有一种其拘束力是自明的内容才是有效力的。它们并不是由于它们的固有魅力而有效力。法律规范可以有任何种类的内容。任何一种人的行为,因其本性都能成为与法律权利相应的法律义务。法律规范的效力是不能以它的内容和某种道德或政治价值不相容为根据而被怀疑的。规范之所以是有效力的法律规范就是由于,并且也只是由于,它已根据特定的规则而被创造出来。法律秩序的基础规范就是这样一个被假设的最终规则,根据该规则这一秩序的规范才被创造和被废除、才取得并丧失其效力。“凡制造或出售作为饮料的酒精者应受惩罚”这一陈述,如果属于一定法律秩序就是有效力的法律规范。如果这一规则已在一个最终由于这一法律秩序的基础规范所决定的一定方式下被创造出来,它也并不曾在最终由同一基础规范所决定的一定方式下被废除,那么,它就属于一定法律秩序。例如,这一基础规范可以是这样一个规范:假定一个规范曾由议会所公布或由习惯所创造或由法院所确认,且并不曾由议会的决议或通过习惯或相反的法院实践所取消,那么就属于这一体系。如果上面那种陈述
114 并不属于有效力的法律秩序,就不是有效力的法律规范,这可能

是:这样一个规范并未在由基础规范最终决定的方式下被创造;或者也可能是:虽然一个规范曾在这种方式下被创造,但却已在由基础规范最终决定的方式下被撤销。

法律始终是实在法,而它的实在性在于这样的事实,它是为人的行为所创造和废除的,因而是不以道德和类似的规范体系为转移的。这一点就构成了实在法和自然法之间的区别,自然法像道德一样,是从一个大概是自明的、被认为是"自然的意志"或"纯粹理性"的表示的基础规范中推断出来的。实在法律秩序的基础规范却只不过是用来创造这一秩序的各种规范的基本规则而已。它把某一事件当作各种法律规范的创造中的最初事件。它是一个规范创造过程中的出发点,并因而具有一种完全动态的性质。法律秩序的特殊规范不能从这个基础规范中逻辑地推断出来,就像"当你的邻人需要你帮助时你就帮助他"这一规范可以从"爱你的邻人"这一规范中推断出来一样。这些特殊规范是由特殊的意志行为创造出来的,而不是通过一种智力作用从一个前提中得出结论的。

(二)习惯法与制定法

法律规范有许多不同的创造方式:一般规范创立通过习惯或立法,个别规范创立则通过司法行为和行政行为或法律行为。法律总是由一个深思熟虑的旨在创造法律的行为所创造的,除非是起源于习惯的法律,这就是说,起源于一个被一般地遵守的行为,在那里行为人并不有意识地旨在创造法律;但是他们一定认为他们的行为是符合有拘束力的规范的而不是任意选择的事情。这就是所谓 Opinio juris sive necessitatis(深信必要)的要求。这一要求的通常解释就是:通过他们的行为而构成法律创造性质的习惯的人,一定要认为他们的行为是由法律规则决定的;他们一定要相信自己履行法律义务或行使法律权利。这个学说是不正确的。它意味着有关的人一定会错误地行为:因为由他们的行为所创造的法律规则还不能决定这种行为,至少还不能作为一个法律规则来决定。他们可能错误地相信他们本人是受法律规则拘束的,但是这种错误并不必然构成一个创造法律性质的习惯。行为人认为他们自己受任何一个规范所拘束也就足以构成这种习惯。

115 我们将把制定法和习惯法划分为法律的两种基本类型。我们所理解的制定法就是在除习惯以外的一种方式下所创立的法律,即通过立法、司法或行政的行为或通过法律行为,尤其是契约和(国际)条约所创立的法律,都是制定法。

三、法律秩序的基础规范

(一) 基础规范与宪法

法律秩序的规范从这一秩序的基础规范中得来,证明特殊规范已根据基础规范而创立。关于为什么某一强制行为(例如一个人将另一个人关入监狱从而剥夺了他的自由)是法律行为的问题,对这个问题的回答是:因为这一行为曾由一个个别规范,即一个司法判决所规定。关于为什么这一个别规范作为一个特定的法律秩序的部分而有效力的问题,对这个问题的回答是:因为这一个别规范是按照一个刑事法律创立的。最后，这个法律从宪法中取得其效力，因为它是由主管机关按照宪法所规定的方式制定的。

如果我们问为什么宪法是有效力的，也许我们碰上一个比较老的宪法。我们终于找到这样一个宪法，它是历史上第一个宪法，并且是由一个僭位者或某个大会所制定的。这第一个宪法的效力是最后的预定、最终的假设，我们的法律秩序的全部规范的效力都依靠这一宪法的效力。人们假设一个人应当像制定第一个宪法的那个人或那些个人所命令的那样行为。这就是正在加以考虑的那个法律秩序的基础规范。具体体现这第一个宪法的文件，只有在基础规范被预定是有效力的条件下，才是一个真正的宪法、一个有拘束力的规范。只有依靠这一预定，被宪法授予创造规范权力的那些人的宣告才是有拘束力的规范。正是这一预定，才使我们能区分作为合法权威的那些个人和其他我们不认为是合法权威的那些个人，能区分人的创造法律规范的行为和不具有这种效果的行为。所有这些法律规范都属于同一法律秩序，因为它们的效力都
可以被——直接地或间接地——追溯到这第一个宪法。这第一个 116
宪法是一个有拘束力的规范这一点是被预定的，而这种预定的公式表示就是这一法律秩序的基础规范。宗教规范体系的基础规范是一个人应当像上帝或由上帝设立的权威者所命令的那样行为。同样地，一个法律秩序的基础规范则规定一个人应当像宪法的"缔造者"和由宪法——直接地或间接地——授权（委托）的那些人所命令的那样来行为。以一个法律规范的形式来表示的话，就是：强制行为只有在由宪法的"缔造者"或受他们委托的机关所决定的条件和方式下，才应当被实现。概括地说，这是单独一个国家的法律

秩序的基础规范、国内法律秩序的基础规范。这里我们的注意力只限于国内法律秩序。以后，我们将考虑到国际法的推定对国内法基础规范问题有什么关系。

（二）基础规范的特殊功能

刚才讲到的那种规范是国内法律秩序的基础规范这一点，并不意味不能进一步研究这一规范以外的问题。肯定地，有人可能会问为什么人们必须将第一个宪法当作一个有拘束力的规范。回答或许是第一个宪法的缔造者是由上帝授权的。可是，所谓法律实证主义的特色就是他不需要关于法律秩序的任何宗教辩解。实证主义的最后假设就是历史上授权第一个立法者的那个规范。这一基础规范的全部功能就是以创造法律的权力授予第一个立法者的行为以及以这第一个行为为根据的所有其他行为。只有在基础规范被预定为一个有效力规范的条件下，人们才有可能将这些人的行为解释为法律行为，其产物则是有拘束力的规范，而这意思就是将体现为法律本身的经验材料当作法律来解释。基础规范只是对法律材料的任何实证主义解释的必要的预定。

基础规范并不是由造法机关用法律程序创造的。它并不是像实在法律规范那样由一个法律行为以一定方式创造的，所以才有效力。它之所以有效力是因为它是被预定为有效力的；而它之所以是被预定为有效力的，是因为如果没有这一预定，个人的行为就无法被解释为一个法律行为，尤其是创造规范的行为。

在陈述基础规范时，我们并没有将任何新的方法引入法律科学。我们仅仅阐明了所有的法学家（其中大多数是不自觉地）所推定的事物，即他们认为实在法是有效力的规范体系而不仅是事实的综合体，同时摈弃了实在法会从中取得自己效力的任何自然法，在法律意识中真正存在着基础规范这一点，是简单地分析实际的法学陈述的结果。基础规范就是对下述问题的回答：关于法律规范、法律义务、法律权利等所有这些法学陈述，如何会是可能的？ 117
也就是说在什么条件下才是可能的？

（三）合法性原则

法律规范的效力可能在时间上受到限制。而重要的是要注意到这一效力的终止和开始只是由这些规范所属的秩序来决定的。当这些规范并不曾在法律秩序本身决定的方式下归于无效时，它们就继续是有效力的，这就是合法性(legitimacy)的原则。

然而，这一原则只是在某些条件下才是适用的。它在革命的场合就不适用，而这里革命一词是就最一般意义上来了解的，所以它也包括了所谓 coup d'État(政变)。一旦共同体的法律秩序由一个新秩序在一种非法的方式下，即在并非由第一个秩序本身所规定的方式下，被废除并被替代时，就发生了这种广义的革命。至于这一替代是否通过对那些迄今以前曾有权创造和修改法律秩序的“合法”机关的人进行一次暴力起义来实现，这一点与本文是无关的。这一替代是否通过来自人民大众的运动来实现或是通过那些有政府职位的人来实现，这同样与本文无关。从法学观点来看，革命的决定性标准就是现行秩序已由新秩序在以前一个秩序本身所不曾料到的方式下加以推翻和代替。通常，因革命而掌权的新人物只废除宪法和某些最富政治意义的法律，代之以其他规范。

旧法律秩序的大部分在新秩序的体制内还是“继续”有效力的。但是“它们继续有效力”这句话并没有充分地说明问题。继续一样的只是这些规范的内容，而不是其效力理由。它们已不再由于曾在旧宪法所规定的方式下被创造而具有效力。那个宪法已不再生效；它已由并非是对前一宪法的宪法性修改结果的新宪法所代替。如果在旧宪法下所推行的法律在新宪法下“继续有效力”，这只是因为新宪法已明示地或默示地以效力赋予它们，所以才有可能。这种现象是接受(reception)(类似于罗马法的接受)。新秩序“接受”即采用旧秩序中的规范；这意思就是新秩序给予那些具有像旧秩序规范一样内容的规范以效力(使生效)。“接受”是创造法律的简略程序。在不确切的日常用语中所说的继续有效力的法律，从
118 法学角度来看，就是新法律的意义与旧法律的意义是一致的。新法律并不等于旧法律，因为其效力理由是不同的。新法律效力理由是新宪法而不是旧宪法，而在这两种法律之间，继续性既不是从这一法律观点也不是从另一法律观点出发的。由此可见，革命所改变的决不仅是宪法而却总是整个法律秩序。

这表明旧秩序的全部规范之被剥夺了自己的效力是由于革命而不是根据合法性的原则。并且这些规范不仅 de facte(在事实上)，而且 de jure(在法律上)，都已被这样剥夺。任何一个法学家都不会主张，即使在一次成功的革命后，旧宪法以及以它为依据的法律还继续生效，理由就是它并不曾在旧秩序本身所预料的形式下作废。每个法学家都将假定旧秩序(政治现实已不再与它相适应)已停止有效力，而在新秩序中有效力的全部规范，单从新宪法中取得了它们的效力。从这种法学观点来说，结果便是：旧秩序的

规范已不能再被认为是有效力的规范。

（四）基础规范的变化

正是革命的现象清楚地表明了基础规范的意义。假设有一群人企图以武力夺取权力，以便推翻至今是一个君主制国家的合法政府并实行共和制政府形式。如果他们成功了的话，如果旧秩序不再有实效，而新秩序则开始有实效的话，因为行为由新秩序调整的那些人实际上行为得大体上符合新秩序，那么，这个秩序就被认为是一个有效力的秩序。现在人们的实际行为根据新秩序而被解释为合法或非法。但这意思就是一个新的基础规范已被预定。基础规范已不再是旧君主制宪法据以有效的那个规范，而是新的共和制宪法据以有效的那个规范，也就是以法律权威赋予革命政府的那个规范。如果革命者失败，如果他们试图建立的秩序依然并不有实效，那么，相反地，他们的事业就被解释为不是合法行为，不是法律创造的行为，也不是建立宪法行为，而却是非法行为、犯有叛国罪，这都是根据旧君主制宪法及其特有的基础规范来解释的。

（五）实效性原则

如果我们企图了解这些法学思考所依据的那种预定的话，我们便会发现，旧秩序规范之所以被认为缺乏效力，就因为旧宪法，以及从而以这一宪法为依据的法律规范、整个旧法律秩序，已丧失 119
了它们的实效；因为人们的实际行为不再符合这个旧法律秩序。每个单独的规范，当它所属的整个法律秩序丧失其整个实效时，它也就丧失了自己的效力。全部法律秩序的实效是该秩序的每个单一规范效力的必要条件，是一个 conditio sine qun non（非此不可的条件），但不是一个 conditio per quam（使其可能的条件）。整个法律秩序的实效是它的各组成规范的效力的条件，而不是理由。这些规范之有效力并不是由于整个秩序是有实效的，而是由于它们是在合宪方式下创造的。然而，它们只有在整个秩序是有实效的条件下才是有效力的；它们之停止有效力，不仅在于它们已在一个合宪方式下被废除，而且还在于整个秩序已停止有实效。人们不能主张说，如果这个规范是其中一个必要部分的那整个法律秩序已丧失了其实效时，从法律上说，人们行为还必须符合这一规范。合法性原则是受实效性（effectiveness）原则所限制的。

（六）废弃

这种情况一定不要被了解为意思就是，如果单独一个规范本身而且只是这一规范已没有实效时，这个规范也就丧失了它的效力。在一个就整个来说还是有实效的法律秩序中，也可能会发生有些单独的规范，它们虽有效力但却并不是有实效的，即使当它们本身对自己的适用所规定的条件已具备时，也并不被人所服从和适用。但即使在这种场合下，实效与效力还是有某种关系的。如果这个规范还是一直没有实效的话，那么它就由于“废弃”（desuetudo）而被剥夺效力。“废弃”是习惯的消极的法律结果。规范可以被习惯，即被违反该规范的习惯所废除，正如它可以被习惯所创造一样。废弃通过创造另一规范而废除一个规范，在性质上就等于这样一个制定法，其唯一功能就是撤销一个以前有效力的制定法。至于是否一个制定法也可以由于废弃而归于无效这个老生常谈的问题，最终就是作为法律的一个渊源的习惯在法律秩序内是否可以被制定法所排斥的问题。对这一问题一定要加以否定回答，其理由在以后再作论述。人们必须推定：任何法律规范，即使是一个制定法规范，也可以由于废弃而丧失效力。

可是即使在这种情况下，将规范的效力与实效混同起来还是错误的；它们仍是两个不同的现象。由废弃所废除的规范在一个相当长时期里没有实效但却是有效力的。它只是永久地缺乏实效才终止了效力。

因而效力与实效的关系如下：一个规范之所以是有效力的法 120
律规范；第一，如果这个规范已在由它所属的法律秩序规定的方式下被创造；第二，如果这个规范并不曾在这一法律秩序所规定的方式下被废除，也不曾由于废弃或由于整个法律秩序已丧失其实效而被废除。

（七）“应当”与“是”

国内法律秩序的基础规范并不是法学设想的任意产物。基础规范的内容是由事实决定的。基础规范的功能是有可能对某些事实作规范性的解释，而这意思就是将这些事实解释为有效力规范的创造和适用。正如我们已指出的，法律规范只有在它们属于一个大体上是有实效的秩序时，才被认为是有效力的。因此，基础规范的内容就取决于一个秩序由此被创造和被适用的事实，取决于由这一秩序所调整的人们的行为大体上符合秩序的事实。任何实在法律秩序的基础规范将法律权威只授予一个大体上是有效力的秩序所借以被创造和适用的事实。这并不是要求人们的实际行为要绝对地符合秩序，相反地，在规范秩序和该秩序规范所指的人们的实际行为之间的某种对立一定是可能的。没有这样一个可能性，规范秩序也就会成为完全没有意义。根据自然法则所必然发生的事情，并不一定要由规范来加以规定。如果人们的实际行为一直而且毫无例外地符合社会秩序的基础规范，这个基础规范就会规定如下：人们应当像他们实际上行为那样行为；或者是：你应当做你实际上所做的事情。这样一个秩序之毫无意义，就如一个人的行为决不会符合于它，且在每一个方面都始终会与它发生矛盾的秩序那样毫无意义。所以，当现实已不再与规范秩序相适应，这个规范秩序也就丧失了它的效力，至少在一定程度上如此。法律秩序的效力因而依靠它与现实的一致、依靠它的“实效”。在法律秩序的效力与实效之间所存在的关系（这种关系可以说就是在“应当”与“是”之间紧张关系）只能由上下界限来决定。这种一致必须既不要超过某种最高限度也不要低于某种最低限度。

（八）法与权力（权利与强权）

有人因为见到法律秩序的效力要依靠它的实效，就可能误解为将这两个现象等同起来，将法律的效力界说为它的实效，用“是”
121 而不是用“应当”的陈述来描述法律。有人经常企图这样做但总是失败。因为，如果法律效力等于任何自然现实，那就不可能理解法律指向现实并因而监督现实的特定意义。只有在法律与自然现实、法律规范体系与人的实际行为、“应当”与“是”是两个不同领域，那么，现实才能符合法律或与法律发生矛盾，人的行为也才能被说成是合法的或非法的。

法律的实效属于现实领域并往往被称为法律的权力。如果我们以权力来代替实效，那么效力与实效的问题也就变为“权利与强权”这一更一般的问题。因而这里所提出的解决办法仅仅是下述古老真理的正确说法，即：法律虽然不能没有权力而存在，但法律与权力、权利与强权依然是有区别的。根据这里所提出的理论，法律是权力的一种特殊秩序或组织。

（九）实效性原则作为实在法律规范（国际法与国内法）

法律秩序为了是有效力的就必须是有实效的这一原则实质上是实在规范。这是属于国际法的实效性（effectiveness）的原则。根据国际法这一原则，一个实际上已建立起来的权威就是合法政府，由这一政府所制定的强制秩序是法律秩序，而由这一秩序所构成的共同体，只要这一秩序大体上是有实效的话，那么就是国际法意义上的国家。从国际法的角度来说，国家的宪法，只有在以这一宪法为基础而建立起来的法律秩序大体上是有实效时，才是有效力的。正是这一实效性的一般原则、国际法的一个实在规范，在适用于个别的国内法律秩序的具体情况时，就规定了这一国内法律秩序的个别基础规范。由此可见，不同国内法律秩序的基础规范本身是以国际法律秩序的一般规范为基础的。如果我们将国际法设想是所有各国（而这意思就是所有的国内法律秩序）都隶属的一个法律秩序，那么，国内法律秩序的基础规范就不仅是法律思想的一个预定而已，而却是一个实在法律规范、一个适用于具体国家的法律秩序的国际法规范。如果推定国际法对国内法的优先地位，那么基础规范的问题就从国内法律秩序移入国际法律秩序。然

122 后，唯一真正的基础规范，即一个并非由法律程序所创造而却由法学思想所预定的规范，就是国际法的基础规范。

（十）效力与实效

一个法律秩序的效力要依靠它的实效，正如已指出过的，并不意味着单一规范的效力要依靠它的实效。当单一规范是有效力的秩序的组成部分时，它仍然是有效力的。一个个别规范是否有效力的问题要借助于第一个宪法来回答。如果那个宪法是有效力的话，那么曾在宪法方式下被创造出来的全部规范也都是有效力的。体现在国际法中的实效性原则所直接涉及的只是国内法律秩序的第一个宪法，因而只是作为一个整体的秩序。

然而，实效性的原则也可以在一定程度上由国内法所采用，这样一来，在一个国内法律秩序内部，单一规范的效力也可能要依靠它的实效。当一个法律规范因废弃而丧失其效力时就是这种情况。

四、法的静态概念与动态概念

如果人们从这里所阐述的动态观点来看待法律秩序的话，那么看来就有可能以一种完全不同于我们在本书理论中试图界说法律概念的方式来界说这一概念。尤其是我们看来可以在界说法律概念时不顾强制因素。

立法者可以制定戒律而未考虑到必须对它们的违反赋予刑事或民事制裁，这是一个事实。如果这样的规范也被称为法律规范，这是因为这些规范是根据宪法，由有权创造法律的权威所创造的。它们是法律，因为出自一个创造法律的权威。根据这一概念，法律就是在宪法就法律创造所规定的方式下产生的。这种动态概念不同于被界说为强制规范的法律概念。根据动态概念，法律是由某一过程所创造的，而以这种方式被创造的都是法律。然而，这种动态概念，只在表面上是法律概念。它并不包含对什么是法律的实质、什么是可以用以区别法律与其他社会规范的标准这些问题的回答。这种动态概念只对一个问题提供了回答，即：是否以及为什么某一规范属于有效力的法律规范体系、组成某一法律秩序的一个部分。回答便是：如果一个规范是根据作为某一法律秩序基础的宪法所规定的程序而创立，那么它就属于这一法律秩序。

然而，要注意的是：可以在宪法所规定的创造法律的方式下创 123
立的，不仅是规范，即调整人的行为的命令。创造法律过程中的一个重要阶段是用以创造一般规范的程序，即立法程序。宪法可能将这一立法程序组织如下方式：议会两院的两个相应决议、国家元首的同意以及在公报上的发布。这意指法律创造的一种特定形式已建立。然后就可能在这一形式中赋予任何主题，例如，承认一位政治家的功勋。法律的形式（由议会表决的、国家元首同意的、在公报中发布的一个宣告）就被选来以便使某一主题、在这里就是使国家的感谢，具有一种庄严的行为的性质。对一位政治家的功勋的庄严的承认，决不是规范，纵使这种承认仿佛是一个立法行为的内容，也具有法律的形式。作为立法程序产物的法律、形式意义上的一个法律，是一个包含一些字句的文件；而以这些字句来表达的东西未必一定是规范，事实上，许多法律（这种形式意义上的法律）

不仅包含了法律规范，而且还包含了某些并不是特定法律的、即规范性的成分。例如，关于某些事项的纯理论观点、立法者的动机、包含在像“正义”或“上帝意志”等引证中的政治意识形态，等等。所有这些都是这个法律的就法律上说无关的内容，或者更一般地说，都是法律创造过程中的与法律无关的产物。法律创造过程不仅包括立法过程，而且还包括司法和行政机关的程序。甚至法院的判决也往往包含与法律无关的成分。如果“法律”一词的意思是指某种有关一定法律秩序的事物，那么，法律就是凡曾根据作为这一秩序基础的宪法所规定的程序而被创立的任何事物。然而，这并不意指凡曾根据这一程序而创立的每一事物都是法律规范意义上的法律。只有旨在调整人的行为并只有在规定作为制裁的强制行为来调整人的行为时，这才是法律规范。

第十一章　规范等级体系

一、高级规范与低级规范

对法律的分析,揭示了这种规范体系的动态性质和基础规范的功能,也暴露了法律的又一个特点:只要一个法律规范决定着创 124
造另一个规范的方式,而且在某种范围内,还决定着后者的内容,那么,法律就调整着它自己的创造。由于法律规范之所以有效力是因为它是按照另一个法律规范决定的方式被创造的,因此,后一个规范便成了前一个规范的效力的理由。调整另一个规范的创造的那个规范和另一个规范之间的关系,用空间比喻语来说,可以表现为高级和低级的一种关系。决定另一个规范的创造的那个规范是高级规范(superior norm),根据这种调整而被创造出来的规范是低级规范(inferior norm)。法律秩序,尤其是国家作为它的人格化的法律秩序,因而就不是一个相互对等的、如同在同一平面上并立的诸规范的体系,而是一个不同级的诸规范的等级体系。这些规范的统一体是由这样的事实构成的:一个规范(较低的那个规范)的创造为另一个规范(较高的那个规范)所决定,后者的创造又为一个更高的规范所决定,而这一 regressus(回归)以一个最高的规范即基础规范为终点,这一规范,作为整个法律秩序的效力的最高理由，就构成了这一法律秩序的统一体。

二、法律秩序的不同层次

（一）宪法

1. 实质意义上的宪法与形式意义上的宪法；一般规范创造的决定

一个国家的法律秩序等级体系的结构大体如下：由于预定了基础规范，宪法是国内法中的最高一级。这里所讲的宪法不是在形式意义上而是在实质意义上了解的。形式意义上的宪法是一个庄严的文件，这样的一批法律规范，它们只有在遵守特殊规定下才能变更，而这种规定的目的则在于使这些规范的变更更加困难。实质意义上的宪法则由调整一般法律规范的创造，尤其是创造法律的那些规则所构成。形式宪法，被称为“宪法”的那一庄严文件，通常也包含了其他规范，也就是并非实质宪法组成部分的规范。但是一个特殊的庄严文件之所以被订定，以及所以使这一文件规则的变更特别困难，都旨在保障决定立法的机关和程序的那些规范。正是由于实质宪法，所以才有一种宪法性法律的特殊形式或一种宪法形式。如果有一种宪法形式的话，
125 那么就一定要将宪法性法律和普通法律区分开来。两者间的区别在于：宪法性法律的创造（这意思就是制定、修改、废除）要比普通法律的创造更为困难。宪法性法律的创造有一种不同于普通法律的创造程序的特殊程序、特殊形式。宪法性法律的这种特殊形式、

宪法形式或形式意义上的宪法，并不是必不可少的；而实质宪法，那就是说，调整一般规范的创造的那些规范，以及在现代法律里，决定立法的机关和程序的那些规范，是每个法律秩序的一个主要因素。

只有在一部成文宪法、在宪法具有制定法性质时，形式意义的宪法，尤其是使宪法的变更比普通法律的变更更为困难的那些规定，才有存在的可能。有些国家，例如英国，并没有“成文”宪法，从而也就没有形式的宪法，没有被称为“宪法”的庄严文件。这里，(实质)宪法就具有习惯法的性质，因而，也就不存在宪法法律和普通法律之分。实质意义上的宪法可能是一个成文法或一个非成文法，可能具有制定法或习惯法的性质。然而，如果存在了一个宪法性法律的特殊形式，那么，不管什么内容都可能在这一形式下出现。事实上，由于某种理由而被认为特别重要的主题，就往往由宪法代替普通法律加以调整。美国宪法的现在已被废除的第 18 条修正案，即禁酒令修正案，就是一个例子。

2. 宪法对一般规范内容的决定

实质宪法，不仅可以决定立法的机关和程序，而且在某种程度上，还可以决定未来法律的内容。宪法可以消极地决定法律必须不要某种内容。例如，议会不能通过任何限制宗教自由的法律。在这种消极的方式下，不仅是法律的内容，而且还有这一法律秩序的所有其他规范的内容，包括司法的和行政的决定，都可以由宪法所决定。然而，宪法也可以积极地规定未来法律的一定内容，它可以就如美国的宪法那样，规定：“在一切刑事诉讼中，被告人有权享有：由发生罪案的州或地区的公正陪审团予以迅速和公开的审理，

126 该地区应事先已有法律规定……”宪法的这一规定就决定了未来关于刑事诉讼程序法律的内容。至于这样规定从法律技术角度来看的重要性，将在本书另一地方加以论述。

3. 宪法对习惯的决定

如果在一个法律秩序内，在制定法一旁还存在了习惯法，如果适用法律机关，尤其是法院，不仅必须适用立法机关所创造的一般规范、法律，而且还要适用由习惯所创造的一般规范，那么，习惯就被认为正如立法一样成为一个创造法律的事实。这种情况只可能在实质意义上的宪法将习惯，正如将立法一样，设立为一个创造法律的程序。习惯必须像立法一样，是一个宪法性制度。这一点宪法可以明文加以规定；也可以明文调整制定法和习惯法的关系。但宪法本身，无论整个地或部分地，都可以是不成文法、习惯法。因而，习惯可能由于习惯而成为创造法律的事实。如果法律秩序有一个成文宪法，它并不将习惯设立为创造法律的一种形式，而如果法律秩序除了制定法外还包含了习惯法，那么，除了成文宪法的规范之外，一定还有不成文宪法规范，还有习惯所创立的规范，根据这种规范，拘束适用法律机关的一般规范可由习惯创立。法律调整它自己的创造，习惯法也是这样。

有时人们主张习惯并不是构成性(constitutive)的，即不是创造法律的事实，而只有宣告性(declaratory character)：它仅仅表明了一个法律规则的先前的存在。这一法律规则，根据自然法学说，是由上帝或由自然所创造的；而根据德国历史学派(19 世纪初)，它是由“民族精神”(volksgeist)所创造的。该派最重要代表人

F.C.冯·萨维尼[①]就提倡这种观点，说由于法律是在神秘的方式下由民族精神所产生的，所以它是不能被“创造”的，而却是存在于民族内部并与民族共生长的。结果他就否认有任何进行立法的资格，并且把习惯的遵守不是说成法律的原因而却是法律存在的证明。在现代法国的法律理论中，民族精神的学说由“社会连带关系”(solidarité sociale)的学说所代替。根据里昂·狄骥[②]及其学 127
派的学说，真正的，即“客观的”法律(droit objectif)是由社会连带关系所包含的。因而，凡结果是实在法的任何行为或事实，不论立法或习惯，并不是真正的法律创造，而只是以前由社会连带关系所创造的法律规则的一个宣告性陈述(cons tatation)或仅仅证明而已。这一学说曾影响了《国际法院规约》第38条的陈述，根据该条规定，法院被授权适用国际习惯法：“法院应适用……国际习惯，作为通例之证明而经接受为法律者。”

德国的民族精神学说和法国的社会连带关系学说二者，都是自然法学说的典型变种，具有在实在法背后的“真正”法律的二元论特色。在反对自然法时所说过的话也可以用来反驳这前两种学说。从法律实证主义理论的角度来看，习惯的法律创造的性质(意思就是说它的构成性)之不能被否认，不亚于立法的性质不能被否认。

① 弗里德利希·卡尔·冯·萨维尼：《现代罗马法制度》，1840年德文版，第35页：“所以，习惯是实在法存在的一个表示而不是它的起源的根据。”又参见萨维尼：《我们时代的立法和法学》(1815年德文版)。

② 莱昂·狄骥：《国家、客观法和实在法》，1901年法文版，第80页以下、第616页。

对适用法律机关的关系来说，习惯法规则和制定法规则之间是没有差别的。习惯法规则只有通过适用规则的法院承认才能变为法律这一陈述[③]与讲立法机关制定的规则的陈述，同样正确或同样不正确，每一种规则"在它收到司法认证的印记以前"[④]就是法律，因为习惯是一个与立法同样意义的法律创造程序。习惯法
128 和制定法之间的真正差别在于：前一法律是分权化的法律创造，而后一法律是集权化的创造法律[⑤]。习惯法是由一些人创造的，这些人又从属他们所创造的法律；而制定法的创造者却是为了创造法律的目的而设立的特殊机关。在这方面，习惯法类似由契约或

③　奥斯丁：《法理学讲演集》，1885年英文第5版，第101页及以下各页："当习惯为法院采用时，以及当依靠这种习惯而作出的判决由国家的权力加以实施时，这种习惯就变为实在法。但在它由法院采用并赋予法律制裁以前，它不过是实在道德规则而已：由公民或臣民所普遍地遵守的规则；它所取得的唯一力量来自对违反该规则者的普遍不满。"奥斯丁没有注意到由习惯所创造的规则也可以是规定制裁的规则，并且为了成为法律规则还必须是这样一个规则，所以，习惯在"由法院采用"以前，就已"被赋予制裁"。的确，必须要适用习惯法的法院一定要确定，将适用于具体案件中的规则，已确实由习惯所创造，正如必须要适用制定法的法院也一定要确定将适用于具体案件中的法律已确实由立法机关所创造一样。然而，这意思是：将适用的规则确实是法律规则；而这种确定肯定是一个构成性行为，且不论将由法院适用的是一个习惯法规则也好还是制定法规则也好。（参见本书第143页及其后几页）。奥斯丁预定只有国家（"主权者"）才能造法。法院和立法机关都是国家机关。由于习惯是由"公民或臣民"的行为所构成的，而不是由国家的行为所构成的，所以习惯规则只能由于法院的采用才能变为一个法律规则。这是一个谬见。法院必须适用由习惯所创造的规则这种推定必然意味另一推定：成文宪法或不成文宪法将习惯设立为一个法律创造的程序；而这又意味着以自己的行为构成习惯的那些人是法律秩序的，或者就是说，由这一秩序所构成的法律共同体，即国家的机关，就如议会和法院一样。由于国家不过是"它的"法律的人格化，所以国家的法律，即国内法，必然是"由国家"所创造的法律，意思就是根据构成国家的法律秩序所创造的法律。

④　霍兰特：《法学大纲》，1924年英文第13版，第60页。

⑤　参见本书第308页及其后几页。

条约所造成的法律，这种法律的特点就是：法律规范是由对他们有拘束力的同一主体所创造的。然而，协定的（契约的）法律按例只对成立契约的主体有拘束力，创造规范的人和从属这种规范的人是等同的，而由习惯所创造的法律规则并不是专门对以自己的行为构成创造法律的习惯的人，才是有拘束力的。因而，有时，尤其在国际法理论里，将创造法律的习惯说成是默示（tacit）契约或条约，这是不正确的。

（二）在宪法基础上制定的一般规范；制定法、习惯法

由立法或习惯所建立的一般规范，在法律等级体系中构成次于宪法的那一级。这些一般规范将由主管机关所适用，尤其由法院但也由行政机关所适用。适用法律机关一定要根据法律秩序加以设立，法律秩序同样也必须决定这些机关在适用法律时所应遵循的程序。由此可见，制定法（statute）或习惯法（customary law） 199
的一般规范具有双重功能：(1)决定适用法律的机关以及将由这些机关所遵守的程序；(2)决定这些机关的司法和行政行为。这些机关以它们的行为创造个别规范，从而将一般规范适用于具体案件。

（三）实体法与程序法 129

与这两种功能相适应的是两类法律，它们通常就分为：实质或实体法（substantive law）以及形式或程序法（adjective law）。在实体刑法一旁，有刑事诉讼的程序刑法；民法和行政法也是如此。当然，部分程序法也是构成适用法律机关的那些规范。因而机关对法律的适用中总包含了两类一般规范：(1)形式规范，它们决定

这一机关的创造以及它们所必须遵循的程序；(2)实质规范，它们决定着这一机关的司法与行政的行为的内容。当人们在说到法院和行政机关对法律的“适用”时，往往只想到以上第二类规范；人们心里所想的只是由机关所适用的实体的民法、刑法和行政法。但是没有第一类规范的适用，就不可能有第二类规范的适用。调整民事、刑事或行政程序的程序法如果不同时适用，那么，实体的民法、刑法或行政法也就不能适用于具体案件中。这两类规范实在是不可分割的。它们只有在有机的结合中才组成法律。每一个像我们所称的完全的或主要的法律规则，都包含了形式的和实质的两种成分。刑法规则的(大大简化了的)形式就是：如果一个国民犯了某一不法行为，在某种方式下所指定的某个机关(法院)，就应通过某种程序，尤其是根据另一机关(公诉人)的动议，针对不法行为人进行某种制裁。就如我们在后面将表明的，这样一个规范的

更加明确的陈述是：如果主管机关，即在法律所规定的方式下所指定的机关，通过法律所规定的一定程序，已确认一个国民犯了法律所决定的一个不法行为，那么，将针对不法行为人进行法律所规定的制裁。这一陈述清楚地展示了在实体法与程序法之间的系统关系：一方面是对不法行为与制裁的决定，以及另一方面是对机关及其程序的决定。

(四)一般规范对适用法律机关的决定

由立法或习惯所创造的一般规范和这些规范通过法院和行政机关的适用所具有的关系，同宪法和这些相同的一般规范通过立
130 法和习惯的创造所具有的关系，实质上是一样的。这两种功

能——一般规范的司法和行政的适用，以及一般规范的制定法的或习惯法的创造，无论在形式上和实质上，无论就程序方面说和就功能的内容说，都是由更高一级的规范决定的。然而，对这两种功能的形式的决定和实质的决定相互之间的比例却是不同的。实质宪法主要决定这些一般规范将由哪些机关以及通过何种程序加以创造。通常，它将这些规范的内容留下不作决定，或者至少，它只以一种消极的方式来决定它们的内容。可是，根据宪法由立法或习惯所创造的一般规范，尤其是法律，却不仅决定着司法的、行政的机关及司法的、行政的程序，而且还决定个别规范的内容，即将由法律适用机关所发出的司法判决和行政文件。例如，在刑法中，一般规范往往很精确地决定法院在具体案件中必须对之赋予制裁的不法行为，并且也精确地决定这一制裁；因而司法判决（这在一个具体案件中是必须发出的）的内容在很大程度上是由一般规范预先决定的。至于实质决定的程度当然会有所变化。适用法律机关的自由裁量有时大些，有时小些。法院受它们所必须适用的实体民、刑法的约束，比行政机关受行政法律的约束，往往要更为严格。然而这是题外话，重要的是这一事实：宪法在实质上决定在它的基础上所创造的一般规范，在程度上，远不及这些规范在实质上决定由司法和行政机关所制定的个别规范。在前一情况下，形式的决定占支配地位；在后一情况下，形式的和实质的两种决定不相上下。

（五）命令（条例）

一般规范的创造往往分为两个或更多的层次。有些宪法给予某些行政机关，例如国家元首或内阁部长以制定详细法律条款的一般规范。这些一般规范，并不是由所谓立法机关发布的，而是由其他机关在立法者所发布的一般规范的基础上发布的。它们就称为条例(regulation)或命令(ordinance)。根据某些宪法，有些行政机关，尤其是国家元首或作为某些行政部门首长的内阁部长，就被
131 授权在非常情况下，发布一般规范以调整那些通常由立法机关通过法律来调整的主题。法律(statute)和条例(命令)的区分，显然只有在一般规范的创造在原则上保留给并不等于国家元首或内阁部长的特殊立法机关时，才显然有法律上的重要意义。在普选产生的议会以及立法权原则上是与司法权、行政权分立的地方，上述区分就特别有意义。暂且不管习惯法，一般法律规范必须有一种特殊的形式：它们将是议会决议的内容，这些决议为了要具有法律效力，有时需要国家元首的同意并且有时还要求在公报上发表。这些要求就构成法律的形式。由于不管什么内容，以及不仅是一个调整人们行为的法律规范，都可以在这一形式下出现，因而人们就必须区别开实质意义上的法律(在法律形式下的一般法律规范)和形式意义上的法律(凡具有法律形式的任何事物)。这就可能发生在法律形式下作出一个毫无法律意义的宣告。然后，就有了创造法律过程中的一个法律上并无关系的内容，也就是一种我们已经讲到过的现象[⑥]。

⑥　参见本书第123页。

（六）法律的“渊源”

法律的习惯创造和制定创造往往被人视为法律的两个“渊源”。在这方面，人们往往将“法律”了解为仅是一般规范而忽略了个别规范，然而，个别规范之是法律的组成部分完全不亚于一般规范。

法律的“渊源”是一个比喻性并且极端模糊不明的说法。它被用来不仅指上面提到过的创造法律的方法，即习惯和立法（立法一词是就最广义上理解，也包括了通过司法的和行政的行为以及法律行为的创造法律），而且也被用来说明法律效力的理由以及尤其是最终理由。因而基础规范是法律的“渊源”。但是，在广义上说，每一个法律规范就是它所调整其创造的那另一个规范的“渊源”，前一规范决定着待创造的那个规范的创造程序与内容。在这一意义上讲，任何“高级”法律规范就是“低级”法律规范的“渊源”。这样，宪法就是在宪法基础上所创造的法律的“渊源”，法律是以它为基础所创造的司法判决的“渊源”，司法判决则是它为当事人所设定的义务的“渊源”，等等。因而，法律的“渊源”，并不像这一词语所可能示意那样，是一个不同于并且总是独立于法律之外存在的 132
本体；法律的“渊源”始终是法律本身；“高级”法律规范与“低级”法律的关系，或者就是由（高级）规范决定（低级）规范创造的方法，而这意思就是法律的特定内容。

“法律的渊源”这一说法最后就被用之于一种完全非法学上的意义。有人也就用来指所有那些实际上影响创造法律机关的观念，例如，道德规范、政治原则、法律学说、法学专家的看法，等等。

和前述法律"渊源"来比，这些"渊源"本身并无任何拘束力。它们并不像真正的"法律的渊源"那样，是法律规范或法律规范的特定内容。然而，就法律秩序说，使法律创造机关负有尊重或适用某些道德规范、政治原则或专家看法，将这些规范、原则或看法变为法律规范并从而变为法律渊源，这是可能的。

"法律的渊源"这一用语的模糊不明似乎使这一用语近乎无甚用处。人们应当采用一个明确地并直接地说明人们心里所想的现象的说法以代替这一会使人误解的比喻语。

（七）法律的创造与法律的适用

1. 创造法律功能与适用法律功能之间的仅仅相对的区别

法律秩序是一般规范与个别规范根据法律调整自身的创造这一原则相互联结的一个体系。这一秩序的每个规范，都是根据另一规范的规定，并最终根据构成这一规范体系的统一体，即法律秩序的基础规范的规定，而创立的。一个规范只是因为它符合这一秩序的另一规范的规定而创立，所以才属于这一法律秩序。这一regressus（回溯）最后就导致其创造由预定的基础规范所决定的第一个宪法。人们也可以说如果一个规范曾由某一法律秩序所构成的共同体的一个机关所创造，那么，该规范也就属于这一秩序。创造法律规范的人之所以是法律共同体的一个机关，就因为而且只是他的功能是由构成法律共同体的那个秩序的法律规范所决定的。这种功能对共同体的归属，是以决定该功能的规范为根据的。然而，这一解释并没有为前面那一解释增加任何东西。"规范属于某一法律秩序，因为这个规范是由这一秩序所构成的共同体的一

个机关所创造的”这一陈述，同“一个规范属于一个法律秩序，因为 133
它是根据这一法律秩序的基础规范而创造的”的陈述，都是讲同一件事。

调整另一规范的创造的规范，在其他规范的创造中“被适用”。法律的创造始终是法律的适用。这两个概念，决不像传统理论所假定的那样，是绝对的对立物。将法律行为分为创造法律行为和适用法律行为并不是很正确的，因为除开我们以下将讲到的两个边缘情况暂且撇开不论，每个行为通常都同时是创造法律行为又是适用法律行为。一个法律规范的创造通常就是调整该规范的创造的那个高级规范的适用，而一个高级规范的适用通常就是由该高级规范决定的一个低级规范的创造。例如，一个司法判决就是这样一个行为：适用一个一般规范、一个法律，但同时又创造一个使争端一方或双方负有义务的个别规范。立法是法律的创造，但我们如果估计到宪法的话，也就会发现它也是法律的适用。在遵守宪法条款的任何立法行为中，也就适用宪法。第一个宪法的创制同样也可以被认为是基础规范的适用。

2. 创造法律功能的决定

正如已指出过的，一个法律规范的创造可以在两种方向下被决定：高级规范可能决定：(1)用以创造一个低级规范的机关和程序；(2)低级规范的内容，即使高级规范所决定的只是机关，而这就意指必须创造低级规范的那个人，且这还意指授权这一机关自作裁量决定创造低级规范的程序以及这一规范的内容，高级规范在低级规范的创造中还是“被适用”。高级规范至少必须要决定必须创造低级规范的机关。因为一个根本不由另一规范决定其创造的规范，就不能属于任何法律秩序。创造规范的人，除非在履行功能时适用构成共同体的法律秩序的一个规范，他就不能被认为是法律共同体的机关，他的创造规范的功能就不能归属于共同体。每个创造法律的行为一定是适用法律的行为，即，它为了要成为法律秩序或由该秩序构成的共同体的一个行为，就必须要适用在这行为之前的一个规范。所以，创造规范的功能，纵使只有其属人因素，即必须创造低级规范的人，才由高级规范所决定，也必须被设
134 想为适用规范的功能。正是决定这一机关的那一高级规范，才由该机关的每一个行为所适用。

法律的创造同时就是法律的适用，是每一个创造法律的行为必须由法律秩序所决定这一事实的直接结果。这种决定可以是不同程度的。它决不会弱到以至这一行为不成其为法律的适用；它也不能强到以至这一行为不成其为法律的创造。即使创造法律机关的功能在很大程度上是由高级规范决定的，但只要一个规范是通过这种行为建立的，这一行为还是一个创造法律的行为。不仅是机关和创造法律的程序，而且还有待创造的规范的内容，都由一个高级规范所决定时，就属于上面所说的情况。然而，在这种情况下，也还存在了创造法律的行为。行为是否法律创造或适用的问题，事实上是完全不依行为机关受法律秩序约束的程度为转移的。只有不建立任何规范的行为才可能仅仅是法律的适用。在具体案件中的执行制裁就是这样一种性质。这就是前面提到的两个处于边缘情况之一。另一个情况是基础规范。它决定着第一个宪法的创造；但由于它是由法律思想所预定的，它的预定本身并不是任何更高规范决定的，因而就不是法律的适用。

(八) 在一般规范基础上所创造的个别规范

1. 司法行为作为个别规范的创造

作为法律的适用来说,传统学说主要考虑的是司法判决、法院的功能。当法院在解决双方当事人之间争端或在判处被控告人刑罚时,的确适用着制定法或习惯法的一般规范。但与此同时,法院也创造了规定对一定的人执行一定制裁的个别规范。这一个别规范与一般规范的关系正如法律与宪法的关系。因而司法判决就像立法一样,既是法律的创造又是法律的适用。司法功能,无论就程序以及待创造的规范内容来说,通常都由一般规范所决定,而立法则往往只是在前一方面才由宪法所决定。但这只是程度不同而已。

2. 司法行为作为创造法律过程中的一个层次

从动态观点来看,司法判决所创造的个别规范,就是在从第一个宪法的成立开始,继之以立法和习惯并导致司法判决这一过程 135
中的一个层次。这一过程因对个别制裁的执行而趋于完成。制定法和习惯法,可谓只是半制成品,它们只有通过司法判决及其执行才趋于结束。法律由此继续不断地重新创造着自己的这一过程,从一般与抽象走向个别与具体。它是一个不断增加个别化和具体化的过程。

一般规范,也就是以某些抽象地决定的后果赋予某些抽象地决定的条件的这种规范,为了要接触社会生活,为了要适用于现实,就必须加以个别化和具体化。为了达到这一目的,就必须确定,在一般规范中所 in abstracto(抽象化)决定的条件,是否已 in concreto(具体化)出现,以便在一般规范中所抽象地决定的制裁,可以具体地命令和执行。这些是司法功能的两个主要因素。这一功能决不像人们有时所推定的,具有纯宣告性。与有时人们所断言的相反,法院并不仅仅系统地陈述已经存在的法律。它并不仅仅"寻找"和"发现"在其宣判以前就已存在的法律。它并不仅仅宣告在其宣判前就已准备就绪的法律。无论在确认条件的出现或在规定制裁方面,司法判决都具有一种构成性。判决的确适用了一个以前存在的一般规范,在这一规范中,一定后果被赋予某些条件。但是在具体案件中,联系具体后果的具体条件的存在,首先是由法院的判决所确认的。在具体领域中,条件与后果是由司法判决来联系的,正如在抽象领域中,它们是由制定法与习惯法规则联系的。司法判决的个别规范是抽象的一般规范的必要的个别化和具体化。只有作为欧洲大陆法学特征的那种偏见,认为根据定义,法律只是一般规范,也只有将法律同制定法、习惯法的一般规则错误地等同起来,才使以下事实模糊起来,那就是:司法判决继续创造法律从一般的和抽象的领域进到个别的和具体的领域这一过程。

3. 条件事实的确定

就司法判决命令对一个不法行为人执行具体制裁而论,司法判决显然是构成性的。但是就它确定作为制裁条件的事实这一点
136 而论,它也具有一种构成性。在法律世界中,没有什么"本来是"事实的东西,没有什么"绝对的"事实,有的只是由主管机关在法律所规定的程序中所确定的事实,法律秩序在以某些后果赋予某些事实时,也就定要选定一个在具体案件中必须确定事实的机关并且

规定该机关在这样做时所必须遵守的程序。法律秩序可以授权这一机关自行裁量地调整其程序;但是机关与用以确定条件事实的程序,必须由法律秩序所直接地或间接地决定,以便使法律秩序可以适用于社会生活。认为有什么绝对的、立即明白的事实,这是典型的外行人的看法。事实只有在首先通过一个法律程序加以确定后,才能被带入至法律范围中来,或者就可以说,它们才在法律范围中出现。用一个稍会有点奇怪的直截了当的方式来谈这一问题的话,我们可以说,确定条件事实的主管机关,在法律上"创造"着这些事实。所以通过一个法律程序确定事实的功能,就始终具有一种特定的构成性。如果根据一个法律规范,必须对一个谋杀者执行制裁,这并不意味着谋杀的事实"本身"是制裁的条件。甲杀了乙这个"本身"的事实是没有的,有的只是我的或其他人关于甲杀了乙这件事的信念或了解。甲本人可能不是承认就是否认。然而,从法律角度来说,所有这些都不过是不相干的私人意见而已。只有主管机关的确认才是有法律意义的。如果司法判决已经取得了法律的力量,如果由于存在了 res judicata 的资格(意思就是该案已由一终审法院所确定判决),因此,已不可能再以另一判决代替那一判决,那么,关于被定罪人是无罪的说法也就毫无法律上的意义了。正如已经指出的,法律规则的正确的表述并不是:"如果一个国民犯不法行为,一个机关就应对这不法行为人进行制裁",而却是:"如果主管机关依适当程序确认一个国民犯不法行为,那么一个机关就应对这一国民进行制裁。"

三、私法行为（法学上的行为）

（一）私法行为作为创造法律和适用法律的行为

1. 私人自治

法院所必须确定制裁存在的条件，根据法院必须适用的是刑
137 法或民法而有区别。我们已经指出，在刑法诉讼程序中，根据共同体的机关，即公诉人的动议；而在民法诉讼程序中，根据私人当事人，即原告（plaintiff）的起诉，法院必须命令一个具体的制裁。民法的一个特征是，私法行为（legal transcation）可以成为制裁的条件。民事不法行为（deliet）就在于一方未履行私法行为为他所设定的义务。私法行为是个人由法律秩序授权在法律上调整某些关系的行为。这是创造法律的行为，因为它产生了参与行为的当事人的法律义务和权利。但同时，它也是一个适用法律的行为，因而它就既创造又适用法律。当事人利用了使私法行为成为可能的一般规范。由于参与私法行为，他们也就适用了这些一般法律规范。法律秩序由于给予个人以通过私法行为调整其相互关系的可能性，也就承认个人有某种法律上的自治。当事人的所谓"私人自治"（private autonomy）就体现在私法行为的创造法律功能中。通过私法行为，人们创造调整当事人相互行为的个别规范，有时甚至是一般规范。

重要的是要明确地区分：私法行为作为当事人用以为他们自己创造一个规范的行为，以及在这种方式下被创造的规范。这两

个现象往往被人以同一词来称谓。尤其“契约”这一术语就有这样一种双重用法。“契约”既指用以创造契约当事人的契约义务与权利的特定程序，又指由这一程序所创造的契约规范；这是一个成为契约理论中的典型错误来源的双关语。

2. 次要规范作为私法行为的产物

如果说有些法律规范由私法行为所创造，这意思是指次要规范。因为这些规范只有在联系到那些以制裁赋予违反行为的一般主要规范时，才引起法律义务和权利。在这里，直接规定当事人合法行为的次要规范，并不是我们在以前一章中说及的，仅仅是一个法学理论的辅助性结构而已[⑦]。它是由一般主要规范规定为制裁条件的那一法律行为的内容。这可以用一个例子来说明。根据一个租赁契约，当事人一方甲，承担了让另一方乙，住在某住房中的义务，而另一方乙，则承担了向甲支付一定租金的义务。这两个义 138
务都被系统地陈述在作为次要规范的租赁契约中：甲应让乙住在某住房中；乙应向甲支付租金。但是甲与乙的法律义务，只能由以下事实才能构成，即：根据法院所必须适用的一个一般主要规范，如果他们并不像契约创造的次要规范所规定的那样行为，以及如果一方对已违反这一次要规范的另一方提起追诉时，那么，甲和乙就要对一个制裁负责。在这一点上，在刑法和民法这两种技术之间存在了一个具有特色的差别。个人不得偷窃的法律义务是直接由刑罚赋予偷窃行为的一般主要规范所规定。次要规范，即“每个人，以及因此我也是，不应当偷窃”，在这里，只不过是一个法学理

⑦ 参见本书第60页。

论的辅助结构而已。它并不是不可缺少的。没有它也可以说明法律现实。一个主要规范内容的陈述:“如果甲进行偷窃,他就应受惩罚”,就足以说明甲的法律义务。房东甲让房客乙住在某一住房中的法律义务,以及房客乙付给房东甲一定租金的法律义务,却并不是由以制裁赋予违背租赁契约而调整租赁关系的那个一般主要规范所直接规定的。在这里,一定要在一般规范之外,加上一个特定的创造法律的行为,也就是用以创造一个构成房东甲和房客乙的具体义务与权利的个别次要规范的法律行为。一般的主要规范授权当事人作出这样的私法行为,意思就是,以一定程序创造个别规范。规定甲应当让乙住在某一住房中以及乙应当向甲支付一定租金的这一个别规范,就是次要规范,因为它只有在联系到一般主要规范时,才构成甲与乙的法律义务。

在刑法领域中,个别法律义务直接由一般主要规范规定,而在民法范围中,一般主要规范只间接地、通过私法行为的中介来规定个别法律义务这一点,并不是一个毫无例外的规则。典型的例外就是关于赔偿非法造成损害的义务。

3. 赔偿

正如我们曾在另一章中解释过的,由民法一般法律规范所规定的制裁条件,不仅要个人违反私法行为所创造的次要规范的行为,而且还要由这一违反所造成的损害并未被赔偿的事实。换句
139 话说,在违反私法行为所创造的次要规范和制裁之间,往往插进了一个赔偿非法造成损害的义务。例如租赁契约据以取得协议的那个一般规范就规定如下:“如果双方成立租赁契约,如果其中一方违约且并不赔偿由此所造成的损害,那么根据另一方的起诉就应

对违约方执行民事制裁。”然而，根据所有法律秩序的民法，赔偿非法造成损害的义务，并不限于非法行为构成对私法行为所创造的次要规范的违反。正如刑事制裁赋予个人的某一行为一样，即使没有任何以前的法律行为，一般法律规范仍可以民事制裁直接赋予个人并不赔偿由其行为所造成的损害的事实。因而就这方面说，在民法技术和刑法技术之间就并无不同。一个人的赔偿损害的个人义务是直接由一般主要规范所规定的，这一规定以对某个行为所造成的损害不予赔偿赋予民事制裁。赔偿损害的法律义务，并非因违反私法行为所创造的次要规范的行为而起，人们往往称这种法律义务并不是一个 ex contractu（因契约而生）的义务，而是一个 ex delicto（因不法行为而生）的义务。

这种行为可能有，但不必都有刑事不法行为的性质。它可能只构成民事不法行为。已造成损害的行为，如果是刑事制裁的条件，就构成刑事不法行为，而不赔偿由这一行为所造成的损害则是民事制裁的条件。一般地说，有一个赔偿由刑事不法行为所造成损害的法律义务。一般规范对个人的某一行为所造成的损害不予赔偿，赋予针对这个人的民事制裁这一事实，往往以两种法律义务的陈述来说明：个人不得因其行为造成损害的义务，以及赔偿由个人行为所造成损害的义务。在损害是由违反私法行为创造的次要规范时，人们往往就区别开：遵守次要规范的法律义务（例如，房东
让房客住在住房中的义务）和赔偿因违反第一个义务、即违反次要 140
规范而造成损害的义务。第二个义务补充了第一个义务就是这两个义务之间的关系的特征。人们由于履行了第二个义务，即：赔偿非法造成的损害，也就避免了赋予违反第一个义务的制裁，这第一

个义务就是不造成损害或遵守由法律行为所创造的次要规范的义务，例如，房东让房客住在某一住房中的义务。赔偿由民事不法行为所造成的损失的法律义务就代替原先的法律义务；前一个义务是代替义务（substitute obligation）。然而，如果造成损害的行为具有刑事不法行为性质，那就不可能以赔偿损害来避免刑事制裁。如果某人违背契约，他以补偿他所造成的损害而避免民事制裁。但如果某人造成对其他某个人身体上的严重伤害又不赔偿损害，他就必须承担民事制裁和刑事制裁。在这种情况下，赔偿损害的义务并不代替不犯不法行为的义务。赔偿因刑事不法行为所造成损害的义务被加在原先的义务上；前一义务不是一个代替的义务，而是一个附加的义务。

4. 私法行为与不法行为

私法行为与不法行为都是制裁的条件。它们的差别在于私法行为的法律后果，即构成当事人义务和权利的那个次要规范的效力，是私法行为有意得到的；而不法行为，一般地说，并无得到任何法律后果的意图。私法行为是创造法律的事实，而不法行为却并不是[⑧]。私法行为意图创立某一次要规范；如果该规范被违反而且由此造成损害又未被赔偿，制裁就应执行。私法行为是民事不法行为的条件并且只能作为民事制裁的这样一种（间接）条件。（民事和刑事的）不法行为则是制裁的直接条件；制裁并不是不法

⑧　然而，这一规则有例外。例如，革命的行为：它旨在通过违背旧宪法而建立一个新宪法或改变旧宪法。就旧宪法方面说，它是一个不法行为，就新宪法方面说，则是一个创造法律的行为。也可参见本书第368页。

行为意图得到的，它甚至是违反不法行为人的意志加以执行的。

（二）契约

1. 意志及其表示

民法的典型的私法行为就是契约。契约是由两个或两个以上的人一致的意志宣告所构成的。契约当事人的宣告指向这些人的某种行为。法律秩序可以，但并不必须为这些宣告规定特殊的形式。但当事人总一定要以某种方式表示他们的意志。否则，契约已成立的事实就不能在一个法律程序中，尤其为法院所确认；只有 141
在一个法律程序中能被确认的事实才是有法律上重要意义的。

契约当事人的实际意志及其表示之间，可以存在不一致。理论法学不能决定这样一种不一致应有什么后果。这一问题只能由立法者或适用法律机关解决。他们可能比较重视当事人的实际意志，或比较重视意志宣告。如果当事人一方能证明他的实际意志并不符合被解释为他的意志宣告，这一契约就可能会被认为是无效力的。或者契约的效力可能被认为是不依实际意志为转移的，那么，如果外部的宣告一致的话，契约就被认为是有效力的。以上两种解决办法到底哪一种可取，有赖于政治上法学上的不同的价值判断。

2. 要约与承诺

双方当事人作出一致宣告还不足以成立一个契约。一方的宣告必须指向另一方，并为后者所接受。所以据说契约就在于要约(offer)与承诺(acceptance)。要约与承诺之间的划分就预定两个宣告并不是在同时作出的。因而就产生了是否要约人一定要将其实际意志一直保持到承诺时的问题。是否在那时双方一定要有成立契约的实际意志，以至如果要约人证明在另一方接受要约时他已不再有成立契约的任何意志，因而就没有完成契约，而这意思就是没有创造有拘束力的规范。要约人是否在要约被接受以前的任何时候都可以撤回要约？这一问题又是只有法律秩序本身才能解决而不是任何法学理论所能解决的那一类问题。如果法律秩序对这一问题作肯定答复，那么就使不在场的人很难成立契约了。为了消除这一不便，法律秩序有时就规定，在某些情况下，要约人在一定时期内受自己要约的约束。这意思就是：如果在这一时期内要约被接受了的话，纵使要约人已改变了自己的想法，但契约还是有效力的。由于对要约的接受，一个使当事人负有义务的规范就可能在并无甚至违反要约人意志的情况下创造。

3. 契约创造的规范

当事人的实际意志及其有关宣告，在我们称为成立契约的行为中是有重要意义的。契约当事人的每一方一定要有相同的意
142 志；双方一定要有可谓平行的意志，即使不是在同一时刻，至少也要在一前一后。然而，由这一行为所创造的规范，作为规范的契约，却并不是意志。纵使一方或双方当事人已不再有任何相应意志时，这一规范仍然是有效力的。就规范的继续存在来说，就其效力而论，只有在双方当事人可能通过另一契约，即通过由另一契约所创造的一个相反规范而废除了这一规范时，这一规范才要依靠当事人的实际意志。

由契约所创造的规范可以是个别规范或一般规范。在劳工法和国际法中，一般契约扮演显著的角色。就契约规范的内容方面

来说，可分两种：一种是只为一方设定义务并只对另一方授予权利的契约；另一种是为契约双方都设定义务并授予权利的契约。在后一种契约中，当事人就负有或是平行的或是交叉的行为义务。前一类契约例如两个商人协议以固定的同一价格出售某种商品。第二类契约的例子是买卖：一方负有义务提供某种货品，而另一方则负有义务支付价金。在所有这些情况下，尤其在契约当事人因契约规范而对不同种类行为负有义务的情况下，所有契约当事人在立约时的意志必须具有相同的内容，必须指向契约规范的整个内容。

4. 单边私法行为与双边私法行为

契约是双边(two-sided)私法行为，因为使契约当事人负有义务并授权于他们的次要规范，是由至少两个人的合作所创造的。但也有次要规范仅由一个人所创造的单边(one-sided)私法行为。民法的特征是可以以这样一种单边私法行为而只使自己负有义务。在民法中，通行自治的原则，根据该原则，任何人都不能在违背本人意愿或未经本人同意的情况下而负有义务。正如我们将见到的，这是私法与公法的决定性的差别。单边私法行为的一个例子是这种要约，它在承诺以前的一定时期内对要约人是有约束力的，意思就是在这一时期内，要约不能被撤回。这样一个要约也就创造了一个规范：要约人在另一方于一定时期内接受要约的条件下，负有对要约所决定的行为负有义务。

143

四、宪法的性质

以制定法和习惯法的一般规范适用于具体案件是法院作为适用法律机关资格的功能，所以法院也就必须决定什么一般规范才是对这一案件可以适用的。法院必须确定是否法律秩序含有这样一个规范，它以制裁赋予公诉人认为是一个刑事不法行为或私人原告认为是民事不法行为的那种行为，也还要确定法律规定什么制裁。法院所必须回答的不仅是 quaestio facti（事实上问题），而且还有 quaestio juris（法律上问题）。它尤其必须审查它想适用的一般规范是否真正是有效力的，而这意思就是：这种一般规范是否是以宪法规定的方式创造的。只有在立法或习惯已创立一个偷窃应处以监禁的一般规范时，法院才必须将一个被控告的偷窃者投入监中。当被告或被控告人的行为根据法院所必须适用的法律秩序是否真正是一个民事的或刑事的不法行为这一点还有怀疑时，法院的上述功能就特别明显。例如，一个男子曾对一个女子作过结婚的约许，但他并不守约。有些法律秩序并不认为这样一个约许是有拘束力的，但有些却认为有。如果由于这个男子的违约而那个女子向他起诉的话，法院就必须确定在法院所将适用的法律秩序中是否有这样一条制定法或习惯法规则：根据该规则，必须针对一个违反婚约且不赔偿由此所造成的损害的男子，进行民事制裁。法院之必须确定这一规范的存在，正如它必须确定不法行为的存在一样。确定将由法院所适用的一般规范的存在的功能，意味着解释这一规范、规定其意义的重要功能。将由法院所适用的一般规范曾以宪法所规定的方式创立这一事实，是法院在具体案件中是否必须命令制裁所取决的条件之一。

如果我们推定，根据宪法，一般法律规范只能经由以一定方式选举产生的议会的决议才能创造，那么，使偷窃成为应受惩罚的那个规范就一定要如此陈述："如果议会决定偷窃者应受惩罚并且如果主管法院确定某人曾进行偷窃，那么……"调整将由法院和其他适用法律机关适用的一般规范的创造的那些宪法规范，也就不是独立的、完全的规范。它们是法院和其他机关所必须适用的全部法律规范的内在的组成部分。根据这一理由，宪法不能被引为未 144
规定任何制裁的那种法律规范的例子。实质宪法的规范只有在和那些以它们为基础所创造的规定制裁的规范发生有机联系时，才算法律。所以，从动态观点来看，由高级规范（即宪法）所决定的一般规范的创造的事物，在法律的静态提法中，就变成了在一般规范中（从动态观点来看，这种一般规范就关系宪法而论是低级规范）作为后果而赋予制裁的条件之一。在法律的静态提法中，宪法的高级规范仿佛已作为组成部分而被投入低级规范中。

五、司法行为与其所适用的既存规范之间的关系

（一）司法行为仅由程序法所决定

从动态观点看，法院的判决代表个别规范，它是在制定法或习惯法的一般规范的基础上创造的，正如这一一般规范是在宪法基

础上创造的一样。个别规范由适用法律机关，尤其由法院所创造，必须总由一个或更多的既存的一般规范来决定。这种决定，正如我们曾在以前[9]所解释过的，可以具有不同的程度。法院通常要受决定它们的程序与判决内容的一般规范的约束。然而，立法者满足于设立法院，而这些法院则由法律秩序授权自由裁量地判决具体案件，这也是可能的。这就是在柏拉图的《理想国》中的“王室法官”据以行使其几乎毫无限制的权力的原则。然而，纵使在这种情况下，法院仍然不仅是创造法律而且也是适用法律的机关。在每一个司法判决里，程序法的一般规范要由一个人，而且也只有这个人被授权作为法官来行为并自由裁量或根据实体法一般规范来判决具体案件。正是这一程序法的一般规范，司法权力才被委托给法院。没有这一规范，也就不可能承认判决具体案件的那个人是“法官”，是法律共同体的一个机关，不可能承认他的判决是法律，是一个属于构成法律共同体的法律程序的有拘束力的规范。

145 **（二）实体法对司法行为的决定**

如果法院的功能是由实体法和程序法两者所调整的——这意思就是无论法院的程序及其判决的内容均由既存的一般规范所决定，在这种情况下，法院也还是在不同程度上受到约束的。在这里，以下事实必须首先考虑到：

当司法判决必须作出时，通常的情况就是，公诉人或私人原告在法庭前主张，某人，即被控告人或被告，已以某种行为违反法律

---

⑨　参见本书第129页。

义务(而这意指违反一个制定法或习惯法的一般规范),他已作出刑事或民事不法行为。法院必须确定,法律秩序是否真正含有所声称的一般规范以及被控告人或被告行为是否真正违反这一一般规范。如果法院发现该一般规范是有效力的,并且被控告人或被告已作出不法行为,它就必须命令法律秩序所规定的制裁。

如果没有规定这种义务的一般规范,法院的权限就可以以两种不同方式来加以决定。一是法院必须释放被控告人或驳回原告要求。在这种情况下,法院也还是适用了实体法,因为它宣称实在法律秩序并没有使被控告人或被告负有要以检察官或原告所主张的那种方式行为的义务;它宣称,根据现行法律,被控告人或被告所做的行为是容许的。

(三) 法院的自由裁量(法官作为立法者)

在没有规定检察官或原告所主张的被控告人或被告义务那种一般规范时,可能决定法院权限的另一方式就是如下情况:法律秩序授权法院自行裁量对案件进行判决,将被控告人定罪或加以释放,作出有利于或不利于原告的判决,命令或拒绝命令对被控告人或被告进行制裁。尽管缺乏被控告人或被告所违反的一般规范,但如果法院发现缺乏这样一个规定检察官或原告所主张的被控告人或被告义务的一般规范是不能令人满意的、不公正的或不公平的话,那么,法院就被授权对被控告人或被告命令制裁。这意味着法院被授权为具体案件创造它认为是令人满意的、公正的和公平的实体法规范。因而法院起着作为一个立法者的作用。

然而,在这种情况和法院适用既存实体法情况之间,只有一个 146

程度上的区别而已。法院在命令制裁时,始终是一个立法者,因为它创造了法律,正如立法者始终是一个适用法律的机关,因为在立法中,宪法被适用着。但如果法院不受实体法,而只受程序法所约束,如果它被授权为具体案件创造实体法而不必使它的判决由既存的实体法一般规范所决定,那么,法院就越加是立法者。然而,不应忽视的是:如果虽然被控告人或被告并不曾违反既存的实在法一般规则,而法院却命令对他们制裁,那么,由法院判决所创造的这一个别规范也就具有了一个 ex post facto(追溯即往)的法律的效果。因为这个规范第一次以制裁赋予被控告人或被告的一定行为,并从而使这一行为成为一个不法行为,而这一规范是在这一行为已表现后才出现的。

还应注意的是:法院的判决永不能由一个既存的实体法一般规范决定到这样一种程度,以至法院所适用的这一一般规范,仿佛只是由判决的个别规范加以仿造而已。不论一般规范打算如何具体,但司法判决所创造的个别规范始终将加上某些新的东西。假设有一条刑法规定:"如果某人偷窃价值超过 1000 元之物,应监禁 2 年。"将这条法律适用到具体案件去就将必须决定,例如,监禁应从什么时候开始并在什么地方执行。一般规范因司法判决的个别化,始终是对那些尚未由一般规范所决定而且也不能完全由它所决定的因素的决定。所以,在判决内容永不能由既存实体法规范所完全决定这一意义上,法官也始终是一个立法者。

六、法律的间隙（空白）

（一）“间隙”的观念：一个虚构

上述授权，即命令一个不曾由既存的一般规范所规定的制裁，往往间接地，通过一个虚构的方式，授予法院。这种虚构是：法律秩序有一个间隙（gaps，Lacunae）意思就是现行法不能适用于具体案件，因为没有涉及这一案件的任何一般规范。这种观念便是：由于缺少必要的前提，所以在逻辑上就不可能将实际上有效力的法律适用于一个具体案件中。

瑞士民法典第一段就是典型：“法官在缺乏可适用的法律规定 147
时，可根据习惯法判决，无习惯时，则根据其作为立法者所制定的规则来判决。”这一条款大概并不是指制定法或习惯法正面规定了被告的这种义务的情况，即在具体案件中原告主张已为被告所违反的那种义务。在这些情况下，根据瑞士民法典第一段，存在可以适用的一般规范。上述条款大概只是指原告主张被告所违反的义务并不曾由任何一般规范所规定的情况。在那些情况下，法官不一定要拒绝原告的主张。他应具有为具体案件像立法者那样规定所声称的义务的可能性。但是他也有以现行法并未规定所声称的义务为根据而驳回起诉的另一种可能性。

如果法官利用了这后一种可能性，那就没有什么“法律的间隙”。法官无疑适用了有效力的法律。的确，他并没有适用使人们对某一行为负有义务的一个肯定的规则。这正是因为不存在使被告负有对原告所主张的行为的义务的任何规范，所以，根据实在法，被告是自由的，他并不曾以他的行为作出任何不法行为。如果法官驳回这一起诉，他仿佛就适用了任何人必须不被迫遵守他并不负有法律义务的行为那样一个否定的规则。

法律秩序不能有任何间隙。如果法官被授权在法律秩序并未包含使被告负有对原告所主张的行为的义务的任何规范时，就作为立法者而决定一定争端的话，法官也并没有填补一个实际上有效力法律的间隙，但他在实际上有效力的法律中加上了一个不与任何一般规范相当的个别规范。实际上有效力的法律可以由于驳回起诉而适用。然而，法官被授权为一个具体案件变更法律，他有权在法律上拘束一个在法律上以往是自由的人。

但在什么时候，法官应驳回起诉？什么时候，他应该创造一个适合该起诉的新规范？瑞士民法典的第一段及其所代表的间隙理论，都没有给予明确答复。用意显然是：如果并没有原告所声称的被告义务的一般法律规范规定，并且如果法官认为缺乏这样一个规范是不能令人满意的、不公正的、不公平的，那么，法官就必须充当立法者的角色。法官被授权作为一个立法者来决定一个争端所依据的条件，并不是像间隙理论所自称的，是由于适用实际上有效
148 力的法律在逻辑上是不可能的，而且由于适用实际上有效力的法律，根据法官的意见，在法律上、政治上是不够的。

（二）间隙虚构的目的

立法者，即由宪法授权创造一般法律规范的机关，认识到他所制定的一般规范在某些场合下可能导致不公正的或不公平的结

果，因为立法者不可能预见到所有可能发生的具体情况。他因此就授权适用法律机关在适用立法者所创造的一般规范会有一个不能令人满意的结果时，就不适用立法者所创造的一般规范而创造一个新规范。困难的是事前决定希望法官作为立法者来行为的情况是不可能的。如果立法者能知道这些情况的话，他也就能将他的一般规范系统地陈述得使法官作为一个立法者来行为这一点成为多此一举，"如果法官认为适用现行一般规范是不公正的或不公平的，他就被授权作为一个立法者来行为"这一公式，给予法官的自由裁量余地太多了，因为法官可能发现在许许多多场合下适用立法者所创造的规范是不够的。这样一个公式就意味着立法者让位法官。这就是为什么立法者要使用"法律的间隙"的虚构，即：有效力的法律在逻辑上不适用于一个具体案件这一虚构的（大概是不自觉的）理由。

这一虚构在两个方面限制了对法官的授权。第一，它将授权局限于原告主张被告所违反的义务在任何一般规范中都没有规定的那些情况。它排除了在原告所主张的被告义务已由现行一般规范之一正面地加以规定的所有情况。这一限制完全是专横的。规定一个义务可以像不规定一样的"不公正"或"不公平"。立法者不能预见所有可能的情况当然可以使他不制定一个规范，同样也可以使他制定一个一般规范，并从而规定一个万一他预见到所有情况就不会如此规定的义务。

使用"法律间隙"虚构的公式所包含的另一限制，具有一种心理学上的而不是法学上的性质。如果法律只在有"间隙"的条件下，意思就是，法律在逻辑上不适用于具体案件的条件下，法官才

被授权作为一个立法者而行为，这样就掩盖了条件的真正性质，那
149 就是说：法律的适用，虽然在逻辑上是可能的，但法官认为却是不公正的或不公平的。这就可能具有这样的结果，法官只是在那些颇为罕见的情况下，即在他认为拒绝原告的主张是如此显著地不公正，以至他感到自己被迫相信这样一个判决是和立法者的意图不相容时，才去使用这种授权。然后，他就得出了这一结论：如果立法者预见到这一情况的话，他也会创造一个规定被告这种义务的规范。由于法律秩序还没有包含这一规范，法律秩序对具体案件是不适用的，由于他——法官，负有义务要对该案件作出判决，正是为了这一案件，他才被授权作为一个立法者来行为。法律间隙理论确实是一个虚构：因为适用在司法判决当时所存在的法律秩序，在逻辑上始终是可能的，虽然有时是不够的。但立法者对这一虚构的理论的认可，却具有所希望有的结果，那就是大大限制授权法官作为一个立法者来行为，而这意思就是在审理案件时，提出具有追溯力的个别规范。

七、司法行为创造的一般规范

（一）前例

司法判决也可能创造一般规范。判决可能不仅对本案而且还对法院所必须判决的其他类似案件，都有拘束力。司法判决可能有前例（precedent），即对所有类似案件的未来判决都有拘束力的性质。然而判决只有在它并非适用既存的实体法一般规范，法院

作为立法者而行为时，才具有前例的性质。法院在一个具体案件中的判决通过由这一判决所创造的个别规范的一般化，才取得对所有未来类似案件判决都有拘束力的那种前例的性质。所谓前例的实质就是这样获得的一般规范的拘束力。只有在这一一般规范的基础上，才可能确认其他案件和第一个案件是“类似的”，第一个案件的判决被认为是前例，因此，这些其他的案件都必须同样地判决。这一一般规范可能由创造该判例的法院本身加以系统地陈述。它也可能留待受该前例约束的每个法院在有关案件发生时再从这一前例中引申出一般规范。

当司法判决具有前例性质时，而这意思就是当司法判决创造一般规范时，法院的创造法律的功能也就尤其明显。在法院不仅 150
有权在其判决中适用既存的实体法，而且还有权为具体案件创造新法时，给予这些判决以前例的性质的倾向，是可以理解的。在这样一种法律制度中，法院就是与称为立法者（狭义的、普通意义的立法者）的机关完全一样意义的立法机关。法院是一般法律规范的创造者。

我们这里所讲的是来源于法院单独判决的那种一般规范。这类法律创造和通过法院的长期实践，即通过习惯的一般规范的创造，必须明确地加以区分。

（二）“所有法律是法官创造的法律”

1. J. C. 格雷的学说

我们对司法功能的分析表明，认为法院仅仅适用法律的观点是不能由事实证明的。然而，那种与此相反的观点，即认为在司法判决以前不存在有任何法律以及认为所有法律都是由法院创造的观点，也同样是错误的。这种观点为美国最重要的法律理论家之一、约翰·查普曼·格雷(John Chapman Gray)所持有。他写道："国家或任何人类有组织的团体的法律，都是由法院、即该团体的司法机关为决定法律权利和义务所立下的那些规则所构成的。"[10]他又说："他们所立下的这批规则并不是既存法律的表示，而是法律本身"；[11]并且还强调说："法院适用法律的事实就是使这些规则成为法律，没有什么离开这些规则的'法律'这种神秘的本体，而法官毋宁是法律的创造者而不是法律的发现者。"[12]"人们有时说法律是由两个组成部分——立法法和法官创造的法律所组成的，但事实上，所有的法律都是法官创造的法律。"[13]为了证明他的理论，格雷引用了这个例子："亨利·皮特在其土地上造了一个贮水池并且把它贮满了水；无论在看管或建筑贮水池方面，他都无过失，但贮水池破裂，流出来的水淹没并损坏了皮特的邻居托马斯·昂德希尔的土地。昂德希尔有从皮特那里取得补偿的权利吗？"[14]格雷假定，在处理该案的法院的那个州(内华达州)"并没有在这一事情

151 上的制定法、判决和习惯"。尽管如此，"法院却总得判决这一案件"。当法院判决该案时，它不能自任何既存的规范中取得指示："说在这一事情上内华达州真的存在了法律，似乎只证明法律虚构

⑩　格雷：《法律的性质与渊源》，1927年英文第2版，第84页。

⑪　同上书，第96页。

⑫　同上书，第121页。

⑬　同上书，第125页。

⑭　同上书，第96页。

在我们的精神活动中已如何根深蒂固。”[15]

2. 没有既存的法律就是没有司法判决

首先，格雷没有注意到法院可以两种不同方式判决该案这一事实。它可以拒绝昂德希尔的起诉，即从皮特那里取得补偿的权利主张，根据就是：按照实在法，皮特在法律上并不负有赔偿因贮水池的破裂所造成的损害，内华达州的法律并没有包含证明昂德希尔的权利主张是正当的任何规范。在这种情况下，法院无疑适用了内华达州的既存的实体法。这种情况和下面的情况是一样的，例如昂德希尔提出了一个绝对不合理的权利主张，比方说由于皮特曾娶了昂德希尔的女儿，所以皮特就应付给昂德希尔5000元。无疑地，如果法院拒绝这样一个权利主张，认为是毫无根据的，它就适用了内华达州的法律。司法判决根据现行法律秩序，使被控告人定罪或判决原告胜诉而适用法律；司法判决根据现行法律秩序，释放被控告人或判决原告败诉同样适用了法律。法律的适用不仅可以在积极意义上实现，而且也可以在消极意义上实现；不仅可以由适用法律机关的命令和执行制裁所实现，而且可以由这一机关拒绝命令或执行制裁来实现。

但内华达州的法院也可能以另一个方式判决皮特的贮水池案件：它可以判决对原告胜诉。然而，这就预定了内华达州的法律授权法院，不仅适用既存的实体法一般规范，而且在一定情况下，即如果原告所主张的被告义务并未由既存的一般规范所规定，而法院认为缺乏这样一个规范是不能令人满意时，变更这一法律。既

⑮　格雷：《法律的性质与渊源》，1927年英文第2版，第98页。

存的法律一定授权法院超越既定实体法。所以法院在这一情况下也适用了既存的法律。当格雷推定“在这一事情上(即该案),内华达州真的不存在法律”时,他就错了。为了使这一案件可以由内华达州的法院来判决,在内华达州就一定存在了这一事情上的法律。
152 只是在适用内华达州的法律时,这个法院才作为内华达州的法院而行为。法院始终适用着既存的法律,但它所适用的法律可能不是实体法,而是程序法。法院可能适用只是那些决定其本身的存在和程序的一般规范、授予某些人以作为某个州的法院而行为的法律资格的一般规范。昂德希尔向这些人请求解决他与皮特的争端。那些人只有在适用这种既存的程序法规范时,才起着一个“法院”的作用并且使他们的判决具有法律的拘束力。

格雷本人说道:“那么法官的权力是绝对的吗……这并不如此;法官不过是国家的机关而已,他们只有国家的组织所给予他们的那种权力。”[16]“国家的组织”只能意指法律秩序、宪法与在宪法基础上所创造的法律规范,法官必须依照其判决具体案件的现行法律。格雷认为“组织是什么,是由国家的真正统治者的意志所决定的”。但在另一地方,他又说:“要决定谁是政治社会的真正统治者是一个几乎不可能解决的问题。”“政治社会的真正统治者是不能发现的”。[17] 如果国家的组织实际上是那些不可知的和不能发现的人的意志,那么,国家的组织本身也就会是不可知和不能发现的了,但是国家的组织实际上是已知的。它是“有效力的”,这意思

[16] 格雷:《法律的性质与渊源》,1927 年英文第 2 版,第 121 页。

[17] 同上书,第 79 页。

就是有实效的宪法，它是在宪法基础上创造的有效力的规范，而这意思就是大体上有实效的规范体系。“真正的”统治者就是大体上有实效的规范经由它们的行为而被创造的那些机关。由于法律秩序的实效是这一秩序的规范的效力的一个条件，所以在国家的“真正的”统治者和法律统治者之间，就不可能有任何实质上的差别。至于什么人在影响那些创造构成国家的法律秩序的有效力规范的那些人，可能是不可知的和不能发现的。但这却是法学上不感兴趣的问题。

3. 只有法律才能是法律的“渊源”

昂德希尔诉皮特一案只证明了有时法院可能必须仅仅适用程序法。但在大部分情况下也还是有某些既存的实体法的。当格雷断然声称“在司法判决以前没有什么法律”时，他之所以能这样说 153
只是由于他并不认为决定司法判决的实体法或程序法的一般规范是“法律”，而认为它们只是“法律的渊源”。他问道：“国家或其他共同体命令它的法官从什么渊源获得法律？”[18]根据格雷的观点，这些法律的渊源就是制定法(statute)、司法判例、专家意见、习惯以及道德原则。他并没有划分具有法律拘束力的渊源和并没有这种拘束力的渊源。关于制定法，他说：“国家要求其立法机关的法案(acts)应拘束法院，就其适用而论，应胜过所有其他渊源。”他强调说“立法法案、制定法，应视为法律的渊源而不是法律本身的组成部分”。他将同样的区分适用于所有其他他称之为法律渊源的现象。由于不顾立法、司法判例和习惯这一方面和专家的意见、道

---

⑱ 格雷：《法律的性质与渊源》，1927 年英文第 2 版，第 123 页。

德原则这另一方面之间的差别，由于不顾前者有法律上的拘束力、而后者法律上没有拘束力，所以格雷就不明白，这些在法律上有拘束力的“法律的渊源”，就是法律规范，就是法律。他忽视了这一事实，如果适用法律机关在法律上要受这些所谓“渊源”约束，那么，他用比喻法说法所指的“法律的渊源”，只不过是法律创造过程中的一个层次而已，即法律的体现之一而已。格雷在反对传统学说而主张法院创造法律这一点上是对的。但他却错在相信法律只由法院所创造。特别是如果人们认识到司法判决和立法之间的动态关系时，那就不可能解释为什么只有司法判决而不是立法才应代表法律。格雷的论题意味着走向比较深入地了解法律结构的第一步。下一步一定要导致洞察法律秩序的等级体系的结构。

八、不同层次规范之间的冲突

（一）司法判决与判决将适用的一般规范之间的一致或不一致

格雷关于法律只在于司法判决的争辩也基于以下考虑：“由一个国家的法院所立下的和适用的行为规则是和该国的法律联着的，因此，在前者变化时，后者也随之而变。霍德利主教（Bishop Hoadly）曾说过：‘真正是法律的全部意图和目的给予者的人，是凡有解释任何成文法或不成文法的绝对权威的人，而不是第一个写出或说出法律的人’；afortiori（更不待说），凡有绝对的权威不仅

解释法律，而且说法律是什么的人，才真正是法律的给予者。”[19]按 154
照霍德利主教的观点，格雷就试图证明甚至连法院所适用的制定法也真正是一种法官创造的法律。制定法作为行为的指引而加于共同体的形式就是由法院所解释的制定法。法院将生命注入制定法的死的文字中。[20] 难于理解的是，为什么一个按照它的意思来说，对法院有拘束力的法律的文字，居然会是死的；而一个按照它的意思来说，对当事人有拘束力的司法判决的文字，却居然会是活的。问题并不是：为什么制定法是死的而司法判决是活的；在这里，我们事实上面对着一个一般地说、归结为以下这一点的问题，即：制定法或习惯法规范的高级规范在或大或小程序上，决定司法判决的低级规范的创造和内容。只有在低级规范符合高级规范时，前一种规范才与后一种规范一起，属于同一法律秩序。但是，谁应来决定低级规范是否符合高级规范，司法判决的个别规范是否符合制定法与习惯法的一般规范？只有一个必须适用高级规范的机关才能作出这一决定。正如法律规范要对它赋予一定后果的那一事实的存在，只能由一个机关以一定程序（机关和程序两者都由法律秩序所决定）加以确定一样，关于一个低级规范是否符合一个高级规范的问题也只能由一个机关以一定程序加以决定（而机关与程序则都由法律秩序所决定）。任何其他人的看法在法律上都是无关的。低级规范是否符合高级规范问题的决定，意味着高级规范的适用。如果原告或被告相信法院的判决并不符合法院在

[19] 格雷：《法律的性质与渊源》，1927年英文第2版，第102页。

[20] 同上书，第125页。

其案件中所必须适用的制定法或习惯法的一般规范，他可以向另一高级法院上诉。这一法院有权废除下级法院的判决或代之以另一判决，而这另一判决，根据高级法院的意见，是符合在该案中必须被适用的一般规范的。这是法律秩序力求保证司法判决合法性的典型过程。但这一过程不能无限期地继续下去；它必须有一个结束，因为当事人之间的争端必须有一个结束。必须有一个有权作出争端的最后判决的终审法院，有一个其判决不再能被废除或变更的权威者。由于这一判决，该案就成了 res judicata（已判事件）。

155 所以，低级规范符合高级规范的任何绝对保证是决不能存在的。低级规范并不符合决定其创造和内容的高级规范，尤其是低级规范有与高级规范所规定的不同的内容的可能性，并不是完全被排除的。但一旦当案件已成为一个已判事件后，那么，关于判决的个别规范不符合判决所必须适用的一般规范的意见，也就没有法律上的重要性了。适用法律机关，或者是已由法律秩序所授权创造新的实体法，或者根据它自己的主张适用既存的实体法，在后一场合下，终审法院的主张是有决定意义的。因为只有终审法院才有资格在一种固定的和确认的形式下解释将适用于具体案件中的一般规范。从法学观点来看，在一个具有法律力量的司法判决和应适用于判决中的制定法与习惯法之间，是不可能发生任何矛盾的。终审法院的判决只要必须被认为是一个法院判决时，就不能被认为是非法的。是否存在了一个必须由这一法院所适用的一般规范以及这一规范的内容是什么的问题，在法律上只能由这一法院（如果它是一个终审法院）来加以回答，这是一个事实；但是这一事实并不能证明不存在任何决定法院判决的一般规范，以及法律只是由法院的判决所构成这种推论是正当的。

(二) 法律与宪法之间的一致或不一致(违宪法律)

高级规范和低级规范之间的可能冲突问题,不仅发生在制定法(或习惯法)和司法判决的关系方面,而且也发生在宪法和法律之间的关系方面。这就是违宪法律的问题。通常说一个"违宪法律"(unconstitutional statute)是没有效力的(无效的),这是一个没有意义的陈述,因为一个没有效力的法律根本就不是法律。一个无效力的规范是一个不存在的规范,在法律上是一个非本体。"违宪法律"这一表示,如果适用于一个被认为有效力的法律上去,在用语上就是一个矛盾。因为如果这个法律有效力,那么,它之所以有效力只是因为它符合宪法;如果它与宪法有抵触,它就不可能是有效力的。一个法律的效力的唯一理由就是它曾在宪法所规定的方式下创立。然而"违宪法律"这一表示的意思就是,根据宪法,一个法律可以因特殊理由以异常方式废除。通常根据 lex posterior derogat priori(后法废前法)的原则,一个法律由另一法 156
律所废除;或者一个法律由相反的习惯法规则,由于所谓废弃而废除。如果宪法规定了在制定法律时应遵守的某种程序,并且它还立下了关于这些法律内容的某些条款,那么,它就必须预见到有时立法者可能不遵循这些规定的可能性。宪法因而就可能指定这样一个机关,它必须决定调整立法功能的规定是否被遵守。如果这个机关不同于立法机关,它就成了一个凌驾于立法者之上的权威,这可能在政治上是不合适的,特别是如果这个机关有权废除一个它认为是违宪的法律。如果不要求立法机关以外的机关来审查法律的合宪性，法律是否符合宪法的问题就必须只由并且独一无二地由立法机关本身来决定。因此，凡由立法机关作为一个法律所通过的每一事物就必须被当作宪法意义上的法律来接受。在这种情况下，没有一个由立法机关制定的法律可以被认为是“违宪的”。

这种情况也可以以下面用语来加以说明：宪法关于立法程序和未来法律内容的条款并不意味着法律只能在宪法所命令的方式下并且只能具有宪法所规定的意义上来加以创造。宪法可以使立法者有权以另一种方式创造具有另一种内容的法律。宪法授权立法者，在立法者认为需要不适用宪法的实在条款的条件下，可以代替宪法来决定立法的程序和法律的内容。正如法院可以被授权在某些情况下，不适用现行的制定法或习惯法而作为一个立法者来行为并创造新的法律一样，所以，普通的立法者也可以被授权在某些情况下，作为宪法立法者来行为。如果一个由立法机关所制定的法律，纵然它曾在宪法所规定以外的方式下创造并具有宪法所规定以外的内容，但却仍然被认为是有效力，那么，我们就必须推定，宪法关于立法的规定具有选择的性质。宪法使立法者有权，或者适用在宪法中直接立下的规范，或者适用立法者自己可以决定的其他规范。否则，一个在创造和内容上并不符合宪法中直接立出规定的法律，就不能被认为是有效力的。

157 ### （三）宪法的保证

1.“违宪”法律的废除

关于立法的宪法规则的适用只有在委托除立法机关以外的一个机关以下任务时，才能有效地保证，那就是：审查一个法律是否是合乎宪法，以及如果根据那一机关的意见，它是“违宪的”，就将它废除。可能有一个专为这一目的而成立的特殊机关，例如，特殊的法院，所谓“宪法法院”；或者是对法律的合宪性监督，所谓“司法审查”(judicial review)，可能授予普通法院，尤其是授予最高法院。进行监督的机关可以有能力完全取消“违宪”法律，以至该法律就不能再由任何其他机关所适用。如果一个普通法院有权审查一个法律的合宪性，它可能只是有权在它认为该法律是违宪法律时就拒绝将它适用于具体案件，而其他机关却仍然负有适用该法律的义务。当一个法律并不曾被废除时，那么，在它和宪法有矛盾这种意义上说，它还是“合乎宪法的”而不是“违宪的”。因而，这一法律仍应是有效力的这一点还是宪法的意志。但是宪法也只是在该法律不曾由主管机关所废除时，才希望它是有效力的。

所谓“违宪”法律并不是 ab initio(从一开始)就无效的，它只是可以无效的；它可以因特殊理由而被废除。这些理由就是：立法机关曾在宪法直接规定以外的方式上创造了这种法律，或者给予这种法律以宪法直接规定以外的内容。的确，立法者也被授权这样做法，它有权在一个具体场合下不适用宪法的直接规定。然而，宪法给予这两种可能性中的第一种以比第二种为优的地位。这种优先地位就体现在以下事实上：以第二种方式所产生的法律可以作为所谓“违宪”法律，不仅由立法机关所废除，而且还可由立法机关以外的、被托对法律进行司法审查的机关[21]所废除。

[21] 参见作者论文：《立法的司法审查：奥地利宪法和美国宪法的比较研究》，载《政治季刊》，1942 年，第 4 期，第 183—200 页。

2. 机关的个人责任

上述优先地位还可以体现在其他方面。如果法律的创造程序
158 或内容离开宪法直接规定时，宪法可能并不由于这一理由而授权立法者以外的一个机关来废除这一法律，但宪法却可能规定，参与创造所谓“违宪”法律的机关，例如，公布该法律的国家元首或在公布文件上副署的内阁部长，可能要对这一问题负有责任并受处罚。创造规范机关对所创造规范的合法性是保证创造规范程序合法性的一个很有实效的手段。但人们使用这一手段，在宪法和法律之间的关系上往往要比在法律和行政机关在法律基础上所必须发出的条例（命令）之间的关系上为少。如果行政机关制定了一个非法的条例（命令），它可能因此而受到一个有权审查条例（命令）合法性的特殊机关的处罚。但所谓“非法的”条例（命令）只能在通常的方式下加以取消，而不是由一个被托审查这些规范的机关来取消。如果法律秩序规定的只是创造规范机关对负责机关所创造的规范的宪法性或合法性的个人责任，而不是废除所谓违宪的或非法的规范的可能性，那么，创造“违宪”法律或非法条例（命令）的行为，就是一个不法行为，因为它是制裁的条件；但是这一不法行为却引起了一个有效力的规范。这样一种状况的确在政治上是不希望有的；通常，法律秩序使有可能废除由不法行为创造的规范。然而，事实上，有时法律秩序并没有作出这样的规定。显然地，法律秩序授权创造规范的机关，不仅在直接由高级规范决定的方式下，而且还有在有资格创造规范的机关可以自行选定的另一种方式下，来创造低级规范。的确，法律秩序试图以赋予制裁的办法来防止在上面第二种方式下创造规范。然而，如果负责的机关选择这一方

式的话，它就要对一个制裁负责，但它却创造了法律。Ex injuria jus oritur（违法也产生法律）。相反的论题，即 Ex injuria jus non oritur（违法不产生法律）并不是没有重要例外的规则。偷窃行为可能引起所有权，革命也可能创造出新宪法。创造规范的行为可能——例外地——具有不法行为的性质。

（四）已判事件（法律的力量）

制定法或习惯法的一般规范与司法判决之间的关系也可以以相同的形式来加以解释。司法判决所创造的规范并未由于主管机关所确定的“非法性”而在法律所规定的形式下被废除时，那么这一判决就创造了一个应被认为有效力的、从而也就是合法的个别
规范。法律不仅命令法院在其下判决时应遵守一定程序而且判决 159
必须具有一定内容：法律还规定，并不符合这些直接规定的司法判决直到它由于是“非法的”而被另一法院的判决在一定程序下加以取消以前，还应是生效的。这是废除司法判决的通常方式，而一个法律由于它的“违宪性”，却并不是以这种通常的方式，即用另一法律来废除的，而却是以一种特别的方式，即以司法审查的方式来废除的。如果这一程序已经被用尽，或者如果并没有规定这样的程序，那么就有了已判事件。就对高级规范的关系来说，这一低级规范拥有法律的力量。由此可见，高级规范对低级规范的决定，在司法判决的个别规范和决定这一判决的制定法或习惯法的一般规范之间的关系上，具有一种选择性规定的性质。如果作为低级规范的司法判决符合高级规范所提出的两种选择中的第一种时，那意思就是说：如果有资格审查低级规范与高级规范一致性的那个机

关(即上级法院)并没有发现低级规范是非法的,或者如果也没有规定对低级规范合法性的审查,那么,后者(即司法判决)就具有可谓完全的效力,而这意思就是,它不能被废除。如果它符合第二种选择,它就具有可谓只是一种有限制的效力,而这意思就是它可以因这一理由而由某一机关的特殊行为所废除,这一机关通常就是创造低级规范的那个机关以外的并有资格审查低级规范与高级规范的一致性的机关。第三种可能性是没有的:一个不能以这种方式被废除的规则,一定是一个完全有效力的规范,或者根本不是什么规范。

(五)无效与可废除性

作为这种观点的基础的一般原则可以表述如下:法律规范始终是有效力的,它不能是没有效力的,但是它是可以被废除的。然而,可废除性的程度有不同。法律秩序可能授权一个特殊机关宣称一个规范是没有效力的,即具有追溯力地废除该规范,以至以前由该规范所产生的法律效果可以被取消,这种情况往往被人(但并不正确地)以这种陈述来加以叙述,即:这一规范是从一开始就是无效的或已被宣布为"无效的"(nul and void)。然而这里的"宣布"并不具有一种宣告性而却具有一种构成性。未经主管机关的
160 这种宣布,该规范就不能被认为是无效的。法律秩序可能不仅授权一个特殊机关而且还授权每一国民来宣布一个法律规范,这就是说,某个作为法律规范而出现的东西,根本不是什么法律规范;这意思就是:法律秩序可能授权每一国民甚至具有追溯力地废除一个法律规范。通常所称的无效性(nullity)只不过是最高程度的

可废除性(annullability),也就是不只是一个特殊机关,而是每个国民,都被授权废除该规范[22]。

在现代国内法中,无效性,作为最高程度的可废除性来说,实际上是被排除的。每个人都被授权宣布每个规范,即每一个作为规范而出现的东西,是无效的这种状态,几乎是一种无政府状态。这是原始法律秩序的特征,这种秩序并不设立有资格创造和适用法律的特殊机关。这样一种原始的,意思就是完全分权化的法律秩序,就是一般国际法。在这里,每个国民,或更正确地说,每个国家,都有资格决定,是否在一定情况下,一个规范,即某个作为规范而出现的事物,是否有效力。这当然是一个很不能令人满意的局面。现代国内法,具有相对集权化秩序的性质,或者也就是说,是国家性法律,它将宣布规范为无效的,即废除法律规范的资格,保留于特殊机关。在一个国内法律秩序内,实际上充其量有可能的是,每个人被授权认为一个法律规范是无效的,但却要冒以下危险:他的行为,如果违反规范的话,那么,在主管机关并不认可这一国民关于该规范无效力的意见的条件下,就可能被主管机关认为是不法行为。

这并不意味每一个作为规范出现的事物在法律上就是一个规

㉒　从一开始就无效的理论并未被公认。可参见例如首席大法官休斯(Hughes)在契柯特郡排书区诉巴克斯特州银行一案判决中意见(《美国最高法院判例汇编》,1940年,第371卷,第308页)。这一问题的最佳的表述参见声请人威灵顿等人一案判决(《皮克判例汇编》,第16卷,第87页;马萨诸塞州,1834年):"然而也许,完全值得怀疑的是:一个正式的立法法案,以严格的法律适宜性而论,是否居然可以被说成是无效的;将它当作可无效的,似乎比较符合问题的本性和适用于类似场合的原则。"(第96页)

范，纵使是一个可废除的规范。的确有这样的情况，某个作为规范而出现的事物根本不是什么规范，是从一开始就是无效的，而这种绝对无效性情况的特征就是不需要什么法律程序来废除它们。然而，这些情况是不在法律制度之列的。

在一个可废除的规范和某个作为规范出现但却根本不是规范、一开始就无效的事物这两者之间，有什么区别呢？在什么条件
161 下，某一作为规范出现的事物才是一开始就无效的、不是一个必须在法律程序下被废除的规范呢？只有法律秩序本身才能回答这一问题。例如，一个法律秩序可能说如果某个作为规范出现的事物并不曾由主管机关所发出，或者曾由一个没有任何资格发出法律规范或根本没有机关属性的人所发出的话，那么，这一假冒的规范从一开始就是无效的。如果法律秩序决定了某一作为规范出现的事物之所以是从一开始就无效的条件，以至它就不需要在法律程序下被废除，但法律程序还必须决定这样一种程序，其目的在于确定，在特定场合下，是否这些条件已具备，该规范是否真正由一个非主管机关或由一个没有资格发出法律规范的人所发出，等等。由主管当局所作出的这种决定，即认为某一作为规范出现的事物是从一开始就无效的，因为它具备了法律秩序所决定的无效性的条件。这种决定，是一个构成性的行为；它有固定的法律效果：没有这一行为以及在这一行为以前，有关现象就不能被认为是“无效的”。这种决定并不是“宣告性的”，这就是说，它并不像它所出现的那样，是一无效性的宣告；它是一个真正的废除，具有追溯力的废除。这一决定所指的一定是某个在法律上存在的事物。因而，有关现象就不能是某种从一开始就是无效的事物，即在法律上什

么都不是的事物。它必须被认为是一个已由宣布它从一开始就无效的决定具有追溯力地废除了的规范。正如凡由米达斯国王*碰过的每一物品都变为金子一样，凡由法律所指的每一事物也都变成法律，即：在法律上存在的某种事物。绝对无效性的情况是不在法律之列的。

（六）下级规范与上级规范间并无矛盾

决定低级规范的高级规范的选择性质就排除了高级规范与低级规范之间的任何实在的矛盾。同高级规范的两种选择规定中的第一种的矛盾并不是同高级规范本身之间的矛盾。还有，在低级规范同高级规范所提出的两种选择中的第一种选择之间的矛盾，只是在由主管当局确认时才有关系。除这一当局以外的任何其他人关于矛盾存在的意见，在法律上都是无关的。主管当局通过废除低级规范而确认这样一个矛盾在法律上的存在。

因某种理由必须被预定是有效力的那一规范的“违宪性”或“非法性”，因而就意味着：或者是它可能被废除（如果它是一个司法判决，就以通常方式废除；如果是一个法律，就以非通常方式废除）；或者是它可能是无效的。它的无效性就意味着法律认识对它 162
的存在的否定。在来自法律秩序不同级的两个规范之间，不可能发生任何矛盾。法律秩序的统一体决不会因法律等体系中的一个高级规范与一个低级规范之间的任何矛盾而受到危害。

* 古希腊王国，曾求神赐给点物成金的法术。——译者注

第十二章　规范法学与社会学法学

一、社会学法学并非唯一的法律科学

这里所提出的法律理论是法学理论，这样讲当然是同义反复。这一理论表明法律是有效力的规范体系。它的对象是一般规范与个别规范。它所考虑的事实只是规范以某种方式下决定的事实。我们的理论描述其对象的陈述，因而并不是关于是什么（what is）而是应当是什么（what ought to be）的陈述。在这一意义上，这一理论也可以称之为规范理论。

约自 20 世纪初以来，人们提出了对另一种法律理论的要求。人们要求一种描述人实际上在做什么而不是他们应当做什么，正如物理学描述自然现象一样。他们声称，通过对实际社会生活的观察，人们可以而且也应该获得这种规则体系。它描述体现法律现象的人的实际行为。这些规则与自然科学用以描述其对象的自然法则是同一类的。这就要求一种法律社会学（sociology of law），它根据“实在的规则”，而不是应当的规则或“纸面上的规则”来描述法律。这一法律理论也称“现实主义法学”（realistic jurisprudence)[①]。

这样一种社会学或现实主义的法律理论可能与否将在后面加以研究。但如果这种理论是可能的话，它也仍然不会是唯一可能的法律“科学”，就像它的许多鼓吹者似乎相信的那样。这样一种信念只能出现在如果人们将科学和自然科学等同起来并且认为一般社会以及特别是法律，仅仅是自然的组成部分。这样一种等同是极为容易的，因为现代自然科学已不再将这一科学用以描述其对象的“法则”中所建立的那种因果联系，解释为一种绝对必然的关系，而却只解释为一种或然的关系。似乎社会生活也一定要服从这种或然的法则。然而，即使根据这些法则来描述法律现象是
可能的话，那么，旨在对作为一个有效力的规范体系的法律进行结 163
构分析的规范法学也是既属可能又必不可少的。在 2000 年中，这一法学事实上是除纯历史研究方法外唯一理智的研究方法。我们没有合理根据，为什么对这种理智地处理法律的悠久传统居然要否认其“科学”名义。

二、规范法学作为经验的和叙述的法律科学

将社会学法学的特征说成是一种“经验的”或“叙述的”学科，与作为一种“非经验的”或“规定性的”规范法学相对比的学科，这也是错误的。“经验的”这一用语的内涵是与经验和形而上学之间

① 这就是这一理论的最出色的代表人之一如何对它表达的。参见卡尔·N. 卢埃林：“一种现实主义法学——下一步”，载《哥伦比亚法律评论》，1930 年，第 30 卷，第 447 页。

的对立相联结的。然而,对作为一个有效力规范体系的实在法所进行的分析叙述,其经验程度不亚于限于经验给予材料的自然科学。一个法律理论只要它超越实在法并作出关于某种假设的自然法的陈述时,就失去了其经验性质而成为形而上学的理论。实在法科学与经验的自然科学相平行,而自然法学说则与形而上学相平行。

就如任何其他经验的科学一样,规范法学也描述其特殊对象。但其对象是规范而不是实际行为模式。规范法学用来描述规范与法律秩序的特定联系的陈述,其本身并不是规范。只有创造法律的当局才能发布规范。法律理论家表达规范的那种应当陈述,仅仅具有叙述的意义;这些陈述仿佛叙述性地仿造了规范的"应当"。把作为法学对象的法律规范、创造法律过程的产物同法学的陈述清楚地划分开来,是极端重要的。传统的用语表现了一种将它们混淆起来,将法律和法律科学混为一谈的危险倾向。有人在仅指某一法律学说时,往往讲法律。我们这种用语上的特点并不是没有政治背景的;它是和法学应被认为是法律的一个渊源这种主张联系着的,而这种主张是自然法学说的特征,但与法律实证主义的原则却是不可调和的。

规范法学用以描述法律的陈述不同于法律社会学用以描述其对象的陈述。前者是"应当的陈述",后者则是像自然法则同一类型的"是的陈述"。但在规范法学描述法律的陈述和自然法则之间
164 存在了某种类似。法学的陈述,就像自然法则一样,是一般的假设的陈述。差别在于结果与条件相联系的意义上。一个自然法则说,如果发生甲事件(原因),那么也发生乙事件(结果)。一个法学

陈述、即用于叙述意义上的法律规则却说，如果甲以某一方式行为，那么另一人乙也就应当以某一其他方式行为。自然科学与规范法学之间的差别不在于两门科学用以描述各自对象的那种陈述的逻辑结构，而却在于描述的特殊意义。在自然科学、自然法则的陈述中，条件是用“是”与结果联系的；在规范法学、叙述意义上的法律规则的陈述中，条件是用“应当”与结果联系的。

在美国社会学法学最初作品之一的论文中，约瑟夫·W.宾厄姆(Joseph W. Bingham)说：“如果我们将法律看作为类似任何科学的研究领域，那么，我们就必须从法律教师、法律学生、法律调查员或律师的立场去看法律，他们从事于探索决定法律是什么的权威意见。这些人不是直接作为政府机构的组成部分而行为的。他们的研究并不是构成法律领域的外部现象的组成部分。他们正在从外面并因而就从将提出完全客观的和最少混乱的观点的立场上，对这一领域进行研究。”[②]这恰巧是规范法学的立足点。规范法学也是“从外面”来研究法律的，并且它试图得出一个关于法律的“完全客观的”观点。但法学理论致力于掌握法律共同体机关所创造和适用的那些法律规则的含义，掌握这些针对个人调整个人行为的规则的意义。这种意义就是通过“应当”来表示的。宾厄姆和社会学法学的其他代表人相信可以只用同自然法则一样性质的规则“从一个外部的观点”来描述法律。这是一个错误。规范法学，虽然它是应当的陈述，但却从一个外部的观点来描述法律。

② J. W. 宾厄姆：“什么是法律？”，载《密歇根法律评论》，1912年，第11卷，第10页。

165

三、法律功能的预测

(一) T. H. 赫胥黎关于“人法”与自然法则之间的区分

社会学法学的鼓吹者们既然推定有可能进行预测是因果律的实质，所以也就主张法学家的任务就是根据“实在的”规则去预测社会成员的行为，正如物理学家必须根据自然法则去预测物体的未来的运动一样。T. H. 赫胥黎[3]就相信法律规则类似于自然法则。他说：“人类的法律告诉我们说在某些情况下我们可以指望社会将作什么；而自然法则则告诉我们在某些情况我们可以指望自然对象将作什么。其中每一个都包含了对我们智慧的信息。”自然法则是否真正意味着对未来事件的预测而不是仅仅用以往事件来解释当前事件，这看来是可疑的。这种预测之可能只是根据以往将在未来中重演这种科学上没有根据的预定。就一个自然法则来说，我们作出了关于我们经验的陈述，而我们的经验在于以往而不在于未来。然而，这是题外话。事实上，我们在这样一种方式上使用着我们相信我们自己发现的自然法则：我们试图预见到未来，推定事物在未来将会重演，正如它们曾在以往重演过一样。当赫胥黎将“人类的法律”的特征说成是关于社会在未来将作什么的陈述时，他不会想到法律当局所创造的法律的。这种法律并不构成对我们智慧的信息，而却构成了对我们意志的规定。规范法学用以

③　T. H. 赫胥黎：《导论》(科学入门)，1882 年英文版，第 12 页。

描述法律的陈述的确构成对我们智慧的信息。但它们告诉我们的不是社会成员将作什么，而是他们根据法律规范应当作什么。

赫胥黎指出：“自然法则并不是自然秩序的原因，而只是我们说明我们尽可能多地了解这一秩序的方式。石头并不是就像人们有时草率地所说的那样，由于这种法则(即任何有重量的东西如果没有支持就要落到地上的法则)而落到地上；但这一法则却是作出这种论断的方式，即断言当地球表面上的负重物体(石头是其中之一)自由移动时，上面这种情况就总要发生。”这种讲法是正确的，但赫胥黎却错在继续讲：“从这方面说，自然法则事实上就类似于
人们造出来供指引他们相互行为之用的法律。其中有关于纳税的 166
法律，有惩治偷窃和谋杀的法律。但法律并不是一个人纳税的原因，也不是他不偷窃和不谋杀的原因。法律简单地就是如果他不纳税，如果偷窃和谋杀，对他将会发生什么的陈述。”赫胥黎将作为法律规范的法律和叙述意义上的法律规则混淆起来。如果由立法者制定的法律规范规定了制裁，以及如果这样一个“法律”变成了个人意识的内容，它就完全可能变为他的行为的动机，并因而就变为他之所以纳税或不偷窃与不谋杀的一个原因。立法者制定规范，只因为他相信，这些规范，作为个人心中的动机来说，能够吸引人们为立法者所希望有的行为④。

④ W. A. 罗布森：《文明与法律的成长》，1935 年英文版，第 339 页：“法律……预定了在它们所关系到的活动中的自愿因素，并且在某种程度上，打算用来达到这种公开的目的，即在实在世界中制造出否则就不会存在的那些关系。”

（二）O. W. 霍姆斯和 B. N. 卡度佐关于法学作为预言的概念

奥利弗·温德尔·霍姆斯（Oliver Wendell Holmes）法官也认为预测社会机关，尤其是法院将作什么是法学的任务。他在著名的论文《法律的道路》中解释说："人们想要知道，在什么情况下以及在什么程度上，他们将冒反对比他们本人远为强大的力量的危险，因而去发现什么时候才害怕这种危险就成了一个事务。因此，我们研究的对象就是预测，预测通过法院这一工具的公共力量的影响所及。"⑤因此，他的法律定义（这也确实是一个法律科学的定义）就是："关于法院事实上将作什么的预言，而不是别的什么假话，就是我对法律所指的意思。"⑥按照这种观点，他以下述方式界说了义务和权利的概念："法学所忙于从事的主要权利和义务也还不过是预言而已。"⑦"所谓法律义务不过是预测如果一个人做或不做某些事情，法院的判决将使他在这种或那种方式下遭到什么；法律权利也是这样。"⑧"在普通法中遵守契约的义务意思就是预
167 测如果你不遵守它，你就一定要支付损害赔偿，没有什么别的。"⑨
B. N. 卡多佐法官也鼓吹同样的观点。他说："容许我们说这些原则是法律就是这种预测的力量和说服力，那就是预测到这些原则

⑤　O. W. 霍姆斯：《法律论文集》，1920 年英文版，第 167 页。
⑥　同上书，第 173 页。
⑦　同上书，第 168 页。
⑧　同上书，第 169 页。
⑨　同上书，第 175 页。

将被或应当被适用”[⑩]；“我们将一致地把这批原则和定理看作法律，这批原则和定理可以以合理程度的或然性被预测为对当前或未来争端进行判决的基础。当这一预测达到高度的确定和确信时，我们就讲是已解决了的法律，虽然，不管外表上的解决程度如何大，但预测有错误的可能性总是有的，当这种预测并不达到这样高的标准时，我们就讲有疑问的或不确定的法律。”[⑪]卡度佐同意吴经熊的讲话：“心理学上说，法律是一门 par excellence（道地的）预测的科学。”[⑫]对这一问题：“为什么我们宣称某一规则是一个法律规则？”卡度佐回答说：“我们这样做就因为对有记录可查的实例的观察……引起了一个具有这种确定性的信息，即深信该规则将由政府机关当作法律来奉行。”他又加上说：“正如在自然过程中，我们给予连续一致性以法则的名义。”[⑬]像赫胥黎一样，卡度佐也认为法律规则是一类自然法则。

四、法学陈述的特殊意义

不难证明，法学家赋予法律义务和法律权利这些概念的意义并不是一个对法院未来行为的预测。法院命令对一个被控有一定不法行为的人进行一定制裁的事实，要依赖各种各样的情况，但尤

⑩　本杰明·N.卡多佐：《法律的成长》，1924年英文版，第43页。只有一个原则“将”被适用的陈述，而不是它“应当”被适用的陈述，才是一个预测。

⑪　同上书，第44页。

⑫　吴经熊：《霍姆斯法官先生的法律哲学》，载《密歇根法律评论》，1923年，第21卷，第523页。

⑬　本杰明·N.卡多佐：《法律的成长》，1924年英文版，第40页。

其是要依赖法院有能力确认这个人已犯不法行为。即使法院的判决可以被预测的话，那也只是具有一定程度或然性的预测。现在就可能发生这种问题。例如，某人在这样一个方式下谋杀人，它使得法院极难可能确认他的罪行。如果那个被控告的人，根据霍姆斯的法律定义，同一个律师商量“法律事实上将作什么”，律师就必
168 须告诉杀人者：“法院将未必判你罪；法院很可能会释放你。”但这一陈述会等于说“你没有不杀人的法律义务？”肯定不是。“甲在法律上负有一定行为的义务”这一陈述的意义，并不是“法院大概会对甲实行制裁”，而却是“如果一个法院确认甲已以相反的方式行为，那么它就应当命令对甲进行制裁。”律师只有在给杀人者这样一类回答时，他才提供了法律上的信息。一个义务的存在是制裁的法律上的必然性而不是事实上的或然性。同样地，权利意味着引起制裁的法律上的可能性，而不是个人将引起制裁的或然性。

五、立法功能并无预测

霍姆斯关于法律是“法院事实上将作什么的预言”这一定义，在有些情况下，就几乎无能为力了，那就是：法院不受任何既存实体法的约束而作为立法者来行为并为手边的案件创造实体法。以合理程度的或然性来预测法院作为立法者而行为时将作什么，其不可能正如以合理程度或然性来预测一个立法机关将通过什么法律一样。卡度佐试图将这种情况解释为预测只达到很低程度的或然性。他说：“再往下去”，预测甚至还达不到有疑问法律的标准，“就是法律并不存在的消失点，而万一要存在的话，那就必须通过

一种自由创造的行为来使法律实现。”[14]然而，通过“自由创造”的行为而出现的法律，尽管它显然是一个不能预测的法律，但却也是法律。这种法律也是法律科学的对象，而且是很重要的对象。如果不是最重要的对象的话，因为几乎全部制定法和习惯法的一般规则，以及法官创造的法律中的显著部分，都是“自由创造”的产物，并因而也是不能预测的。一个人只有在将他的法律观点局限于法院的日常活动，意思就是它们的适用法律的功能，那么，他才可能导致将法律科学——不是“法律”——说作一种“预测的科学”。

六、法律并非学说(定理)体系

明显地，法院在其判决中所适用的既存规则并不是“关于法院事实上将作什么的预言”。法官在具体案件中所适用的规则并不告诉法官他在实际上将如何判决，而只告诉他应当如何判决。法官并不向法律要求回答他实际将作什么，而只要求回答他应当作 169
什么的问题。个人希望使他的行为与规则符合，他感到负有义务适用或服从的那个规则的主观意义，只能是“应当”，而不能是“是”。一个说是或将是的规则，对一个希望知道他应当如何行为的人来说，就是什么也没有说。表示从属法律秩序的人如何习惯地行为，或者法院主要如何判决争端这样一个规则，不会提供个人或法官以他们所要求的信息。相反地似乎能给予的话，那只是因

[14] 卡多佐:《法律的成长》,第 40 页。

为个人自觉或不自觉地假定，他应当像人们习惯地行为那样行为、假定一个法院应当像法院往常判决那样判决，只是因为个人预定了一个规范，将习惯设立为创造法律的事实。当法院希望知道人们如何习惯地行为或法院往常如何判决时所适用或服从的，正是上述规范。“如果一个物体受热，它就扩展”这一自然法则是不能被“适用”或被“服从”的。只有如果你希望使一个物体扩展，你就必须要使它受热这一规定，才是可以被“适用”或被“服从”的。可以被适用或被服从的是技术规定而不是自然科学的学说。法院所适用的法律并不是描述或解释实际事实的什么科学论著。法律并不是作为科学认识产物的定理体系，而却是一批调整法律共同体国民和机关行为的规定，是意志行为产物的规范体系。这就是法律指向法院的意义。它是规范法学所代表的意义。

七、规范法学陈述与社会学法学陈述之间的区别

为了预测法院将作什么，社会学法学必须研究法院的实际行为以便获得实际上决定法院行为的“实在”规则。演绎地说，看来很可能是，这些由社会学从法院实际行为中抽象出来的一般规则，可能完全不同于规范法学在应当的陈述中所代表的、由立法或习惯所创造的一般规范，不仅关于陈述意义，而且关于内容都有不同。可能是：根据社会学所建立起来的“实在”规则，法院就表现了这样一种行为，它截然不同于法院根据规范法学所代表的“纸面上的”规则应当表现的行为。

我们不能先验地确信，社会学证明是在法院中实际通行的那些行为模式将等于法律规范所规定的模式。有人如果相信社会学 170
法学鼓吹者，他就甚至必须指望在某些情况下，法院会行为得与规范所规定的大有区别，而根据规范法学来说，这些规范对法院是有拘束力的。然而，情况并非如此。理由是：规范法学只是在一个规范属于一个就整个来说是有实效的法律秩序时，即当这一秩序的规范大体上由该秩序的国民所服从，以及如果不被服从的话，大体上将由秩序的机关所适用的，才断定一个规范的效力，意思就是它的"存在"。规范法学当作是有效力的规范，是一般被服从或被适用的规范。所以，社会学法学用以描述法律的规则，即预测在某些情况下法院实际上将作什么的"是的陈述"，只是在条件和结果联系的意义上，才不同于"应当的陈述"，即规范法学用以描述法律的法律规则。在同样条件下，根据社会学法学，法院在实际上以一定方式行为并且在未来大概也将如此行为，而根据规范法学，法院就应当以相同的方式行为。在规范法学的解释中，"国民甲在法律上负有以一定方式行为的义务"这一陈述，意思就是：如果甲并不以这种方式行为，共同体的一个 X 机关就应当对甲执行制裁。以社会学法学来解释的话，"甲负有以一定方式行为的义务"这一陈述，就标志着：如果甲并不以这种方式行为，共同体的 X 机关大概将对甲执行制裁。然而，规范法学只是在规定制裁的规范属于一个有实效的法律秩序时，才推定机关应当执行制裁。规范之属于一个有实效的法律秩序，转过来就意味着该机关实际上适用制裁的或然性。

"国民甲具有要求另一国民乙为一定行为的权利"这一陈述，

以规范法学来解释，意思就是：如果乙不遵守该行为，并且甲对乙
171 提起追诉，那么，共同体的X机关就应当对乙执行制裁（或者意思就是国民甲有推动法律程序，导致对乙进行制裁的法律可能性）。在社会学法学的解释中，“国民甲有要求国民乙为一定行为的权利”这一法律上的陈述就意指存在着某种或然性，如果乙并不遵守该行为，根据甲的起诉，共同体的X机关将对乙执行制裁（或者就意味着国民甲有推动国家强制机器以反对乙的可能性）。然而，规范法学又主张，甲只有在有推动制裁以反对乙的实际可能性时，才有这样做的法律可能性。这一点是以下事实的不可避免的结果，那就是：只有在一个法律秩序就整个来说是有实效时，即只有在存在了某种或然性，由秩序所规定的制裁在秩序所预料到的情况下将实际上实现，该法律秩序才被规范法学承认是有效力的。

八、奥斯丁的分析法学中的社会学成分

在义务与权利的法学定义和社会学定义之间的差别，事实上是如此微妙，以至我们偶然地发现奥斯丁不自觉地放弃了自己的特殊的法学方法而使用社会学定义。他把法律义务界说为招来制裁祸害的“机会”。他解释说：“最后的祸害越大，招来的机会越大，那么命令的实效也越大，义务的力量也越大；或者（换完全一样的说法），命令被遵守以及义务不被破坏的机会也就越大。但凡有招来最小祸害的最小机会时，愿望的表示就等于命令，并因而设定了义务。制裁可以说是软弱的和不够的；但却仍是制裁，因而也就是

义务和命令。”[15]这一法律义务的定义与社会学法学的要求是完全一致的。在马克斯·韦伯(Max Weber)的也许是创立法律社会学的最重要尝试中,我们事实上就发现与奥斯丁的定义直到用词都是一致的定义。马克斯·韦伯[16]说:“根据国家的法律秩序,某人有法律权利这一事实的社会学含义就是,他有法律规范所实际保证的机会,即为保护某些(观念或物质的)利益而请求强制机器的协助。”马克斯·韦伯并没有作出法律义务的任何社会学的定义。但他对这一概念的社会学解释会如何说,也就不问而知了。我们只要略为修改一下上述法律权利的定义,就可以得出个人在法律上对一定行为负有义务的定义:“有这样一个由法律秩序实际保证 172
的机会,即如果个人有相反行为,国家强制机器就将被推动来反对他。”实质上,这就等于奥斯丁的关于有招来由法律命令威胁着的制裁的“机会”这种解释。

九、法律功能的可预测性与法律秩序的实效

从分析法学一贯观点来看,奥斯丁上述陈述是不正确的并且离开了他所作出的其他(正确的)定义:“义务就是对制裁的责任。”“责任”指法律上的可能性,而“机会”却指事实上的可能性。但是这两个定义之间的差别完全在于规范法学的法律规则和社会学法

---

[15] 奥斯丁:《法理学讲演集》,1885 年英文第 5 版,第 90 页。

[16] 马克斯·韦伯:《经济和社会》(《社会经济学纲要》,第 3 卷,1922 年德文版),第 371 页。

学的"实在"规则以制裁赋予不法行为的意义上。由这两类规则所联系起来的那些事实是完全相同的。社会学法学预测法院将进行判决,而规范法学则主张法院应当判决。如果没有既存的、规范法学意义上的法律规范,法院则有权创造新法律;也如果规范法学因而就不能说法院应当如何判决一个具体案件,那么,社会学法学不能预先说法院将如何判决,就像它不能预先说出立法者将制定什么法律。如果存在了一个在规范法学意义上决定法院判决的习惯法一般规范,社会学法学所能作出的最可能的预测看来就是,法院将根据这一习惯法一般规范进行判决。习惯法的概念不过是描述国民以及特别是法院实际上如何行为的一个规则的规范性译名而已。如果根据规范法学,法院判决所必须与之符合的那一既存的一般规范,具有制定法性质的话,那么,就必须考虑到以下两种情况:(1)在一个法律刚被制定后的时期,该法律总被认为是有效力的,意思就是在当时,规范法学主张法院应当适用并像法律所规定那样判决具体案件。在这时,社会学法学除了预测法院大概将适用该法律并像法律所规定那样判决具体案件以外,就不大能作别的预测了。在法律制定的当时,恐怕不可能预见到该法律将不会由法院所适用。当法律秩序就整个来说,还保持着其实效时,当政
173 府一般地还有能力获得服从时,一切可能性中最大的一个就是:由主管当局所发布的规则在实际上将被实行。例外情况即使不是完全地,也是几乎被排除的。因而,在法律刚被制定以后,在规范法学的结果和社会学法学的结果之间就不大会有任何不一致的地方。(2)有时,法院不适用规范法学认为有效力的法律。一旦对司法机关的实际行为的社会学考虑使我们有理由相信,法院在未来

也将大概不会适用这一法律时，规范法学也就被迫承认废弃已剥夺了这一法律的效力，因而，法院也就不应当适用该法律。社会学法学和规范法学再一次没有矛盾。

这里关于司法判决的可预测性所说的情况，对所有适用法律机关的功能也都是适合的。然而，正如已提过的，立法者的功能是不能预测的。它之所以是不能预测的，因为宪法对未来法律的内容，即使有什么决定的话，也主要是消极形式的。法律共同体功能只是由法律秩序在规范法学意义上决定，才是可预测的。社会学法学所能预测的基本上只是法律秩序的有无实效；然而，在规范法学的意义上说，法律秩序的实效是其效力的必要条件，无实效则是无效力的必要条件。这就是为什么在社会学法学的结果和规范法学的结果之间，除了就它们的陈述的意义而论之外，几乎不可能有什么矛盾的理由。如果法律秩序大体上是无实效的，那么在规范法学意义上，它就是无效力的；因而关于适用法律机关的功能，也就不可能有什么预测。法律秩序是有实效的事实成为可能预测的唯一基础。除了规范法学宣称为合法的判决以外，社会学法学不可能认为任何其他判决是大概的判决。

十、个别情况的无关

某个法官在某个具体案件中将判决什么，在实际事实中，要依许多情况而定。对所有这些情况都加以调查实在是办不到的。姑且不论今天我们仍然完全缺乏完成这样一种调查的科学方法，而且就其他理由来说，要使法官在其宣布判决以前进行这样一种调

查也是不可能的。任何一位社会学法学家都不曾想到过这样一个
174 愚蠢的壮举。具体案件的所有特点——法官的品性、性情、生活哲学以及身体条件，对因果连锁的真正理解来说，确实是重要的事实。但对社会学法学所感兴趣的法官未来判决的或然性进行估计来说，上面这些事实是不重要的。唯一有关的问题是，法官在一个具体案件中是否适用规范法学所描述的那种法律，也即作为一个有效力的规范体系的法律。在我们所掌握的事实的基础上所可能进行的唯一预测就是：当全部法律秩序大体上是有实效时，就存在了该法官实际上将适用有效力的法律的某种或然性。如果由于某种理由，他不适用的话，那么，这与社会学法学的没有关系，不亚于以下情况对物理学的毫无关系，例如，由于温度表已破裂的意外，因此高温未使水银柱上升。

十一、法律社会学与正义社会学

调查某个法律秩序大体上具有实效的原因，肯定是社会学的一个重大问题。但恐怕不能断言我们今天已处于解决这一问题的地位。无论如何，社会学法学迄今还不曾作出回答有关任何一个现行法律秩序问题的尝试。不但如此，我们甚至还没有一个根据社会学法学原则所作出的对单独一个法律秩序的叙述。以社会学法学为名的不过是些方法论上的假设而已。

然而，成功地处理与法律现象有联系的专门社会学问题是可能的。如果我们考查一下，例如创造、适用和服从法律的人的动机，我们就发现在他们的想法里有某些意识形态，其中关于正义的

观念具有巨大作用。批判地分析这一意识形态，建立一门正义的社会学是重要的任务。正义问题，由于其本性，是在限于实在法理论的规范法学的范围之外的，但正义的信仰对社会学法学来说却是一个合适的主题；也许甚至是它的特定的主题。因为，正如已经指出的，实在法的社会学的结果不可能在实质上不同于规范法学的结果。

十二、社会学法学以法律规范概念为前提 175

(一) 合法行为与非法行为之间的差别

以社会学用语叙述实在法的价值，由于以下事实就更加缩减了，社会学只能依靠规范法学所界说的法律概念，才能界说法律现象，特定共同体的实在法。社会学法学预定要有这一概念。社会学法学的对象是人的行为，而不是有效力的规范，后者组成规范法学的对象。什么样的人的行为？只有那些反正总与“法律”有关的人的行为。从社会学上说，将这样的行为和属于法律社会学领域以外的行为划分开的又是什么？可以用一个例子来说明这一问题。某人收到一个来自税务机关的通知，要求他交纳 1 万元的收入税，如不履行就有受罚危险。当天，同一人又收到来自一个臭名昭著的匪帮头目的通知，要求他在一个指定地点存放 1 万元钱，否则他将被处死。他还收到第三封信，一个朋友请求他大力捐献资助。从社会学上说，纳税通知与勒索信有何区别，这两者与友人来信又有何区别？显然，不仅从法学观点来看，而且从社会学观点来看，这里存在了三个不同的现象，至少朋友的来信及其对收信人行为的影响来说，并非属于法律社会学领域的现象。

（二）马克斯·韦伯的法律社会学的定义

迄今为止，对法律社会学的对象下定义的最成功的尝试已由马克斯·韦伯所作出。他写道："当我们涉及'法律'、'法律秩序'、'法治'时，我们一定要严格地注意法学观点与社会学观点之间的区分。法学要求的是理想上有效力的法律规范。那就是说……什么规范意义将被赋予自称代表法律规范的那一讲法，社会学所研究的是社会中实际上发生了什么，因为有某个机会，即社会成员相信秩序的效力并且使自己行为适应（orientieren）这一秩序。"[17]根据这一定义，法律社会学的对象就是人有这种行为，也就是因为行为人认为一个秩序是"有效力"的，就使这种行为适应（orientiert）
176 这一秩序；意思就是其行为成为法律社会学对象的那个人是与规范法学考虑法律一样的方式来考虑秩序的。为了要成为法律社会学的对象，人的行为就必须取决于有效力秩序的观念。

（三）法律上的权威与事实上的权威

从规范法学的角度来看，纳税命令有别于匪徒的恐吓和友人的请求，在于只有纳税命令是由推定有效力的法律秩序所授权的人发出的。从马克斯·韦伯的社会学法学的立场来看区别在于：

---

⑰　马克斯·韦伯：《经济和社会》（《社会经济学纲要》，第3卷，1922年德文版），第368页。

收到纳税通知的人以这种方式来解释这一通知。他纳税，因为考虑到纳税命令是纳税人认为有效力的法律秩序所授权的人发出的文件。从外表上看，他可能以同一形式来对待税务机关的通知、匪帮的恐吓和他的友人的来信。例如，他可能在所有这三种场合都交付所要求的数目。然而，从法学的观点来看，仍然是有不同的。其中一个支付是法律义务的履行，其他两个就不是。从社会学的观点来看，只有考虑到有关人心中事实上存在的关于法律的法学概念时，才能主张这三种场合之间的区别。在社会学上，这三种场合之间的决定性区别在于这一事实：纳税人的行为取决于或至少伴随着有效力秩序、规范、义务、权威者的观念，而其他场合下的行为却并不取决或伴随着这样一个观念。如果在匪徒恐吓场合下的行为竟然是法律社会学的对象的话，这是由于这种行为代表了一个法律上定为勒索的犯罪行为。第三种场合无疑不属于法律社会学的领域，因为有关的人的行为与作为规范体系的法律秩序并无关系。

卢埃林[18]解释说，从法律社会学观点来看，“权威并不是指一个‘规范体系’所发出的东西，而却是指当琼斯说‘去’而斯密士就去，不是不去时所存的基本情况：这一类事实上的权威为了使自己具备可感觉到的正确性和正当性的动力，又被认为从人群中可观察到的一种行为动力。”这种“正确性和正当性”不能不是别的而只是伴随着琼斯和斯密士行为的一种观念。这种观念也是“可以观

[18] K. N. 卢埃林：“规范的、法律的和法律工作：法学方法问题”，载《耶鲁法律季刊》，1940 年，第 49 卷，第 1355 页及其后几页。

177 察到的”。因为可以观察到的不仅是人的外部行为，而且还有他们的内部行为，即伴随着他们的外部行为的观念和感觉。心理学家只观察内部行为，而社会学在很大程度上就是社会心理学。观念是内容可加分辨的精神行为。这些观察如果不论及其内容就不能加以说明。生活在国家中的人在他们的心中有关于法律的观念，而这一观念事实上就是关于一批有效力规范的观念，关于一个规范体系的观念。他们的某些行动的特征就是这些行动是由一些观念所引起或伴随着的，而这些观念的内容，即作为规范体系的法律。如果不讲伴随斯密士行为的某些观念的内容，社会学法学就不能说明斯密士(如果他认为琼斯是一个匪徒)的行为之间所存在的差别。他们的两种意义上的行为的主要差别在于伴随着斯密士行为的那些观念内容之间所存在的差别。在一种情况下，斯密士将琼斯发出的命令解释为由实在法规范体系所授权的权威者的行为；在另一情况下，他根据实在法规范体系将琼斯的命令解释为一个犯罪行为，在第三种情况下，他根本不将琼斯的要求涉及法律秩序。正是由于在斯密士心里这三种不同的解释，他的行为在这三种情况下，在社会学上说有所不同。不讲作为一批有效力的规范，作为规范体系的法律，社会学就不能说明前两种情况之间的不同。因为法律就作为这样一批有效力的规范而存在人们的心中，法律观念引起或伴随他们的行为，而这种行为也就是法律社会学的对象。法律社会学可以将以上第三种情况从自己的专门领域中略去，也只是因为斯密士的行为与法律之间并无关系。

由马克斯·韦伯所界说的法律社会学，只有将作为其对象的人的行为，涉及在人们的心中作为他们观念内容而存在着的法律，才是可能的。在人们的心中,法律事实上就作为一批有效力的规范、作为规范体系而存在着。只有将人的行为涉及作为有效力规范体系的法律、涉及规范法学所界说的法律,法律社会学才有能力将它的特定对象与一般社会学的对象划分开来;只有这样,它才可能在合法行为现象与非法行为现象之间,在国家和敲诈勒索的匪帮之间,在社会学上加以区别。

十三、法律社会学的对象:法律秩序决定的行为 178

从法学观点来看,匪帮的恐吓构成不法行为,构成勒索的犯罪行为;一个有效力的法律使它成为一定制裁的条件。从社会学的观点来看,它之所以能被认为是一个不法行为,只是因为有某种机会,有效力的法律秩序所规定的制裁将被执行。

马克斯·韦伯关于社会学法学的下述定义:行为人使行为适应一个他认为有效力的秩序,并不是十分令人满意的。根据这一定义,在不法行为人反正没有意识到法律秩序时犯的不法行为就会不属于有关现象之列。从这方面来说,他关于社会学对象的定义显然就太窄了。研究犯罪原因的法律社会学也应估计到不法行为人不使自己的行为适应法律秩序时所犯的不法行为。每一个从法学观点来说是“不法行为”的行为,只要有社会的机关将以法律秩序规定的制裁反击这种行为的机会,也是属于法律社会学范畴的现象。这种行为是法律社会学的一个对象,纵使不法行为人犯不法行为时并未想到法律。个人行为所以关系到法律社会学范围，并不是因为这种行为"适应"法律秩序，而是因为法律规范规定这种行为是条件或结果。个人行为只是因为是由我们所预定为有效力的法律秩序决定的，所以才构成一个法律现象。具有这种条件的个人行为是规范法学的对象；但从它实际上发生或大概将发生这一点而论，也是法律社会学的一个对象。这似乎是在法律社会学与一般社会学之间划清界限的唯一可以满意的方式。这一定义，就如与马克斯·韦伯的表述一样，清楚地证明社会学法学预定法律的法学概念，即由规范法学所界说的法律概念。

第二编

国家论

第一章　法律与国家 181

一、国家作为实在的（社会学的）或法学的实体

（一）国家作为国内法律秩序的人格化

“国家”的定义由于这一术语通常所指对象的多样化而弄得很难界定。这个词有时在很广的意义上用来指“社会”本身，或社会的某种特殊形式。但这个词也很经常在狭得多的意义上用来指社会的一个特殊机关，例如，政府，或政府的主体；“民族”，或其居住 269
的领土。政治理论（它实质上是国家理论）之不能令人满意的情况，多半是由于不同作者以同一名义对待很不同的问题，甚至同一作者不自觉地在几个意义上使用着同一个词。

当我们从纯粹法学观点出发来研究国家时，情况就显得比较简单了。那时国家只是作为一个法律现象，作为一个法人即一个社团来加以考虑。因而它的性质在原则上取决于我们以前对社团所下的定义。唯一剩下的问题是国家如何不同于其他社团。其区别一定在于构成国家社团的那个规范性秩序。国家是由国内的（不同于国际的）法律秩序创造的共同体。国家作为法人是这一共同体或构成这一共同体的国内法律秩序的人格化。从法学观点来

看，国家问题因而就是国内法律秩序的问题。

实在法在经验上体现为：由一个国际法律秩序把它们相互联系起来的许多国内法律秩序的形式。绝对的法律是没有的；有的只是各种各样的法律规范体系，英国法律、法国法律、美国法律、墨西哥法律，等等。而这些法系的效力范围是受特定的方式限制的；除了这些体系以外，还有一个我们称作国际法的规范综合体。为了要对法律下定义，只解释所谓法律规范与调整人的行为的其他规范之间的区别是不够的。我们还必须指明，这些作为实在法经验体现的规范体系具有什么特殊性质，以及它们是怎样分界和怎
182 样相互联系的。这就是国家作为法律现象所提出的问题，同时也是作为法律理论的一个部门的国家理论负有任务要解决的问题。

（二）国家作为秩序和作为秩序构成的共同体

根据传统的观点，除非人们预定国家是基本的社会现实，就不可能理解国内法律秩序的实质，它的 principium individuationis（基本的不同点）。根据这个观点，规范体系之所以拥有使它值得被称为国内法律秩序的那种统一性的个别性，正是因为它以这样或那样方式同一个作为实际社会事实的国家相关联；它“为”一个国家所创造或“对”一个国家有效力。人们假设法国法律是以作为社会实体（entity）而不是法律实体的一个法兰西国家的存在为基础的。法律与国家之间的关系被认为类似于法律与个人之间的关系。人们假定，法律（虽然为国家所创造）调整被设想为人或超人的国家的行为，就像法律要调整人们的行为一样。正如在生物学—物理学上关于人的概念旁边，还有法律上关于人格者

(person)的概念一样，所以人们相信在法学上关于国家的概念旁边，还存在一个社会学上关于国家的概念，甚至在逻辑上和历史上，先于前一概念而存在。作为社会现实的国家属于社会的范畴，它是一个共同体。法律属于规范的范畴，它是一个规范体系、一个规范性的秩序。根据这个观点，国家和法律是两个不同的事物。国家和法律的二元性，事实上是现代政治科学和法学的基石之一。

然而，这种二元论在理论上是站不住脚的。国家作为一个法律上的共同体不是一个和它的法律秩序分开的东西，正如社团并非不同于它的构成秩序一样。若干人之所以形成一个共同体，只是因为一个规范性秩序在调整着他们的相互行为。正如在前面有一章中已指出的，共同体不过是调整个人相互行为的那个规范性秩序而已。"共同体"一词所指的只是某些个人的相互行为为一个规范性秩序所调整这一事实。认为个人是共同体成员这一陈述，只是一个隐喻性说法、一个形象化的描绘，说明这些个人之间的各种特别的关系，即为规范性秩序所构成的关系。

既然我们没有理由假定有两个不同的规范性秩序——国家的秩序与国家的法律秩序，那么，我们就必须承认我们称为"国家"的那个共同体就是"它的"法律秩序。法国法律可以同瑞士或墨西哥法律区别开来而不必依靠这样的假设，认为像许许多多独立存在的社会现实一样，有一个法兰西国家、一个瑞士国家和一个墨西哥国家的存在。作为共同体的国家与法律的关系，并不像人与法律 183
的关系那样，是自然现实或类似自然现实的社会现实。如果有一个和我们称为"国家"的现象相关联的社会现实，因而除法学外还有一个社会学上的关于国家的概念，那么，优先地位是属于法学概念，而不是属于社会学概念。社会学的概念(它对“国家”一词的主张将在以后加以论及)预定要有法学的概念，而不是 vice versa(反过来也是这样)。

(三) 国家作为社会学的统一体

社会共同体意味着许多人或许多人的活动的统一体。主张国家不仅仅是法学上的实体而且是社会学上的实体，是不依法律秩序为转移而存在的社会现实，只能这样来加以证明，即属于同一国家的那些人组成一个统一体，而这一统一体并不是由法律秩序而却是由一个与法律毫不相干的因素构成的。然而，这样一个构成“合众为一”(one in the many)的因素是不能找到的。

1. 相互作用构成的社会统一体(团体)

在属于同一国家的人之间据说发生相互作用，人们宣称这种作用是独立于法律之外的社会学因素，它构成了属于同一国家的人的统一体，并从而构成作为一个社会现实的国家。据说，当一个人影响别人，而前者本人转过来受别人影响时，许多人就组成了一个实在的单位。所有的人，甚至无论什么现象，显然都在这样相互作用。在自然的每一个地方，我们都发现相互作用，所以，单单相互作用的概念，不能用来解释作为任何特殊自然现象特征的统一体。为了要将相互作用的理论运用于国家，我们就必须推定相互作用有程度上的差别而且属于同一国家的人之间的相互作用要比属于不同国家的人之间的相互作用更加强烈。但这样一个推断是不能成立的。当我们讲相互作用时，无论我们心里想的这是经济、政治的关系，或者是文化的关系，有一点是不能怀疑的，那就是属于不同国家的人往往比同一国家的公民更加强烈的接触。我们想一下这种情况，同一民族、种族或宗教的人，分属于两个其人口缺乏同一性的相邻国家。语言、宗教、阶级或职业相同的成员，经常建立起比共同的国籍远为密切的联系。社会的相互作用，由于具 184
有一种心理学上的性质，就不限于在同一空间中一起生活的人。由于现代的通信工具，在遍及全球的人民之间有可能进行精神价值的十分活跃的交流。在平时，国境并不是对人民之间的密切关系的障碍。如果 per impossibile（万一），人们能准确地估计出社会的相互作用的强度，大概就会发现人类被分成各种集团，它们与现存国家决不是一致的。

属于同一国家的人之间的相互作用要比属于不同国家的人之间的相互作用更强烈这种论断是一个政治倾向鲜明的虚构。当国家被认为是一个社会单位时，统一体的标准无疑就是完全不同于社会的相互作用。从说明社会学问题的形态来看，这种标准的法律性质也是显然的。说一个国家是一个相互作用的实际的社会单位，就是说，在一个法律意义上，属于同一国家的人，具有一种相互作用的关系；即国家除了是一个法学上的单位外，还是一个实在的社会的单位。当人们表述关于国家的社会学统一体问题时，国家也就被预定是一个法学上的单位了。我们已明白，相互作用理论并不提供对这一问题的任何可以成立的回答，而且看来，任何曾尝试过的积极解决办法必然包含了同一类型的政治虚构。

2. 共同意志或利益构成的社会统一体（团体）

对国家问题的另一种社会学研究方法是从下述推断出发的：属于同一国家的人是由其具有共同意志或者等于说具有共同利益

所统一起来的。有人讲一种“集体意志”或一种“集体利益”；有人则推定这种“集体意志”或“集体利益”构成了这种统一体以及从而是国家的社会现实；也有人讲一种“集体的感觉”、“集体的意识”之类集体的灵魂作为构成国家共同体的事实。如果国家理论不超越经验材料并堕落为形而上学的思辨，这种“集体意志”或“集体意识”就不会是同属于国家的人有所不同的一个存在的意志或意识；“集体意志”或“集体意识”一词只能标志某些人意志、感觉或思想相同并且由他们对这种共同意志、感觉、思想的觉悟而统一起来。因而一个实在的统一体只能在那些实际上处于同一精神状态的人中间并且也只在这种同一性实际上占优势的那些时刻才存在。但
185 这样的同一性不像会是存在的，除非是在相对小的集团中，且这种集团的范围和成员地位也是不断在变化着的。断言一个国家的所有公民的意志、感觉或思想永久相同，是一个明显的政治虚构，它很像相互作用理论所体现的那种虚构。

更加虚构的是认为国家是或具有一种凌驾于其国民意志之上的“集体意志”的观点。这样一种论断事实上只能被认为是一种形象化说法，即国内法律秩序对行为受它调整的人的那种拘束力。宣称国家的意志是心理学或社会学的现实，就是将一个抽象实体化(hypostatize)为一个实在的机构(real agancy)，即将实质的、人格的性质归诸于人们间的一种规范关系。正如我们已指出过的，这是原始思想的一种典型倾向；政治思想在很大程度上具有一种原始性质。将一个超人的，即一个超人存在(super-human being)的意志加以实体化的倾向，具有鲜明的意识形态的目的。

当国家的实在统一体被描绘为一种“集体利益”时，这种意识

形态上的目的就更加清楚。实际上,国家的人口是被分成或多或少相互对立的不同利益集团的。集体的国家利益的意识形态被用来掩饰这种不可避免的利益冲突。即使法律秩序代表一些最重要的集团的利益之间的妥协,将这种体现在法律秩序中的利益称之为全体人的利益,也是一个虚构。如果法律秩序真正是所有人共同的利益表示,而这意思就是,如果法律秩序同从属该秩序的人的愿望完全和谐一致,该秩序也就可以依赖所有其国民的自愿服从了;那么它也就不需要是强制的;由于它是完全"公正的",所以,也就甚至不需要有法律的性质。

3. 国家作为有机体

另一同一类型的理论就是国家为一自然有机体(natural organism)这一广为传播的学说。按照这种理论,国家的社会学采取了社会生物学的形式。如果不是为了这种生物学所拥有的政治重要性,可以简单地将它当作谬论而置之不理。这种有机体理论的实在目的,它的许多倡议人似乎并未意识到的一个目的,根本不是科学地解释国家现象,而却是为了确保国家制度本身或某一特殊国家的价值;是为了证实国家机关的权威并促进公民的服从。当有机体理论的最出名的代表之一奥托·吉尔克(Otto Gierke)讲到这一理论的伦理含义时,就揭露了它的真正目的。洞察国家
的有机性,是:"争取共同体是某种自然有价值的东西的观念的唯 186
一源泉。公民为整体而生活以及(万一必要时)为它而死亡的义务只能从这一整体与它的部分相比时的更高价值中,才能引申出来。如果人民只是国家成员的总和,国家只是为已生和未生公民的福利的一个制度,那么,个人的确得被迫为国家而献出其精力与生

命。但他并不负有任何道德义务这样做。一直美化为祖国殉难这种崇高伦理理想的光荣,便会消逝下去。为什么一个人要为了其他与他平等的人的福利而牺牲自己呢?”[①]个人在某些情况下献出他本人生命的道德和法律义务是无可置疑的。但同样无可置疑的是,科学的任务并不是确保这种或那种义务的履行,尤其不是打扮一种理论,其唯一根据就在于:如果引诱人民相信这种理论,他们就将更好地履行他们对国家的义务。

4. 国家作为统治权

国家的社会学理论的最成功的尝试也许是依据“统治权”(domination)对社会现实的解释。国家被界说为某些人命令和统治而另一些人则服从和被统治的一种关系。这种理论所想的是由这样一个事实所构成的关系,那就是个人表示了他关于另一人以一定方式行为的意志,而这种表示就推动了另一人这样行为。在实际社会生活中,存在了大量的这种推动关系。任何人类关系,在某些时候以及某种程度上都难免有这种性质的关系。甚至我们称为爱情的关系也不完全免于这一因素,因为甚至在这里也始终是有某人统治而某人则被统治。构成国家的统治关系和不构成国家的那些统治关系的区别标准又是什么呢?且让我们考虑一下单独一个人在专制(autocratic)或暴政(tyrannic)形式下进行统治这种比较简单的情况。即使在这样一种国家中,也有许多“暴君”、许多以自己意志强加于别人的人。但只有一个人对国家的存在才是重要的。谁?谁是“以国家名义”的命令或其他的命令?除了用构成

① 奥托·吉尔克:《人的团体的本质》,1902年版,第34页。

国家的法律秩序外恐怕再没有别的办法了。“以国家名义”的命令是这样一种命令，它们是根据一人秩序所发出的，而这一秩序的效力是社会学家在区别国家的行为和不具这种性质的命令时所必须 187
预定的[②]。一个国家的统治者就是那个行使由这一秩序所决定的职能的人。不预定构成我们称为国家的共同体的法律秩序，恐怕就不可能界定起着“国家机关”作用的统治者的概念。“国家的统治者”的概念因而就意味着有效力的法律秩序的观念。

然而，假定有一个人们可以用来辨别国家统治者的纯社会学的标准。对实际社会行为的研究也许会揭明这一统治者本人也是由其他人，由他顾问、情妇或侍从所统治的，而他所发出的命令就是这些其他的人对他施加影响的结果。然而，国家的社会学将不顾统治者处于被统治地位的这些统治关系。为什么？就因为这些关系不属于构成国家的法律秩序；因为从这个秩序的观点来说，这些关系是无关的。

事实上，所有“以国家名义”的命令都来源于单独一个统治者的国家是没有的。有的始终是一个以上的发命令的权威、始终是许多实际的统治关系、无数的命令行为和服从行为，而这些行为的总和就代表了“社会学的国家”。使这许多关系和行为具有统一性并且使我们有根据认为国家是一种统治关系的又是什么？那只是所有各种命令行为和服从行为都据以发生的法律秩序的统一性。

这一作为有效力规范体系的法律秩序，对于适用于国家的社会学的统治关系概念来说，也是必要的，因为，即使从社会学观点

② 参见本书第 175 页及其后几页。

来看，只有被认为是“合法的”统治关系，才能被设想为“国家”。单单个人（或个人集团）处于强行实施一定行为模式的地位的事实，并不是讲构成国家的那种统治关系的足够理由。即使社会学家也承认国家同一帮强盗之间的差别③。

如果仅确认有人强令其他人为一定行为的事实，那么，以国家作为统治关系现象的社会学说明是不完全的。作为国家特征的统治关系总主张是合法的，而且在实际上一定要由统治者与被统治者当作是合法的。只有在统治关系根据其效力为行为人所预定的
188 法律秩序来实现时，这种统治关系才是合法的；而这个秩序就是其机关为“国家的统治者”的那个共同体的法律秩序。从社会学来说，具有“国家”性质的统治权，体现为法律秩序的创造和执行，即由统治者和被统治者解释为这种创造和执行的一种统治关系。社会学必须将这种法律秩序的存在作为有关人心里的一个事实而记载下来；而且如果社会学将统治关系解释为国家组织，社会学本身也必须推定这一秩序的效力。即使作为社会学的一个对象，“国家统治关系”也并不是一个单纯的事实，而是一个附有解释的事实。这一解释是既由统治者、被统治者又由研究他们的社会学家本人作出的。

（四）国家的法学概念与国家社会学

1. 适应法律秩序的人的行为

社会学的任务，用马克斯·韦伯的话来说，就是“以解释来理

③　参见本书第191页及其后几页。

解社会行为”④。社会行为是具有意义的行为，因为行为人以意义赋予行为，因为他们在解释行为。社会学是对已被行为人解释过的那些活动的解释。对法学家来说，国家就是规范的一个综合体、一个秩序；而对社会学家来说，马克斯·韦伯认为，国家似乎是活动的一个综合体，“实际社会行为的过程”。这些活动之所以具有一定意义，就因为它们是由行为人按照一定方案加以解释的。在马克斯·韦伯的用语里，这些活动“适应”(oriented)，意思就是适合一定观念；这一观念是规范秩序、法律秩序。这种法律秩序就提供了作为国民和国家机关而行为的人解释其行为的方案，因而也就是希望领会“国家”的社会学所必须解释其对象的方案。说这种对象就是国家，就是“社会学的”国家，毋宁是引人误解的。国家并不等于组成社会学对象的任何活动，也不等于所有这些活动的总和。国家并不是一个或一些活动，不亚于它不是一个人或一些人。国家是我们称之为法律秩序的个人行为秩序，是某种人的活动所适应的秩序，是人们使自己的行为与之适合的那个观念。如果适应这一秩序的人的行为成为社会学对象的话，那么社会学的对象便不是国家。除了国家的法学概念以外，没有什么国家的社会学概念。这样一种国家的双重概念，在逻辑上是不可能的，即使不讲 189
其他理由，同一对象也不能有一个以上的概念。只有国家的法学概念：国家是——集权化的——法律秩序。社会学的适应法律秩序的实际行为模式的概念，并不是一个国家概念，这种社会学概念预定要有法学概念的国家概念。

④　韦伯：《经济和社会》，第1页。

要求国家的社会学定义是从人们有这种说法时所形成的印象产生的:“毕竟国家是一个高度实在的事实。”然而如果人们通过科学分析而得到的结果是:没有什么国家的社会学概念、国家概念是法学概念,但我们也决不否认或忽视科学用语出现前以“国家”一词所称的那些事实。如果人们断定这些事实的“国家”属性不过是一种解释的结果,那么这些事实并不失去它们的任何现实性。这些事实就是人的活动,而这些活动之所以是国家行为,只是因为它们是根据其效力必须被预定的规范秩序来解释的。

2. 国家的规范性

当社会学家描述国家内部的统治关系时,他们所适用的是法学的国家概念。他们归诸国家的那些特性只是作为规范秩序或由这样一个秩序所构成的共同体的那些特性时,才是可以设想的。社会学家也认为国家的一个主要属性是高于个人的使个人负有义务的一种权威。国家只有作为规范秩序,才能是一个可以使人负有义务的权威,尤其是如果这个权威被认为是主权(sovereign)的话。主权——正如我们将在以后所看到的——只有在规范的领域内才是可以设想的。

就从不仅是社会哲学的而且也是社会学的一个特殊问题,即国家和个人之间的“冲突”这一问题来看,国家一定是规范秩序,也是显然的。如果国家会是就像个人那样的一个实际事实,那就不会存在任何这样的“冲突”,因为自然事实决不会处于相互“冲突”中的。但如果国家是一个规范体系的话,那么,个人的意志和行为便可以和这些规范发生冲突,并因而就产生了成为全部社会理论和实践的一个根本问题:“是”与“应当”之间的对抗。

（五）国家作为“政治上”有组织的社会（国家作为权力）

从甚至连社会学家也将国家的特征说成是一个“政治上”有组
织的社会这一事实来看，国家和法律秩序的同一性也是显然的。
既然社会（作为一个单位）是由组织构成的，那么将国家界说为“政 190
治组织”就更加正确。组织就是秩序。但这一秩序的“政治的”性
质是在哪一点上呢？就在于它是一个强制性秩序这一事实。国家
之所以是一个政治组织，是因为它是一个调整如何使用强力的秩
序，是因为它垄断了对强力的使用。然而，正如我们所已了解的，
这是法律的主要性质之一。国家是一个政治上有组织的社会，是
因为它是一个由强制性秩序构成的共同体，而这个强制性秩序便
是法律。

有时人们以国家具有或就是“权力”（power）为理由，将它说成是一个政治组织。国家被描绘为在法律背后的权力，实施法律的权力。只要存在这样一种权力，事实就只是：法律本身是有实效的，关于规定制裁的法律规范的观念推动着个人的行为，对个人施加精神上的强制。一个人有控制另一个人的社会权力这一事实，体现了前者有能力使后者按照前者所希望的行为。但是社会意义上的权力只有在调整人的行为的规范性秩序的体制内才是可能的。就这样一种权力的存在而论，光是一个个人实际上强于另一个个人，并能强使他作一定行为，像一个人强使一个动物驯服或推倒一株树一样，那是不够的。社会的或政治的意义上的权力，意味着权威和上级与下级之间的一种关系。

这样一种关系只有在使一个人有权命令和另一个人有义务服

从这样一个秩序的基础上，才是可能的。社会权力实质上是与社会义务相互联系的，而社会义务则预定要有社会秩序，或等于说，预定要有社会组织。社会权力只有在社会组织内部才是可能的。当权力并不系于单独一个个人，但却像社会生活通常有的情况那样，系于个人的集团时，这一点就特别明显了。社会权力始终是一个以这样或那样方式组织起来的权力。国家的权力是由实在法组织起来的权力，是法律的权力；也就是实在法的实效。

人们在讲到国家的权力时，通常就想到监狱和电椅、机关枪和大炮。但是人们不应该忘记，所有这些东西都是无生命之物，它们只是在被人使用时才成为权力的工具，而人一般地只是在为他们认为是规范的命令所推动时才使用它们来达到一定目的。政治权力的现象体现在调整这些工具使用的规范变成有实效的这一事实。“权力”并不是监狱和电椅、机关枪和大炮；“权力”并不是藏在社会秩序背后的任何一种实体或本体。政治权力就是被承认为法
191 律的强制性秩序的实效。将国家描绘为“法律背后的权力”是不正确的，因为它暗示着有两个分立的本体的存在，而实际上只有一个，即法律秩序。法律和国家的二元论是我们认识对象的一个多余的重复或双重化；是我们先加以人格化然后又加以实体化的那种倾向的一个结果。我们在对自然的万物有灵论的解释里找到了这种倾向的一个典型例证，即原始人的这种观念，认为自然是有灵的，认为在每个东西的背后都有这个东西的一个灵魂、一个精神、一个神、一株树的背后有一个森林女神；一条河的背后有一个宁芙女神；月亮的背后有一个月神；太阳的背后有一个日神。这样一来，我们想象在法律的背后有它的被实体化了的人格化，即国家、

法律之神。法律和国家的二元论是一种万物有灵论的迷信。在这里唯一正当的二元论是法律秩序的效力和实效的二元论。但这种区别(在本书第一编中所提出的)并不足以使我们说国家是一个离开法律秩序的或在它背后的权力。

(六)国家问题作为归属问题

从以下的考虑中,也可以看到国家和法律的必然的统一性。甚至连有机体理论的代表人也承认国家并不是一个可以用感觉来了解的对象。即使在某种意义上说,国家是由人造成的,但它也不能像自然有机体由细胞构成的那样,是一个由人体构成的团体。国家并不是一个可以看得出或摸得到的物体。但是这个看不到和摸不到的国家又如何体现在社会生活中呢?个人的某些活动被认为是国家的活动。在什么条件下,我们才将个人的活动归诸国家?并不是每个人都能够表现国家行为性质的活动;也不是能够表现国家行为的人的每个活动都具有这种性质。我们又如何区别是国家行为的人的活动和非国家行为的人的活动呢?我们将人的活动指为国家、指为一个看不见的人格者的判断,意思就是人的活动对国家的归属(imputation)。国家问题就是一个归属问题,国家可谓是各种各样的人的活动所投入的共同点,不同人的活动归属的一个共同点。凡其活动被认为是国家行为的人,其活动归属于国家的人,就称为国家的"机关"。当然,不是每一个人都能够表现国家行为,只有那些能够表现的人的某些活动才是国家的行为。

这一归属的标准又是什么?这是关系到国家实质的决定性问题。分析表明:只有在人的活动以特定方式符合所预定的法律秩 192

序时，我们才将该活动归属给国家。只有在人的活动以特定方式由规范秩序所决定的条件下，这一活动对国家的归属才有可能；而这一秩序就是法律秩序。虽然在实际上，对犯人执行刑罚的人始终是一个固定的人，但我们却说这个犯人"由国家"惩治，因为这一刑罚是在法律秩序中规定的。说上述国家对疏忽的纳税人处以罚款，就因为上述法律秩序规定了罚款。一个活动在法律秩序的执行这一范围内，才是国家的行为。最直接地执行法律秩序的活动就是法律秩序规定为制裁的强制行为。但是从广义上说，法律秩序是由所有充当制裁准备的那些活动，尤其是由创造规定制裁规范的活动所执行的。国家行为不仅是执行法律秩序的人的活动，而且还有创造法律秩序的人的活动；不仅是执行行为，而且还有立法行为。将人的活动归属国家，归属一个看不见的人格者，就是将作为国家机关活动的那种人的活动，和规定这一活动的秩序的统一体联系起来。作为一个人格者的国家只不过是这一统一体的人格化而已。一个"国家的机关"，就等于一个"法律的机关"。

我们分析的结果是：不同于法律秩序概念的国家的社会学概念是没有的：而这就是指我们可以不用"国家"这一术语来说明社会现实。

二、国家机关

（一）国家机关的概念

凡履行由法律秩序决定的职能者就是一个机关。这些职能，无论是创造规范性质的职能或者是适用规范性质的职能，全都是最终旨在执行法律制裁。制定刑法典的议会、选举议会的公民，就像判决犯人的法官和实际上执行刑罚的人一样，都是国家的机关。

在这一意义上说，机关就是履行特定职能的个人。个人之是一个机关的属性是由其职能构成的。由于他表现了创造或适用法律的职能，而且就在这一范围而论，他才是一个机关。然而，除了这一概念外，还有另一个、狭义的、“实质的”概念，根据这一概念，193
只有在个人本人具有一个特定的法律地位时，他才是国家的一个“机关”。一个私法行为，例如缔结契约，正如司法判决一样，是一个创造法律的行为。契约当事人和法官一样，都表现了创造法律的职能；但在机关这一术语的狭义意义上，法官是一个国家的机关，而契约当事人却并不被认为是国家机关。法官之所以是这种狭义的国家“机关”，就因为他是被选出或被任命执行这一职能的，因为他以自己的专业执行其职能并因而收受来自国家财政的正常报酬，即工资。国家作为财产的主体就是国库（Fiscus）。国家的财产是由国家的收入所建立的，而国家的收入在于公民所交纳的捐税。这些就是狭义的国家机关的主要特征：官员被任命或被选出执行特定职能；这一职能的执行必须是他的主要的或甚至是法律上排他性的专业；他有权收受来自国家财政的工资。

这种狭义的国家机关称为官员（officials）。并不是每一个实际上执行广义国家机关职能的人都有官员的地位。以投票参加议会选举的那些公民，通过参与立法机关的创造而执行了一个很重要的职能；但他们并不是狭义的国家机关，并不是官员。在一个显然具有官员性质的机关和一个显然缺乏这一性质的机关之间，有着许多中间性的情况。例如议会议员，他们的职能并不具有排他性专业性质；他们除了作为立法者的地位外，还是医生、律师、商人，等等；而且有权执行这些专业；有时，他们并不收受任何或任何正常的工资。另一例子就是陪审员。

（二）国家的形式概念与实质概念

这种狭义的、实质意义的国家机关同国家归属的狭义的、实质意义的概念正好对应。在这种狭义的、实质意义上，人的活动归属于国家、被认为是国家的行为，并不是因为这一活动表现为法律秩序的创造或执行，而却只是因为这一活动是由一个具有狭义的、实质意义的国家机关性质的人所表现的。个人之所以是一个广义的和形式意义的机关，就因为他执行了归属于国家的职能。可是另一方面，某一职能之所以归属于国家，却是因为这一职能是由一个以狭义的实质意义的国家机关资格的人、以官员资格的人，所执行

194 的。在第一种场合下，个人之作为一个机关的属性是由其职能构成的；在第二种场合下，一个职能作为国家行为的属性是由以机关资格执行这一行为的个人的属性构成的。当我们不仅讲“国家的法院”，而且还讲“国家的”学校、医院和铁路时，意思就是我们把建立和经营这些机构的人的活动归属于国家。而这些人的活动之所以归属于国家，之所以被认为是国家的职能，就因为行为人具有狭义的、实质意义的国家机关的资格，特别是因为，根据法律，他们活动的必要开支是由国库支付的，最后的收益也是上交国库的。这些职能，就其形式性质来讲，也是法律职能；它们代表了法律义务的履行和法律权利的行使。由于这些职能，法律秩序也就被执行；

但是这些职能所实现的并不是法律秩序的毫无差别的任何规范，而只是某些实质性类型的规范。

符合这种归属概念的国家概念不同于使国家等于整个法律秩序、或法律秩序的人格化的统一体的那个国家概念。如果后一个国家概念是国家的一个形式概念，那么，前一个国家概念就是一个实质概念。它指的是由国家官员组成的“官僚机器”。“官僚机器”这一用语是一个形象化用语，它标志构成“国库”并决定由国库供应资金的官员活动的规范体系。在这一意义上，国家并不是整个法律秩序，而只是其中某一部分，以实质标准而表示其特色的部分法律秩序。

这一实质的国家概念是一个预定要有国家形式概念的辅助性概念。实质概念限于只包括官员、所谓国家机构的、狭义的共同体，而形式概念却代表广义的共同体，也包括不是国家的“机关”但却从属法律秩序的个人在内。

国家作为归属的主体，作为行为人，只是整个法律秩序或部分法律秩序的人格化。其标准我们已经列举过。为了将个人的活动解释为国家的行为，为了使这样一个活动归属于国家，法律秩序的效力就必须被预定。这种归属的标准——无论是形式的归属，即对广义国家的归属；或者是实质的归属，即对狭义国家的归属，总是法学标准。只有以一个我们预定为有效力的整个或部分的法律秩序为基础，人的活动才有可能归属国家。

(三) 国家机关的创立 195

国家只能通过其机关而行为。这一往往明显的并且被公认的真理意指法律秩序只能由秩序本身所选定的人来创造和适用。法律秩序一般地宣称那些人有资格执行这些职能是不够的。该秩序还必须规定使特定的人成为机关的程序。由一般规范所规定的人的资格可以具体到只能由一个固定的人符合的程度。世袭君主制国家的继承程序就提供了一个例子，在那里，总由长子继承其父王位；或者一个新成立国家的共和制宪法，规定一个单独提名的人应是第一任国家元首。这些机关都是由法律直接设立的；将一个符合法律要求的人立为机关的特殊行为，一个机关由另一机关所"创立"的特殊行为，就不再需要了。

一个机关可以通过任命、选举或抽签而"创立"。任命和选举之间的不同在于创立机关的性质与法律地位。一个机关由一上级的个别机关"任命"。它由在法律上隶属于选举产生机关的那些人所组成的一个合议机关(collegiate organ)所"选出"。如果一个机关能够创造使另一机关负有义务的规范，那么，前一机关就高于后一机关。我们所界说的任命和选举，都是理想的类型，在两者之间还有一些没有专门术语的混合类型。一个集体机关可能任命一个下级机关，例如，一个法院可能任命其书记官。这样一种行为的特征可以说是选举和任命兼而有之。

(四) 单一机关与复合机关

根据职能由单独一个人的行为所执行还是由几个人汇合行为所执行，机关可以分为单一机关(simple organ)和复合机关(composite organ)。个人的行为与其他人行为一起构成整个职能，这个人是一个部分的机关。整个职能由各部分职能所构成。部分职能可以以两种不同方式参与整个职能。那些部分机关（partial organ）的行为具有同样的内容，或者具有不同的内容。所谓两头政治（dyarchy）就是由两个具有相同内容的行为所构成的一种职能的例子之一。在两头政治下，国家在政治上有决定意义的行为，必须由两个机关共同执行，例如，在斯巴达，就由两个国王，在罗马就由两个执政官。由两个具有相同内容的行为所构成的一种立法职能，就是由两院所构成的议会的职能。由此构成整个职能的两 196
个部分活动，即使它们的名义各有不同，但可能具有相同的内容。例如，宪法规定议会的“决议”只有在国家元首“同意”时才能成为法律。国家元首的“同意”具有与议会“决议”一样的内容。该法律的内容是两个机关“意志”的对象。以下情况是两个同一内容的行为构成一个职能的一种特殊情况：一个机关的行为只有在它未为另一机关所抵制时，即如果另一机关并未否决前一机关的行为时，才具有法律效果。

一个职能可能由两个以上的部分行为所组成。所谓合议机关就是典范，其特征就是各部分机关根据一个固定的秩序在一首长领导下，并在相互接触下同时行使职能。例子就是议会、法院。合议机关的行为或者是选举或者是决议——依该行为是创立一个机关还是创造一个规范而定。所谓选举团（electorate），即有资格在议会选举中进行投票的人的团体，就是其职能为创立其他机关的合议机关的例子之一。议会则是其职能为创造规范的一个合议机关。合议机关采取行为的原则或者是一致通过的（unanimity）原则或者是多数表决（majority）的原则。

由具有不同内容行为构成职能的一个突出例子，是在一个立宪君主国(constitutional monarchy)中的立法程序。它的典型的阶段如下:(1)由政府或议会议员提出动议;(2)两院的一致决诉;(3)君主的同意;(4)颁发(promulgation),意思就是国家元首或政府确定议会的决议是根据宪法作出的;以及最后(5),已由君主批准的决议在宪法所定方式下的公布(publication)。

(五)程序

当一个职能由几个部分行为所构成时,就有必要来调整这些行为,将它们合而为一。例如,人们就讲立法"过程"(process)或"程序"(procedure)。狭义的过程——民事的或刑事的过程——只是"过程"这一一般概念的一个特殊情况,因为司法职能也必须被认为是一些部分行为的结果。一系列的法律行为,从原告起诉起一直到第一审法院判决;从这开始直到终审法院的判决,以及从

197 这里再到制裁的执行。从整个司法职能的观点来看,这些行为的每一个行为只是一个不完全的部分行为。

部分行为和整个行为之间,部分机关和整个机关(total organ)之间的区别的高度相对性,在这里清楚地展示出来。任何机关的任何行为都可以被认为仅是部分的行为,因为它只是由于和其他行为的系统的联系,才对那个唯一配有整个职能名义的职能,即:作为法律秩序的国家的职能,有所贡献。因而我们看到所有机关也仅是单独一个机关的组成部分,而这个机关,也只有在这种意义上,才是一个"有机体"国家。

三、国家作为义务与权利的主体

（一）国家的自我义务

国家，作为通过其机关而行为的主体、作为归属的主体或者作为法人，都是法律秩序的人格化。区别具有国家性质的法律秩序和不具国家性质的法律秩序的特性，我们将在以后加以解释。这里我们只试图回答这个反复讨论过的问题。国家——仅仅是规定义务和权利的那个法律秩序的人格化——如何能使自己，作为一个法人，而具有义务和权利。

传统学说由于推定了国家与法律的二元论，就以一种稍为不同的方式提出这一问题：如果国家是法律秩序的权威，国家又如何可以从属这一秩序，并且就像个人那样，从其中接受义务和权利呢？在这种形式下，正是国家自我义务（auto-obligation）问题，特别在德国法学中，起了如此巨大的作用。这一问题被认为是一个最困难的问题。可是这根本没有什么困难，除非人们将国家的人格者，也即国内法律秩序的这种人格化、实体化为一个超人的存在，然后就讲什么同个人的义务和权利一样意义上的国家的义务和权利。其实在这种意义上，没有什么国家的义务或权利。义务和权利始终是个人的义务和权利。个人有义务和权利，意思就是某些法律效果赋予他的行为。只有个人才可能在这种意义上“行为”。在这种意义上，法律秩序就不能为国家设定义务并授予国家以权利，因为说什么一个秩序的行为是没有意义的。法律秩序使

法律秩序负有义务或对它授权这种陈述是没有意义的。但是国家不能是一个像个人是义务和权利的主体这一意义上的法律义务或
198 法律权利的主体这一陈述，却并没有这样的意思，那就是有些作者，当他们鼓吹说国家，由于其本性，是不能从属法律的这种论题时所讲的意思。上述陈述也并没有这样的意思：政府、代表国家的那些人，在他们对公民的关系中是不受法律约束的。否认国家的自我义务的可能性并不意味着支持绝对主义(absolutism)的论据。上述陈述并无政治含义，而仅有理论含义。

设想国家的义务与权利的困难，并不像传统学说所推定的，在于国家既然是创造法律的权力，所以就不能使它从属法律。实际上，法律是由人所创造出来的，而创造法律的人本身无疑是从属法律的。不仅如此，他们只是在根据调整其创造法律职能的规范而行为这一范围内，才是国家的机关；而法律也只是在由国家机关所创造，这就是指法律只是在根据法律而创造这一范围内，才算由国家所创造。法律是由国家所创造的这一说法，意思只是法律调整它自己的创造。传统理论在承认国家的义务和权利的存在时所遇到的困难来自这一事实：人们将国家造成一个超人的存在，将国家看作是一类人同时又是一个权威。根据这一观点，国家的自我义务的观念就变得没有意思了，因为一个义务可以从中产生的权威只能是一个规范秩序。而对秩序设定义务并授予权利是不可能的。在法律上被承担义务或在法律上被授权(有权)，意思就是成为法律调整的对象。只有人，或者更加正确地说，只有人的行为，可能是法律调整的对象；但是人，即使是以国家机关资格的人，可以而且也必须从属法律这一点，是毫无怀疑余地的。

所谓国家的自我义务问题就是由于国家和法律的错误的二元论而生的那些伪造的问题之一。这种二元论，转过来，又是由于我们在人类思想的所有领域的历史中所碰到无数例证的那种谬误。我们对抽象化的直觉表示的那种希望，引导我们将一个体系的统一性加以人格化，然后又将人格化加以实体化。原来只是代表对象的体系统一性的方式，现在却成了一个以自己的权利而存在的新对象。事实上只是理解一个对象的工具，成了一个在原来对象之外而存在的一个分立的知识对象。然后就出现了关于这两个对象之间的关系的伪造问题。然而，在建立这样一种关系的尝试中，
盛行着使人为制造的二元论还原为原先的统一性的倾向。寻求统 199
一性是所有真正科学努力的一个不可分割的组成部分。

（二）国家的义务（国家的不法行为）

国家的义务和权利并不是指某个离开人而生存的存在，“具有”这些义务和权利。当我们将那些组成这些义务和权利的内容的人的行为，归属给国家，归属于法律秩序的人格化的统一性时，我们就讲的是这些义务和权利。这些义务和权利是那些在履行义务，行使权利时具有国家机关资格的人的义务和权利。国家的义务和权利是国家机关的义务和权利。国家的义务和权利的存在并不意味自我义务问题而却只是归属问题。根据我们的标准来说，国家的义务和权利就是被认为是国家机关的人的，那就是说，执行法律秩序所决定的特定职能的人的，义务和权利。这一职能或者是义务的内容或者是权利的内容。

在如果职能未实现，个人要对制裁负责时，这一职能就成了一

个义务的内容。这一制裁并不是针对那个具有国家机关资格的个人的。违反国家机关义务、国家机关不曾在法律秩序规定的方式下执行其职能而构成的不法行为，是不能归属于国家的，因为个人只有在其行为符合规定其职能的规定这一范围内，才算是国家的机关(特别是，一个官员)。就个人违反法律规范这一范围而论，他并不是国家的一个机关。对国家的归属并不是指具有不法行为性质的行为或不作为。凡是违反国内法律秩序的不法行为，不能解释为国家的不法行为，不能归属给国家，因为制裁(这是对不法行为的法律上的反应)被视为是国家的行为。比喻地讲，国家不能“凭意志要求”不法行为和制裁两者。相反的观点至少犯有目的论不一致性之罪。

然而违反国际法的不法行为，却可以归属国家，正如违反国内法的不法行为可以归属国内法律秩序中的任何其他法人一样。在两种场合中的制裁都被认为来自不法行为所归属者以外的另一个人。国际法制裁归属国际法律共同体，正如在国内法中，制裁归属
200 国家一样。因此，国家不能为国内法意义上的过错(wrong)，但国家却可以为国际法意义上的过错。

虽然国内法意义上的不法行为不能归属国家，但国家却仍然负有义务赔偿不履行义务的过错。这意思就是国家的一个机关负有义务撤销那个作为一国家机关应履行国家义务但却未履行的人所作出的非法行为，处罚这个人、并以国家财产赔偿非法造成的损害。对这一义务的违反也引起针对那个作为国家机关必须履行国家义务的人的制裁；制裁并不是针对国家的。国家执行对自己的制裁这种想法是说不通的，人们常常将国家赔偿的义务，即赔偿由

那个作为其机关应履行其义务的人所为的过错，说作是国家对由其机关、或对具有国家机关资格的人、或在行使公务职能时的人，所为的过错而负有的责任。然而，这些公式是不正确的。第一，因为正如已指出过的，责任并不是义务而只是个人因而从属制裁的条件。如果制裁不是针对国家的话，国家也就不能被认为是负有责任的。第二，由于不履行（国内法意义的）国家义务而表现一个不法行为的个人，并不是作为国家机关或在行使公务职能时而行为的。他只是在与他作为国家机关的公务职能有联系的情况下行为。只有在他所犯的不法行为与他作为国家机关的职能有联系的情况下，国家才可能负有赔偿过错的义务。

（三）国家的权利

在制裁的执行要依靠一个具有狭义的国家机关资格、具有“官员”资格的个人提出法律诉讼时，就存在了国家的权利。尤其在民法领域中，国家可以在和私人一样的程度上拥有这种意义上的权利。在这里，国家的权利就以私人的义务作为其对应。就刑事制裁只能根据公诉人的起诉才适用这一范围内说，国家和由刑法所创造义务的主体这两者间关系，也容许作同样的解释。用以推动导致制裁的司法程序的行为，因而就被认为是国家的行为；并且这也就可能讲国家惩罚犯人的权利，讲犯人侵犯了国家的权利。

（四）对国家的权利 201

只在法律上受保护的利益已被侵犯的私人，可以在因国家义务未履行而产生的诉讼中成为当事人一方时，那个私人的权利才与国家的义务相适应。这一诉讼未必一定要导致对直接负责履行义务的那个国家机关的制裁。如果权利是由机关的一个不法行为所侵犯的话，那么诉讼的目标就可以是撤销该非法行为；如果对权利的侵犯来自法律所规定的一个国家行为的非法的不作为，那么，诉讼的目标就可以是实现合法行为。在这两种场合下，诉讼的目标都可以是取得对非法造成损害的赔偿。私人对国家的这种权利，不仅在民法中存在，而且也存在于宪法和行政法，所谓“公法”中。

四、私法与公法

（一）传统理论：国家与私人

在传统法学中，私法与公法之间的区分成为法律体系化的基础。可是我们在徒然地寻求这两个概念的明晰定义。在关于这一问题的各种理论中，也许最普遍的是从法律关系主体之间的不同中引出区分的那种理论。首先在霍兰的学说中[5]，继之在威洛比（Willoughby）的学说中[6]，我们都可以找到这种观点的最典型的说法。这种理论是以这种事实为依据的，即：在国家本身的法律范围内，也就是在国内法中，作为义务与权利的主体的国家始终面对着私人。如果一项义务的履行归属国家，那么，组成相应权利内容

⑤　霍兰：《法学大纲》（英文版），第128页及其后几页。

⑥　W. W. 威洛比：《公法的基本概念》，1929年英文版，第37页。

的个人行为，也就不归属国家。如果权利、义务关系的双方中一方是国家机关，另一方就不是国家机关。这是下述事实的推论：在一个国内法律秩序内，必须被认为是国家的人格者只有一个。因此，如果法律关系中一个主体是国家，另一主体就不会是国家；另一主体一定是一个“私”人。

“私”人的概念具有一个其行为不归属于国家的人的消极内
涵。传统理论将规定私人之间义务与权利的规范称之为“私法”， 202
而将规定一方为国家和另一方为私人之间义务和权利的规范，则称之为“公法”。国家的观念和“公”的观念是等同的。霍兰将公法界说为：“……调整在有关人中一方为‘公的’；国家直接或间接地是当事人一方时的权利的法律。在这里，界定和保护权利的那一权力本身就是对权利有利害关系或受权利影响的一方当事人。”⑦如果两个有关主体都不是国家，那就有了私法。

然而，这一定义并不想要将国家排斥出私人法律关系之外。“在私法中，国家其实还是出现的，但它之出现只是作为它的一个国民和另一国民之间所存在的权利和义务的公断人。在公法中，国家就不仅是公断人，而且还是有利害关系当事人之一。国家所处理的权利和义务，一方面关系到它本身，另一方则关系到它的国民。”⑧公法的特点就是“法官和当事人的两种特质，在一个人格中的结合”。

---

⑦　霍兰：《法学大纲》（英文版），第 128 页。

⑧　同上书，第 366 页。

(二)国家作为私法的主体

这种理论显然是不能令人满意的。在所有现代法律秩序中,国家和任何其他法人一样,可以具有对物(in rem)权和对人(in personam)权,具有由"私法"所规定的任何权利和义务。在有一个民法典时,该法典的规范同等地适用于私人与国家。有关国家的这些权利和义务的争端,通常就用解决私人间争端的那种方式加以处理。一个法律关系以国家为其当事人一方的事实,并不一定要将国家从私法领域中移出。区分公法与私法之间的困难正好在于国家及其国民间的关系不仅具有"公的"而且还有"私的"性质。

当国家从一个私人处购买或承租一座房屋时,根据许多法律制度,买受人和出卖人(或承租人和出租人)之间的法律关系同如果买受人或承租人都是私人时全然一样。既然一个"人格者"仅存在于"他的"义务和权利中,那么,就国家的义务和权利具有和私人的义务和权利一样内容这一程度而论,国家的法律人格也就和私人的人格并无不同。在作为一座房屋的所有主或承租人的国家和一个私人所有主或承租人之间,如果两者的"权利"一样的话(这是
203 可能的而且实际上往往就是这种情况),在法学上就并无区别。

在一种场合下,国家既是当事人又是法官,而在另一场合下却只是法官这一事实,并不提供区分公法与私法的一个有效标准。这一标准只是指用以处理一个关系到有关义务和权利争端的程序;而这种不同可能只在于:在一种场合下,原告或被告的功能归属国家,而另一场合下,却并不如此。这种归属就引来了一种想

法，认为这两种场合是不同的，因为只有在第二种场合下而不是在第一种场合下，任何人不应成为他自己案件中的法官这一原则才得以成立。然而，实际上，该原则在这两种场合下都是可以成立的。因为所谓国家的义务与权利就是国家机关的义务与权利，也就是说，是那些其活动归属于国家的人的义务与权利。代表国家作为义务和权利主体的那个机关并不是代表国家作为一个法官的机关。这两个机关是两个完全不同的人，实际上，他们之区别不亚于在一个双方当事人均属私人的案件里，一方面为法官和另一方面为原告或被告之间的区别。所以，诉讼行为中的必要的公正性并不受原告或被告的行为可归属于国家这一事实所危害。而只有缺乏必要的公正性这一点才能构成这两种场合之间的实在的区别。如果我们穿过归属和人格化用以掩盖法律现实的帷幕而注视到行为人的话，我们就会见到，即使在将作为法官和当事人的不同人的职能解释为"一个人格"的行为时，也没有什么"法官和当事人的特质的结合"。

（三）高级与低级

根据另一种理论，私法与公法之间的差别是一种双方当事人是平等的法律关系和一方低于另一方的法律关系之间的差别。任何一个私人与任何其他人都是平等的，而只低于国家。然而，据说在有些状况下，国家似乎是和私人平等的；有些状况下，国家高于私人。作为所有人、债权人和债务人来说，国家是私法的主体，因为在这里，国家和同它保持法律关系的那些国民是平等的。作为法院以及作为行政当局来说，国家就成了公法的主体，因为在这

204 里，国家高于同它保持法律关系的国民。

然而，这种法律上的高级与低级（superiority and inferiority）关系到底指什么？国家，作为权利与义务的主体来说，正如别人一样，都是从属法律秩序的。作为权利与义务的主体来说，国家与个人是平等的。法律上的高低级关系因而就不可能在于主体及其相互权利和义务的性质上。上述理论所想到的区分（但往往没有讲清楚）是指的造成法律关系的方式，指的是用以创立个人义务的方法，而和这种义务相适应的是被认为与义务主体平等的或高于他的那一主体的权利。上述理论所想的是私法和公法之间的区分，指的是这样一种次要规范的创造，这种规范为一个具体案件决定了否则就是不法行为的那种行为。用一个例子就可以说明这一问题。

偿还借款的义务来自债务人和债权人之间的契约。法律秩序委托人们以契约调整他们的经济关系。这就是说，法律秩序规定："如果两个人成立一个契约，如果其中一方违约而另一方对前一方提起追诉，那么，法院应对前一方执行制裁。"基于这一一般规范，个人的义务是由契约所创造的个别规范所决定的。这一个别规范是次要性的规范，并预定要有上述一般规范。

另一例子是：一项财政法案使个人负有义务根据其收入纳税，规定如不纳税时的制裁。但是，根据某些法律秩序，一个具体的人只有在主管机关、一个税务官员对其收入进行评估、命令其纳税时，才负有纳多少税的实际义务。由税务机关所发出的那个命令，即一个个别的、次要规范，就构成了这个人的具体义务。

(四) 自治与他治(私法与行政法)⑨

以上两个例子说明创造那些用以为个人设定具体义务的次要规范的方法。在我们的第一个例子里,即借款契约的例子里,债务人的义务是由被负有义务的人参与其创造的一个次要规范决定的。这是一切契约义务的要素。这些义务并不是在违反或缺乏负有义务的那个人的意志的情况下出现的。契约,即义务的契约性创造,和自治(autonomy)原则相适应。在我们的第二个例子里,即纳税命令的例子里,纳税人的义务是由负有义务的人并不参与 205
其创造的次要规范所决定的。纳税命令是一个典型的行政行为。它创造了使个人在缺乏或甚至违反其意志的情况而负有义务的次要规范。这种创造规范的方式同他治(heteronomy)原则相适应。

正是自治与他治之间的这种对立,成为区分私法与公法的根据,人们将这种对立意义的解释是:私法调整平等主体间的关系,而公法则调整高低级主体间的关系。在私法领域中,义务主体面对相应权利的主体。在这里,权利—义务关系的双方当事人,就构成该关系的次要规范是由他们一致的意志宣告、由一个私法行为创造的这一范围内论,事实上是可以被认为是平等的。私法的特征在于那个次要规范(对它的违反是制裁的条件)是由私法行为所创造的,而这一行为(其典型的代表就是契约)符合自治的原则⑩。在行政法领域中,构成个人具体义务的次要规范是由类似私法行

⑨　霍兰:《法学大纲》,第 136 页以下页。

⑩　参见本书第 13 页。

为的行政行为所创造的。在这里，义务的主体面对着一个作为职权(competence)主体，而不是权利主体出现的国家机关。这一国家机关可被认为高于私人，并不是因为机关代表了国家，而是因为机关被授权以单方意志宣告使私人负有义务。但是这种解释是不准确的。严格地说，义务的主体只从属使人负有义务的规范权威，而不是从属创造规范的人，即机关。作为公法的行政法和私法之间的区别，不在于国家和私人之间关系不同于私人之间的关系，而却在于次要规范的自治创造和他治创造之间的区别。

在次要规范的创造方面，构成公、私法之间的区别的他治与自治的对立，在主要法律规范的创造中，也是有决定意义的。在这里，这种对立构成了专制和民主之间的区别，并从而提供了政府分类的标准。

206 **(五)家庭法;国际法**

称为公法与私法的大部分的、虽非全部规范，都可以用这里所定标准加以区分。然而，有些被认为是私法部分的规范，却在违反负有义务者意志的情况下创立了义务。例如，在家庭法中，妻子可能在法律上负有服从其丈夫的义务、子女负有服从其父亲的义务。也还有在传统上算作公法的规范，但却容许具体的法律关系，就像在私法中那样，以契约来加以创造。人们讲到公法契约，然而却并未能将这种契约和私法契约清楚地加以划分。这一点特别适用于国际法条约，而国际法通常归入公法领域，虽然它几乎毫无例外地符合自治的原则。

（六）公益或私益（私法与刑法）

另一方面，人们把有些法律规范也认为是公法，而这些规范根本不创造其当事人可被认为是平等的或是高低级的任何法律关系。特别是刑法规范，就属于这一范畴。个人的具体义务在这里并不是由私法行为或行政行为所创造的次要规范来决定的[11]。刑法为什么要被列为公法的理由就与行政法为什么要这样列法的理由不一样了。作为公法的刑法与私法之间的这种区别，并不表现在实体法规范中而却在程序法规范中。刑法事实上在程序规范问题上不同于私法。正如已指出过的[12]，在私法领域中，推动导致制裁的程序，取决于其利益被侵犯的私人当事人；而在刑法领域中，国家的一个专门机关才具有这种职能。私法（民法）技术和刑法技术的这种区别是以下述事实来加以解释的：规定刑罚作为制裁的法律秩序认为有决定意义的，并不是直接为不法行为所侵犯的私人利益，而却是以公诉人为其机关的那个法律共同体的利益。

鉴于这一事实，人们就往往认为有可能将私法规范界说为保
护私益的规范，公法规范则是捍卫国家利益的规范。然而，这一定 207
义由于国家可以是私法范围中法律关系的当事人这一事实而归于无效。在这种情况下，私法规范无疑体现了保护国家利益，所谓“公”益的职能。姑且不论这一特殊情况，人们总不能否认维护私人利益也是合乎公共利益的。如果不然的话，私法的适用也就不

⑪　参见本书第 137 页。

⑫　参见本书第 84 页。

至于托付国家机关。从分析法学的角度来看,唯一有效力的区分就是以民事程序技术和刑事程序技术的差别为基础的区分。但是这种区分不能被用来划分行政法与私法。

因而,私法与公法之间的区分,根据人们所希望同私法划分开来的是刑法还是行政法,在意义上就有不同。作为法律的一般体系化的一个共同基础来说,这种区分是没有用的。

第二章　国家的要素

一、国家的领土

（一）国家的领土作为国内法律秩序的属地效力范围

如果国家是一个法律秩序，那么在国家概论中的一切问题一定可以解释为在法律概论中也有意义的问题。国家的所有特性一定能体现法律秩序的特性。国家的具有特色的属性又是什么呢？

传统学说划分国家的三个"要素"（elements）：国家的领土、人民和权力。人们推定国家占有某一限定的领土是国家的实质。威洛比就说，国家的存在"有赖于国家要求有它自己的领土"[①]。国家，既经被人设想是一个实际的社会统一体，似乎也就意味着一个地理上的统一体：一个国家——一片领土。然而，比较严密的考查就表明，国家领土的统一体决不是一个自然的地理的统一体。一个国家的领土并不一定要由一片陆地所构成。这样的领土被称为"完整的"领土。国家的领土也可能是"分散的"。有时，属于同一国家的领土是在地理上并不邻接一些空间，而由属于另一国家或

① W. W. 威洛比：《公法的基本概念》，第64页。

208 根本不属任何国家的领土互相隔离。一国的殖民地就属于这一国家的领土，而这种殖民地和本国可能为海洋所隔离，也还有所谓“包围地”(enclosures)，它完全受别国领土所包围。这些地理上不连结的区域，只在同一法律秩序对所有这些区域都是有效力时，才组成一个统一体。国家领土的统一体，以及因而国家的领土统一体，是法学上的统一体，而不是地理、自然的统一体。因为国家的领土事实上不过是名为国家的那个法律秩序的属地效力范围(territorial spheres of validity)而已②。

那些称为国家的规范秩序的特征正好就是它们的属地效力范围是受限制的。这一点就使它们不同于其他社会秩序，例如道德和国际法，这些社会秩序要求凡有人所在之处都是有效力的，它们的属地效力范围在原则上是不受限制的。

(二)国际法律秩序对国内法律秩序属地效力范围的限制

称为国家的强制秩序的效力范围限于一定领土，意思就是：由该秩序规定的强制措施、制裁，只是为这一领土而必须建立并且也只是在这一领土内才必须执行。某一国家的法律秩序的一般或个别规范居然规定强制行为应在另一国领土内实行，并且前一国家的一个机关居然执行这一规范，这在实际上并不是不可能的。但万一这样一个规范被制定或执行，该规范的制定及其执行，即强制行为在别国领土内的实行会是非法的。这些行为所侵犯的法律秩

---

② 参见本书第42页及其后几页。

序就是国际法。因为正是实在国际法，才决定着不同国内法律秩
序的属地效力范围并从而划定它们相互之间的界限。如果它们的
属地效力范围在法律上不划定界限的话，如果各国并没有任何固
定的疆界，那么不同国内法律秩序，即许多国家，就不可能无冲突
地共处。这种国内法律秩序的属地效力范围的分界，各国的国界，
具有一种纯规范的性质。国家的领土并不是国家的行为，尤其是
其强制行为，实际上实行的区域。某个领土并不因为国家的行为
在该领土上实行的事实就变为其机关曾实行这一行为的那一国家
的领土。国家的行为可能在别国的领土上非法地实行。正如已指
出过的，“非法地”意思就是违反国际法的。国家的领土就是国家 209
的行为以及特别是其强制行为在其中可被容许实行的空间，就是
国家，即其机关，由国际法授权在其中执行国内法律秩序的空间。
国际法律秩序决定国内法律秩序的效力如何限于一定空间以及什
么是这一空间的界限。

国内法律秩序的效力由国际法律秩序限制在一定空间，即限制在所谓国家的领土中，并不指国内法律秩序被授权仅调整在这一空间内的人的行为。这种限制原则上只是指国内法律秩序所规定的强制行为以及导致这些行为的程序。这种限制并不是指法律秩序赋予作为制裁的强制行为的所有条件事实，尤其不是指不法行为。一个国家可以并不违反国际法而以制裁赋予在别国领土中所犯的不法行为。只有在规定强制行为将在别国领土内执行的规范已制定时，或在强制行为或其准备行为，实际上已在别国领土中实行时，国际法才算已被侵犯。国家的刑法典可以规定法院必须判决不法行为人而不问其不法行为在何地作出，并不因而侵犯国

际法。可是如果国家在别国领土上拘留或惩罚一个犯人，那就侵犯了国际法。除了某些例外，这一原则对民法和行政法所规定的强制行为也是适用的。

国际法只是在强制行为、制裁及其准备方面，划定了国内法律秩序的属地效力范围界限这一原则，就刑法而论，是有争论的。关于刑法，一个国家惩罚在外国领土上所犯罪行的权限，根据有些作者的看法，只限于对本国公民的惩罚。就外国人而论，这些作者辩称："当作出这样的犯罪行为时，行为人既不处于有关国家的属地管辖（territorial supremacy），也并不受其属人管辖（personal supremacy）；国家只能要求永久或一时在其领土内的外国人遵守其法律。"但奥本海却说[3]："依据国家的实践和常识，这种观点不能严格地应用于一切场合。"按照奥本海，一个国家对外国人在外国所犯的有些行为有管辖权，那就是如果其行为表现为"准备或参与在主张管辖国内所犯或企图犯的普通罪"；或者是如果由于这些行

210 为，主张管辖国的国民遭受了损害，或者是如果这些行为是直接针对该国安全的行为。但是一个国家对在外国作出其他行为的外国人行使管辖权，是否侵犯了国际法呢？

国际常设法院[4]在 1927 年的荷花号案（Lotus Case）中所表示的意见是："国际法规则并不禁止国家对在其领土外犯罪行为的外国人行使管辖权。刑法的属地主义……不是国际法的一个绝对原则，也决不符合领土主权"。

---

③　L. 奥本海：《国际法》，第 1 卷（1937 年英文第 5 版），第 268 页及其后几页。

④　汇编 A，第 10 号；汇编 C，第 13-Ⅱ号。

一个国家的权力限于其自身领土，并不意味该国在法律上就不可能在这一国家领土外实现任何行为。这种限制原则上只是指广义的强制行为，包括强制行为的准备在内。只有这些行为才不可能在别国领土上执行而不违反国际法。一个国家的元首在停留外国时，可以通过签署有关文件而缔结国际条约、批准法律或任命官员，但均未侵犯其正在访问的那一国家的国际权利。但如果他要他的卫士在作客的那一国家的领土内逮捕一个他的国民，他就违反了国际法。国际法对国内法律秩序的属地效力的限制只是指由这一秩序所规定的强制行为，以及由于将这些强制行为限制在某一领土内，国家的法律上的存在就限于这一领土内，这些事实清楚地表明作为法律的一个要素的那种强制行为的实行，同时也是国家的主要职能。

（三）狭义的国家领土与广义的国家领土

在国内法律秩序的属地效力范围中，即在某一国家被授权执行强制行为的空间中，我们也必须划分开狭义的国家领土和广义的国家领土。狭义的国家领土就是，在原则上，一个国家，即该领土所属国有权在其中实现强制行为的那种空间，其他所有国家均被排除在外的一个空间。根据一般国际法，它是只有一个特定的国内法律秩序才有权规定强制行为的那个空间，也就是只有由这 211
一秩序所规定的强制行为才可能执行的空间。它就是在国家的所谓疆界之内的空间。

但也有一些在某些限制下容许所有国家实现强制行为的区域：这样的区域就是公海（open seas，high seas），以及由于在法律上并不属于任何特定国家因而具有无主土地（no State's land）性质的领土。公海就是处于领水（territorial water）之外的海洋部分。领水（领海 maritime belt）在法律上属于治岸国（littoral State）的领土，但在这里，根据国际法，治岸国要受某些限制。其中最重要的限制就是：在和平时期治岸国负有义务要容许其他各国的商船无害地通过其领水。就外国军舰而论，则被推定：通过组成国际航行大道的领海部分的权利也是不能否认的。公海是任何国家有权在它自己的船舶上，即在悬挂这一国家的旗帜下合法航行的船舶上，采取任何行动，尤其是行使其强制权力的一个区域。国家强制权力在公海上的行使的限制只是，除某些情况外，这一国家无权对别国船只行使其强制权力，因而，它有权惩罚悬挂未经授权的旗帜而航行的所有这种外国船只；有权惩罚即使由外国人所犯的海盗行为。

无主土地的那种领土，具有一种类似公海的法律地位。在那里，每一国家都可以行使其强制权力而并不违反国际法。但是有一个差别。无主土地的领土可以由任何国家通过实际占领的方式所合并而并不违反国际法；但一个国家占领一部分公海的每一企图却都构成对国际法的违反。国际法不容许公海的任何部分从属一个国家的排他性的统治，变成一个国内法律秩序的排他性的效力范围，变成狭义的一国领土。那就是"公海自由"的法律原则、一
212 般国际法的基本原则之一⑤。公海和无主土地的领土是所有国家

⑤　奥本海将这一原则表述如下（《国际法》第1卷，第468页）："'公海自由'一词表示公海不属于并且永远也不能属于任何国家主权的国际法规则。因此，（接下页注）

的领土，但它们并不是一个国家的排他性的领土，不是一个国内法律秩序的排他性的属地效力范围。它们是一个可以说是各国国内法律秩序属地效力范围相互渗透的空间。

（四）国家的“不可渗入性”

国内法律秩序对某一领土即对狭义的国家领土，具有排他性的效力，以及在这一领土内的所有人仅仅且排他性地从属于这一国内法律秩序或这一国家的强制权力的这一原则，往往用这种说法来加以表示，即在同一领土上只能存在一个国家，或者，借用物理学的一个用语来说，国家是“不可渗入的”（impenetrable）。然而，这一原则有某些例外。国际条约可以容许一个国家有权利在别国领土上采取某些行动，尤其是执行强制行为，也就是根据一般国际法不能被容许的那种行为。在战时，甚至根据一般国际法，国家被容许在由它军事占领的外国领土上采取强制行动。另一例外是由两个（或两个以上）国家对同一领土行使的所谓 condominium（共管）或 coimperium（共同统治权）。对这一领土有效力的法律是行使共管各国的法律秩序的一个共同部分。这一法律秩序的规范是由行使共管的各国之间的协议所建立并由这些国家的共同机

（接上页注）公海既不是任何国家的领土，任何国家通常就没有在公海任何部分行使立法、行政管辖或警察的权利。”这一表述并不是很正确的。因为每一国家都有权在公海上行使其主权；只是任何国家都没有排他性地行使其主权的权利，即用武力排斥其他国家在公海上行使相同的权利。奥本海继续说：“因此，进一步，既然公海永远不属于任何国家的主权，任何国家就没有通过占领取得公海一部分的权利……”更准确地说是：公海的任何部分都不能排他性地属于一个国家的主权；这就是为什么任何国家都无权通过占领取得公海一部分的理由。

关所执行。共管的领土是这些国家的一个共同领土，是它们的国内法律秩序的一个共同的属地效力范围。

联邦国家有时被人引为又一个例外。据称，每一成员国的领土同时又是联邦国的部分领土。然而，只有在承认一个联邦国家的所谓成员国是真正的国家时，我们才遇到了一个实际的例外。我们将在以后再回到这一问题上来。

213 （五）国家领土的疆界（领土地位的变更）

国内法律秩序对一定领土有排他性的效力的这一原则，意思就是任何其他国内法律秩序的效力均被排除在这一领土之外。但是国际法律秩序的效力是不被排除在国内法律秩序的属地效力范围之外的。国际法律秩序的属地效力范围包括了一切国内法律秩序的效力范围。因为后者的效力范围都是由国际法所决定的；它们是根据实效性的原则决定的。

根据国际法，国内法律秩序的排他的效力延伸到正好是这一秩序大体上是有实效的，即一直被适用的，延伸到这一秩序所规定的强制行为实际上被实行。这就是据以决定各国在地面上的疆界(boundaries)的法律原则。

传统学说区别开“天然的”疆界和“人为的”即法律的疆界；但是国家的疆界始终具有一种法律的性质，不论这些疆界是否与如一条河流或一个山脉这样的“天然”边疆相符合。

国家的疆界可以由国际条约所决定。例如，国家可以以条约将其部分领土割让(cede)给另一国。这一条约就给受让国以对抗出让国的一个法律资格。由于割让条约，前者就取得了占领被割让领土的权利，即将其法律秩序的效力和实效扩大到这一区域的权利。然而，直到受让国的法律秩序在被割让领土内实际上已成为有实效以前，直到受让国实际上已拥有被割让领土以前，该领土仍是出让国的领土的一部分，并不成为受让国的领土的一部分。领土地位在法律上的变更根据实效性的原则而发生。如果有割让条约，那么，这种领土变化在两国关系中并不意味对国际法的任何违反。如果没有有关各国的协议，那么这种占领，即一国领土为另一国所占有，就构成了对国际法的违反，国际法使各国负有义务尊重相互间的领土完整。对国际法的违反就引起这一法律秩序所规定的后果是：权利受非法占领所侵犯的国家，有权对要为这一侵犯 214
负责的那个国家诉诸战争或报复。[⑥]

虽然如此，根据国际法，如果在被占领领土并入占领国领土的意图下所作出的占领具有永久性时，意思就是占领国的法律秩序对该领土已变得有实效时，那就仍然会产生领土变更。人们往往只是在这一领土以前并不属于另一国家时，才讲到“占领”(occupation)作为取得的一个资格。相反地，当这领土属于另一国家时，人们就讲“兼并”(annexation)，所想到的是征服的情况。即，在战时通过军事力量占有敌国领土的情况。传统学说承认对被征服的敌国领土的兼并，不论是全部领土的兼并(征服)或部分领土的兼并，如果征服已稳固地建立的话，就构成了征服国对领土的取得(acquisition)[⑦]。通过军事力量在违反另一国意志然而被牺牲

⑥　参见本书第 328 页。

⑦　奥本海：《国际法》，第 1 卷，第 427 页及下页、第 450 页。

者又未加军事上抵抗的情况下占有这一国家的领土，也是可能会发生的。如是由一个国家对另一国家所执行的单方面的武力行为，不被认为本质上是战争的话（根据传统的看法，战争是“两个或两个以上的国家使用武装力量的斗争”，因而就至少是一个双方面的行为[8]），那么兼并不仅在战时有可能发生，而且在和平时期也有可能发生。决定性问题是：兼并，即在取得别国领土的意图下占有该国领土，即使未经以前领土所属国的同意，但如果占有已“稳固地建立”就构成对这一领土的取得。兼并是否是一个 occupatio bellica 后实行这一点是没有关系的（occupatio bellica，即交战国对敌国领土的占领，是交战的一个特定目标；它在本质上并不意味一个领土的变化）。

如果一个国内法律秩序的实效对另一国内法律秩序的属地效力范围的伸展、一国对另一国领土的有实效的兼并，意味着对国际法的一个侵犯的话，正如已指出过的，侵入国就面临一般或特殊国际法规定的制裁。然而，如果兼并已稳固地建立，兼并行为是非法的事实也不能阻止被兼并领土之成为占领国领土的一部分。Ex injuria jus oritur（不法行为产生权利）这是随国际法中所通行的实
215 效性法律原则而来的必要结果。正是根据同一原则，一国的领土可以伸展到以前是无主土地的领土。无主土地性质的领土的取得以及兼并属于另一国家的领土这两者之间的差别在于：在第一种情况下，对构成领土地位变化的那一领土的占领，根据实效性的原则，始终是合法的；而在第二种情况下，这种占领只有在执行割让

⑧ 奥本海：《国际法》，第2卷，第166页及下页。

条约时才是合法的。

割让条约有可能继取得国对割让领土的占领而来，例如，在割让是战争的结果并且被割让领土已处于割让给它的那一国家的军事占领下的情况，就是如此。如果在割让之前的占领具有违反国际法性制裁的话，那么，后来的条约也就具有使占领合法化的作用。

传统学说也认为添附（accretion），即土地通过新的形成而增加（就像一个岛屿在一条河流中或领海中的出现）也是取得领土的一个方式。人们推定，根据一般国际法“领土如有新的形成，它 ipso facto（根据事实本身）依添附而扩大，而不必有关国家采取任何特殊步骤以扩展其主权”[⑨]。然而，这一原则预定新领土处于取得国的有效控制范围内。

在国际法中，“时效”（prescription）规则也被认为是取得国家领土的方式之一。其意义是“如果占有已延续相当长时间”，无碍地连续占有就产生了“占有者的所有权”[⑩]。关于这种时间长度并不存在任何一个规则，所以也就几乎不能将“时效”和实效性的一般原则区分开来。根据后一原则，占有国在作为自己领土而持有的意图下所行使的那种已稳固地建立的占有构成对这一领土的取得。同时，也根据实效性原则，占有必须延续相当长时期以便被认为已“稳固地建立”。奥本海说：“国际法上时效的基础只是国际社会成员对于一个事实——尽管其起源是不合法的——所给予的一

⑨ 奥本海：《国际法》，第 1 卷，第 445 页。

⑩ 同上书，第 455 页。

216 般承认。”[11]他进一步说：“在国际社会成员的实践中，即使一国原先不正当地和非法地占有某些领土，但如果占有者已在相当长时期内无碍地占有，以致造成了一种信念，以为事物的现行秩序是符合国际秩序的，那么该国就被认为是那些领土的合法所有者。”但他同时又承认“关于时期的长度是不能立出什么一般规则的”[12]；并且对被占领领土的兼并，不管这种征服的合法性或非法性如何，也不管征服结束后时期长度如何，“只能在征服已**稳固地建立**后，才授予所有权”[13]。

传统理论根据“它们所给予的所有权是否由于转让一个以前的所有主国家的权利而来”[14]而划分转让取得（derivative acquisition）和原始取得（original acquisition）两种方式。显然“所有权”，即某一领土在法律上属于某一国家的事实，只是而且排他性地以那一国家对该领土的强制秩序的永久实效为基础的，而不是以以前国家的“所有权”为基础的，那么，就根本没有什么转让取得。割让的特征并不是像人们推定的那样，认为这种取得方式是转让的，而却是：它使受让国有可能取得别国领土而并不违反国际法。

丧失领土的不同方式相当于取得领土的各种方式，并且也像后者一样，都是由实效性原则决定的。这在相当于占领的所谓“放弃”（dereliction）尤其如此。当国家舍弃它的一部分领土而无意或无能重行取回时，我们就讲放弃。

---

⑪ 奥本海：《国际法》，第1卷，第455页。

⑫ 同上书，第456页。

⑬ 同上书，第450页。

⑭ 同上书，第429页。

一个和任何取得方式都不相当的丧失领土方式，就是在一个旧国家的部分领土上由这一国家的部分人口建立一个新国家。正如我们将在下面再讲的，根据实效性的原则，一个新国家的出现发生在这一新国家的建立或者是一部分人口革命性的脱离(secession)的结果，就如美国的情况；或者是一个国际条约的结果，例如但泽和梵蒂冈国的情况。基本的事实是：一个新的国内法律秩序对一个以前是既定国家部分领土的那一领土来说，已变成有实效的了；而结果就是以前有效力的国内法律秩序对这一领土已不再有实效。

(六) 国家领土是一个立体空间 217

国家的领土通常被认为是地球表面上的一个固定部分。这个观念是不正确的。国家的领土，作为国内法律秩序的属地效力范围来说，并不是一个平面，而是一个立体空间。国内法律秩序的效力和实效都同样不仅向宽、长伸展，而且还向深、高伸展。由于地球是一个球形体，所以这一空间的几何形状(国家的空间)大体上是一个倒立的圆锥体。这一圆锥体的顶点是地球的中心，圆锥形的各空间，所有各国的所谓领土，就在该处会合。传统理论所界说为“国家的领土”者，即由国家疆界所划定的地球表面的那一部分，只是由国家的圆锥形空间的一个横断面所组成的一个可见的平面而已。在这一平面上下空间，在国家的强制权力，法学上的意思就是国内法律秩序的实效，所伸及之处，在法律上均属于该国。

许多作者推定，国家领土(作为地球表面部分说)上下的全部空间均属于领土国而不管其有效控制的程度如何。然而，这种观点和实效性的一般原则是不相容的。就大气空间而论,在 1919 年所缔结的国际航空公约第 1 条就宣称,各国对本国领土或领水之上的大气空间有“完全的和排他性的主权”。根据该公约第 2 条,缔约国同意,对遵守该约所定条件的其他缔约国的航空器“在平时准其有无害通过”它们的领土和领水之上的“自由”。根据第 3 条,任何国家都有在已公布并通知其他缔约国的条件下“因军事或公共安全的理由”而划定“禁区”的权利。一个国家只有在它具有有效控制的那一部分的大气空间内,才能对其他国家的航空器强行实施该公约的和本国国内法律秩序的规定,这也是合乎道理的。任何法律秩序的效力不能扩展到这一范围之外。另一方面,构成一个类似“公海自由”原则的自由大气空间或自由地下层的一般国际法规则是没有的。但缺乏这样一个规范并不一定要规定地面上下的全部空间属于有关国家领土。很可能是:超出领土国有效控制之外的大气空间和地下层都具有无主土地的性质。然

218 而,根据一般国际法,似乎其他国家纵然有占有这一空间的技术能力,但也并无占有权利。符合实效性的原则来说明这些空间部分的特征的唯一办法就是:推定领土国有加以占领的排他性的权利,这就是说,有根据其技术手段的进步,而将其法律秩序的实效扩大到以前超过其有效控制之外的那些大气空间和地下层部分去的排他性权利。

(七)国家及其领土之间的关系

在传统学说里,对作为法人的国家和“它的”领土之间的关系问题,给予某种突出的地位。这一问题出自那种拟人论(anthropomorphic)的观念,即认为国家是一类人或超人,其领土则是他所有的一类地产。在调整不动产转移的法律和关系到领土变更的国际法之间,确实有某些类似地方。但是我们还是必须将这一问题作为一个伪造的问题而加以摒弃。在作为一个人格者来看待的国家及其领土之间,根本没有什么关系可说,因为它的领土只不过是国内法律秩序的属地效力范围而已。因此,问什么国家对其领土的关系是对物权还是对人权的性质是文不对题的。国际法对国内法律秩序的效力范围的决定,完全不同于用以构成对物权或对人权的国内法律秩序的规定。

二、时间作为国家的一个要素

(一)国内法律秩序的属时效力范围

传统理论的特征是,它认为空间,即领土是国家的一个"要素",但时间却并不是。然而,一个国家不仅在空间中存在,而且也在时间中存在,如果我们将领土看作是国家的一个要素,也就必须将国家的存在期间当作国家的一个要素。当人们说在一定空间内不能存在一个以上的国家时,显然这就意味着在同一时间的同一空间内不能存在一个以上的国家。人们认为自明的是,正如历史所表明的,两个不同国家可以,至少是部分地,先后在同一空间内存在。正如领土只是在它是国内法律秩序的属地效力范围这一意义上(而不是自然空间,将国家像天然物体来加以填满这一意义上),才是国家的一个要素一样,时间,即存在的期间,也只是在它

219 是相应时间效力范围这一意义上，才是一个要素。这两种范围都是有限制的。正如国家在空间上并不是无限的一样，国家在时间上也不是永恒的。调整许多国家在空间上的共存以及它们在时间上的连续，正是那同一个秩序。正是国际法才划定了国内法律秩序的属地和属时两种效力范围。当一个国家开始存在的起点，即，当一个国内法律秩序开始有效力的时刻，以及一个国内法律秩序停止有效力的时刻，都是由实在国际法根据实效性原则加以决定的。据以决定国内法律秩序的属地效力范围的，也是这同一原则。

（二）国家的诞生与消灭

1. 国际法律秩序对国内法律秩序的属时效力范围的限制

国内法律秩序的属时效力范围的问题通常被认为国家的诞生与消灭问题。人们公认，一个新国家是否已出现或一个旧国家是否已不再存在的问题，应以国际法为根据来解答。国际法的有关原则被陈述如下：如果一个独立政府对一定领土发布强制命令而成立以及如果该政府是有效的话，即该政府有能力获得住居在该地区中的人对这一命令持久的服从，那么，国际法意义上的新国家就已出现。人们预定，该强制命令已在其中实施的那一领土，连同住居于该地的那些人，以前并未组成一个国家的领土和人口。这一定是这样一种领土，连同住居该地的那些人，迄今以前根本不曾属于任何国家，或者曾属于两个或两个以上的国家，或者曾只组成一个国家的一部分的领土和人口。如果一个政府已成立，它有能力在曾经是一个国家的领土和人口的那一领土上和那一人口中，获得对其命令的持久的服从，如果领土和人口是一样的，那么，就没有出现什么国际法意义上的新国家，已成立的只是一个新政府。这一意义上的新政府只有在它是通过革命或 coup d'état（政变）而成立才能被推定。

2. 国家的同一性

只要国内法律秩序的连续性（contiunity）还被保持，这就是
说，只要这一秩序的变更，即使在法律规范内容或属地效力范围的 220
根本变更，都是符合宪法所体现的行为的结果，如果这种变更并不意味整个国内法律秩序效力的终止，那么，国家还依然是同一个。整个国内法律秩序效力的终止就是下述情况，例如，国家通过它自己的一个立法行为而并入另一国家的情况。奥地利共和国，通过其国民议会于 1918 年 11 月 12 日所通过的（但未被执行的）一项法律，以及后来它的政府于 1938 年 3 月 13 日所制定的一项法律，就被宣布为德国的一部分。

只从国内法律秩序本身的角度来看，国内法律秩序的连续性和由这一法律秩序所构成的国家的同一性（identity）是一致的。然而，如果这种变更是革命或政变的结果，那么，国家的同一性问题就只能以国际法律秩序的基础才能加以回答。根据国际法，只要领土实质上仍然是同一个，国家也就仍然是同一个。国家在时间上的同一性是直接以领土的同一性为根据的，只是间接地才以生活在该领土的人口的同一性为根据。根据传统理论，当政府已不再有能力获得迄今以前对该领土曾有实效的那一强制秩序的持久服从时，一个国家也就不再存在了。为了要推定一个国家不再存在，就必须要没有其他一个政府有能力获得对该领土有效力的强制秩序的持久服从。这种领土可能变为无主土地或另一国家的

部分领土,或两个或两个以上国家的部分领土。如果该领土整体仍然是一个国家的领土,那就不可能推定一个国家已不再存在而另一国家已在同一领土上出现。继续存在的是同一国家,不过是在一个通过革命或政变而掌权的新政府的统治之下。

3. 国家的诞生与消灭作为法律问题

只有在我们推定国际法实际上体现了就像前章所提的某些原则,关于一个国家的存在的开始和结束的问题才是一个法律问题。纵使某些作者鼓吹相反的观点,但通常所述的整个问题,还是具有一种特别是法学上的性质。这一问题等于说:一个国内法律秩序到底在什么情况下才开始或不再有效力?国际法所给予的回答就是:一个国内法律秩序一旦已(大体上)成为有实效时,就是有效力的;一旦它丧失了这种实效时就不再是有效力的。只要这个法律秩序的属地效力范围在实质上仍然相同,即使该秩序竟已在宪法规定以外方式下,即在革命或政变的方式下变更,这一法律秩序仍
221 然是一样的。一场已取得胜利的革命或成功的政变并不毁灭它们所加以改变的那一法律秩序的同一性。由革命或政变所建立的那一秩序,如果对同一领土是有效力的话,那就必须被当作旧秩序的修正而不是作为一个新秩序来看待。根据国际法,由革命或政变而掌握持久权力的那一政府,是这一国家的合法政府,这一国家的同一性并不因这些事件而受影响。因而,根据国际法,取得胜利的革命或成功的政变就被解释为可以改变国内法律秩序的程序。根据国际法看来,这两个事件都是创造法律的事实。这既是不法行为产生权利;而又正是实效性原则的适用。

（三）承认

1. 承认共同体是国家

一般国际法决定社会秩序作为国内法律秩序的条件，或者就是说，一个共同体作为一个国家并从而作为国际法的主体的条件。如果国家是国际法主体，那么国际法就一定要决定国家是什么，正如国内法必须决定谁是它所规定的义务和权利的主体；例如，只有人而非动物，或只有自由人而非奴隶才是这种主体。如果国际法不决定国家是什么，它的规范就无法适用。

根据国际法，如果一个社会秩序是一个调整人的相对集权化的强制秩序，如果这一秩序仅次于国际法律秩序，以及如果它对一定领土有实效，那么这一社会秩序便是一个国内法律秩序。同一规则，如果用人格化的通常用语来表达的话，就会这样说：如果属于一个共同体的人在一个独立和有效的政府管辖下住居于一定领土，那么这一共同体便是一个国家。这就是“国际法意义上的国家”的事实。它是国际法对其赋予各种重要后果的一个事实。

如果一个法律秩序在一个抽象规则里以某些后果赋予某一事实，那么，正如前一章中所指出，就要决定在一个具体情况下一个主管机关借以确定该事实存在的程序。在法律领域中，没有什么“本来是”事实的东西，没有什么立即明白的事实，有的只是由主管机关在法律所决定的程序中确定的事实。

由于一般国际法是由一般规范构成的，所以它只能以抽象的 222
用语来决定“国家”这一法律事实。但是，根据一般国际法，这种问题又如何决定：“国际法意义上的国家”这一法律事实在一定情况下是否存在？特定的人的共同体实际上是否拥有作为国际法主体所要求的那些属性？换句话说，国际法对这一共同体在其对其他国家的关系中，是否是可以适用的？借以确定“国际法意义上的国家”这一事实的程序又是什么：谁有权确定该事实？国际法所规定的在一个具体情况下确定“国际法意义上的国家”这一事实的那一程序称为承认；有权确定这一事实的存在的就是对该国的存在具有利害关系的那些其他国家的政府。

在传统理论里，盛行关于承认问题的一些混乱思想。这种混乱的原因就是人们对两种完全不同的行为没有明确地划分开来：这两者都称为承认，一个是政治行为；另一个是法律行为[15]。承认国家的政治行为，意思就是承认国愿意与被承认国发生政治上的或其他的关系，也就是通常在国际社会成员间所存在的那一类关系。根据一般国际法，国家并不负有义务要与其他国家保持这些关系，即派遣或接纳外交使节、缔结条约，等等；所以对国家的政治承认是属于承认国任意决定的行为。这种承认的实现可以通过承认国的单方面的宣布，或者通过双方面的行为，即通过承认国政府一方或另一方被承认国政府之间的换文。政治承认可能是有条件的或无条件的。然而，只要愿望与一个国家发生政治或其他关系的宣告并不构成任何具体法律义务的话，那么，从法律观点来看，上面这些问题都是次要的。

这样一种义务只能由于两国之间的条约才产生，而这样一个

---

⑮　参见作者论文：“国际法中的承认：理论上的观察”，载《美国国际法季刊》，1941年，第35卷，第605页及下页。

条约就包含了比单纯承认宣告为多的内容。这种单纯宣告本身并没有任何法律后果，纵然在政治上它可能是有很重大意义的，尤其对被承认国的威望来说更是如此。政治承认行为，由于它并无任 223
何法律效果，所以就不是构成被承认国的法律存在的要素。政治承认预定被承认国的法律存在。如果有人愿意用这种行为只是“宣告性的”行为这一说法来表示一个行为并无法律后果这种消极的事实，政治承认行为的特征就可以说是“宣告性的”行为。

法律承认行为是和政治承认行为截然不同的。前一行为是国际法所规定旨在确定在一个具体情况下的“国家”这一事实的上述程序。一个国家承认一个共同体是一个国家，在法律上就是指它宣布该共同体是国际法意义上的国家。

根据国际法，这样的承认确实是必要的。一般国际法决定在什么条件下一个共同体必须被认为是一个国家；并从而规定一个程序以决定在一个具体情况下一个共同体是否已具备了这些条件以及因而是否是国际法意义上的一个国家。国际法授权那些根据一般国际法，具有与该共同体（假定这一共同体是一个国家）有关的义务和权利的各国政府，来决定上述问题。对另一个国家的存在与否具有利害关系的那一国家的政府，的确并不是决定这个问题的客观的和公正的权威。但既然国际法并未设立专门机关来创造和适用法律，所以除了这些事实由有利害关系的政府来确定，意思就是除了他们的“承认”以外，也就没有别的办法来确定这些事实的存在。承认一个共同体是一个国际法意义上的国家，只是这 224
样一个有关承认的一般原则的一个特别场合，也即这样一个原则，根据该原则，国际法赋予法律后果的那些事实的确定，在一个具体情况下必须由这些事实具有利害关系的政府来加以确定。这是国际法的影响深远的分权化的一个结果。

在决定一个自称是一个国家的共同体是否实际上是一个国际法意义上的国家时，其他国家的政府也决不是自由的。它们的确并不负有义务承认一个共同体是一个国家；但如果一个国家承认另一共同体是一个国家，它就受以一般方式决定一个国家要素的国际法的约束。一个国家决不会因为仅仅不承认一个共同体是一个国家的行为而违反国际法。

但如果一个国家承认了一个并不具备国际法要求的共同体是一个国家，它就侵犯了国际法并从而侵犯了其他国家的权利。当国家通过其政府证实一个共同体是一个国际法意义上的国家，这就是说，一个国家已承认该共同体是一个国家时，承认国对被承认的共同体就有了由国际法所规定的全部义务和权利；反过来，国际法在承认国对被承认国的关系上也就成为可适用的了。但承认必须是相互的，以便国际法在被承认国对承认国的关系上，也成为可以适用的。

承认或 actus contrarius（相反的行为）不承认，作为确定在一个具体情况下国际法意义上的国家存在与否的事实这一点而论，不仅对一个新国家的出现来说，而且对一个旧国家的消灭来说，都是重要的。当一个国家通过其政府证实了一个迄今以前被承认是一个国家的共同体已不再符合国际法的要求，那就是说，当一个国家从一个共同体那里撤销了承认，那一共同体在对前一国家的关系中在法律上就不作为一个国家而存在。国家在法律上的存在具有一种彻底的相对性。国家只是在对其他国家的以相互承认为基础的那种关系中，才在法律上作为国际法的主体而存在。

正如如果不行使承认一个共同体是一个国家这一权限，并不违反国际法一样，所以，如果不行使撤销承认的权限，也并不违反国际法。表现这一行为的义务是没有的。但正如国际法可以因承认行为而被违反一样，国际法也可以因撤销承认的行为而被违反。承认和不承认，都同样可以体现为违背国际法。一个国家可能宣称曾是一个国家的共同体已不再是一个国家，虽然该共同体事实上仍具备国际法所规定的全部条件。这样一来，有关共同体的权利便受到了侵犯。它的法律上的存在问题就在它与否认其存在的那一国家之间产生了争论。在这种情况下就可以适用那些相同的原则，即，根据国际法，争论一个国家是否已侵犯了另一国家的权利时将被适用那些原则。

一个国家可以宣布“不承认”另一国家由第三者国家的兼并，因为这种兼并包含了对国际法的侵犯。然而，如果兼并是有实效的话，那就是说，已稳固地建立的话，那么，不承认国家的政府也就不能主张被兼并的那一共同体依然显示国际法意义上关于国家的全部要素。因而，“不承认”就不能意味不承认政府关于被非法并入的那一共同体继续作为一个独立国家而存在的看法了。这种
“不承认”可能具有政治上的含义。它可能表示不承认政府的某种 225
不赞成以及它希望见到被非法兼并的那一共同体会恢复为一个独立国家的愿望。将该共同体并未不再作为一个国家而存在的意思归属这样一种不承认，就意味着一个虚构，违反由实效性原则所决定的法律现实。

既然对一个国家的承认，作为一个法律行为来说，就是对一个

国际法所决定的事实的确认，它就不可能是有条件的。一定共同体是否是国际法意义上的国家这一问题只能回答为“是”或“否”。宣布承认的内容排除附有条件的任何可能性。对一个国家的承认只能是无条件的。在一个有条件的承认的情况下，例如，甲国宣称在乙国这一新国家以特种权利授予国内少数人口的条件下承认乙国，这种条件不能指乙这一共同体是一个国际法意义上的国家这一事实的确认，这种确认是承认行为所暗含着的。这种条件只能指政治承认行为，在这种情况下，这一行为是和法律行为联系着的。如果被承认为一个国家的乙，这一共同体，接受了甲国的宣告，即乙国对甲国负有义务以特种权利授予它国内少数人，然而并不履行这一义务，那么，乙国就在承担根据一般国际法违反法律的一切后果下，侵犯了甲国的一项权利。至于就乙国在对甲国的关系中的以法律承认行为为根据的法律存在来说，上述这种侵犯是不重要的。

2. 法律上承认与事实上承认

无论在理论上或实践上，人们总习惯于划分法律上的(de jure)承认和事实上的(de facto)承认。这种划分的含义并不是十分清楚的。一般地说，人们相信法律上的承认是最后的承认，而事实上的承认只是暂时的并从而是可加撤销的承认。如果这样一个划分是关系到政治承认行为而作出时，就一定要注意到宣称愿意同新国家建立正常的政治和经济关系，并不构成任何法律义务。即使这种政治承认并非暂时的，它也不是一个法律行为，并且在这一意义上，也就不是法律上的承认。为了使政治上的承认不可能被单方面地撤销起见，它就必须具有承认国和被承认国之间的一种条约形式，即构成法律义务的一种条约形式。因而两国的宣告一定包含了比单纯承认为多的内容。

上述划分可以适用于法律上的承认行为，但具有下述限制：所谓事实上的承认也是一个法律上的承认，因为它代表了一个法律 226
行为。但也许所谓事实上的承认的这种法律行为总多少不同于狭义的法律上的承认。就这方面而论，一定要注意到：关于特定共同体是否具备国际法所规定的成为一个国家的全部条件这一问题，有时是难于回答的。一旦一个自称是国家的共同体已出现后，是否该事实完全符合国际法的要求，尤其是这一新秩序是否是持久地有效和独立这一点，在有些场合下是颇为可疑的。如果法律上的承认行为在这一阶段上就作出的话，承认国可能希望在其行为中宣称它的承认仅仅是事实上的承认来表明上述局势。正如已述及的，这种讲法并不是很正确的，因为即使这样一种承认也是一个法律行为，而且在承认国与被承认国之间的关系中，具有像法律上的承认相同的效果。如果以后结果变为那个被承认的共同体事实上并不符合国际法所规定的全部条件，承认国可以在任何时候确认这一点，但如果承认并不是作为一个事实上的承认，而是作为一个法律上的承认来宣布的话，这样的确认也是可能的。我们只需记住，根据一般国际法，任何国家均有权确认：一个曾是国际法意义上的国家，已不再是这样一个国家，因为它不再具备一般国际法所规定的条件。

从法学观点看来，法律上的承认和事实上的承认之间的划分不是重要的。

3. 有追溯力的承认

既然根据一般国际法，国家并不负有义务，而只是被授权，来决定是否一个共同体是或者不再是一个国家，那么，这一点就可以在任何时候加以确认，不管作出这种决定的国家认为该共同体在那一日期开始具备所规定条件。有权确认这一点的国家可以在其宣告中定出那一日期。承认国可以在承认或不承认那一天以前宣布该共同体已开始具备或不再具备国际法所定条件，使其承认或不承认具有追溯力(retroactive force)。根据一般国际法，具有追溯力的法律行为是可能的。没有理由假设承认或不承认行为是对
227 这一规则的一个例外。这些行为是否具有追溯力将根据行为国的意图加以决定。这种意图必须以某种方式表示。一般国际法并未规定任何特殊形式；事实上，无论对承认行为或不承认行为，也都没有规定什么形式。

关于有权作承认行为或不承认行为的国家机关，一般国际法也没有专门的裁决。这里适用的是国际法委托国内法律秩序去决定在其对别国的关系中代表国家的机关所根据的一般规则。在这一方面，必须要注意到的是：根据国际法中所奉行的实效性原则，只有一个国家的有效宪法才被认为是受国际法委托的。一个国家的实际生效的宪法并不一定要符合它的成文宪法。

4. 加入国际联盟的承认

一个国家可以通过国际条约的手段将其承认另一国的权限转让给其他国家、国家联盟或其机关。我们一定要在这一意义上来解释国际联盟盟约第1条第2款，它规定如下："凡一切国家、自治领或殖民地，为附件中所未列入者，如经大会2/3之同意，得加入

为国际联盟会员国……”这一条款并不意味只有由联盟所有会员国承认的国家才能通过大会的多数表决而加入联盟。因而，即使一个共同体还不曾为投票反对其加入的某一会员国所承认，这一共同体也可能成为联盟的一个会员国。由于加入联盟，该共同体对所有其他成员国，就其与其他会员国的关系而言，即使是那些曾投票反对其加入的会员国在内，就成为盟约所规定的各种权利与义务的主体；而联盟的其他会员国，即使是那些投票反对其加入的会员国，在对新加入的会员国的关系中，根据盟约所定的各项规则，也取得某些权利并承担某些义务。这种情况只有在下述假设下才有可能发生，那就是：新会员国，由于加入联盟，所以在对那些尚未承认它的国家的关系中，已被承认是一个国家。大会决议允许新会员国加入，就意味着代替那些本身尚未承认新会员国的成员国的承认行为。一个国家，由于使自己隶属于国际联盟的盟约，就将承认一个它尚未承认的共同体是一个国家的权限，转让给大

会。然而，这种权限的转让只限于该共同体如果允许被加入联盟 228
的情况。一个类似的情况是：如果一些国家缔结了设立一个法院的条约，即，如果这一条约有一个无限制加入的条款。如果尚未被某一或其他缔约国承认是一个国家的共同体，成为一个缔约国并且在该法院中对尚未承认它的一个国家提起诉讼，那么法院必须驳回被告关于原告“并非国际法意义上的国家”的异议，而判决原告具有约束被告的法律地位。在这种情况下，就存在了被承认的权利。

5. 政府的承认

承认一个人或一群人是一个国家的政府，实质上提出了就像

承认一个共同体是一个国家一样的问题。承认一个政府的法律行为和政治行为，必须在原则上加以区分。正如已指出过的，前一种行为是对一个人或一群人实际上是一个国家的政府这一事实的确认。第二种行为则是愿意和这一政府发生相互关系的宣告。根据国际法规定，一个政府就是这样一个人和一群人，他们依靠一个国家的有效宪法，在这个国家和其他国家的关系中代表这一国家，即，在这一国家和国际社会的关系中有权代表该国而行为。然而，既然一个国家在这一意义上一定要有一个政府，而一个没有国际法意义上的政府的共同体便不是国家，所以承认一个共同体是一个国家也就意味着被承认的共同体有一个政府。承认一个政府的法律行为同承认一个国家的法律行为是不能分的。只要国家还承认另一共同体是一个国际法意义上的国家，以及只要它没有宣称这一共同体已不再是一个国家，它就不能宣称这一国家没有政府。然而，国家可以自由地和一个政府发生或拒绝发生政治的和其他的关系；这就是说，它可以给予或拒绝给予该政府以政治承认，但决不是法律承认。

然而，拒绝政治承认只是在有限程度上才有可能。一般主张是：一个国家，虽然其政府在政治上并未由另一国家所承认，但在对另一国家的关系上，却仍然是国际法的一个主体，在两国间的相互关系中，由一般的或特殊的国际法所规定的全部权利和义务依
229 然是生效的。然而，履行国际义务和行使国际权利的却正是政府。让我们假定：甲国拒不承认乙国政府，但不拒绝乙国本身，并要求乙国在其对甲国的关系中履行其义务。那么，甲国就一定要接受这样一个事实：乙国的义务是由其不被甲国所承认的那一政府履

行的;甲国也不能简单地因为对乙国的义务的履行是由一个甲国所不承认的政府要求的就拒不履行这一义务。承认或不承认一个人或一群人是一个国家的政府只能具有一种政治上的、而非法律上的含义这一点,是下述国际法规则的结果:根据该规则,一个国家可能为自己自由地设立它所希望的任何政府,条件只是其他国家的权利并不因而受侵犯以及该政府是有效的。一个国家承认或不承认另一国家的政府的自由所依靠的事实是:任何一个国家都并无与其他国家发生政治或其他关系,与他国缔结条约等义务。任何国家都可以与其他国家断绝这些正常关系,如果那个其他国家的政府在政治上是不能被接受的话。然而,这种断绝关系一定不能影响现存的法律义务。

6. 承认叛乱者作为交战国

除了对国家与政府的承认外,承认叛乱者(insurgents)是一个交战国(belligerent power),在国际法中也是有重要地位的。这种承认预先推定内战的存在。在国际法所决定的某些条件下,这种内战可以具有国际战争的性质。

这些便是条件:

① 叛乱者必须有一个他们自己的政府和军事组织。

② 叛乱必须是在战争通常技术形式下进行,即,冲突必须超过仅仅是小规模的叛变并必须具有一般理解为是一场战争的真正特征。

③ 叛乱者的政府必须在事实上控制着发生内战的那一国家的某一部分领土,即,叛乱者所建立的秩序对这一国家的某一部分领土来说必须是有效的。

承认叛乱者是一个交战国的法律行为就意味着在特定情况下存在了一般地由国际法决定的上述这些事实。这种承认可以由叛乱所针对的合法政府和其他国家的政府同样作出。至于承认叛乱
230 者是一个交战国的效果，则有分歧意见。唯一公认的一点是，由于这种承认，那么，国际法关于战争和中立的那些规范，可适用于承认国和被承认为一个交战国的共同体之间的关系中。对叛乱所针对的合法政府来说，承认叛乱者是一个交战国就意味着解除了对叛乱者所占领土内可能发生事件的任何责任。

这种承认行为的两个最显著的功能是：其一是内战向国际战争的转变及其全部法律后果；其二是不仅从合法政府方面来说，而且还从叛乱政府方面来说，国际责任随着陷入内战那一国家内的政治力量的变化而相应调整。明确地决定双方的责任是编纂一个法典的极端重要的任务，但在这一点上，目前所有的只是处于statu nascendia（萌芽状态）的国际法规则。

承认叛乱者是一个交战国比像承认一个人或一群人是一个政府来说，更像承认一个共同体是一个国家，通过叛乱政府对陷入内战的一个国家的部分领土和人口的控制，一个确实像国际法意义上的国家的实体就告组成。就叛乱政府的责任范围而论，这一点是极端重要的。

（四）国家的继承

国家的领土在以下情况下可成为另一国或数国的部分领土：一个国家由于国际条约而自愿地并入另一个或另一些国家时，或者当一个国家的全部领土在违反其意志下，被另一个或另一些国

家所兼并；或者在几个国家由于一个国际条约，在所谓成员国根本没有国际人格的条件下建立了一个联邦国家。一个国家的部分领土也可能变为另一国家的领土，这或者是由于国际条约，例如但泽或梵蒂冈城；或者是由于革命，当时一个国家的部分人口脱离出来并在其所住居的领土上建立了一个新国家。一个国家的部分领土也可以由于割让条约或者在违反有关政府意志下由于另一国的兼并，而成为另一国家的部分领土。

当一国的领土全部地或局部地变为另一个或一些国家的部分
领土时，或者在一个国家的部分领土变成另一国家领土时，根据一 231
般国际法，就发生原先国家的义务和权利是否以及在什么程度上移转了继承国的问题。这就是所谓国家的继承（succession of states）问题。一个国家的全部领土变为另一国家的全部领土是不可能的，因为，如果领土是同一的话，那么国家的同一性也就保持了。因而也就不发生任何国家继承问题。

继承并不涉及一般国际法为一个国家设定的义务和授予它的权利。这些义务和权利是继承国在该领土方面直接依靠一般国际法，而不依靠继承而来的义务和权利。继承只是指由特别国际法，尤其是由国际条约，以及由国内法（例如国家的公债）而建立的那些义务和权利。人们推定，根据一般国际法，在原先国家的与变为继承国的领土有地区联系的那些国际义务和权利方面，才产生继承。继承国被认为受原先国家和其他国家所缔结的那些条约的拘束，如果这些条约确认了前者在这一领土上所固有的那些义务，例如，关于国界线、河流的航运等等的义务。但条约所生的权利也移转给缔约国的继承国。在变为继承国所有的领土上所发现的原先国家的国有财产(fiscal property)方面,也产生继承。就原先国家的债务而论,只有在一个国家的全部领土变为另一个或数个国家的领土时,并且只在债务人是非继承国的国民时才发生继承。因此这些债权人的本国就有权主张继承国偿还这些债务。当这一领土变为一个以上国家的领土并因而就有对原先国家的国有财产的几个继承人时,那么就适用必须由不同继承国按比例分担债务的规则。

(五)国家地役

国家地役(state servitude)是指国际条约为其他国家的利益而创立一个国家的一些义务,它们是和承担义务国的领土永久联系着的,以致如果缔约国这一方或另一方的领土成为另一国家的领土时,也就发生了对这些义务和相应权利的继承。这些和一国领土或其中一部分领土永久联系着的,有利于另一国的义务,除了
232 以前章节中所提到的以外,还包括了在某一地方不加设防、容许军队过境、容许在领水内捕鱼或安装海底电线,等等。“地役”一词取自民法。根据通常的定义,地役是为了属于另一产主的另一土地的利用而对某一土地所设定的负担,例如,为了另一土地的更好的利用而通过某一土地的权利。因而人们就讲到“供役”地(serving estate)和“使役”地(dominant estate)。类似地,有人就将国家地役界说为“根据条约对一国属地优越权的限制:按照这种限制,一国领土的一部分或全部在一定范围内须永久供另一国的目的或利

益之用”[16]。有人也就讲“供役领土”和“使役领土”(territorium serviens 和 territorium dominans),就讲到与之联系着的那一客体所固有的,作为对物权的国际权利,以区别于作为对人权的国际权利,等等。然而,民法上的地役和所谓国家的地役、国际地役之间的类比,是有问题的,因为国家对其领土的关系并不是所有权关系。这一现象的决定性因素是由于义务、权利和一定领土之间的联系才发生对这些义务和权利的继承。主张国家地役是“权利”,“负担国家地役的领土的所有权纵有变更,这些权利依然有效而可以行使”[17]。这种说法,并没有正确地表明上述现象。国家地役主要是义务,因为它们是对一个国家的限制,其次才是其他国家,即为了有利于它才建立该义务的那个国家的权利。真正意义上的地役预定要有所有权,可是并没有对这种领土方面的所有权。

国家地役不仅可以通过条约而建立,而且还可以通过特殊的习惯,这就是说,通过履行据以创造习惯法的全部条件的两个国家的相互行为而建立。如果一个国家地役是由两国所缔结的国际条约创立,这一条约显然对条约只对缔约国设定义务并授予权利这一一般原则提出了一个例外。建立国家地役的条约,为具有这种义务的领土的每个所属国,都设定了义务。这样一个条约对为其利益而建立权利的那一缔约国的继承者的每个国家,都授予权利。建立国家地役的条约是一个对第三国 à la charge 与 en faveur(承担义务和给予权利)的国际条约。一般国际法承认缔约国建立“永 233

[16] 奥本海:《国际法》,第1卷,第419页。

[17] 同上书,第424页。

久的"义务和权利的意图并从而授权缔约当事国通过条约的成立而使第三国承担义务和赋予它权利。

三、国家的人民

(一)国家的人民作为国内法律秩序的属人效力范围

根据传统理论,国家的第二个"要素"是人民,即住居于国家领土内的那些人。他们被认为是一个统一体。就如国家只有一片领土一样,所以它也就只有一个集合体的人民;正如领土的统一体是一个法学上的,而不是一个自然的统一体一样,所以人民的统一体也复如此。人民的统一体是由对被认为是国家的人民的那些人有效力的法律秩序的统一体所构成的。国家的人民就是其行为受国内法律秩序所调整的那些人;即这一秩序的属人效力范围。正如国内法律秩序属地效力范围是有限制的一样,属人范围也是这样。如果一个人被包括在一定国家的属人效力范围中,他就属于该国的人民。正如每一个当代的国家只包括部分空间一样,所以它也只包括了部分人类。正如国内法律秩序的属地效力范围是由国际法所决定的一样,它的属人范围也是如此。

(二)国际法律秩序对国内法律秩序的属人效力范围的限制

国际法如何决定国内法律秩序的属人效力范围?国际法授权国内法律秩序去调整谁的行为?或者,换句话说,国家又可以拿什么人置于其权力之下而并不违反国际法，因而就不侵犯其他国家的权利？

法律秩序以强制制裁赋予作为条件的相反行为而调整个人的行为。但是，根据国际法，由国内法律秩序所规定的强制行为只可能针对在该国领土之内的人，即在国际法决定为国内法律秩序的属地效力范围的那一空间内的人。这并不意味国内法律秩序只能以强制行为赋予该国领土内所表现的行为。正如以前有一章中所指出过的，构成制裁条件的行为，至少在原则上可以是国家领土以外的人的行为。但是这些制裁实际上只能对在领土之内的人执 234
行。在这一点上，国内法律秩序的属人效力范围是由国际法决定的。它是一种间接的决定。它是由属地效力范围的决定所产生的。

（三）治外法权；对外国人的保护

在原则上，一个国家可以对在其领土内的任何人命令强制行为。但是这一国际法规则是有例外的。用以限制上述规则的便是所谓治外法权(exterritoriality)的那种国际制度。根据国际法，某些人，例如其他国家的国家元首、外交使节或武装力量，享有对这一国家普通法律的施行的豁免权。任何强制行为，即使是旨在达到强制行为的法律程序，都不许针对这些人。这一特权构成国内法律秩序的属人效力范围的一个直接限制。

另一限制来自这种事实：国际法使国家负有义务以一定方式对待居留在该国领土内但却是另一个国家的机关或公民的人。对外国国家元首和外交使节还必须授予关于他们的人身安全和与本国政府往来不受限制的特殊保护。就外国公民而论，他们所居留的那一国家的法律秩序必须授予这些人以最低限制的权利，并必须不对他们设定某些义务，否则他们在法律上所属的那一国家的权利就被认为遭到侵犯。

国际法许给国家的这种权利就预定要有国籍的法律制度。这一制度的本质是什么？公民和外国人，即住在一个国家领土内但却是另一国家（外国）的或不属任何国家的公民的人之间，在法律上的区别又是什么？

（四）国籍

1. 兵役

国籍（citizenship，nationality）是一个其取得和丧失要受国内法和国际法所调整的人的身份。国内法律秩序使这种身份成为某些义务和权利的条件。在那些普通只为公民设定的义务中最突出

235 的就是服兵役的义务。根据国际法，一个国家不许使另一国家的公民违反其意志负有服兵役的义务。如果这样做的话，它就侵犯了这个人所属的那一国家的权利，除非这个人同时也是使其负有义务的那一国家的公民。国家并不因接受另一国家的公民作为其军队中的志愿兵而侵犯那一国家的权利。国际法并不禁止外国军团的创立。但国家不得强迫另一国家的公民参与针对其本国的作战，即使他们在战争开始以前已在前一国家中服务。

2. 效忠

效忠（allegiance）往往被称为是公民的特定义务之一。当一个人被授予国籍时，有时必须向他的新国家宣誓效忠。这被界说

为“国民对持有主权者所负有的、同所受保护相互关联的那种义务”[⑱]。这一概念并无任何确定法律含义而不过是一个道德和政治性质的概念。效忠这一术语并不包括任何特殊法律义务。在法律上说，效忠的意思不过是遵守法律秩序的一般义务、外国人也具有这种义务，但不是由效忠宣誓所创造的。

3. 政治权利

所谓政治权利(political right)是法律秩序通常保留给公民的权利，它们普通就被界说为使权利所有人在国家意志的形成上起影响的那些权利。主要的政治权利是投票权，即，参与立法机关议员与其他国家官员，例如国家元首和法官的选举的权利。在直接民主制下，最高的政治权利是参加民众大会的权利。由于国家的意志只表现在法律规范的创造和执行中，政治权利的主要特征就是它向个人提供参与法律规范创造和执行的法律上的可能性。正如已讲过的，这样界说的政治权利和民事权利(right of civil law, civil right)并无实质上的不同。只是被列为政治权利的那些权利对法律秩序的形成来说，比民事权利有更大的重要性而已。这就是为什么国籍通常是政治权利而不是民事权利条件的理由。只有在民主制下，所有公民才有政治权利，在多少是专制制的国家中，政治权利专保留给范围或大或小的等级的公民。根据1935年9
月15日的德国法律，只是“日耳曼或同血统”的人才享有完全的政 236
治权利。只有这些人才被称为公民(staatsbuerger)，其他人则被定为“国民”(staatsangehoerige)。从国际法的角度看来，这样的

⑱ 《波维尔法律辞典》(1914年第3次修正版)，第179页。

区分是没有什么重大意义的。

政治权利并不一定要只保留给公民。国内法律秩序可以以政治权利授予非公民,特别是另一国家的公民,而并不侵犯这一国家的权利。

人们通常认为是政治权利的还有由宪法保证的某些自由,例如宗教自由,言论和出版自由,持有并携带武器的权利,人民在人身、住房、文件和家庭方面的安全的权利,不受无理搜查和拘留的权利,未经正当法律程序不被剥夺生命、自由或财产的权利,不受无公正赔偿而被没收的权利,等等,这种成为现代宪法的一个代表性部分的所谓权利法案(Bill of Rights)的法律性质,将在下面再加论及。权利法案所说的那些自由,只有在国民有对违反宪法条款的国家行为提起诉讼以便使这些行为被废除的机会时,才是法学意义上的权利。所有这些权利并不一定要限于归公民所有;它们也可以授予非公民。

人们通常也认为当选或被任命担任公职的资格(通常只保留于公民)是政治权利。一个人只有在具有实施当选和被任命的法律可能性时,才有当选为或被任命为某一公职的那种技术意义上的权利。

4. 驱逐

一般地说,只有公民才有居住在本国领土内的一种权利,那就是不被从此处逐出的权利。只有在公民具有反对非法驱逐(expulsion)行为的法律上的救济时,只有在其具有通过法律程序废除这一行为的可能性时,才存在了技术意义上的居住权。政府通常为自己保留在任何时候以任何理由逐出外国人的权力。这种权力可能受到特殊的国际条约的限制。在早期,有些法律秩序将驱逐本国国民规定称为“放逐”(banishment)的刑罚。甚至在现在,国际法也并没有禁止像这样的驱逐,不过其实际可适用性已受到限制。因为被放逐的人在其他任何国家都是一个外国人;而每一国家都有在任何时候驱逐任何外国人的权利。被驱逐的那个外国人的本国如拒绝他回国就侵犯上述权利。

5. 引渡 237

对引渡(extradition)和驱逐应加区分。一个国家可以向另一国家要求引渡某人,尤其是由于这个人在要求引渡的国家的领土上犯有不法行为而能对他提起追诉。一个国家在特殊条约基础上负有同意上述请求的义务。事实上也存在了无数的引渡条约。有些政府并不引渡他们本国公民的人。在通常情况下,成为引渡对象的人并无是否被引渡的人身权利。引渡条约只建立了缔约国的义务和权利。

6. 公民的保护

人们有时讲到公民受本国“保护”的权利作为其效忠的对应。人们辩说,公民对本国负有效忠义务并有权取得它的保护。效忠和保护被认为是互惠的义务。但正如效忠并不表明别的,而只不过是法律秩序为从属于它的公民所设定的义务一样,所以公民要求保护的权利,除了法律秩序为国家机关所设定的对公民的义务以外,也没有什么别的内容。在法律上说,效忠和保护只不过意味着这一国家的机关和国民必须履行法律秩序为他们所设定的法律义务而已。尤其错误的是主张什么人们具有在诸如生命、自由、财产方面某些利益受保护的一种自然要求。即使以一定方式保护人们的某些利益是法律秩序的典型的职能，但在享受这种保护的利益范围方面和人的范围方面，在各个法律秩序之间也是大有区别的。倒如有的国家将自己的大多数国民当作奴隶。意思就是这些人是根本不受法律秩序保护的，或者没有受到像保护所谓自由民那种程度的保护。也有的国家的法律秩序并不承认任何人身自由或私有财产。

一个比较具体的权利是公民要求本国机关外交保护以对抗外国的权利。根据国际法，每一个国家都有权保障本国公民的利益以反对其他国家机关的侵犯，而如果国家的法律公开地规定了这样的保护的话，这种权利也就成为政府对其公民的一项义务。

238 **7. 对在外国的本国公民的管辖**

人们往往主张公民和外国人之间的差别在于公民（而不是外国人）是从属国家权力的，即使他并不居住在本国领土内。从属国家的权力意思就是在法律上从属国内法律秩序。当个人的行为实际上、或者可以在事实上受一个法律秩序所调整时，这个人就从属这个法律秩序。在法律上说，这一问题就是：一个国家的法律秩序之可以调整本国的在另一国家领土内的公民的行为的程度，比之于它之可以调整一个外国人在同样条件下的行为，是否较大？至少就强制措施而论，两者间并无不同。正如在另一地方已指出的，这样的强制措施，只是在无论外国人或本国公民都在规定这种强制措施的国内法律秩序的属地效力范围内而论，才可以对他们命令和执行。如果有任何区别的话，它也只能是：一个国家的法律秩序可以有权以制裁赋予本国的住居在另一国家领土内的公民，但却无权以制裁赋予在同样情况下的一个外国人的行为。一个例子将说明这一问题：一个国家的法律秩序使住在国外的本国公民交纳某种税，规定如不纳税时的制裁。当然，这种制裁只有在该公民在国内有财产或在他回国时，才可能被执行。从国际法的观点看来，这样一种法律是否是可容许的？如果这一法律适用于并非制定该法律的那一国家的公民是否就不容许？前面提到过的一个原则，即一个国家的法律秩序可以以制裁赋于任何作为或不作为，而不问它们在何处发生这一原则，是否只限于本国公民的作为和不作为？这样一种限制只有从国际法中才能引申出来。事实上现在有着朝着这样一些限制发展的某些倾向，但它们还没有产生任何固定规范形式的结果。

8. 国籍的取得与丧失

国籍的取得(acquisition)和丧失(loss)——在原则上由国内法律秩序所调整。暂且不管我们以后将讲到的一个例外——各种法律秩序包含了关于国籍取得和丧失的十分不同的规定。通常，妻子分享她丈夫的国籍，婚生子女分享他们父亲的，非婚生子女则分享母亲的。国籍也往往通过在这一国家领土内出生或通过一定 239
时期的居住而取得。其他的取得根据还有(非婚生子女)认领、收养、立法的或行政的行为。“入籍”(naturalization)是国家以国籍授予一个申请入籍的外国人的行为。当一块领土已从一国移转至另一国时，丧失领土那一国家的国民但却仍留在这一领土上的居民，就 ipso facto(根据这一事实)成为取得这一领土的那一国家的国民。同时他们也就丧失了他们以前的国籍。在这种情况下，国籍的取得和丧失直接受一般国际法所调整。割让(cession)条约往往授予被割让领土的居民通过称之为“选择”的宣告以决定他们还是变为取得国的国籍还是保持他们以前的国籍的权利。在后一情况下，他们就可能被迫离开该领土。

国籍的丧失在与取得国籍的方式相应的方式下发生。它也可能通过移居外国（emigration）或长期居住在国外、未经本国准许而担任外国军职或文职、还由于类似入籍的所谓出籍（denaturalization）或解除（release），而丧失国籍。解除系根据有关个人的申请而被授予。强制脱离国籍（expatriation），即在并无或违反有关个人的意志的情况下剥夺国籍，可以由于本国的立法或行政行为而实施。德国在 1933 年 7 月 14 日的法律授权政府因政治理由而使德国公民强制脱离国籍。

由于新国籍的取得通常并不有赖于，而且往往也并不造成，以前存在的国籍的丧失，所以，有两个或两个以上国籍的人，就同无国籍的人一样，并不是罕见的。如果一个人是两个或两个以上国家的公民，其中任何一个国家都没有办法给予他对抗另一国家的外交保护；还有如果他是没有任何国籍的话，也就没有任何一个国家来保护他对抗任何其他国家。就像有时所发生的，在一个人是两个处于相互交战的国家的公民时，这种状况就变得尤其困难了。缔结一些国际条约以防止多重国籍和完全没有国籍（无国籍 stateless）。1930 年的海牙法典编纂会议所通过的关于国籍法冲突的某些问题的公约，建立了所谓有效国籍的原则。其中第 5 条规定：“在第三国内，具有一个以上国籍的人，应被视为只有一个国籍。在不损害其有关个人身份问题上的法律和任何公约的条件
240 下，对任何这些人所具有的几个国籍，第三国在其领土中应只承认是这个人经常和主要居住国家的国籍，或者是根据情况看来事实

上同这个人关系最密切的国家的国籍。”

9. 法人的国籍

如果国家的某些法律只适用于本国公民，而不适用于外国人，并且如果这些法律同时又主张对法人有效力，那么就产生哪种法人才从属这些法律的问题。人们往往预定，为了回答这个问题，就必须决定法人是否可以有国籍以及据以决定它们的国籍的标准是什么。但这是在错误地解释问题。正如只有人才可以拥有义务和权利一样，只有人才可以是一个国家的公民。法人的义务和权利是作为法人出现的那一共同体的成员或机关的人的义务和权利。当所有那些个人，就如人们所说的，组成一个法人，例如一个社团的人，都是同一国家的公民，而我们在谈的也正是这个国家的只可以适用于本国公民的法律，那么问题是容易解决的。然而，该法人之可以从属这一法律，却并不是因为法人是这一国家的公民，而是因为所有那些其行为受法人章程所调整的、作为一个法人而出现的那些人，都是这一国家的公民。类似的情况是所有那些组成法人的人，都是同一外国的公民；因而该法人就不能从属于只适用于公民的法律。当有关人一部分是该国公民而一部分又是外国公民时，问题就变复杂了。它可能有不同的解决办法。如果组成法人的多数是这个国家的公民，或者在一个股份公司的情况下，如果多数股份掌握在这一国家公民之手，或者如果董事会设立在这一国家的领土内，等等，那么，这个法人可能从属于只可能适用于这一国家公民的法律。对这些不同的可能解决办法我们在这里并不发生兴趣。这是一个立法问题而不是理论问题。每一立法者必须以实在规范为其本国的法律秩序解决这一问题。在理论上有兴趣的只是对这一问题的正确的表述。问题并不是某一法人是否以及在什么时候才是某一国家的公民,而只是使法人从属于一个国家的、根据法律规定仅适用于这一国家公民的法律,是否以及在什么时候才是适宜的。

241

10. 国籍是否是一个必要的制度?

国籍是所有现代国内法律秩序的共有的一个制度。但是它对国家来说是否也因为关系重大而是必要的呢?它是否是国内法律秩序为了在从属于它的那些人中间区别出是否公民的一个不可缺少的前提呢?一个国家的存在依靠从属其法律秩序的那些人的存在,而不是依靠"公民"的存在。如果国籍的性质在于它是某些义务和权利的条件这一事实,那么,就必须着重指出这些义务和权利都不是我们称之为国家那一类法律秩序所必要的。历史上有这样一些国家的例子,在那里并不存在什么这些义务和权利。例如,只有在民主制下公民才有政治权利。在专制制度下,从属法律秩序的人并不参与这种秩序的创造,最大多数的人民在政治上并没有什么权利。借用卢梭的分法,他们是 sujets 而不是 citoyens(是臣民而不是公民)[19]。既然在这里个人只是"臣民",那么,在那些是公民并因而拥有政治权利的人和那些非公民并因而不拥有政治权利的人之间的区别,也就几乎无甚重大意义了。另一方面,在一个极端民主制下,尽可能地扩大那些拥有政治权利的人的范围这种倾向,就可以具有这种结果,即将这些权利——在某些情况下——也授予外国人,例如,如果他们在该国领土内有永久的住所。因

⑲ 卢梭:《民约论》,第1篇,第6章。

而，在这里，公民和非公民区别从而是国籍的重要性，也就愈趋减少。

一个国家，其法律秩序并没有建立专门的国籍，因而也就并不包含任何有关取得或丧失这一身份的规范，它就没有办法对其任何国民授予外交保护以对抗其他国家对他们利益的侵犯。国籍的法律制度在国际关系中比它在国内有更重要的意义。在预定有国籍的那些义务中最重要的是服兵役的义务。但是这一义务对一个国内法律秩序来说并不是必要的。在许多国家中，义务兵役即使在战时也并不（至少过去并不）存在。当一个国内法律秩序并不包含根据国际法只适用于公民的任何规范时（关于兵役的规范实际上是唯一的这种规范），那么，国籍就是一个缺乏什么意义的法律制度了。

四、国家的权限作为国内法律秩序的属事效力范围 242 349

国内法律秩序之有效力，除时间、空间与人的问题以外，还有关于这一秩序可以调整的事项问题。这就是国内法律秩序的属事效力范围的问题，通常就体现为国家在其对国民的关系中有多大权限（competence）的问题。

国内法律秩序可以在很不同的方面并在很不同的程度上调整人的行为。它可以调整不同的事项，并且可以，由于这样做，就或多或少地限制人们的个人自由（personal freedom）。法律秩序调整的事项越多，它的属事效力范围也就越广；国家的权限越扩大，它的国民的个人自由也就越受限制。关于这种限制的适当范围的问题（即关于国内法律秩序可否调整的事项问题），由不同的政治制度在不同的方式下来加以回答。自由主义赞成对国内法律秩序的属事效力范围，尤其在经济和宗教事务方面上尽量限制。其他政治制度，例如社会主义，则持相反的观点。

人们曾三番五次地企图从国家和人的本性中引申出国家权限不应扩大，个人自由不应限制的界限。这一企图是典型的自然法理论。一个科学的国家理论并不主张就国家在对其国民关系中的权限建立一个自然界限。国家和人的本性中没有什么东西能阻止国内法律秩序去调整在社会生活领域中的任何事项，去限制个人任何程度上的自由。国家的权限是不受其本性限制的，并且在历史现实中，不同国家的实际权限也是很不同的。在 19 世纪的自由主义国家（liberal state）和我们时代的极权主义国家（totalitarian state）之间，有着许多中间层次。

国家的权限不受“本性”限制这一事实，并不阻止国内法律秩序的属事效力范围在法律上的限制。这就发生了国际法限制国内法律秩序的属时、属地和属人的效力范围的国际法，是否并不限制
243 其属事范围的问题。然而，这一问题必须推后到已系统地考查国内法和国际法之间的关系时再加以讨论。

五、法律的冲突

与不同国内法律秩序的效力范围有密切联系的是所谓“法律的冲突”（conflict of laws）或“国际私法”（和“国际公法”相对比）的

问题。这一概念通常就被界说为这样一些法律规则，它们适用于涉及一个以上领土案件判决中的两种法律制度的冲突[20]。这些规则的主题被认为是这样一些案件中哪一法律将具有优先地位的决定，或者是适用于这些案件中的法律选择。然而，这并不是这些规范的正确叙述。

通常，一个国家的适用法律机关，尤其是法院（但并不只是法院），在法律上只应适用国内法律秩序规范，这就是说，它们是机关所属国家的法律。这种法律是根据国家的成文或不成文宪法，由立法机关、法院或由有权创立法律的其他单位所创立的法律规范（包括所谓习惯法）。作为对这一规则的一个例外，适用法律的适用法律机关，尤其是法院，对本国法律所决定的某些案件，应适用另一法律秩序的规范，那就是说，另一国家的法律。这些案件的特征就是它们同一个外国法律秩序的属地或属人效力范围具有一定关系。所谓法律的冲突或国际私法的典型案件就是：在外国领土上所结成的婚姻的效力、坐落在外国领土内的不动产的权利和义务、在外国领土内所犯的罪行、在主张有管辖权的国家中有自己住所的人的外国国籍取得或丧失。最后那种案件并不涉及一个以上的领土；但它和一个国内法律秩序的属地效力范围及另一国内法律秩序的属人效力范围有关。

国家机关适用的外国法律规范可能是其他国家的私法或公法规范，而在公法情况下，就是刑法或行政法规范。如果规定运用外

[20] 例如 A. S. 赫尔西：《国际公法和组织的要素》，1939 年版，第 5 页；《波维尔法律辞典》，第 1 卷，第 596 页；阿瑟・努斯鲍姆：《国际私法原则》，1943 年版，第 13 页。

244 国法律的那些规则称为国际私法，就存在了一种国际刑法和国际行政法。在所有这些情况下，法律问题是完全相同的。

问题的主要点似乎是一国的法律由另一国家的机关所适用。但是，一个国家的机关在本国法律约束下，对某一案件适用外国法律规范，那么，该机关所适用的那个规范也就变成了适用这一规范的那个国家的法律秩序的一个规范。正如在本书第一编中所指出的[21]，如果一个法律规范，根据某一国家的宪法，对这一国家的法律的效力范围发生效力，这一规范就属于这一法律制度，例如，属于美国的法律或瑞士的法律，它就是这一国家的法律的一个规范。国家的机关，尤其是法院，只有在受本国法律所约束——最终受本国的成文的或不成文的宪法所约束，才能适用另一国家的法律规范。由这一国家的机关所适用的规范，只有在其适用是由该国法律所规定时，才对这一法律的效力范围有效力。就效力理由而论，它是这一国家的法律制度的一个规范。使一个国家的法院负有义务对某些案件适用一个外国法律这一规则，具有将外国法律规范纳入这一国家法律中的结果。这样一个规则具有像新的、由革命所创建的宪法的规定同样的性质，它认为在旧的、由革命所废除了的宪法下有效力的某些法律，在新宪法下应继续生效。这些法律的内容依然如故，但它们的效力的理由却已被改变。新宪法不是再造(reproducing)旧法律的内容(以便使这些内容在新宪法下生效)，而只是简单地参照以旧的、由革命废除的宪法为根据的、作为另一法律制度规范的那些旧法律的内容。这种“参照”(reference)

[21] 参见本书第110页以下、第117页。

的做法不过是一种省略的立法而已。

同样地，所谓国际私法规范，它规定对某些案件适用外国法律规范，就“参照”另一法律制度的规范而不是再造这些规范的内容。国家机关所适用的外国法律规范，只是就规范内容来说，才是“外国的”。至于就其效力的理由来说，它是该机关所属国家的一个规范，它是机关必须适用的。严格地说，一个国家的机关只能适用本国法律秩序的规范。因而，某一国家的法律秩序的一个规则使这一国家的机关负有义务在某些案件中适用另一国家法律秩序规范这种说法，并不是有关法律事实的一个正确的描绘。所谓国际私
法规则的真正意思是：国家的法律命令其机关对某些案件适用，虽 245
然是本国法律的规范，但却具有和另一国家的相应规范相同的内容。我们只有在将这种规则的真正意义铭记在心时，才可以使用一个国家适用另一国家的法律这一说法。

这一个国家的法律由另一国家的机关所适用这一方面，可以区分出两种可能性：①国家对某些案件适用或不适用另一国家的法律在法律上是自由的；②国家在法律上受一般的或特殊的国际法所约束要对某些案件适用另一国家的法律。某些作者否认有这样一些一般国际法规则，它们使国家负有义务对某些案件适用另一国家的法律。但如果一个法院或其他适用法律机关必须决定一个外国人在他本国是否已在法律上取得某种私权这种问题时，这将始终适用这一国家的法律；然而，如果这一法院竟判决该权利在法律上未取得，因为根据进行判决的法院的法律，它未取得，那么，这一外国人是其公民的那一国家的政府就可能会认为这一判决是

对国际法的违反。[22] 然而，一般国际法确实只是在很有限的范围内设定了适用外国法律的义务。如果没有什么国际条约使国家负有义务对某些案件适用外国法律，那么国家在这一方面按例在法律上是自由的。它可以以自己的法律根据它认为是充分、公正等等原则来调整外国法律对某些案件的适用。因而，在没有什么一般的或特殊的国际规则使国家负有义务对某些案件适用外国法律这一范围内，国际私法（刑法、行政法）就不是国际法而却是国内法。通常，只有所谓国际"公"法才是国际法。如果一个一般的或特殊的国际法规范使一个国家负有义务对某些案件适用另一国家的法律，这一规范既非"私"法也非"公"法，因为私法和公法之分对国际法是适用不上的。这是同一国内法律秩序的两类规范之间的一个区分。国际"私"法和"公"法这些术语是引人误解的，因为它们似乎表明国际法律秩序内的一种对立，虽然国际公法简单地就是国际法，"公"这一形容词是完全多余的；而国际私法，至少通常

246 地说，就是一批以法律调整事项为特征的国内法规范。

调整外国法律适用的不同国内法律秩序规范，可以在彼此间有很大区别。为规定对某些案件适用外国法律规范的制定而进行论证的学说也是如此。不同国家，可以由于完全不同的理由和目的而适用外国法律。就旨在论证这些规则的国际私法"理论"而论，没有一个是对所有不同法律制度来说都是正确的"理论"。因而例如在美国流行的"既得权利"（vested right）理论就是任何地方所取得的权利一定要受到保护的原则。这是一个可能或可能不

[22] 这就是例如 A. 韦特罗斯的意见，参见《国际公法》，1937 年版，第 143 页。

影响立法者的政治原则。它只有在已由一个创造法律的行为将它纳入一个法律制度中时，才算是一个法律规则，实在法的一个规范。作为一个理论提出来，它只对这一法律制度来说才是正确的。

虽然国家本身，即其创造法律的机关，在规定对某些案件适用外国法律规范的制定上按例是自由的，但当这样的规范一旦被制定后，适用法律机关，尤其是法院，却并不是自由的，而却必须将由所谓国际私法（刑法、行政法）规范所决定的外国法律规范适用于同样也由这些规范所决定的某些案件中，无论称为国际私法的一般规范是制定法、习惯法也好，或者法官创制的法律（judge-made law）也好，都是如此。国家机关，尤其是法院，根据所谓国际私法一般规范决定，对某一案件适用外国法律，它们在其本国法律和外国法律之间，是没有"选择"的。机关负有义务适用特定的外国的法律；待适用的规范是由该机关的本国法律秩序预先决定的。它们是，代替这种预先决定，已变为机关本国法律的规范。所谓国际私法的规范并没有使适用法律机关处于在法律制度之间进行选择的地位。由所谓国际私法所调整的程序，正是在同一法律制度，适用法律机关的法律秩序内进行的。由于这一程序，法律规范就被纳入（这意思就是被创造成）适用法律机关的法律规范，正如由国家立法机关在普通方式下创造规范一样。这些规范具有像一个外国法律的相当规范一样的内容这一事实，并不能改变它们作为适用机关的法律规范的性质。"法律的选择"（choice-of-law）规则这一术语是引人误解的，因为它在不存在选择的地方制造出一种选择的外表。

"法律的选择"这一术语大概是由于本国的法律和外国法律之

247 间的"冲突"这一想法的结果。但是并没有什么冲突，因为外国法律并不要求由发生国际私法问题的那一国家的机关的适用；而那一国家也并不拒绝外国法律的适用。情况刚好相反，以通常用语来表示的话，一个国家的法律规定了适用另一国家法律，而另一国家则不置可否。另一国家也无权表示可否，因为由那个国家所适用的实际上并不是另一国家本国的法律。那个国家在适用它本国的法律规范。这些规范具有像另一国家的相应规范一样的内容这一事实同另一国家并无关系可言。"法律的冲突"或"法律的选择"这些术语唯一可资借口就是，它们比正确地说明所谓国际私法（刑法、行政法）的那种说法较简短和较容易操作。既然这些规范的特定技术在于"参照"另一制度的规范，并且由于这样做，也就将同一内容的规范"纳入"它们本国法律制度内，所以将它们称之为"参照规则"或"纳入规则"（incorporation rules），会更合适一些。

参照规则，即——以通常用语表示的话——调整外国法律适用的规则，可以和待适用的规范，即所参照的规范，有所区分。只有前一种规则、参照规则，才是国际私法的规范。但从功能观点来看，前一种和后一种实质上是联系着的。只有在将它们放在一起，它们才组成一个完全的法律规则。用这种说法，即被参照的规范、待适用的外国法律规范，事实上是包含在参照规则或法律选择规则内的说法，就完全可能描绘出前一种规范和后一种规范之间的关系。正如上面已提过的，参照规则，只是一个省略的公式，旨在代替再造被参照的外国法律规范内容的那些规范。正是由于适用了参照或法律选择规则，法院才得以适用外国法律的规范（事实上，这种规范只是它本国法律的一个规范）。所以，将前一种规则称为“预备”规则(preliminary rule),后一种规范称为“最后”规则(final rule)是正确的[23]。

参照或法律选择规则和被参照的外国法律规则之间的密切联系,体现在前一种规则(如果它是一个国内法规则的话)是和后一种规则同一类的这一事实上。如果被参照的那个规范是一个私法规范的话,那么,参照规则也是私法;如果被参照的规范是一个刑法或行政法规范,那么就涉及刑法和行政法。然而,如果使国家负 248
有义务对某些案适用另一国规范的那一规范是一个国际法规范的话,那么,这种义务就既不是私法义务也不是刑法、行政法义务,而只是国际法义务而已。但如果将规定适用外国私法、刑法或行政法的那个国际法规范,连同待适用的那个规范,一起来考虑的话,然后,而且只有然后,才有根据在某种程度上说到国际私法(刑法、行政法)。这一术语似乎用“私国际法(刑法、行政法)”确切。

六、所谓国家的基本权利与义务

(一) 适用于国际关系中的自然法学说

根据18～19世纪所流行的甚至在今天还由某些作者所主张的观点,即每个国家,作为国际社会一个成员的资格,具有某些基本的权利和义务。根据这一学说,这些权利和义务还不像国家的其他权利和义务那样,是由一般国际习惯法或由国际条约所规定

[23] 就如努斯鲍姆所建议那样,参见《国际私法原则》,第69页。

的，而却渊源于国家或国际共同体的本性。据说，这些基本权利和义务具有“一种比国际法一般实在规则更为广泛和深远的意义，它们在很大程度上是国际法的最终基础或源泉并具有一种更大的义务力量……它们具有支配或基本原则的性质，以我们当前的国家存在和国际生活的实质条件为基础”[24]。

国家具有基本权利和义务这种观念是自然法学说在国际关系中的应用。如果有人试图以这种论证方式来主张国家的基本权利，即：在任何法律秩序里，都有必要将这一秩序所规定的权利同这一秩序所预定的法律原则相区别。那么，这只是这种自然法学说的另一种见解而已。根据韦特罗斯（Verdross）的看法，所谓国家的基本权利就是作为国际法最终成为可能所根据的条件的那些法律原则、实在国际法所据以建立的那些法律原则。我们可以用分析国际法本性的办法来发现这些原则[25]。换句话说，国家的基

249 本权利可以从国际法的本性中推论出来。这种学说是同说国家的基本权利是实在国际法的“最终基础或源泉”并因而具有比其他国际法规则“更大的义务力量”的学说是一样的。

这种自然法学说的见解在逻辑上之不可能，不亚于这种学说的古典观点。法律原则决不能由一个法律秩序所预定；它们只能由这一秩序所创造。它们仅仅是因为由一个实在法律秩序所创造的，并且也只有在这一范围内，才算是“法律”的。当然，实在法的创立并不是一个无中生有的创立。立法者和习惯都同样是受某些

---

[24] 赫尔西：《国际公法和组织的要素》，第 230 页及其后几页。

[25] 韦特罗斯：《国际公法》，第 199 页。

一般原则指导的。但这些原则是道德的或政治的原则而不是法律原则，因而，只要这些原则还未由立法或习惯所规定时，它们就不能对个人或国家设定义务或授予权利。作为法律原则来说，它们并不是用以规定它们的那个法律秩序的源泉或基础；相反地，实在法律秩序是它们的基础或源泉。因而，除非实在法律秩序本身通过使它们的废除比较困难而给予它们一种更大的义务力量，它们也就并没有什么比由实在法律秩序所规定的其他规则更大的义务力量。如果作为一般国际法的法律秩序，具有习惯法的性质，以及如果，这一秩序的规则因而就通过习惯而取得和丧失它们的效力，那么，给予一种更大的义务力量是不可能的。

所谓国家的基本权利和义务，只有在它们已由具有习惯法性质的一般国际法所规定这一范围内，才算国家的权利和义务。这样的权利曾被人主要列举为：生存权（right of existence）、自卫权（right of self-preservation）、平等权、独立权、属地的和属人的优越权、交往权（right of intercourse）、名誉权和管辖权。奥本海正确地说过，所谓基本权利和义务就是“国家在习惯上享有的”那些权利和义务[26]。虽然如此，他还是试图从国家作为一个国际人格（international personality）的本性去推论这些权利和义务。他写道：“国际人格是一个恰当地说明国家在国际社会中的地位的术语，因为国家是经由被承认为国际社会成员而取得国际人格的。”它的真正意义可以从国际法的基础来加以确定。国际法的基础就

㉖　奥本海：《国际法》，第1卷，第217页及下页。

是"各国以一批法律规则来调整彼此交往的一致同意"[27]然而,"国
250 家的国际人格"意思只是一般国际法对国家(而这就意味着对作为国家机关的那些人)设定义务并授予权利而已。国家之所以是一个国际人格,因为它是国际义务和权利的主体。这一说法根本没有讲到权利和义务的内容。法律人格这一概念是彻底的形式概念。因而从国家是一个国际人格这一事实中不可能推论出国家的诸如独立权、自卫权、不干涉义务等等任何固定的权利和义务。

国际法的基础是"各国以一批法律规则来调整彼此交往的一致同意"这一说法,具有一种虚构性,因为要证明这样一种"一致同意"的存在是不可能的。国际法的基础是各国的一致同意、由各国所暗示地缔结的一类契约这种理论,正好具有像关于国家或国内法律秩序基础的自然法学说,即社会契约论相同的性质。根据这种理论,人在自然状态中是自由和平等的。国家、国内法律秩序之所以出现是由于自由和平等的人同意了一个关于调整他们相互行为的社会秩序的协议。每个人在其他人以同样的方式限制他们的自由的条件下,自愿地限制他的自由以有利于所有其他人。由于这样一种事情从未发生过,社会契约的学说是一个虚构,其作用不是在解释国家的起源,而却是为下述事实的存在进行辩护,即:人们是受一个为他们设定义务并授予他们权利的法律秩序所约束的。国家的一致同意是国际法或由国际法所构成的国际共同体的基础这种理论,依靠着相同的虚构。国家被认为在没有甚至违反

---

[27] 奥本海:《国际法》,第1卷,第219页。

其意志而受一般国际法所约束，是一个无可置疑的事实[28]。奥本海进一步说："主权国家间以法律调整其交往，只有在这样的条件下，才有可能，即授予每个国家某种行动的自由；另一方面，为了授予其他各国的行动自由，每个国家同意行动的某种限制。一个国家在进入国际社会时，保留其基于主权而享有的自然的行动自由，但同时承受自我约束，并为了有利于其他国家的行动自由而限制 251
自己行动的义务"。[29] 然而，国家并不自愿地进入国际法律共同体。由于国家出现在法律存在中，它从属于以前存在的国际法。这并不是什么国家在以其自己的自由意志，同意对其自由的某种限制；这是一般国际法在限制各国的自由而不管它们是否同意这种限制。最后，国家作为国际人格必须不被认为是表示绝对自由意义上的主权者（sovereign）；然而，当奥本海在讲到国家作为一个人格自愿地进入国际共同体时，他就使用了上述意义的主权术语。作为一个国际人格的资格，国家从属于国际法，因而也就不是什么"主权者"，正如作为法律人格资格的个人，意思就是作为义务和权利主体的个人，是从属于国内法律秩序的，所以结果就不是并且也不能是"主权者"。因而，从国家的主权中去推论任何权利和义务是不能被容许的。

奥本海继续说："国家是以平等地位进入国际社会的；它要求对其尊严、独立、属地和属人优越权的保有给予适当的考虑。"[30]同其他国家的平等并不是一个国家在进入国际共同体时赋有的一个

---

[28] 参见本书第 380 页及其后几页。

[29] 奥本海：《国际法》，第 1 卷，第 219 页。

[30] 同上。

特性。各国只是因为国际法以平等的方式对待它们而且也只有在这一范围内，才是平等的。各国在法律上平等与否只能通过分析实在国际法才能加以确定，而不能从国家的本性或主权中去加以推论。只有通过对实在国际法的分析，而不是通过去假设什么国家由于进入国际社会，就要求尊重其尊严、独立、优越权，我们才能回答是否国家的尊严必须加以考虑，是否其独立必须被尊重，是否其属地和属人优越权必须被保持等等问题。奥本海说："承认一个国家为国际社会成员就包括承认该国的平等、尊严、独立、属地和属人优越权。但是被承认国反过来也承认国际社会其他成员的同样属性，因此它对其侵犯行为承担责任。"[31]一个共同体由另一国
252 家承认为一个国家，意思只是那另一国家确定该共同体具备作为国际法意义上国家的全都要求，这种承认是国际法对承认国和被承认国之间关系的适用的一个条件[32]。承认一个共同体是一个国家并不是而且也不能是对国际法的承认，因为承认一个共同体是一个国家是由国际法所规定的行为，是以国际法为基础的行为并且因而也就是预定国际法的存在和效力的行为[33]。所以，这并不是这个国家由于承认另一国家，就承担了它的侵犯行为的责任。这是其效力不依各国承认为转移的一般国际法，为各国设定了它们违反国际法行为的责任。奥本海说："国际人格可以说是这种事实……即每个国家的平等、尊严、独立、属地和属人优越权以及责

[31] 奥本海：《国际法》，第1卷，第219页。

[32] 参见本书第221页及其后几页。

[33] 参见本书第380页及其后几页。

任由其他每个国家所承认。”国际人格并不是所谓国家的基本权利和义务被其他各国所承认的事实。国际人格只是国际法对各国设定义务并授予权利——不仅是所谓基本义务和权利——的事实。

（二）国家的平等

在国家的基本权利中间，平等权扮演了一个重要角色。在国际法面前的平等被认为是国家的一个主要特征。

“平等”一词初一看似乎标志所有国家都有同样的义务和权利。然而，这一说法显然是不正确的，因为由国际条约所建立的义务和权利在各国之间构成很大的差别。因而，上述说法必须限于指一般的国际习惯法。但即使根据一般习惯法来看，所有的国家也并不具有同样的义务和权利。例如沿海国家就具有不同于内陆国家的义务和权利。这一讲话必须作如下修正：根据一般国际法，所有国家都具有承担义务和取得权利的同一资格；平等并不意味义务和权利的平等，而只是对义务和权利的资格的平等。平等就是在相同条件下，各国具有相同义务和相同权利的原则。然而，这是一个空虚和缺乏意义的公式，因为即使在极端不平等的场合下 253
它也是可以适用的。因而，授予大国以特权的一般国际法规则可以被解释是符合平等原则的，如果作如下陈述：任何国家，在其是大国的条件下，就享有有关特权。这样陈述的平等原则不过是合法性原则的同义反复的表达而已。合法性的原则是，凡法律规则，在根据其内容应适用的一切场合下，都应适用的原则。这样，法律上的平等原则，如果不是别的而只是合法性原则的话，同任何实际不平等都是相容的。各国在国际法面前是“平等”的，因为各国平等地从属国际法并且国际法对各国是平等地适用的。这一说法和国家是国际法的主体或国家根据国际法具有义务和权利的说法意义完全相同;但这一说法并不意味着这些义务和权利是平等的。

所以,大多数国际法作者试图以一种比较实质性的意义归诸平等概念是可以理解的。当他们将国家的特征说成是平等时,他们的意思是指,根据一般国际法,任何国家在没有或违反其意志时,在法律上就不受约束。因而,他们就论证说国际条约只对缔约国才是有拘束力的,一个国际机构的决议对并不参加或其代表曾投票反对该决议的国家,是没有拘束力的,从而就从国际法领域中排除了多数表决的(majority vote)原则。平等原则的其他适用就是这样一些规则:任何一个国家对其他国家(意思就是对另一国家的行为),如无后者同意,就无管辖权;只要一个国家的行为只计划在本国国内法律秩序效力范围实施时,其他国家的法院就无权怀疑那些行为的效力。由于这样理解,平等的原则就是各国家作为国际法主体的自治原则。

然而,对国家自治据以建立的那些国际法原则,有着许多限制。就如我们在后面将见到的,有这样一些国际条约,它们根据一般国际法,对第三国设定义务并授予权利。也还有这样一些情况,国家对另一国家的行为并无后者的同意而有管辖权。一个条约可以建立这样一个国际机构,在那里只有部分缔约国才有代表参加并且这一机构还由条约授权以多数表决通过约束全体缔约国的规范,这样一种条约与国际法的概念和国家作为国际法的一个主体
254 的概念并不是不相容的;这样一个条约是对任何一个国家在没有或违反其意志时,在法律上就不受约束这一原则的一个真正例外。

国家机构的权限是以全体有关国家的同意为基础的，因为该机构的权限是由所有那些可以受该机构多数通过决议拘束的国家所缔结条约的结果这一事实，并不容许得出这样的结论：该机构的全部决议都是在所有作为缔约当事人的国家的同意下通过的，因而，在没有或违反受决议约束的国家之一的意志时，任何一个决议都不会被通过。这是一个虚构，它同以下事实是公开抵触的，那就是：在该机构并无代表参加的一个国家丝毫没有表示过它关于该决议的意志；还有，其代表已投票反对该决议的那一国家，已公开地宣布了它的相反意志。

国家由于缔结条约而已同意条约所建立的那个机构权限的事实，同国家可以改变它在缔结条约时所表示的意志的事实，也是完全可以相容的。然而，这种意志的改变，在法律上是无关紧要的，因为缔约国在法律上仍然受条约的拘束，即使它已无意要求在缔结该条约的当时，它所宣告有意要求的事物。为了要创造由条约所建立的义务和权利，各缔约国意志的一致只有在缔约当时才是必要的。缔约国仍然在法律上受条约所拘束而不管单方面意志改变的事实，清楚地证明国家即使违反其意志也受约束。作为缔结条约的一个要素所表示的那个意志，根本不是该国在条约建立的那个机构所通过的决议方面所具有或并不具有的意志。

既然这样一种条约是由“平等”的各国在一般国际法的基础上加以缔结无疑是可能的，那么以下主张就是对平等概念的滥用，即主张建立一个机构赋予它以多数表决拘束在造法机关中有代表或没有代表参加的国家的那种权限，是和国家的平等不相容的。国家的平等并不在国际法领域中排除多数表决的原则。

如果国家平等意味着它们的自主(autonomy),那么,它并不是一个绝对的和不受限制的自主,而不过是国际法授予各国的那种相对的、受限制的自主。

255 七、国家权力

(一)国家权力作为国内法律秩序的效力与实效

国家的权力(power)通常被列为国家的第三个所谓要素。国家被认为是居住在地球表面上某一限定部分并从属于某种权力的人的集合,整体意义上的人民(people)。一个国家、一片领土、一个整体意义上的人民及一个权力。主权被认为是界说这一权力的特征。虽然权力的统一性被认为像领土和人民的统一性一样是重要的,但人们却仍然设想有可能划分开三种不同的组成权力,即国家的立法(legislative)权力、行政(executive)权力和司法(judicial)权力。

"权力"一词在这些用法中具有不同的意义。人民所从属的那种国家权力不过是法律秩序的效力和实效,而领土的和人民的统一性就是从这一秩序的统一性中引申出来的。如果主权被认为是国家"权力"的一种属性,这一权力一定是国内法律秩序的效力和实效。因为主权只能是这种规范秩序的属性,作为义务和权利渊源的权威。另一方面,当人们讲到国家的三种权力时,权力就被理解为国家的一种职能,并且就划分出国家的三种不同的职能。我们将首先来研究这三种职能。

（二）国家的权力或职能：立法与执行

实际上，通常的三分法的基础是二分法。立法职能是同行政和司法这两种职能对立的，后两种职能相互之间比对第一种职能来说显然更加密切地联系着。立法（罗马法的 legis latio）就是法律（leges）的创造，如果我们讲到“行政”我们就一定要问执行什么[34]。除了说要执行的就是一般规范，宪法以及立法权所创造的法律外，就没有别的什么回答。然而，法律的执行也是所谓司法权的职能。司法权和所谓“执行”权是不能用只有“行政”权机关才“执行”规范的事实来加以划分的。在这方面而论，这两种职能实在是一样的。一般法律由行政权和司法权同样执行；区别仅仅在于：在一种情况下，一般规范的执行托付给法院；而在另一种场合下，则托付给所谓“执行”或行政机关。由此可见，普通的三分法归根结底是一个二分法，即立法和 legis executio（立法的执行）的基 256
本区分。后一职能再被分为司法职能和行政职能。

行政权往往再分为两个分立的职能，即所谓政治职能和所谓行政职能。（在法文和德文术语中，前一职能贴上狭义“政府”标记）有些旨在对行政进行指挥并因而在政治上重要的行为，往往指政治职能。这些行为由最高行政机关，例如国家元首和不同行政部门首长实行。这些行为也是执行行为；一般法律规范也由这些

㉞　英语中的 execution 一词，在汉语中一般可译为行政或执行，英语中 administration 一词一般可译为行政或管理。这些词在本书中译法以上下文情况而定。——译者注

行为所执行。许多这些行为多半留交行政机关自由裁量。但是任何自由裁量都不能取消执行权行为的执法性质。因此，就是最高行政机关的行为也是执行一般法律规范的行为。所以，行政权之分为政府(政治)职能和行政职能，具有一种与其说是法学的倒不如说是政治的性质。从法律观点来看，人们可以将行政权的整个领域都称之为行政。

国家职能因而证明就等于法律的主要职能。体现为国家的三种权力之分的就是法律的创造和适用之间的区别。

(三)立法权

人们并不把立法权或立法了解为创造法律的全部职能，而只是把它们了解为这一职能的一个特殊方面，即一般规范的创立。"法律"——立法过程的产物——主要是一般规范，或这样一种规范的一个集合体。("法律"之所以被用作法律规范总和的称谓，只是由于我们惯于将"法律"和法律的一般形式等同起来并错误地忽视了个别法律规范的存在。)

还有，立法也不是所有一般规范的创造，而只是专门的机关，即所谓立法机关对一般规范的创造。立法这一术语具有历史和政治的来源。在全部国家职能集中于一个绝对君主的人的地方，就很少有根据形成这样一个立法概念，即作为一种与国家其他职能有所不同职能的立法，尤其是如果一般规范是由习惯方式创造的话，就更是如此。一直到由专门的中央机关对一般规范的周密的创造，在习惯的创造一旁或代替它而开始出现，并且这一职能又托付给一个说成是具有人民的或人民的某个等级的代表这种特征的

机关时，现代的立法概念才能产生。对国家的三种权力在理论上 257
的区分，一定要对照分权的政治学说的背景来加以了解，这一学说已被纳入多数现代民主国家和立宪君主国家的宪法中。根据这一原则，一般规范——原则上是所有一般规范，即“法律”——的创造，或者是单独地属于立法机关，或者是属于它和国家元首一起。当然，这一原则有某些例外。

立法机关以外的机关，即行政权或司法权机关对一般规范的问题，往往被认为是行政职能或司法职能。

从职能角度来看，这些规范同立法机关所创造的“法律”或制定法（一般规范）之间，并没有实质上的区别。立法机关创造的一般规范称为“制定法”（statute），即与例外地，由非立法机关——国家元首或其他行政、司法机关可能创造的一般规范相对比。由行政权机关所发布的一般规范，往往不称为“法律”，而称为“命令”（ordinances）或“法规”（regulations）。不是以法律（这些机关所实施的）为根据所发布的，而是代替法律所发布的那些规则或命令，在法语里，就被称为“décrets—lois”（法律命令），在德语里，则称为 Verordnungen mit Gesetzeskraft（具有法律效力的命令）。

从系统性的角度来看，将一般规范的创造指为行政职能是很不合理的。在例外的情况下，有些一般规范是由国家元首而不是立法机关创造的，在这里，这种职能和平常由立法机关所实现的职能完全是一样的。将法院创造的一般规范划归判决一类并被指为司法职能时，也同样是不合适的。

一般规范经由习惯的创造是通常的三分法所根本不加考虑的创造法律的职能。习惯法一般规范，虽然不是由立法权所创造的，但却由所谓“行政”权机关和司法权机关同样执行。习惯是一个完全等于立法程序的创造法律的过程。一般法律规范的习惯创造是一个 legis latio（立法），完全不亚于平常所称的立法。习惯法一般规范由行政权所适用正如制定法之适用一样。

258 （四）行政权与司法权

行政权和司法权创造一般规范只是例外。它们的典型任务是在立法和习惯所创造的一般规范基础上创造个别规范，以及实施由这些一般和个别规范所规定的制裁。实施制裁是狭义的“执行”。正如我们在以下将见到的，除了制定个别规范和实施（行政）制裁职能外，行政还有其他职能要履行。

在所谓行政职能和司法职能是在一般规范基础上创造个别规范以及最后执行个别规范这一范围内说，一方面立法权，另一方面行政权和司法权，只不过代表了用以创造和适用国内法律秩序（根据它本身的规定）的那一过程的不同阶段而已。这就是法律，或者就是说，这是国家用以使自己永久不断地更新的过程。

国家的三种权力的学说，从法学上来说，就是国内法律秩序的创造和适用的不同阶段的学说。由于法律调整它自己的创造，所以一般规范的创造也必须根据其他一般规范来实行。立法过程，即一般规范的创造，就分为至少两个阶段：通常称为立法的那种一般规范的创造（但也包括了习惯法的创造）以及调整这种立法过程的一般规范的创造。后一种一般规范组成了被称为“宪法”的那种规范体系的主要内容。

（五）宪法

1. 宪法的政治概念

既然在这里国家被理解为一个法律秩序，那么，宪法问题（在传统上是从政治理论角度出发来论述这一问题的）在法律一般理论中就适得其所了。在本书第一编中，我们已从法律秩序的等级体系的角度出发论述过这一问题。

国家的宪法，即通常将它的特征说成为国家的“根本法”，是国内法律秩序的基础。法律理论中所理解的宪法概念，和政治理论的相应概念，的确不是完全一样的。前一概念就是我们前面曾称为实质意义上的那种宪法，它包含了调整立法过程的规范。至于用在政治理论里，这一概念还包括了那些调整最高行政、司法机关 259
的创立和职权的规范。

2. 刚性宪法与柔性宪法

由于宪法是国内法律秩序的基础，给它一种比普通法律更稳定的性质有时就显得是值得的。因而，宪法的变更就比普通法律的制定和修正（amendment）更加困难。这样一个宪法被称为刚性的（rigid）、静止的、非弹性的宪法，也即同可像普通法律一样的方式加以改变的那种柔性的（flexible）、可动的、弹性的宪法相对比的法律。一个国家的最初的宪法是国家缔造人的作品。如果这个国家是在一种民主方式下创造的话，那么，第一个宪法就起源于法国人称为 une constituante 的一个制宪会议。有时，宪法中的任何变更都是在由宪法所设立的正规立法机关的权限之外的，它被保留给这样一个制宪会议、一个唯一有权从事宪法修正的专门机关。

在这种情况下，在习惯上就划分开制宪权和立法权，其中每一权力都要根据不同程度来加以行使。为了使宪法修正更加困难起见而最常采用的手段就是要求规定的多数表决（2/3 或 3/4）以及比通常为高的法定人数（quorum，使立法机关有资格处理业务的成员数目）。有时，在这种变更取得法律力量以前，必须经几次决定。在一个联邦国家里，联邦宪法的任何变更可能必须由一定数目成员国的立法机关所赞成。当然也还有其他的办法。甚至可能是宪法的任何修正都被禁止；而事实上，有些历史上的宪法就宣布它们的某些条款，或整个宪法，在一定时期内，是不能加以修正的。例如，1875 年 2 月 25 日的法国宪法第 8 条第 4 款（1884 年 8 月 14 日的修正案第 2 条）就宣称："共和制的政府形式不得成为建议修改的对象"。在这些情况下，以一个立法行为在一个固定时期内修正整个宪法或者修正特定条款，在法律上是不可能的。如果使修正比较困难的那个宪法规范被认为是对立法机关有拘束力的，那么，排除任何修正的那一规范也就必须被认为是有效力的。法学上没有理由以不同方式来解释这两种规范，并且也没有理由，像某些作者那样，宣称禁止任何修正的规定由于其本性是无效的。

260 然而，每一个旨在使宪法修正比较困难或甚至不可能的规定，只是对立法机关的行为所进行的修正来说，才是有实效的。即使是最刚性的宪法也只是在制定法方面才是"刚性"的，而在习惯法方面，就不是这样。即使宪法具有制定性的性质，即使它是一个所谓"成文"宪法，在法律上防止宪法经由习惯来加以修改的可能性是没有的[35]。

从法学观点来看，传统理论关于“成文”宪法和“不成文”宪法之间的区分，就是其规范由立法行为所创造的宪法和由习惯创造的宪法之间的不同。宪法往往是由部分具有制定法性质部分具有习惯性质的许多规范构成的。

如果存在了一种不同于普通立法程序的、特殊的宪法修正程序，那么内容和(实质意义上的)宪法毫无共同之处的一般规范，就可以通过这一特殊程序加以创造。这样的法律也只能在这种方式下改变或取消。它们享有和刚性宪法一样的稳定性。如果这些法律被认为是“宪法”一部分的话，这种“宪法”概念是在完全形式意义上理解的。这种意义的“宪法”并不意味着调整一定事项的规范；它不过意味一个特殊的立法程序；可以装入任何法律内容的一定法律形式[36]。

3. 宪法的内容

事实上，形式意义的宪法，除了实质意义的宪法规范外，包含了一些很不相同的成分。同时，也有这样一些(实质意义上的)宪法规范，它们即使在有一个宪法的特殊形式时，也并不在这一形式下出现。

(1) 序言

被称为宪法的那一文件的一个传统部分是一个庄严的导言，一个所谓“序言”，它表达了该宪法意图促进的政治的、道德的和宗

[35] 参见本书第 119 页。

[36] 参见本书第 124 页及下页。

教的各种观念。这一序言通常并不规定对人的行为的任何固定规范,因而也就缺乏法律上有关的内容。它具有一种与其说法学上的性质倒不如说是意识形态的性质。如果将它去掉的话,宪法的
261 真正意义通常也不会起丝毫变化。序言用来给宪法一种更大的尊严并因而也就给予一种加强了的实效。典型的序言就是对上帝的祈祷以及关于正义、自由、平等和公共福利应被保护的宣告。依照该宪法还是具有比较民主或比较专制的性质,它就在序言中作为人民的意志而出现,或者作为蒙上帝之恩而就任的一个统治者的意志而出现。因而,美利坚合众国宪法规定:“美国人民,为建成……,特制定美利坚合众国宪法。”然而,人民(宪法声称它来源于人民)首先是通过宪法才在法律上出现的。所以这只是在政治意义上,而不是在法学意义上,人民才是宪法的来源。更明显的是,实际上创造宪法的那些人只代表了全体人民的一小部分,即使人们考虑到选出他们的人来说,这也是如此。

(2) 对今后法律内容的决定

宪法包含了某些条款,它们不仅涉及用以制定今后法律的机关和程序,而且还涉及这些法律的内容。这些条款可以或者是消极的或者是积极的。消极条款的一个例子就是美国宪法第1条修正案:“国会不得制定关于下列事项的法律:确立宗教或禁止宗教自由;剥夺言论或出版自由;剥夺人民和平集会和向政府请愿申冤的权利。”其他例子还有第1条第9款:“公权剥夺法案或追溯既往的法律不得通过”以及“对于自各州输出之货物,不得课税和关税”。宪法也可以决定法律将具有某些积极的内容:因而它可以要求如果某些事项由法律调整时,它们必须在宪法所规定方式加以

调整(宪法将这些事项是否应加调整留交立法机关自由裁量);或者宪法也可以并不留交立法机关自由裁量而规定某些事项将由立法机关调整并以宪法所决定的方式加以调整。

1919 年德国的宪法(魏玛宪法)就含有许多关于今后法律内容的条文。例如,第 121 条就规定如下:“立法应为非婚生子女的生理的、精神的和社会的教养提供等于婚生子女所享有的机会。”或者第 151 条:“经济生活的组织必须符合正义原则并以确保所有 262
的人具有人的价值的生活为目的……”

在宪法上的禁止条文与规定今后法律一定内容的条文之间,有一个显著的技术上的差别。前一种条文按例具有法律效果,后一种条文却并不具有。如果立法机关发布了一个内容由宪法所禁止的法律,那就发生了根据宪法一个违宪法律所引起的全部后果。然而,如果立法机关只是不发布宪法所规定的法律,这就不大可能以法律后果赋予这样一个不行为。

(3) 对行政和司法职能的决定

宪法规范不必都是仅对立法机关的条文。它们可以是立即适用于,直接规定行政和司法机关,尤其是法院的。这种情况就是已经提到的美国宪法第 6 条修正案,还有第 7 条修正案:“根据普通法进行的诉讼,如果争执价额超过 20 元,由陪审团审理的权利应受保护。由陪审团裁决的事实,除依普通法规则外,不得在合众国任何法院中重新审查。”这一类规定可以由行政和司法机关所适用而不必再有加在宪法和直接执行宪法的行政或司法行为中间的任何立法行为。这些规定并不是实质意义上的宪法的组成部分,而是民法、刑法、行政法或程序法的组成部分,是在宪法条文形式下直接决定行政、司法机关行为的那种一般规范。它们只有在也决定对今后法律规定某种内容的立法这一范围内，才属于实质意义上的宪法。

关于今后立法的消极的和积极的条款是可以合在一起的，就如美国宪法第 5 条修正案：“任何人……不得未经正当法律程序而被剥夺生命、自由或财产。私有财产、非有公平赔偿，不得充作公用。”

(4)“违宪”法律

宪法调整今后立法的内容，只有在宪法的变更必须根据不同于普通立法的特殊程序来进行时，才成为一个有意义的法律技术。只有这样，不符合宪法的制定法才是“违宪的”；也只有这样，这一法律的“违宪性”才具有任何法律后果[37]。如果宪法可以在像普通
263 制定法一样的方式下加以变更，那么，任何“违宪”制定法实际上就

意指宪法的一个变更，至少对这一法律效力范围，是这样一种变更。因而一个制定法和宪法之间的冲突就具有像新、老制定法之间的冲突一样的性质。这是一个必须根据后法废前法这一原则来加以解决的一个冲突。

如果没有规定合宪性立法的特殊程序，那么就不会存在“违宪”法律，正如不存在“违法”法律一样。假设有一个可以像普通制定法一样加以变更的宪法，它规定“未经宅主允许，平时不得在任何住宅驻扎军队”(美国宪法第 3 条修正案的规定)。如果现在制定出了一个无视上述规定的法律，这一法律决不会是“违反宪法

[37] 参见本书第 155 页以下。

的”,因为该法律本身就变更了宪法。一个像刚才所提到的那个规定,只拘束行政和司法机关,而不拘束立法机关。

(5) 宪法性禁止

为了清楚地了解宪法针对立法权、行政权和司法权机关的禁止,也就是禁止这些机关侵犯国民某些利益的宪法条款的法律含义(例如美国宪法第 5 条修正案:“私有财产,非有公平赔偿,不得充作公用。”或第 8 条修正案:“不得要求过多的保释金,不得处以过重的罚金,不得施加残酷的非常的刑罚。”),人们就必须注意到以下事实:未经一个无论是习惯法或制定法的一般规范的授权,立法权、行政权和司法权的机关就不能起作用。上述规范可以是一个以很一般的用语仅仅授权机关根据其自己的自由裁量而行为。但无论如何,该机关的每个行为必须以某个一般规范为根据,它至少规定该机关必须行为,即使它并没有规定该机关必须如何行为,而以该机关本身行动的决定留交机关自由裁量。宪法往往以这种方式来决定立法机关的职能。它授权某一机关立法而并不决定这一职能的内容,但例外地,宪法也可能规定待制定的法律的内容。因而立法机关实际上也是一个执行机关。每一个立法行为是执行宪法的行为。否则立法就不能被认为是国家的一种职能,立法者也就不能被认为是国家的一个机关。

不言而喻的是,只有在有某些待执行的一般规范(某些制定法
或习惯法规则)时,才可以有一个通常意义上的“执行”权。司法权 264
也是这种意义上的执行权,因为,法院也是国家的一个机关,并且也只有在它执行法律秩序的规范时,才起了作为国家机关的作用。个人只是在他根据某一个有效力规范的授权而行为这一范围内,

才作为一个国家机关而行为。这就是个人和国家作为行为人来说这两者间的区别；而这意思就是，在不作为国家机关而行为的个人和作为国家机关而行为的个人之间的区别。一个并不作为国家机关而起作用的个人，被容许做法律秩序所并不禁止他做的任何一切事情；而国家，即作为一个国家机关而起作用的那个人，却只能做法律秩序授权他做的事情。所以，从法律技术的角度来看，禁止国家机关做任何事情是多余的。不授权它就已够了。如果个人未经法律秩序授权而行为，他就不再作为一个国家机关而行为。单是因他的行为并未由任何法律授权所支持这一理由，他的行为就是非法的。这并不要求要由一个法律规范来禁止这种行为。只有在人们希望限制以前的授权时，才有必要禁止这个机关实行某些行为。因而，宪法通常给予立法机关以创造一般规范的一种无限的权力。为了防止立法机关创造某类规范起见，宪法就明文禁止它们的创造；另一方面，行政权和司法权机关通常并没有创造个别规范的任何不受限制的权限。它们仅仅被授权执行制定法和习惯法规范。纵使宪法并不禁止行政、司法机关要求过多的保释金、处以过重的罚金或施加残酷和非常的刑罚，这些机关在法律上也不能做任何这些事情，除非它们由某个制定法或习惯法规则明文授权这样做。

然而，上面所引的第 5 条修正案中的规定，并不是一个纯粹的禁止。它意味着如有公平赔偿，私有财产就可以充公用。作为这样一个积极的授权来说，这一规定就根本不是多余的了，并且它还具有关系到执行和司法机关的含义。

任何一个国家机关不能未经法律秩序的授权而行为这一点，

并不像人们所可能想的，只对民主国家才适用。它对一个专制国家，例如，对一个绝对君主国家来说也是适用的。绝对君主制国家也有宪法，因为每个国家都有一个宪法。这种宪法给予君主一种几乎不受限制的权力，以发布不仅是一般的而且还有个别的规范，并且实行强制行为，以至该君主的或由他所授权的机关的每一个行为，如果自称为国家行为，就以国家行为而出现。绝对君主制宪 265
法的主要特征就是授予君主这个人这种广泛的执行权限，如果存在了这样一种广泛的执行权限，臣民就可以通过指向这一权力的机关的宪法性禁止手段而受到保护，以防这些机关的某些侵犯。在民主国家从绝对君主国家中发展起来的历史过程中，指向执行权的宪法性禁止曾扮演过重要角色。这就说明了为什么即使在由于行政权机关已不再具有不受限制权限，因而以宪法性禁止去对付这些机关已成为多余的情况下，上述法律技术还保存下来。

在现代民主国家中，执掌行政权和司法权的机关只能以实在法授权为依据才能行为，因此，针对这些机关的宪法性禁止的根据，不仅是为了限制性前授予那些机关的权限，而且也是为了使这些机关难于扩展在某些行为方面的权限。宪法性禁止只有在它们也用来指向立法机关以及如果宪法是刚性而不是柔性时，才有所希望达到的效果。

这些禁止有时以这样的形式表述：对个人某些利益的干涉，除非由“法律”所规定，均被禁止。因而，美国宪法第 3 条修正案规定：“未经宅主允许，平时不得在任何住宅驻扎军队。除以法律规定的方式外，战时也不得驻扎。”这样一个规定是多余的，因为行政权机关决不能未经法律（制定法和习惯法均包括在内）授权而行为。宪法往往用“在法律限制内”授予言论自由或这种自由“只受法律限制”这种说法来确认言论自由。纵使宪法并不明文规定这样一种限制，许多法学家也会这样来解释宪法的。然而，如果宪法所授予的“自由”或“权利”可以由一个单纯的法律加以限制或甚至加以废除的话，那么，授予“自由”或“权利”的宪法规范实际上也就没有什么价值。授予特定的自由或权利的那种宪法规范的目的，正好是为了防止行政权机关以单纯的法律授权而侵犯这种“自由”或“权利”所决定的利益范围。未经法律授权，这些机关根本不能
266 行为。当宪法委托普通立法以限制或废除宪法所确认的一项禁止的权力时，宪法就用一只手取回了它另一只手所假装给人的东西。这样一种条款的典范就是魏玛宪法第 112 条，它规定如下：“每个德国人有移民于国外之权。向外移民只能依德国法律始得限制之。”“只”能依联邦法律这一说法是引人误解的，因为没有这样一个法律，向外移民在法律上就不能受限制[38]。这样一些条款就在实际上并没有什么宪法保证的地方制造这种保证的幻想。

(6) 权利法案

公民自由和权利的目录是现代宪法的一个典型的组成部分。包含在美国宪法最初 10 条修正案中的所谓“权利法案”就是一个例子。这些修正案大都具有向立法权、行政权和司法权机关提出禁止和命令的性质。只有在个人具有在法律上控告机关的违宪行

---

[38] 第 112 条不能因为它排除了成员国法律对向外移民的限制就被认为是必要的。根据第 6 条，德国在向外移民方面具有排他性的立法权，所以成员国在这一问题上的立法早已由这一条所排除而并不需要再由第 112 条加以排除。

为的可能性时，尤其是只有在他能推动导致废除违宪行为的程序时，这些修正案才给予个人一种技术意义上的权利。这种可能性只能由实在法给予他，因而这些权利本身也就只能像实在法中所建立的那种权利。

然而，这并不是美国宪法缔造者们的看法。他们相信某种自然的、天生的权利(hatural inborn rights)，它们是不依实在法律秩序为转移而存在的，而实在法律秩序所有的只是保护这些在任何情况下国家都必须加以保护的个人权利，因为这些权利符合人的本性而对它们的保护则符合任何真正共同体的本性。这一理论，即自然法理论，在18世纪风行一时。它被明白地表达在第9条修正案中："本宪法对某些权利的列举，不得被解释为人民所保留的其他权利可以被否定或忽视。"宪法作者对这一条的意思是说还有某些权利，它们可以既没有规定在宪法中，也没有规定在据宪法所

建立的实在法律秩序中。尽管如此，从实在法的角度来看，这一规定的效果仍然是授权必须执行宪法的机关，尤其是法院，去规定宪法本文中所确认的那些权利以外的其他权利。这样规定的权利也
是由宪法授予的，不过不是直接地而是间接地授予的，因为它是由 267
宪法授权机关的创造法律的行为所规定的。这样一种权利并不比实在法律秩序所认可的其他权利有什么更"自然"之处。所有自然法一旦由国家机关在宪法授权基础上所承认或适用后，就变成实在法。它只有作为实在法才在法学思考中有关系。

(7) 宪法保证

实质意义的宪法的主要职能就是决定一般法律规范的创造，即，决定立法的机关和程序以及在某种程度上，还决定今后法律的

内容。这样一来就产生了如何确保对这些宪法条款的遵守，如何保证法律的合宪性（constitutionality）的问题。这是保证一个低级规范应符合决定其创造或内容的高级规范这一更一般问题的一个特殊情况。我们在论述法律秩序的等级体系那一章中已讨论这一问题。作为我们考查的结果来说，我们已确认实在法有两种保证低级规范符合高级规范的方法。法律秩序可能规定一个可以用来测定低级规范是否符合高级规范，以及如果发现它不符合时就加以废除的程序。法律秩序也可以使创造非法规范的那个机关要对个人制裁负责。随便哪一种方法都可以单独地使用，或者两种方法同时运用。在违宪法律（unconstitutional law）的情况下，几乎都只用前一种方法；立法机关成员很少因通过一个违宪法律而要个人负有违反宪法之责。

382 对一个法律由于它的违宪而进行的审查和废除，可以根据几种方法来实现[39]。审定和废除一个违宪法律的程序，有两种重要的类型。必须在一个具体案件里适用法律的那个机关可被授权审查这一法律的合宪法性，如果发现它是违宪的话，就拒绝在具体案件中适用它。如果审查法律的合宪的权力授予法院，我们就讲立法的司法审查。对法律的审查可以由主管机关，尤其由法院，或者 ex officio（依据职权），或者依据一个将适用该法律的诉讼中一方当事人的申请，加以审查。这一机关拒绝将该法律适用于具体案
268 件中，并不使该法律一般地，即并不是对这一法律根据其本身内容

[39] 参见作者论文："宪法的司法审查：对奥地利宪法和美国宪法的一个比较研究"载《政治季刊》，1942 年，第 4 期，第 183 页及其后几页。

将适用的所有可能案件，都归于无效，而只是个别的，即只是对手边的一个案件来说，才使它归于无效。该法律本身对其他案件来说，仍然是有效力的和可以适用的，如果它并没有在具体案件中再被宣称是违宪的并被废除。如果法律秩序并不含有相反的明示规则，就有这样一个假定：每一个适用法律的机关都有权拒绝适用违宪法律。既然各机关被授予适用“法律”的任务，它们自然就必须调查拟加适用的那个规则是否真正具有法律的性质。只有对这种权力的限制才需要有明文规定。对适用法律机关在审查待适用于具体案件中的法律的合宪性，以及在拒绝适用它认为是违宪法律的那些权力，虽然决不能完全取消，但却可以在不同程度上加以限制。例如适用法律机关可以是只有权审查那个必须适用于具体案件中的规范实际上是否由立法机关所通过；或者该规范是否曾由有权发布一般法律规范的立法或行政机关所创造。如果发现情况属实，那么适用法律机关就可能不再有权争辩该规范的合宪性。

如果测定法律合宪性的无限制权力保留于单独一个机关，例如，保留于最高法院，那么，这一机关就可以被授权不仅是个别地，即对具体案件，而是一般地，即对一切可能的案件，都废除这一违宪法律。违宪法律可以一般地以明文宣告其撤销的判决所废除；或者法院以该法律的违宪性为公开根据而拒绝将该法律适用于具体案件，因而这一判决就具有前例的地位，以至所有其他适用法律机关，尤其是所有法院，就必须拒绝适用该法律。对一个法律的撤销是一个立法职能，一个可以说是消极的立法行为。一个有权废除法律（个别地或一般地废除法律）的法院就起着消极立法者的作用。

审查法律的合宪性以及使违宪法律归于无效的权力，可以作为一种多少是专属的职能而授予一个专门的宪法法院，其他法院只有权向宪法法院申请审查并废除它们所必须适用但却又认为是违宪的那些法律。这种解决问题的办法意味着对立法的司法审查的集权化。

立法机关所发布的法律由另一机关撤销的可能性，构成了对前一机关权力的一个显著的限制。这样一种可能性的意思
269 是，除了积极的立法者以外，还有一个消极的立法者，它是一个可以根据与民选议会的原则完全不同原则所构成的机关。然后在这积极的和消极的两个立法者之间的一种对立几乎是不可避免的。这一对立可以用规定宪法法院成员应由议会选出的办法来加以减少[40]。

---

[40] 参见作者论文："立法的司法审查"，第187页及下页。

第三章　分权

一、"分权"的概念

对立法的司法审查是对分权(separation of powers)原则的一个显然的侵犯。这一原则成为美国宪法的基础并被认为是民主的一个特定因素。它曾由美国最高法院陈述如下:"所有托付给无论州或全国政府的权力,均被分为三大部分:行政、立法和司法。与每一个这些政府部门相当的职能应授予一个分立的公仆机关,而这一制度的完善要求分开和划分这些部门的界线应广泛地和明确地界定。对这一制度顺利运行也属必要的是,被托付以任何这些部门之一的权力的人不应被容许侵犯托付给其他人的权力,而是每个人应由设立它的法律限于行使与其本部门相当的权力而不是其他权力。"①

"分权"概念确定了一个政治组织的原则。它预定三种所谓权力可以被决定为三个不同的、对等的国家职能,并且有可能确定将这三个职能相互分开的界线。但是这种预定是不符合事实的。正

① *Kilbourn v. Thompson*,《美国最高法院判例汇编》(1880年),第103卷,第168页、第190页以下。

如我们已见到的，国家的基本职能并不是三个而只有两个：法律的创造和适用（执行），并且这些职能并不是对等的而是上、下等的。此外，确定将它们相互分开的界线也是不可能的，因为法律的创造和适用之分，作为基础的立法权和（最广义的）执行权的二元论，只有一种相对的性质，国家的大多数行为都同时既是创造法律又是
270 适用法律的行为。将法律的创造分给一个机关而法律的适用（执行）又分给另一机关，分到如此专门的地步以致不会有一个机关同时履行这两种职能，这是不可能的。将即使是立法（这只是某一类法律创造）保留于一个“分立的公仆机关”而将所有其他机关都排除在这一职能之外，这也恐怕是不可能的，而且无论如何也是不值得的。

二、立法权与行政权的分立

（一）所谓立法机关的优先地位

就作为一个职能的“立法”来说，我们恐怕只能理解为一般法律规范的创造。一个机关只有在它被授权创造一般法律规范这一范围内才是立法机关。在政治现实中，决不会发生一个国内法律秩序的全部一般规范都必须专门由称为立法者的一个机关来创造。根据任何一个现代国家的法律秩序，都没有法院和行政机关被排除在创造一般法律规范之外，即被排除在从事立法之外，不仅在制定法和习惯法基础上，并且还直接在宪法基础上从事立法。实际上可以指望的只是这样一种立法职能的组织，根据这种组织，

所有一般规范必须或者由称为“立法”的那个机关来创造，或者以这一机关的授权为基础由其他列入行政权或司法权的机关来创造。由其他这些机关所创造的一般规范称为命令或法规或者具有特定的名称；但从职能上说，它们具有和称为立法者的一个机关所创造的法律是同样性质的。然而，一个机关在创造一般规范上具有某种特权，只将这一机关说成是具有“立法”机关的特征，将这一机关所创造的一般规范称为“法律”或“制定法”这种习惯，在某种程度上是有根据的。如果所有其他机关只能在出自立法机关的授权的基础上制定一般规范，就属于上述情况。因而所谓立法机关成为全部一般规范的渊源，部分是直接地制定的，部分是通过它委托以立法权限的机关而间接地制定的。

（二）行政部门首长的立法职能

大多数被认为体现分权原则的宪法，都授权行政部门首长代
替立法机关制定一般规范，它们是在出现例如战争、叛乱或经济危 271
机这种特殊情况时，并无来自立法机关以“授权法”（Ermächtigungsgesetz）形式的特殊授权。这些宪法因而在平常立法机关以外，支持了一个特别的立法机关，只是不给它以“立法”机关的名称。

授予行政部门首长的立法权限有时是极广泛的。他能调整，就像人们所说的，以前既不曾由制定法又不曾由习惯法调整过的事项。然而，这一认定国家元首立法职能的公式，并不是完全正确的。如果真有制定法或习惯法组成的任何法律秩序，那就没有什么在法律上不受调整的事项。像一个法律上的真空这种东西是不

可能的。如果法律秩序并不使个人对某一行为负有义务，个人在法律上就是自由的：不能强迫他们在那种方式下行为。凡企图强迫他们这样做的人本人就作出了一个不法行为，而这意思就是他违反了现行法。在法律秩序保持沉默的范围内，就是个人自由的领域。这一领域是由法律秩序加以保护的，从而也就是由它所调整的，它使国家机关负有不侵犯这一领域的义务，国家机关只有根据规范的授权才被容许干预个人的自由：但是每一个这样的规范就意指个人负有义务遵守某种行为，他的自由领域是受限制的。如果国家元首由宪法授权以命令去调整以前并不曾由法律秩序调整的事项，这些拟予调整的是以前并未被积极地，即为国民设定法律义务的规范所调整的事项，但却是曾被消极地调整的，因为这些事项属于个人自由在法律上被保护的领域。上述不充分的表述旨在说明这一事实，即行政部门首长，有权调整以前并未积极调整的事项。

这样一种权限之授予行政部门首长，通常并不意味着立法机关被剥夺了积极地调整那些同样事项的可能性。通常，行政部门首长只有在立法机关不调整这些事项时才有权加以调整。一旦立法机关自己调整这一事项时，他就失去了这种权限。

当行政部门首长有权以否决(veto)阻止那些由立法机关决定的规范变为法律时，或者当这样一些规范没有首先取得其同意就不能变为法律时，他就行使着一种立法职能。他的否决不是绝对否决(absolute veto)就是延搁否决(suspensive veto)。在后一情况下，使一个法案具有法律力量就必须有立法机关的一个新的决
272 议。事实上，仅就行政部门首长可能有立法程序中的提案权，即以

一法案提交立法机关之权仅仅这一事实来说，也履行了一种立法职能。这种权利有时属于内阁，而在内阁阁员本人职权范围内则属于每一内阁阁员。甚至以分权原则为根据的宪法也规定了行政部门首长或内阁对立法的这种参与。

（三）司法机关的立法职能

我们已了解到，法院在被授权撤销违宪法律时就履行了立法职能。当法院有权以一个法规（regulation）看来是违反法律的或者——就如有时就是这种情况——似乎是“不合理的”为理由而撤销该法规时，它们也履行着立法职能。在后面那种情况下，法院的立法职能是特别明显的。

当法院的一个具体案件的判决成为其他类似案件判决的前例时，法院又行使着立法职能。具有这种权限的法院就以其判决创造了与来自所谓立法机关的制定法处于相等的一般规范。

在习惯法有效力的地方，即使在除立法机关以外的其他机关只有根据立法机关的授权才能创造一般规范这种意义上说，一般规范的创造也不是专门留给所谓立法机关的。习惯是创造一般规范的真正代替立法的方法。从习惯和立法的法律职能的效果来说，两者决无不同之处。习惯法和制定法对个人来说都一样是义务性的。

三、不是权力的分立而是权力的分配

由此可见，人们恐怕不能说立法职能和国家其他职能在这种意义上的任何分立，即单单所谓“立法”机关才有权行使立法职能，而将所谓“行政”和“司法”机关排除在外，这样一种分立的外表之所以存在是因为只有那些由“立法”机关所创造的一般规范才称为“法律”(leges)。即使在宪法明文规定分权原则时，立法职能——同一职能，而不是两个不同职能——也是分配给几个机关的，不过只给予其中之一以“立法”机关的名义。这一机关决没有创造一般
273 规范的垄断地位，充其量只有就像以前所叙述过的某种有利地位。这一机关在一般规范的创造中的比重越大，它的立法机关的名义也就越有理由。

四、司法权和行政权的分立

(一) 司法职能的性质

司法权对所谓行政权的分立，也只有在比较有限的范围上才是可能的。这两种权力的严格分立是不可能的，因为通常以这些术语所称的两种类型的活动实质上并不是不同的职能。事实上司法职能完全是同平常用行政一词所描绘的职能同样意义的执行职能；司法职能也在于一般规范的执行。一般规范的什么特别种类的执行才被称为“司法”呢？这一问题只能由说明民事和刑事法院的典型活动才能加以解答。

司法职能实质上是由两种行为构成的。在每个具体案件中：(1)法院确认这样一个事实的存在，它合乎待适用于该案件中的一般规范所定的民事或刑事不法行为的条件；(2)法院命令在待适用

的那一规范中一般规定的具体的民事或刑事制裁。司法程序通常具有双方当事人之间争端的形式。一方主张法律已由另一方所违反，或者另一方要为另外一个人的违法行为负责，而另一方则否认这种情况。司法判决就是对争端的判决。从必须由司法职能执行的一般规范的角度来看，司法程序的争端性质是次要的。尤其是刑事法院的程序中，争端性质显然只是一个形式而已。将司法职能的特征说成是用以决定争讼当事人的义务和权利的一种程序，这也是一个错误。决定之点是：当事人的义务和权利是由确认不法行为已作出以及命令制裁来决定的。法院主要地是确认一个（民事的或刑事的）不法行为已被作出并决定制裁。因而决定当事人的义务和权利只是次要的。

（二）行政权机关的司法职能 274

“行政”权机关经常从事像法院一样的职能。公共行政以行政法为基础，正如法院管辖以民法和刑法为基础。事实上，行政法在民法和刑法之后发展，在性质上制定法多于习惯法。公共行政的法律基础是由行政制定法提供的。就像民法和刑法一样，行政法也试图以一种强制行为，即行政制裁，赋予相对立的行为，即行政不法行为，而促使实现某种行为。就像在民法和刑法中一样，行政法所规定的制裁是对财产或自由的强制剥夺。例如，税法就规定每个具有一定收入的人一定要纳一定的税，在他不纳时，就必须对他的财产采取强制措施。卫生法也规定，在有某种传染性疾病情况下，某些人一定要报告特定卫生当局，如不报告就将被处罚。根据某些贸易规则，酒精饮料的生产和出售，只有根据行政机关所发特别执照才被容许，凡没有所要求的执照而生产或出售这种饮料的人将被处罚。根据许多法律秩序，这些行政法的执行授予所谓行政机关，即并不称为法院的那些机关，因为它们并不属于传统上称为司法的机关。仅行政机关才有权强制执行这些法律，仅它们才必须确认是否已作出行政不法行为，仅它们才必须施加行政制裁。行政机关的这种职能完全是和法院的职能一样的，虽然后一职能被称为“司法”职能，而前一职能则被称为“执行”或“行政”职能。由行政机关所处理的案件具有和民事或刑事法院所处理的那些案件一样的性质。甚至也可以当作争端来看待。在这一方面，在所谓司法职能和所谓行政职能之间并无实质区别，还可以以下述事实作为证明，那就是，在美国，过多地利用法院解决争端，已导致这样一个方案：从法院中移出整类案件并将它们的处理授予行政机关[②]。从法院到行政机关这样一种职权的转移，只有在两者
275 职能是相等的范围内，才是可能的。

（三）法官的独立

即使在行政职能具有和司法职能一样性质的地方，法院的法律地位和程序也可以不同于行政机关。例如，法官通常是“独立的”，即，他们只从属法律而不从属上级司法或行政机关的命令（指示）。然而，行政机关多半并不是独立的。如果行政组织是等级制的（hierarchical），那么，行政机关就要受上级机关的命令的拘束。但是这一差别并不始终存在。在行政并不是等级制的地方，行政

② 参见 W. F. 威洛比：《司法行政的原则》，1929 年版，第 18 页。

机关也是独立的。并且即使行政是等级制的，不仅最高的行政机关而且还有其他的行政机关也往往完全是独立的。但虽然如此，它们却并不被认为是“法院”。

在行政机关的职能与法院的职能一样的地方，行政程序事实上多少类似于司法程序。无论如何，有一种使行政程序类似司法程序的明显倾向。

因而，司法权和行政权像两个不同职能的有机分裂那样的任何截然分立是不存在的。一个相同的职能分配给不同的官僚机器，这些机关的存在和不同的命名，只有根据历史理由才能加以解释。各机关的各自地位的不同以及它们的程序上的不同，并不来源于任何职能上的不同，只有历史上的理由才能说明。

（四）特殊行政职能：行政行为

然而，行政机关必须承担通常并不由法院所表现的活动。例如，税务机关必须确认某人有一定收入并因而命令他纳相应的税。只有在这个人并不服从这一行政命令时，税务当局才开始进行像法院一样职能的那种程序。为了执行关于含有酒精饮料的产销的行政法，主管行政机关就必须授予或拒不授予法定执照。如果某人并无必备执照而企图生产或销售，行政机关就可能命令他在机 276
关开始采取像刑事法院一样职能的刑事行政法程序以前就制止他的非法经营。

行政机关制定这些命令，它们授予或拒不授予执照，完全不同于构成特定司法职能的那种行为。它们相当于民法的私法行为。特定的行政行为，例如行政命令或执照，不同于私法行为之处在于：行政行为只能是国家机关的行为，而私法行为却可能是，而且通常也都是私人的行为；行政行为的典范是一个单方面的意志宣告，而私法行为的典范却是契约。但是在行政法中也存在了契约，即所谓行政契约，也就是在行政机关和私人之间所缔结的，并且不履行契约就在行政机关前以行政程序提出追诉。任命契约就归入这一范畴（因为任命一个公职人员通常要求他明示接受，任命按例采取契约的形式）。行政法契约和民法契约之间在这方面所可能存在的差别并不是重要的。值得注意的只是下述事实：行政契约所生的争端可由行政机关而不是由法院来处理。

（五）司法控制下的行政

如果行政机关限于前节所述的特定行政行为，并且特定的司法职能，即确认不法行为与命令制裁，保留于法院，那就符合了分权原则。这里所理解的“法院”，是属于那种历史上发展起来的官僚机器的机关，它必须适用“民”法和“刑”法并且通常就被称为“司法机关”。在这样一个组织内，行政机关和法院之间的关系就具有如下性质：例如，一个税收机关根据法律发出纳税命令。如果某人不服从命令，行政机关，像私人债权人一样，必须在法院控告此人。法院确认被告违反税法并处以法律规定的制裁。还有，行政机关必须授予生产和销售含有酒精饮料的执照；如果有人没有必备执照而径自从事这样的生产和销售，同一行政机关可以要求他中止
277 其非法活动。但为了要确认不法行为的发生和处以惩罚，行政机关必须求助于法院。同样地，也只有法院才有权处理行政机关和私人当事人之间因契约所产生的争端。在整个政府活动里，公共

行政只是一个很低级的机关[③]。通过国家行政机关所代表的国家，在法院面前处于和私人一样的地位。

这种理想是自由主义国家概念的一部分，在英美法中要比欧洲大陆法（尤其是法国和德国的法律中）更为盛行。但是这种理想从未完全实现过。在每个法律秩序中，都有着法院以外的其他机关必须行使司法职能，必须确认不法行为的发生和命令法律所规定制裁的情况。尤其是税务和警察机关，几乎到处都被要求履行司法的或准司法（quasi-judicial）的职能。一旦法律秩序授权公共行政以其特定行为更广泛地干预经济和文化生活时，与特定行政职能有机联系的司法职能交付行政机关的倾向也就兴起。

（六）行政职能与司法职能的密切联系

特定行政行为确实不同于司法机关的行为。但是，就像私法行为一样，行政行为也是一般法律规范赋予制裁的部分条件。简单地说，民法一般规范规定：如果双方当事人缔结一个契约，一方违约而另一方对他提起追诉，那么法院就一定要确定被告是否违约，如果违约被确定，就一定要对他处以民事制裁。同样简单地说，行政法一般规范规定如下：如果行政机关向某人发了一道命令而那个人不加依从，那么行政机关（同一或另一行政机关）就应确认这一行政不法行为并对不法行为人处以行政制裁。或者：如果某人并未从主管行政机关获得执照而从事某种营业，这一（或另

③　参见罗斯科・庞德："法院的组织"，载《美国司法协会季刊》，1927年，第2期，第69—70页。

一）行政机关就应对不法行为人加以处罚。或者：如果行政机关与
278 私人当事人缔结行政契约，而缔约一方违约，另一方对前一方提起追诉，一个非缔约一方的一个行政机关就应确定违约并命令所规定的制裁。

这种特殊行政职能只有在与特定司法职能配合下才能实现其目的。所以，就司法职能与特定行政职能具有有机联系那一范围内，将司法职能托付给行政机关是很自然的。例如，在法律秩序授权行政机关发出命令并使个人负有服从这些行政命令的义务时，或者在法律秩序使个人负有义务不得无照从事某种营业时，那么对有关个人的行政义务的强制实施不授予行政机关以外的机关，即不授予法院，以免削弱行政机关的权威，这是完全前后一致的。

（七）行政程序

法院的实际组织和程序提供了比行政机关的组织和程序更强的合法性保证。这无疑是为什么人们认为有必要将那些与行政职能联系的司法职能交付法院的理由。但在公共行政行使司法职能这一范围内，我们也不妨给予它和法院一样的组织和程序。制裁是强制行为，行政机关对个人所施加的制裁肯定是对公民的财产、自由甚至生命的侵犯。如果宪法规定除依“正当法律程序”(due preeess of law)外，不应干预个人的财产、自由或生命，可是这未必一定要法院垄断司法职能。行使司法职能的那种行政程序可以在使它符合“正当法律程序”的理想这样一种方式下加以组成。

五、行政机关的强制行为

根据大多数法律秩序，尤其是根据承认分权原则的法律秩序，在干预个人的财产和自由是迅速避免危害公共安全的唯一途径时，行政机关得授权以简易程序(summary procedure)进行这样的干预。在所有文明国家中，行政机关都被授权强行撤出即将倒塌的房屋中的居民、拆毁建筑物以制止火灾的蔓延、宰杀染有某种疾 279
病的牲畜、拘留肉体或精神状态对其同胞公民的健康或生命有危险的人。尤其是警察被授权实行这样的强制行为。这些行为对有关个人和重要性不亚于在司法程序中所执行的制裁或准备这样一些制裁的强制行为，如对被控犯罪或有犯罪嫌疑的人的监禁。

行政机关，尤其是警察机关，被授权执行的这些强制行为，之所以不同于制裁和准备这些制裁的强制行为，就在于：前一种强制行为并不是以某种个人行为为条件的，不是针对这种行为的制裁的强制行为。这种强制行为是以其他情况为条件的。强制迁出那些居民的条件，是一个建筑物正濒临倒塌的事实，而不是该建筑物的所有主或居民的行为；将一个人强行拘留于医院或疯人院的条件，是一个人患有传染病或精神错乱的事实，而不是他的一个特别的作为或不作为。既然制裁是以个人的行为为条件的，所以它也可以由相反的行为加以避免。既然以上这些强制行为并不是以个人行为为条件的，所以它们就不能由有关人所避免而且他们也不应该避免。这些对个人财产或自由的侵犯并不是制裁，但如果它们不由法律规定就会成为不法行为。由于授权行政机关实行这些并非制裁的强制行为，法律秩序就对强制措施只准作为制裁这一规则提供了一个例外。

六、直接行政与间接行政

行政部门的这些并不具有制裁性质的强制行为事实上就代表了一种显然不同于司法职能的行政职能。它们的特点在于通过使(实质意义的)国家机关，而不是使个人负有义务，来实现所希望的行为。这一类的行政可称之为直接行政，与间接行政相对照。直接行政行为未必一定要强制行为。国家的任何活动都可以作为直接行政而出现。以下例子可以用来说明直接行政和间接行政之间的一般区别。当一个行政制定法使某一地区的公民负有义务修建并保养一条公路，行政机关被授权处罚不履行这一义务的公民时，

280 这就是间接行政。但在公路必须由国家机关加以修建并保养时，这就是说，从公共行政的角度来说，所希望的行为是国家的义务时，就是直接行政。

间接行政的职能具有与司法职能一样的性质，而直接行政却是不同性质的职能。然而，即使直接行政，只要在它通过使个人负有义务的办法来达到其目的这一范围内，也仍然处于法律的特种技术的界限内。这两类行政的区别只在于负有义务者的法律属性上。

值得提到的是：由法院所决定的强制措施实际上是由行政机关，诸如监狱看守、行刑人员等人所实现的。尽管他们的职能肯定属司法职能的一个有机组成部分，但这些人却并不被认为是“法

官”。

七、普通法院或行政法院对行政的法律控制

当行政机关必须依靠普通法院来强制实施行政法时，属于法院权限内的可能不仅是审查法律的合宪性而且还要审查行政行为的合法性或者其效益。即使在行政机关本身有司法职能时，法院还有这种权限，因为虽然行政机关必须确认不法行为的存在并决定制裁，但该决定所针对的个人可能向法院提起诉讼。对行政的法律控制未必操于普通法院之手；它也可以由一个专门的行政法院来行使。

认为法院对行政的控制是必要的这一事实也说明了分权理论的缺陷。分权原则似乎要求三种权力中的任何一种权力都不应由其他两种权力中任何一种控制。虽然如此，人们还援用分权原则来辩护法院对行政的最严格的控制，也就是辩护已达到这种地步的状态；行政机关必须依靠法院来强行实施行政法。

八、法院对立法的控制

当法院有权审查不仅是个别行政措施，而且还是行政法规和行政法律时，那么这些立法职能实际上就处于法院控制之下。正
如已指出的，这样一种控制和分权原则是不相容的。可是对立法 281
的审查作为法院的一种特权，正是由那些特别强调这一原则的宪法所设立的。这种类型的组织表示出对立法机关和行政机关的某

种不信任。这是立宪君主制的特征,它通过限制绝对君主的权力而兴起。在司法领域中,这一倾向是最成功的。结果,法院就获得了独立,而这种独立最初是对君主的独立。君主在立法范围内还保有较强大的影响。他仍然是立法者,虽然未经国会赞同他已不再能起作用。然而,即使在这一领域中,国会的影响稳固地增进,最后超过了以往是全能的君主的影响。在所谓行政权领域中,君主保持比他在其他领域中所保持的更多原来的地位。这一历史发展就说明了法院在政治制度中的特权地位,它们控制立法和行政的特权,也说明了个人权利只有由政府的司法部门才能加以保护这种根深蒂固的信念,这尤其是成为英国法律特征的那种观点,即:在立法者的意志表示变为行为规则前,必须取得作为独立于立法者之外的一个权威者的法院的赞同④。

法院对立法和行政的控制在立宪君主国家中具有明显的政治意义。它使下述倾向得以实现,即:使君主影响仍然占优势的两个政府部门由独立于他之外的机关所控制。所谓司法权就起着一种抗衡立法权和行政权的作用。在从绝对君主制到立宪君主制的演变中,建立这样一种平衡的愿望是主要动力之一。

九、“分权”的历史作用

所以,将立宪君主制的基本原则称为“分权”是一个错误。原来结合于君主一人身上的那些职能并未“分立”过,而却不过是其

④ F. J. 古德诺:《美国行政法的原则》,1905 年版,第 11—12 页。

中每一职能分属于君主、国会与法院三者。陈述分权原则的那些人所想到的立法的、行政的和司法的“几种权力”，并不是国家的三个在逻辑上有区别的职能，而却是历史上国会、君主和法院在所谓立宪君主制中获得的权限。被称作“分权”的原则的历史含义恰好 282
在于：它与其说致力于赞成分权，倒不如说反对集权。法院对立法职能和行政职能的控制意思就是立法、行政和司法职能结合于法院的权限中。由此可见，这种控制意味着立法权和行政权由立法和行政机关一方和另一方法院所分得。同样地，君主对立法的参与意思就是他的权限既包括立法职能又包括行政职能，因而立法就由君主和议会分得。在一个立宪君主国家中，行政部门的首长不向议会负责这一事实，是绝对君主制的一个残余而不是——就像人们想推定的——分权原则的适用，而这一原则实际上是一个权力划分(division of powers)的原则。对这一原则的一个让步就是君主的文件必须由向议会负责的内阁大臣的副署这一规定。这样，议会虽然是一个立法机关，但却具有对行政的控制。

十、分权与民主

分权原则，无论从字面上所了解的或被解释为一种权力分配的原则，实质上不是民主的。相反地，符合民主观念的，却是全部权力应集中于人民，以及在不可能是直接民主而只可能是间接民主的地方，则全部权力均由一个其成员由人民所选出并在法律上对人民负责的合议机关(collegiate organ)所行使这种观念。如果这个机关只有立法职能，必须执行由立法机关所发布的规范的那些其他机关也应是对立法机关负责的，即使这些其他机关本身也是由人民选出的。正是立法机关才最关怀严格执行它所发布的一般规范。立法职能机关对行政和司法职能机关的控制符合这些职能之间所存在的自然关系。因而民主要求立法机关应被赋予对行政和司法机关的控制。如果一个民主国家的宪法规定了立法职能和法律适用法律职能的分立，或者是适用法律机关对立法机关的控制，以及尤其是法院对立法和行政职能的控制，这种情况只能用历史上的理由来加以解释，而不能作为特别是民主因素来加以辩护。

第四章　政府形式：民主与专制 283

一、宪法的分类

政治理论的中心问题是政府的分类。从法学角度来说，这是宪法的不同模式之间的差别。因而，这一问题也可以作为不同国家形式之间的差别提出来。

（一）君主制与共和制

古代的政治理论区分三种国家形式：君主制、贵族制（aristocracy）和民主制，而现代理论也未超出这种三分法。主权权力的组织被引为这种分类的标准。在一个共同体的主权权力属于一人时，这一政府或宪法就被说作是君主制的。当该权力属于多个人时，这一宪法就被称为共和制的。共和制依靠主权权力属于人民的少数还是多数而成为贵族制或民主制。

然而，主权权力所系的人数是分类的一个非常表面的标准。正如我们已讲到的，国家权力是法律秩序的效力和实效。亚里士多德早已将国家描绘为秩序[①]。用以区分君主制宪法和共和制宪

---

① 亚里士多德：《政治论》，第 3 编，1274b，1278b。

法，区分贵族制宪法和民主制宪法的标准，是宪法调整法律秩序创造的方式。（实质意义上的）宪法基本上只是通过决定立法的机关和程序而调整一般法律规范的创造。如果（形式意义上的）宪法也包含了关于行政的和司法的最高机关的规定，这是因为这些机关也创造法律规范。实际上，政府的分类是实质意义上的宪法的分类。因为君主制、贵族制和民主制之间的区分基本上指的是立法的组织。如果一个国家的立法在性质上是民主制的或贵族制的，那么，纵使这个国家的行政和司法可能具有不同的性质，这一国家也被认为是民主制国家或贵族制国家。同样地，一个国家之所以被划为君主制国家一类，就因为君主在法律上作为一个立法者出
284 现，即使他的权力在行政领域中是受严格限制的，而在司法领域中，他的权力实际上是不存在的。

（二）民主与专制

不仅是传统分类的标准，而且还有传统的三分法，都是不适合的。如果分类的标准是根据宪法，创造法律秩序的方式，比较正确的是区分为两种宪法类型：民主和专制，而不是三种。这一区分是以政治自由的观念为依据的。

在政治上自由就是从属一个他所参与其创造的法律秩序的人。如果一个人根据社会秩序所“应当”做的和他“愿意”做的一致，这个人便是自由的。民主意味着在国家的法律秩序中所代表的那个“意志”等于国民的意志。民主的对立面就是专制的束缚。在那里，国民被排除在法律秩序创造之外，秩序和他们的意志之间的协调是毫无保证的。

这样界说的民主和专制实际上并不是叙述历史上特定的宪法，而却无非代表了理想的类型。在政治现实中，完全符合某一理想类型的宪法是没有的。每个国家都代表了两种类型因素的一个混合，所以某些共同体较接近这一极端，而某些共同体则较接近另一极端。在这两个极端之间，有着许多中间层次，其中大部分都没有专门名称。根据通常用语，如果在一个国家的组织中民主原则占优势，这个国家就称为民主国家；如果专制原则占优势，便称为专制国家。

二、民主

（一）自由的观念

1. 自由观念的变形

自由的观念最初具有一种纯粹消极的含义。它意味着没有任何的束缚，没有任何使人负担义务的权威。但社会意味着秩序，而秩序就意味着约束。国家就是一个使人们必须为一定行为的社会秩序。所以，在自由的最初意义里，只有生活在社会和国家之外的人才是自由的。最初意义的自由只见于18世纪的自然法理论用来与“社会状态”作对比的“自然状态”中。这样的自由是无政府状态。因而，为了提供据以划分不同国家类型的标准，自由的观念就 285
必须在其最初的消极内涵以外推定另一种内涵。自然的自由(freedom)就变成了政治上的自由权(liberty)。自由观念的这种变形(metamorphosis)对我们所有的政治思想来说都是无比重要的。

2. 自决原则

在社会内，尤其在国家内有可能的自由，不能是免于任何约束的自由，它只能是免于一个特种约束的自由。政治自由的问题是：如何可能既从属一个社会秩序又仍然自由，因而，卢梭[②]就陈述这一问题回答就是民主。一个国民只要在他的个人意志与体现在社会秩序中的"集体"(或"一般")意志趋于协调这一范围内，在政治上就是自由的。"集体"意志和个人意志的这样一种协调只有在社会秩序是由调整其行为的那些个人所创造时，才是受到保证的。社会秩序意味着个人意志的决定。政治自由，即社会秩序下的自由，就是个人由于参与社会秩序的创造的自决。政治自由就是自由权，而自由权便是自治。

(二)多数表决原则

1. 自决与无政府状态

自决(self-determination)的理想要求，社会秩序应由其所有国民的一致决议来创造，并且它只有在享有所有人赞同时才仍然有效。集体意志(volonté générale)必须一直与国民意志(voionté de tous)相一致。社会秩序只有在所有国民赞同下才能改变；每

② 卢梭:《民约论》，第1卷，第6章："要寻找出一种结合的形式，使它能以全部共同的力量来卫护和保障每个结合者的人身和财富；并且由于这一结合而使每一个与全体相联合的个人又只不过是在服从自己本人，并仍然像以往一样地自由。这就是社会契约所必须解决的根本问题。"通过社会契约，"自然状态"便由一种社会秩序状态所代替。

一国民只有在他同意受这一秩序约束时才受约束。每个人可以通过撤回其同意而在任何时刻使自己置于社会秩序之外。在纯粹的和十足的自决形式占优势的地方,就不会有社会秩序与任何一个国民意志之间的矛盾。这样一种秩序不会由任何一个国民所“违反”。并无有效力的社会秩序的无政府状态;同一个其效力以所有 286 国民的永久同意为基础的社会秩序之间的差别,只在观念范围中存在。在社会现实中,最高程度的政治自决,即,一个不可能有社会秩序与个人之间的冲突的状态,同一个无政府状态几乎是没有什么区别的。如果秩序与其国民之间的每个冲突是先天地排除的,那么,调整人们相互行为的规范秩序就是完全多余的。只有在这样一种冲突可能发生时,只有在个人行为“违反”秩序,秩序也仍然对其有效力时,这个人才能被认为是“从属”秩序的。一个真正的社会秩序和最高程度的自决是不相容的。

如果自决原则成为社会组织的基础,它一定多少总是受限制的。因而就发生了这一问题:如何将个人的自决限制到这种程度:刚好被一般社会,尤其是使国家有可能存在。

2. 多数表决原则对自由权的必要限制

社会秩序的最初的创造是实际思考之外的问题。通常,个人出生在以前存在的社会秩序所构成的共同体中,因而问题就可以缩小到既定秩序如何才可以改变的问题。最大可能程度的个人自由权,而这就是指与这种自决理想的最大可能的近似,即与社会秩序存在是一致的。这种自由权是由这样一个原则加以保证的:社会秩序的变革要求从属该秩序的那些人的简单多数的同意。根据这一原则,在社会秩序的国民中间,赞成这一秩序的人的数目将始终大于那些全部或部分不赞成该秩序但却仍受它所约束的人的数目。当不赞成这一秩序或其规范之一的那些人的数目，变得大于那些赞同的人的数目时，就可能有改变，以重新建立这样一个状态：即赞同者的数目大于不赞同者的数目。作为多数表决原则的基本观念是社会秩序应尽可能多的国民一致而同尽可能少的国民不一致。既然政治自由意思就是个人意志和表示在社会秩序中的集体意志之间的协议，所以保证在社会内有可能的最大程度的政治自由的正是简单多数的原则，如果一个秩序不能由国民的简单多数的意志所改变，而只能由全体国民的意志（意思就是一致）加
287 以改变，或者只能由一个规定多数的意志（例如，由 2/3 或 3/4 的多数票表决）加以改变，那么，单独一个人或少数人就可以阻止秩序的改变。因而，该秩序就可以同多数国民不一致，他们的数目大于其意志同该秩序相一致的那些人的数目。

自决原则向多数表决原则的转变是在自由观念变形中又一个重要阶段。

3. 平等观念

自由在社会中的程度与自由人的数目成正比例的观点，意味着所有人具有平等的政治价值以及每个人都同样要求自由，而这意思就是，同样要求集体意志将与其个人意志相一致。只有在这个人或另一个人在这一意义上是否自由这一点是无关时（因为这个人在政治上等于另一个人），那么，尽可能多的人应自由、仅仅自由人的数目才是决定性的这一假设，才是有根据的。因此，多数表决原则，因而也就是民主观念，就是自由与平等两个观念的综合。

（三）少数的权利

多数表决的原则绝不等于多数的绝对支配、多数对少数的独裁。就其本身定义来说，多数表决就预定要有少数的存在；多数的权利因而也就意味着少数存在的权利。在一个民主国家中，只有在允许全体公民参与法律秩序的创造时，多数表决原则才算得到遵守，虽然这一秩序的内容是由多数的意志决定的。将任何少数排除在法律秩序创造之外，即使这种排除是由多数决定的，但也不是民主的，因为这违反了多数表决原则。

如果在创造社会秩序的程序中少数不被排除的话，那么对少数来说就始终有一个影响多数意志的机会。这样，就有可能在某种范围内防止由多数决定的社会秩序的内容与少数利益的截然对立。这是民主的一个富有特色的因素。

（四）民主与自由主义

民主国家中，共同体的意志始终是通过多数和少数之间的不断讨论，通过对某一事项规则的正反双方自由辩论而创造的。这
种讨论不仅在议会中，而且还在，并且主要在，政治集会中，在报 288
刊、书籍与其他舆论工具中进行。民主而无舆论在用语上就是一个矛盾。就舆论只能在知识自由、言论、出版和宗教自由受保障的地方存在这一角度而论，民主和政治上的——虽然未必是经济上的——自由主义（liberalism）是一致的。

（五）民主与妥协

多数和少数之间的自由讨论之所以对民主是必不可少的，就因为这是创造有利于多数和少数之间妥协气氛的一个途径；而妥协则是民主本性的组成部分。妥协的意思就是用这样一个规范来解决冲突，它既不完全符合一方的利益但也并不完全违背另一方的利益。就民主国家中，法律秩序内容并不是专由多数利益决定而是两个集团间妥协的结果这一范围而论，所有的人对法律秩序的自愿服从要比其他任何政治组织比较容易实现。正是由于这种妥协倾向，民主才是对完全自决这一理想的近似。

（六）直接民主与间接（代表）民主

理想的民主类型是由不同宪法在不同程度上实现的。所谓直接民主代表了较高的程度。其特征就是这一事实：立法的和主要的行政及司法各项职能，都同样是由公民在群众大会或初级会议上行使的。这样一种组织只有在小的共同体内和简单的社会条件下才有可能。即使在我们从日耳曼部落和古代希腊所发现的直接民主制中，民主原则也有相当大的限制。决不是共同体全体成员都有权参加民众大会的审议和决定。儿童、妇女以及奴隶（在有奴隶制的地方），都是被排斥的。在战时，民主原则就必须从属严格的专制原则：每个人都必须无条件地服从领袖。当领袖是由大会选出时，他至少是在民主方式下执政的。但是，尤其在较好战的部落中，领袖的职位经常是世袭的（hereditary）。

289 现在，只有瑞士的某些小州的宪法才具有直接民主的性质。

民众大会被称为 Landsgemeinde（州议会）。由于这些州只是很小的共同体而且只是联邦的成员国，所以直接民主的形式在现代政治生活中就不起任何重要作用。

（七）代表制的虚构

社会条件的差异不仅导致经济生产中的劳动分工而且还导致创造法律这一领域中的劳动分工。政府职能从组织在一个民众大会中的公民那里转移到专门机关。自决的民主原则限于推举这些机关的程序。民主的推举（nomination）形式就是选举。被授权创造或执行法律规范的机关就由其行为受这些规范调整的那些国民所选举。

这是政治自决原则的一个相当大的削弱。它是所谓间接的或代表制民主（representative democracy）的特征。在这种民主下，立法职能由民选（popular elected）产生的议会所行使，行政和司法职能则同样由选举团（electorate）所选出的官员所行使。根据传统的定义，一个政府，因为它的官员在其任期内反映了选举团的意志并且是对该选举团负责的，所以是"代表制"政府，而且也只有在这一意义上，是"代表制"政府。根据这一定义，"凡政府官员不论是立法的、行政的或司法的，是由民选以外方式所任命或选出的，或者即使由民主地构成的选举团所选出，但事实上并不反映选民多数的意志，或者他们对选举团的责任是不能强制实施的，这样一个政府就不是真正代表制的政府。"③

③ J. W. 迦纳：《政治科学和政府》，1928 年版，第 317 页。

如果用这样一个标准来判断的话，无疑任何一个称为“代表制”的现有的民主国家实际上都不是代表制国家。在其中大多数国家中，行政和司法机关都是由民选以外的其他方法所选出的；而且在几乎所有称为“代表制的”民主国家中，议会的当选的议员与其他民选产生的官员，尤其是国家元首，在法律上都不是对选举团负责的。

为了要建立一个真正的代表制关系，代表由被代表者所选出或任命是不够的。这必须要代表在法律上负有义务执行被代表者
290 的意志，而且这一义务的履行在法律上是受保障的。典型的保障就是如果代表的活动并不符合被代表者的愿望时，被代表者有罢免代表的权力。然而，现代民主国家的宪法，只例外地才授予选举团以罢免当选官员的权力。这样的例外是美利坚合众国的某些州的宪法，例如，加利福尼亚州宪法。这一宪法于第 23 条第 1 项载明：“加利福尼亚州的每个选举产生的公共官员，得在任何时候由有权选举这种在职人员的继任者的选举人，通过本法规定的程序和在所规定的形式下加以免职，这一程序应被认为是罢免……”另一例外是德国的魏玛宪法，它在第 43 条中规定：“根据联邦议会动议，联邦总统得在其任期届满以前由国民投票加以免职。联邦议会决议必须具有 2/3 的多数。由于这样一个决议的通过，联邦总统就不得再行使其职务。在国民投票中所表示出的对他的免职的否决，等于重行当选和联邦议会的解散。”

通常，当选的国家元首或其他当选的机关可以在其任期届满以前由法院的判决，而且只因对宪法或其他法律的违反，而被免职。在现代民主国家中，尤其是议会议员，在法律上一般是不向他

们的选区选民(constituency)负责的；他们不能由其选举团加以罢免。现代议会的当选议员在法律上是不受来自他们选区选民的任何指示的约束的。他们的立法委托(legislative mandate)并不具有法文用语 mandat impératif(命令性委托)的性质，即这样一种当选代表的职能，如果这个代表在法律上负有义务执行他的选举者的意志。许多民主国家的宪法明文规定代表对其选民的独立性。议会对选举团的这种独立性是现代议会政治(parlimentarism)的一个特色。现代议会之所以不同于法国革命前时期选举产生的立法机关正是由于这种对选举团的独立性。这些立法机关成员才是真正的代表，——选中他们的那一等级或职业集团的真正代理人，因为他们服从指示并且可以由该等级或职业集团随时罢免。正是1791 年的法国宪法，它庄严地宣布下述原则：不应给代表指示，因为代表不应是任何特殊地区而应是全国的代表。

议会议员不是他的选举人的而是全体人民的代表这种说法， 291
或者就如某些作者所说的，是全国的代表，因而他就不受其选举人的任何指示所约束且不能由他们所罢免，都是政治上的虚构。被选举人对选举人在法律上的独立性同法律上的代表制是不相容的。人民由议会所代表这种说法，意思就是当人民不能直接行使立法权力时，他们就通过代理(proxy)来行使[④]。但如果选举人的意志由被选举人所执行这一点没有法律上的保证，那么，就不存在什么代理或代表的法律关系。如果选举产生机关的活动被其选举

④　H. J. 福特：《代表制政府》，1924 年版，第 3 页：代表制民主是以这样一种观念为依据的，即人民实际上不能亲自出席政府，所以他们就被认为通过代理而出席。

者认为是不能满意的，因而它就没有重行当选的机会或者减少了当选机会这一事实，确实是一种政治责任；但是这种政治责任完全不同于法律责任，而且并不证明选举产生的机关就是其选举团法律代表的推定，更不用说只由一部分人民选出的机关就是全国法律代表的推定。这样一个机关只能像世袭君主或由后者所任命的官员那样来“代表”国家。

如果政治学作者不管现代民主制议会对选举团的独立性而仍坚持将其说成是一个“代表”机关，如果某些作者甚至宣称命令性委托违反代表制政府原则[⑤]，那么他们不是在提出一种科学理论，而却是在鼓吹一种政治意识形态。这一意识形态的作用就是掩盖实在情况，并保持立法者就是人民的幻想，而不管实际上，人民的（或者更正确地说，选举团的）职能仅限于立法机关的创造[⑥]。

292 对于 de lege ferenda（根据应有法）是否立法机关当选议员在法律上应当执行其选举人的意志，以及因而就要对选举团负责这一问题的回答，要依民主观念在什么程度上实现才合适的看法而定。如果立法由人民所行使是民主的话，以及如果由于技术上的

⑤　例如，A. 艾斯曼：《宪法纲要》，1909 年第 5 版，第 83、263、386 页。

⑥　布罗尼姆勋爵：《英国宪法两卷集》（1861 年）第 94 页中说：“当选议员代表整个共同体的人民、对一切措施行使其自己的判断、自由地接受其选民的通讯，但不受选民指示的约束。虽然在他和他们之间的意见分歧成为不可调和和重要时，他恐怕就不能重行当选而被免职。人民的权力在一定时期内已被转移给代表机关，人民就不应对其代表，作为一个机关，施加影响，以便控制他们考虑某些措施的行为。”这一说法是十分富有特色的。议会“代表”人民，但“人民不应对其代表，作为一个机关的行为施加影响以进行控制”。因为：“人民的权力已被转移给代表机关。”单单最后几个字才描绘出政治现实，但即使这一描绘也并未完全摆脱意识形态因素。这一描绘预定立法权（在历史上或者由于其本性）属于人民并已从人民那里移转给议会，但这显然不是真实的。

理由，不可能建立起一种直接民主而必须将立法职能授予由人民所选出的议会，那么，尽可能保证议会的每个议员的活动要反映其选民的意志也就是民主的。假如选举团是民主地组织起来，所谓命令性委托和当选官员的罢免就是民主制度。议会对选举团的独立性只能以这种意见作为依据，那就是：当人民应为立法者这种民主原则不导致极端时，立法权也就更好地组织起来。议会对人民在法律上的独立性意味着民主的原则，在一定程度上，由分工原则所代替。为了掩盖从这一原则到另一原则的这种转变，人们才使用了议会"代表"人民的虚构。

人们用一个类似的虚构，以掩盖君主由于法院独立性的成功而所丧失的权力。立宪君主制的意识形态就体现了这样一种学说：虽然君主对法官职能的影响在宪法上已被清除，但法官却"代表"君主：法官的判决是"以君主名义"作出的。在英国法律里，有人甚至已走到这种地步，推定在宣读法院判决当时，君主在精神上是在场的。

（八）选举制度

1. 选举团体

在民主原则已缩小到对创造法律机关的选举的所谓代表民主制中，选举制(electoral system)对民主观念实现的程度来说是有决定意义的。投票(voting)是一个创造机关的程序。特定的人，投票人或选举人，推举一个或更多的人充任某种职务。投票人数 293
目总大大多于当选人的数目。用以选出一个人的行为，即选举，是由各投票人的许多部分行为，即投票行为，所构成的。

用以行使投票职能的工具就是选票(ballot)。有权选出一个人或几个人的投票人组成选举团体(electoral body)或选举团。选举就是这种选举团的职能,单独一个投票人是这一团体的一个部分机关,而这一团体则是整个法律共同体的一个机关,一个其职能就是创造其他机关,即所谓代表机关。选举团体必须是有组织的;它本身必须有某些机关以便收集和计算投票并确认选举结果。

如果对一个全国的中央的复合机关进行选举的话,整个选区可能划分为像当选代表(delegate)数目一样之多的区,每个区可以刚选出一名代表。属于这个区的许多投票人就组成了一个以地区为基础的选举团体。

2. 选举权

选举权(right of suffrage)是个人通过投票而参与选举程序的权利。我们已在另一方面考察过在什么情况下投票权是一个技术意义上权利的问题[⑦]。选举是一个用以创造国家的主要机关的一种公共职能这一事实同它之成为一种技术意义上的权利并不是矛盾的;但可能产生这样的问题:将这样重大职能的行使留交公民的自由裁量是否可取,如果选举是一种权利的话,就是这种情况。如果选举职能被认为是国家生活中的一个主要条件,那么唯一前后一致的态度是使选举成为公民的一个义务,一个法律上的而不仅仅是道德上的义务,而这意思就是规定对不行使法定投票职能的公民实行制裁。虽然许多作者和政治家鼓吹强制投票,争辩说所有已被授予选举权的人都应参与公共官员的选择或在提交给他们

⑦　参见本书第87页及其后几页。

的立法方案或公共政策问题上的复决投票(referendal election),否则选举的结果就不可能准确地代表选举团的真实意志[8],但这一原则很少为各国所采用。

选举权应是普遍的是民主的本性。尽可能少的人才应排除在
外,取得这种权利的最低年龄也应尽可能低。将妇女或属于某种 294
职业的人,例如军人或教士排除在外,是与普选权的民主观念不相容的。

民主要求选举权应该不仅尽可能接近普遍,而且还要尽可能接近平等。这意思就是每个投票人对选举结果所生的影响,应该是相同的,换句话说,每个投票人投票的分量应该等于其他每个投票人的投票。用数学方式来陈述的话,投票的分量是一个分数,其分母是一个选举团体的投票人的数目,至于其分子就是将由这一团体选出的代表数目。

如果符合特殊要求的人,即有文化的人或交纳一定税额的人,被给予比其他人为多的票数的话,那么选举权的平等就直接遭到损害。这就称之为“一人多选票制”(plural voting)。如果投票人数与要选出代表数之间的比例在各选举团体之间不等的话,那么平等就间接地遭到损害。如果有两个选举团体,一个有 10 000 个投票人,另一个有 20 000 个投票人,都选举一样数目的代表的话,那么,属于第一个团体的投票人的投票分量就有少于第二个团体的投票人的一倍之大。

⑧　参见迦纳:《政治科学和政府》,第 548 页。

3. 多数代表制与比例代表制

谁将被认为是当选的？如果一个选举团只选举一名代表，当然将根据多数原则来加以决定。从民主观点来看，这里一定需要一个绝对多数。如果一个只获得相对多数票的被提名人居然当选的话，这将会等于少数支配多数。然而，如果容许选民在选择其候选人上有无限制的自由，那么便会危及绝对多数的形成。多数是某种集合（integration）的结果。个人的集合就是政党的职能。

（1）政党

在议会民主国家中，孤立的个人对立法和行政机关的创造只有微不足道的影响。为了获得影响起见，他就必须和持有与他一样政见的人联合起来。因而政党兴起，在议会民主的国家中，它是形成公共意志的主要工具。为民主所必要的多数原则，只有在政治上的集合产生出一个包括一半以上投票人的集团的结果时，才能奏效。如果任何一个政党都不能取得绝对多数的话，那么两个或几个政党就必须联合。

295 宪法可以使政党的成立和活动从属政府的控制。民主观念意味着成立政党的广泛自由；但如果宪法含有旨在保证政党民主组织的条款，宪法的民主性质丝毫不会受到损害[⑨]。鉴于政党在立

⑨　参见美国最高法院于 1944 年 4 月 3 日关于黑人在预选会（primary，属于同一政党的投票人的集合）中投票的法律权利的判决，参见 *Smith V. Allright* 案，载《美国最高法院判例汇编》，第 321 卷，第 649 页（1944 年）。判决中说："我们认为，[得克萨斯州]将选择政党提名人包括在大选选票中的制定法制度，使被要求遵循这些立法指示的政党，就该政党决定预选参加人这一范围内而论，成为州的一个机关。政（接下页注）

法和行政机关选举中所扮演的决定性角色，所以通过调整它们的章程而使其成为国家机关，也是有根据的。民主所必要的只是不应排除新政党的成立，以及任何一个政党都不得享有特权或垄断地位。

（2）选举团与代表团

如果投票人被划分为若干选区，选举的结果就可能反映不出整个选举团的政治结构。且让我们推定，例如，1 000 个投票人被划分为每区有 100 个投票人的 10 个区，每区都将选出一名代表。又推定有两个对立的政党，甲党和乙党。在 4 个区中，甲党有 90 名党员，而乙党只有 10 名。但在其他 6 个区中，乙党有 60 名党员，而甲党有 40 名。在整个选举团中，甲党因而就合计具有 600 296
名投票人的多数，而乙党只有 400 个投票人的少数。虽然如此，甲党却只有 4 个人当选，而乙党则有 6 个人当选。在投票人中处于多数的那一政党转过来成为代表中的少数，反过来，在投票人中处

（接上页注）党从州法律为其所设定的义务中，获得作为州机关的性质；这些义务并不因为它们是由政党履行而成为私法事项。”“当预选会成为选择州和全国官员机构的一部分，就像本案中那样，那么，对预选会就应该适用就像适用于大选中那样的关于决定歧视或剥夺性质的同一标准。如果州要求一定选举程序，规定包括这样选出的政党提名人的大选选票，并且将选举团在州官员的大选中的选择实际上限于那些在这样一张选票中有姓名的人，那么，州就赞成、采取并实施了一个政党，所推行的对黑人的歧视，而这一政党是受德州法律之托决定参加预选会人的资格。这是在第 15 条修正案意义之内的州行为。”美国是一个宪政民主国家。它的根本法授予一切公民以参与选择选举产生官员的一种权利而不受任何一州因种族而加的限制。这种对人民的选择机会的授予不得由州通过将其选举过程变成一种允许私人组织在选举中推行种族歧视的形式而被废除。如果宪法权利可以这样被间接地否定，那就几乎没有价值可言了。“一个政党中的党籍的特权可能是……与州无关的事情。但是像这里那样，这种特权也成了选择大选提名人预选会主要投票资格时，州就使政党的行为成为州的行为。”

于少数的那一政党转过来成了代表中的多数，vice versa（反过来也这样）。选区的划分因而就可以严重地危及，甚至完全消灭多数表决原则并导致这一原则的对立面：少数的统治。

（3）比例代表制观念

比例代表（proportion representation）制就排除了上述结果的可能性。这一制度只有在一个以上代表由一个选举团体所选出时才能应用。在上述例子中，这一制度就会得出甲党6个代表和乙党4个代表的结果。比例选举保证各党在代表团体中的力量对比和在选举团体中一样。前一团体中的政治结构反映了后一团体的政治结构。

比例代表制度只能适用于代表团体的选举而不能适用于这一团体本身的决议。这些决议必须根据多数表决原则来作出。然而，比例代表制度的特征在于：在选举程序中，多数与少数的关系并无重要意义。一个政治集团为了能有代表参加，不需有投票人多数；因为每一集团都根据其人数力量而有代表参加，即使它并不是一个多数集团。但一个政治集团为了能有代表参加，必须具有最低人数的成员。这一最低数愈小，该代表团体的成员也就愈多。从数学边界线的情况来讲，当最低限是一，那么代表数就等于投票人数，代表团体和选举团体就一致起来。这就是直接民主的情况。比例代表制表明了向这一方向发展的一种趋势。

比例代表制必须同所谓少数代表（minority representation）制有区别，后一代表制是这样一种选举制度，其目的在于保证只有一个集团，即比较强的少数集团，有足够的代表权，因而就防止仅多数才有代表。如果多数表决原则不加任何限制地推行，选举结果就会是上述情况。如果整个选举团被分成在地区基础上组织起来的各选举团体,像上述例子所表明的,就不会发生这种情况。如果选举团划分为地区性选举团体,在各选举区的政治结构同整个选举团的政治结构并不一样的条件下,就为少数提供了有代表参加的可能性,因而一个在整个选举团中只有少数的集团,在一个或几个区中就会具有多数。但划分为地区性选举团体可能产生一个 297
少数集团将取得比与其人数相称的远为强大的代表权,甚至比多数集团还强的代表权。按照与选举团的地区划分结合在一起的多数代表制,少数能否有代表参加以及有到什么程度,就多少具有偶然性了。

这就清楚地表明,选举团的地区划分同比例代表制的观念是不相容的。如果所有政治集团都按其力量对比有代表参加,而不是只有多数和一个少数才有代表参加,那么,选举团便必须组成一个单一的选举团体。划分投票人集团,必须不是由投票人住居的整个选举地区中的一个区构成的。这些集团必须同党员可能分布于整个选举地区的各政党本身相一致。如果彻底地推行比例代表制,一个投票人住在选举地区的哪一部分这一点是没有关系的。因为他和他的同党同志一起,组成了一个选举集团。就这一集团只是由于众人同意某些候选人这一事实才出现这一范围而论,每一集团就一致同意选择其候选人。然而,将成立这个集团的行为同该集团选出其代表的行为区分开来也是可能的。第一种行为是投票人宣布他属于某政治集团。在不同集团的人数被确认以及根据每一集团的人数分配给它的代表数目被决定以后,第二种行为就开始了:不同集团对代表的提名。在这种情况下,候选人就在集团内部进行竞争的基础上加以选出。

比例代表制的优点之一就是并不一定要有不同政党候选人之间的竞争。根据多数代表制，每一代表都是以一个（多数）集团的投票对另一个（少数）集团的投票而当选。根据比例代表制，每一代表只是以他本集团的投票而不必在另一集团投票的反对下当选。比例代表制是在代表制民主国家内对自决理想的最大可能的近似，因而也就是最民主的选举制度。

（九）职能代表制

根据所有公民都是平等的民主观念，单独一个投票人只能视
298 为全体人民的一个成员，或者在有比例代表制的地方，是政党的一个党员。因而，纯粹民主的选举制度对投票人的社会阶级或职业，并不赋有什么含义。所以，民主的代表制形式曾被称为不过是机械的代表制，与经济的或职业的集团组成选举团体的那种有机的或职能的代表制相对比。这后一种选举制含蓄地否认了所有公民的平等，结果选举人的委托就在不同集团之间，不根据它们的人数，而根据它们的所谓社会重要性，来加以分配。既然要发现一个决定不同社会集团的社会重要性的客观标准是不可能的，所以这种制度实际上往往不是什么别的而只是一种意识形态而已。它的功用就是掩盖一个集团对其他集团的统治。

（十）立法的民主

国家，即法律秩序的意志，是在就像我们所已指出过的，通过几个阶段的一种程序下创造出来的。关于创造的方法问题，即法

律的创造是民主还是专制的问题,所以也就必须分别每一阶段来加以陈述。规范的创造在一个阶段上是民主的决不意味着在其他每一阶段上也都是民主的。往往是,法律秩序在不同阶段上根据不同方法加以创造,因而,从民主和专制间的对立这种观点来看,整个过程就不是一致的。

1. 一院制与两院制

立法阶段的民主意思就是——直接民主暂且不论——在原则上,所有一般规范都由人民所选出的议会来创造。一院制(unicameral system)似乎最切合民主观念。象征立宪君主制和联邦国家的两院制(bicameral system)总是对民主原则的一个削弱。如果其中一院要不致成为另一院的无用的重复,两院就必须根据不同原则来组成。如果一院是完全民主的话,另一院在民主性上总多少有所欠缺。

2. 公民创制与复决

在立法阶段上,将间接民主和直接民主这两种原则在一定程度上结合起来也是可能的。这样一种结合就是"公民创制"(popular initiative)制度,它的意思是议会必须对由一定人数公民所签署的立法建议作出决定。将直接和间接民主结合起来的另一
种方式就是"复决"(referendum),意思就是议会所决定的某些法 299
案在获得法律力量以前必须被提交公民投票。公民创制和复决可以在几种方式下相互结合起来。宪法可能规定当一定人数公民有这种要求时,由议会所决定的一个法案就必须提交复决;它也可能规定公民创制可以立即建议一个法案并要求将它提交复决。这两种制度越多加以利用,也就越接近直接民主的理想。

（十一）执行的民主

由议会以外机关对一般规范的创造是民主还是专制，依据这些机关是否由人民所选出而定。由一个人民选出的机关加以任命在本质上是对民主原则的一个削弱，因任命是一种专制的方法。当选举产生机关是合议的机关时要比它只由单独一人负责时，可以在一个更高程度上实现民主理想。单人负责机关（individual organ）只能由一个多数表决选出，而在一个合议机关中，各少数也可以有代表参加并影响其决议。一个由全体人民所选出的议会要比一个以同样情况下选出的总统更加民主。

（十二）民主与执行的合法性

在不仅立法而且连执行（行政和司法）都完全民主化时，看来民主的理想就最完满地实现。然而，严密考查却表明情况未必如此。因为执行，根据其定义本身来说，是法律的执行，所以，执行权的组织必须担保执行的合法性。行政和司法职能必须尽可能完全地符合立法机关所制定的法律。如果立法是民主的，而这意思就是，如果它表达了人民的意志，那么，执行越符合合法性的准则，它也就越加民主。然而，一个民主组织未必能最好地担保执行的合法性或忠实性。

以下例子可以用来阐明这一论断。让我们推定有一个国家的领土分为几个区域，而每个区域的行政则托付于由该区域公民所选出的一个地方机关。如果这种行政完全交由这些机关自由裁量，这种组织会是完全民主的。但如果行政机关受中央议会所制

定的法律的约束，在这样一种组织下，该行政的合法性多少要受到 300
损害。在议会中具有多数的那个政党在一个地方机关中完全可能处于少数地位，反过来也是如此。议会中少数在地方机关中处于多数地位，会不顾或不太忠实地适用议会在少数票的反对下所制定的法律。

对一种职能的合法性的最有效的担保是机关的个人责任。经验表明，这样的责任在单人负责机关情况下要比在合议机关情况下容易实施得多。所以，为了保护行政的合法性，将行政放在由选举产生的国家元首所任命的、并且亲自对他负责的单人负责机关之手，可能是可取的。在一个比较专制的行政组织下，比在一个极端民主的组织下，合法性有时反倒能更好地得到保证。而当立法是民主的话，担保执行合法性的最好的方法也是民主的。

三、专制

（一）绝对君主制

专制的最显著的历史形式是绝对君主制，就如欧洲在 18 世纪和东方在极不同的时期和极不同的民族中间所存在的。在这种也被认为是暴君制(despotism)的政府形式下，法律秩序在其所有阶段上，都直接由君主或由其任命的机关所创造和适用。君主本人是不负责任的；他不在法律之下，因为他是不对任何法律制裁负责的。君主的地位是世袭的，或者每个君主指定他自己的继承人。

（二）立宪君主制

在立宪君主国家中，君主的权力，在立法领域中受通常由两院构成的那一议会的参与所限制，在审判领域中要受法院的独立所限制，而在行政领域中则受内阁大臣的合作所限制。内阁阁员(cabinet minister)通常是不同行政部门的首长。他们由君主任命但却对议会负责。他们的责任是法律和政治上的责任。法律责任在于他们要对其执行内阁阁员职务而违反宪法和其他法律的行为而受弹劾。议会两院中一院充任控告人，另一院则充任法院。或
301 者两院均有权向一特别法院对一内阁阁员提起追诉。阁员的政治责任则在于：当他们失去议会两院之一的信任时必须辞职。君主则根本不负责任。但是没有一个主管阁员的副署，君主的行为是没有效力的。法官和行政官员一般均由君主任命。他是武装力量的统帅并对国外代表本国；特别是他具有缔结国际条约的权力，即使这样的条约要求议会的批准。

（三）总统制共和国与内阁政府制共和国

行政首长由人民选出的总统制共和国(presidential republic)，是以立宪君主制为模型的。总统的权力和立宪君主权力一样或比他更大。仅在立法范围中，总统才比君主权力稍小。总统有否决权，议会所决定的法案在取得法律力量以前必须有君主同意。然而，在有些立宪君主制国家，君主只有否决权或者他已失去了拒不同意议会决议的可能性。总统制的一个富有特征的因素是无论总统或由其任命的内阁阁员都不向议会负责；内阁阁员隶属总统并

随总统之意而任职。

内阁政府制（cabinet government）民主共和国是一个不同的类型。行政首长由立法机关所选出，总统任命的内阁阁员要对该立法机关负责。又一类型的特征是：政府是合议机关，由立法机关选出的执行委员会。国家元首（head of state）不是行政首长，而却是执行委员会主席。

立宪君主国和总统制共和国是专制因素相对强的民主国家。在内阁政府制共和国和合议政府制共和国中，民主因素较强。

（四）政党独裁

1. 一党制国家

在近代，产生了一种法西斯主义的政党独裁（party dictatorship）的新的专制形式。在意大利，法西斯党是一个在向无产阶级 302

政党进行斗争中跃升为独裁的中产阶级政党。“法西斯主义”一词，已用来作为一个政府类型，即一个中产阶级政党独裁的名义。德国的国社党就属于这种类型。

政党独裁国家中的统治党，本身就具有专制性质。其党员处于党魁的绝对统治之下，党魁同时就是国家元首。

从外部来看，难于判断在党内专制原则实际上已推行到什么程度。然而，在独裁制国家中，都存在着或存在过一种充分发展了的领袖崇拜（leader cult）。

2. 个人自由的完全压制

在政党独裁制国家中，言论和出版的自由以及其他各种自由权均被完全压制。不仅是官方的国家机关，而且连党的机关，都可以专横地干预公民自由。甚至连法院的独立性，至少就涉及统治党的利益而论，也被取消。

3. 宪法制度的无关

既然法律的创造和适用均操之于统治党之手，意大利宪法还拥护世袭君主制，或者根据宪法，还有普选的中央议会以及甚至像全民公决(plebiscite)之类其他的民主制度，已都毫无意义可言。

既然没有人能发表除由党所接受的以外的其他意见而不致危及其财产、自由和生命，那么，所谓公众意志的表示也就完全没有
303 价值。在政党独裁制国家中，选举和全民公决的唯一目的就是掩饰独裁的事实。即使法西斯主义的"组合"(授权代表工人和雇主的不同集团)，即以一种职能代表制为目的的组织，也只具有意识形态的而不是法律上的重要性。将法西斯主义国家描绘为"组合"国家，是仅顾其外表而忽视其内在性质。

4. 极权国家

在独裁制国家中，经济都同样在一种独裁方式下加以调整。法律秩序要比现代任何其他国家都高得多的程度上，渗入到不仅是经济领域中，而且还有私人的其他私益领域中。鉴于这一事实，所以政党独裁制国家也被称为"极权"国家(totalitarian state)。一个取消了个人一切自由权的极权国家，如果没有一种由政府系统地宣传的意识形态，是不可能的。

第五章　组织形式：集权与分权

一、集权与分权作为法律概念

就如我们已发现的，国家是一个法律秩序。它的“因素”，领土和人民，就是这一法律秩序的属地效力范围和属人效力范围。国家的“权力”是法律秩序的效力和实效，三种“权力”或职能就是在其创造中的不同阶段，政府的两种基本形式，民主和专制，是创造法律秩序的不同模式。鉴于我们以前考虑所已导致的结果，一般 429
认为集权（centralization）与分权（decentralization），是关于领土划分的国家组织形式，显然应理解为法律秩序的两种类型。在集权国家和分权国家之间的差别一定是它们的法律秩序中的差别。集权和分权问题，正如我们将知道的，事实上就是关于法律规范的效力范围以及创造和适用这些规范的问题。只有一种法学理论才能 304
就关于集权和分权的性质问题提供回答①。

① 参见作者论文：“集权和分权”，在哈佛人文科学三百周年会议上提交的论文，载《权威和个人》（哈佛三百周年出版物，1937 年版），第 210—239 页。

二、集权与分权的静态概念

(一)领土区划的法学概念

集权法律秩序的概念意味着它的所有规范在其伸及的全部领土上都是有效力的;这意思就是它的所有规范都具有同样的空间效力范围。另一方面,分权的法律秩序是由具有不同空间效力范围的规范组成的。其中某些规范对全部领土是有效力的——否则这一领土就不是一个单一秩序的领土;而其他规范只对该领土的不同部分才是有效力的。我们建议,那些对全部领土有效力的规范称为中央规范,只对该领土的某一部分有效力的规范则称为分散的或地方的规范。

对整个领土同一部分有效力的地方规范组成一个部分的或地方的法律秩序。它们构成一个部分的或地方的法律共同体。国家是分权的或国家的领土划分为领土区划(territorial subdivisions)这种说法,意指国内法律秩序包含了不仅是中央规范而且还有地方规范。地方秩序的不同的属地效力范围就是领土区划。

整个或国内法律秩序的中央规范,也组成一个部分秩序,即中央法律秩序。这些规范也构成一个部分的,即中央法律共同体。构成中央法律共同体的中央法律秩序,连同构成各地方法律共同体的各地方法律秩序,组成了整个法律共同体,即国家的整个或国内法律秩序。中央共同体和地方共同体都是整个共同体的成员。

两个对不同地区有效力的但却关系到同一事项的规范,即具有不同属地效力范围但却具有同一属事效力范围的规范,可以对各自地区就同一事项(例如贸易)作不同规定。分权的主要理由之一正好就是它提供了同一事项对不同地区加以不同规定的可能性。国内法律秩序的这种差异之所以可取的考虑可以是地理的、 305
民族的或宗教的考虑。国家的领土越大,以及社会条件越不同,通过领土划分的分权也就越有必要。

(二)基于属地或属人的组织原则

法律共同体可能在除领土以外的一种基础上加以划分。构成整个共同体的各部分共同体不一定在领土基础上加以建立。一个法律秩序的各个规范,虽然全都具有相同的属地效力范围,但它们的属人效力范围却可能不同。同一事项,例如婚姻,可能对全部领土作出规定,但对以宗教基础为区分的不同集团却可在不同方式下加以规定,以至同一国内法律秩序的婚姻法,就可能对罗马天主教徒、新教徒和回教徒各有不同。或者调整公民在公共教育领域内的义务和权利的规范对人口中的讲英语的人和讲法语的人可能不同。法律秩序还可能包含只对某一种族的人才有效力的法律,授予他们一定特权或将他们置于各种没有能力的地位。

一批具有相同属人效力范围的规范,构成整个共同体内的一个部分共同体,正如一个法律秩序的那些地方的或中央的规范构成各部分共同体。但是这些部分共同体在一种情况下是在属人基础上加以组织,在另一情况下是在属地基础上组织的。后者的标准是个人在其中居住的领土;前者的标准则是其宗教、语言、种族或其他属人属性。

如果属于不同宗教、语言、种族等等的人，并不定居在特定的领土部分，而却分布在国家的整个领土，那么法律秩序的属人效力范围，或以人的地位为基础的组织的差别可能是必然的。在这种情况下，经由领土区划的分权就不可能有法律秩序所希望的差别了。比例代表制，即：整个选举团并不在领土划分基础上分成选区而分成各政党，就是上面已讲过的基于人的地位原则组织的例证。

然而，我们只有在那个组织是根据领土原则来实行的，只有在法律秩序的规范在其属地效力范围方面有差别时，才讲到分权，虽
306 然，在它们的属人效力范围方面的差别具有类似的结果。地方规范的这些属地效力范围往往称为省，而分权就意味着省的存在。

（三）整个的与部分的集权和分权

法律秩序的集权和分权可能在数量上有不同的程度。集权或分权的程度取决于那个秩序的中央和地方规范的数目和重要性的相对比例。因而，人们就可以区分出整个的和部分的分权和集权。如果所有规范对全部领土都是有效力的，集权就是整个的。如果所有规范都是只对领土的不同部分，只对领土区划有效力，分权就是整个的。在前一情况下，分权的程度是零，而在后一情况下，集权的程度是零。当集权和分权都不是整个时，我们就讲部分的分权和部分的集权，它们因而就是相同的。整个的集权和分权只是理想的两极。法律共同体要有最低限度的集权和最高限度的分权，否则就会趋于瓦解。至少一个规范，即基础规范，一定是一个中央规范，一定是对全部领土都是有效力的，否则这就不是一个单一法律秩序的领土了，而我们也就不能讲分权是同一法律秩序的

领土划分了。实在法只知道有部分的集权和分权。

（四）集权与分权程度的标准

集权和分权在数量上的程度，首先有赖于集权或分权所伸及的法律秩序等级体系中的那些层次的数目，其次有赖于由中央或地方规范规定的事项的数目和重要性。在法律秩序的等级体系中可能只有一个层次或者几个层次是集权的或分权的；而集权和分权可能只指一个、几个或全部的法律规定的事项。例如，单单宪法可能是中央的，这就是说，只有规定立法的规范才可能是对全部领土有效力的中央规范，而所有其他层次（立法、行政和审判）在所有事项上都是分权的。在这种情况下，所有一般规范，由立法机关根据中央宪法所创造的制定法，以及由行政机关和法院在制定法（或习惯法）基础上所发布的个别规范，不管什么事项，都是地方规范，
它们只是对部分领土（领土区划）有效力，此外可能是，立法和执行 307
只是部分地集权和分权；当只有调整特定事项的一般规范（制定法或习惯法规则），和在这些一般规范基础上所发布的个别规范，具有地方性时，就是上述情况。例如分权可能只适用于农业或工业，而法律调整的其他事项则都是集权的；或者只有刑法及其由刑事法院的适用是分权的，而民法及其由民事法院的适用则是集权的。

如果立法和执行是部分集权和部分分权时，法律秩序的属事效力范围、整个共同体的权限，就在中央秩序（由该秩序构成的中央法律共同体）和各地方秩序（或由这些地方秩序构成的各地方法律共同体）之间加以划分。作为另一种选择是，不仅宪法那一层次，而且还有立法那一层次，在法律调整的所有事项方面，可能都

是集权的，而只有执行（行政和审判）那一层次可能是分权的。换句话说：所有一般规范、宪法和所有制定法（以及习惯法规则），都是中央规范，只有（由行政行为和司法判决所创造的）个别规范是地方规范。最后，执行本身，依靠是否由行政机关或法院所发布的全部个别规范，或者只是那些有关特定事项的个别规范，才具有中央的或地方的性质，也可能整个或部分集权或分权。

（五）限制属地效力范围的方法

为了充分理解属地效力范围的限制，连同与中央规范相对比的地方规范的性质，我们一定要记住在前面一章中[②]已概述过的法律规范的结构。法律规范将作为结果的强制行为、制裁，赋予作为条件的某些事实。在各种条件事实中，不法行为是所有法律规范的共同因素。在民法规范中，私法行为就出现在条件事实中；在行政法规范中则为行政行为。法律规范的属地效力规范，无论在法律规范所规定的条件事实方面或者在结果方面，或者在所有这两方面都可能限制在某一部分领土内。换句话说，规范可以将法律结果只归诸于在部分领土内所发生的（条件）事实，即不法行为、
308 私法行为、行政行为，并且同时规定法律结果——制裁及其程序上的准备——应在同一部分领土内实行。但属地效力范围的限制可能只关系到法律规范的两部分之一。如果国际法律秩序划定了各国领土的界限，这就是说，划定了各国法律秩序效力范围的界限，正如我们已明白的，这种划界在原则上是通过特定国家法律秩序

② 参见本书第45页及其后几页。

规范中规定强制行为仅限于本国领土来实现的。换句话说,每个国家的法律秩序,根据国际法,必须命令它所规定的强制行为只在其本国领土内实行,因而这一领土也就成了普遍国际法律秩序的部分领土。然而,个别国家的法律秩序可能以作为结果的强制行为赋予即使是在其领土外发生的条件事实。

在上述国内法律秩序的部分分权的情况中,分权只是指个别规范的那一层次,宪法与立法仍是集权的,只有行政与司法才是部分分权:由行政机关或法院所发布的某些个别规范的属地效力范围是受限制的。这些规范是地方规范。这意思就是行政机关和法院的地域管辖是受限制的。它们是地方机关、地方法院。国家的领土划分为几个行政或司法区域。这可以指:(1)只有在作为(行政的或民事的)不法行为条件的行政行为或私法行为已在该区域内发生,或者(行政的、民事的或刑事的)不法行为已在该区域内作出时,地方行政机关或地方的民事或刑事法院,才有权命令具体制裁;(2)地方行政机关或地方法院有权命令只能在其区域内加以执行的具体制裁。对行政或司法机关所发布的个别规范的限制就是对这些机关的区域管辖(职权)的限制。

三、集权与分权的动态概念

(一)规范的集权创造与分权创造

集权和分权的问题具有动态和静态两个方面。它不仅关系到法律规范的属地效力范围,而且也关系到创造和执行这些规范的

309 方法。中央或地方的规范是由同一个机关还是由几个机关所创造和执行，这些机关本身又如何创造就成为重要的问题。

静态意义上的集权是不依是否有一个创造全部中央规范的单一机关为转移的；同样地，静态意义上的分权，也是不依地方规范是否由相应地方机关所创造为转移的。然而，在全部中央规范都由一个人所创造和执行，而这个人居于国家地理中心并可谓形成国家的法律中心时，集权观念就具有其最有意义的体现。分权观念一般是同这样一种机关的观念联系着的，每个机关都处于其职权所伸及的那一地区。凡有多数创造规范的机关时，不管这些机关所创造的规范的属地效力范围如何，人们都倾向讲分权。当我们这样讲时，“分权”一词就取得了一种动态意义，完全不同于静态意义。

例如，调整不同事项的中央规范是由不同机关创造的，如成立内阁政府情况下，公共行政划分为许多部门，每个部门行政都由一个内阁部长指挥，就有了这种动态意义的分权。在理论上，全部规范，无论地方的和中央的，都可能由单一机关所创造。这就等于一个部分静态分权和一个全部动态集权的会合。在这里同一个人起着作为创造中央和地方规范的机关的作用这一事实，就意味着由中央和地方两种规范分别构成的不同秩序的机关之间，存在着一种人的统一（personal union）。同一个人在其作为中央规范的创造者资格和作为地方规范的创造者的资格，并不是同一个机关；而且在他作为不同属地效力范围的地方规范创造者的资格，也不是同一个机关。尽管有这种在不同部分法律秩序的机关间存在的人的统一，但我们应该记住仍然存在一个中央法律秩序和几个地方法律秩序。分权通常所以被采取就正因为它容许同一事项由不同地区加以不同规定。因此,一般来说最好是不让同一个人创造中央秩序规范和不同地方秩序的规范。最好是有不同的人来充任不同部分秩序的创造法律机关,从而避免不同秩序的机关出现人的统一。

就集权和分权的动态概念来说,不仅是创造规范机关的数目,
而且它们的设立的形式也是重要的。一方面,一个世袭君主,和另 310
一方面一个由全国选出的总统,清楚地体现机关的集权创造和分权创造之间的对比。全国选出总统之设立,比之于例如在一个联邦国家中,由各成员国的代表(由各该国立法机关或人民选出)组成的参议院比总统具有更多的分权性质,而不管这两个机关各自创造的规范的属地效力范围如何。

如果只对一个部分共同体有效力的法律秩序是单由这一部分共同体的成员所选的那些机关创造的话,分权就既是静态的又是动态的。联邦国家就是一个例子。在那里,只对一个成员国的领土有效力的法律,必须由这一成员国的公民选出的地方立法机关所通过。当世袭君主对其王国的各省制定关于宗教的不同法律时,静态分权就与动态集权结合在一起。

必须再一次加以强调的是,集权和分权的动态和静态两种概念是完全不同的。这些术语是否应该留给静态概念只是一个用语上的问题。但重要的是要注意到传统理论模糊了这种区别。

(二)政府形式与组织形式

既然集权和分权是组织形式,就产生了这样的问题:在这两种组织形式与专制和民主的政府形式之间,是否有任何内在的联系。

假定用集权和分权的动态概念的话，民主要被描绘为一种创造规范的分权方法，因为在一个民主国家里，法律规范是行为由其所调整的多数人所创造的，而这些创造法律的机关遍布于法律秩序有效力的全部领土上。在一个专制国家中，法律秩序是由单独一个人所创造的，他不同于从属该秩序的多数人并独立于他们之外。由于在这里创造法律的职能集中在专制者一人，所以专制就可以说是创造规范的集权方法。

集权和分权之间的动态差别也使制定法和习惯法之间的区别
311 放在一个新的地位上。习惯法的创造，也就是通过从属法律的同一些人的一致的和持续的行为的那种创造，由于就像民主程序一样的理由，具有分权的性质；它事实上是一种民主的创造法律形式，因为它是以一种实在的虽然是不自觉的自治为基础的。另一方面，制定法的特征却是这种事实：它是由一个为达到创造法律这一目的而有意识地设立的机关所创造的。在直接民主制下，习惯法和制定法之间的差别还不是显著的。只是在间接民主制下，立法根据分工原则由专门机关来制定时，二者差别就成为重要了。在 18 世纪的绝对君主制下，一部分法律秩序，特别是民法，具有习惯法性质并实际上脱离君主的立法权力这一事实，意味着一种政治上的平衡。从习惯法到根据分工原则由专门机关创造制定法这一技术上的发展，标志着动态集权以及同时是法律创造的民主方法的削弱。

就像通过习惯的法律创造一样，通过契约和条约的法律创造也具有一种分权性质，就法律规范也是由从属该规范的同一些人所创造这一范围来说，法律的契约性创造是一种民主的程序。

如果我们假定用集权和分权的静态概念的话,在这些组织形式和两种政府形式之间就不存在直接的联系。专制国家和民主国家可能是静态意义上的集权,也可能是在这一意义上的分权。在专制方式下所创造的法律秩序和在民主方式下所创造的法律秩序,都同样可以由中央规范,即对全部领土都有效力的规范所组成,或者也可以由中央和地方规范,也即对全部领土有效力的规范和仅对部分领土有效力的规范所组成。无论有无国家的领土区划,专制和民主都是可能的。

然而,在一方面专制和民主,与另一方面静态意义上的集权和分权之间,有一种间接的联系。专制不仅是一种其性质属于动态意义上的集权的创造法律方法;它还具有一种走向静态意义上的集权的内在倾向。而民主则不仅其性质属于动态意义上分权的创造法律方法;它还具有一种走向静态意义上分权的内在倾向。

(三) 民主与分权

正如我们已指出的,专制无论具有(静态意义上的)集权或分权的组织,即:无论是否划分为省,都是可能的。然而,如果这个国 312
家在领土上划分为各省,那么,实际上不可避免的是,专制者将为每个省任命一个长官,作为他的代表有权创造只对这一领土有效力的规范。静态分权就引起动态分权,而动态分权包含了权力从专制者向其代表的转移以及从而是专制原则的削弱。专制者总是反对这样一种权力向其他机关转移并总想将最大可能数量的职能都集中在他一身。为了避免动态分权起见,他必须尽可能地避免静态分权,并试图以中央规范来调整最大可能数量的事项。事实上，专制国家显示了一种对静态集权的自然偏爱。

民主也是既可能是静态意义上的集权，也可能是这种意义上的分权；但分权要比集权容许更密切地接近民主观念。这种观念就是自决的原则。民主要求在法律秩序中表达的一般意志和从属该秩序的个人的意志之间有最大限度的符合；这就是为什么法律秩序要由受该秩序约束的那些人根据多数原则来加以创造。秩序和多数意志的符合是民主组织的目标。但是这一秩序的对整个领土都有效力的那些中央规范，可能容易同住在一个部分领土上的集团的多数意志发生矛盾。整个共同体的多数属于某一政党、民族、种族、语言或宗教的事实，并不排除这种可能性，在某些部分领土内多数人属于另一政党、民族、种族、语言或宗教。全国的多数人可能是社会主义者或天主教徒，但一个或更多的省的多数人却可能是自由主义者或新教徒。为了缩小法律秩序的内容和从属该秩序的个人意志之间的可能矛盾起见，为了尽可能地接近民主的理想，在某种情况下，有必要使该法律秩序的某些规范只对某些部分领土有效力并且只根据住在这些领土内的人的多数表决来加以创造。在这个国家的人口并没有统一的社会结构的条件下，该国领土划分为多少是自治的省份（意思就是静态意义上的分权）可能是一个民主的准则。定居的情况可能无法使国家组织通过领土区
313 划而适应人口的社会结构。在这样一种情况下，在技术上有可能的范围内，可以试图以人的身份为基础的划分来代替领土划分。

（四）完全的和不完全的集权与分权

除了全部分权和部分分权之间在数量上的区别以外，还有必

要作出完全的分权和不完全的分权之间的一种质的区别。当地方规范的创造是最后和独立的创造时,我们就讲完全的分权。在地方规范不可能由中央规范所取消或代替时,这种创造就是最后的。在联邦国家里,立法权力在一个中央机关和几个地方机关间的划分就提供了一个并不是最后的分权的例子。某些事项在这里留给地方立法,即各成员国的立法;但在有些情况下,地方的(成员国的)法律却可能由一个相反的中央的(联邦的)法律,根据联邦法律优于成员国法律的原则所取消或代替。如果地方规范的内容毫不取决于中央规范,那么这种地方规范的创造才是独立的。当一个中央法律包含了地方立法只是必须加以更具体适用的一般原则时,分权就是不完全的。

(五)行政的分权

行政分权是执行权领域中的不完全的分权。它不仅适用于狭义的公共行政而且也适用于司法(司法行政)。在这种制度下,国家往往被划分为行政和司法的省区,省区又划分为郡(县)区。对每一地区均设立行政机关和法院,有权对这一特定地区(以行政行为和司法判决)创造个别规范。这些机关处于等级体系的序列中。在公共行政领域中:主管这一国家全部领土的行政首长或内阁部长;主管每个省的省长;主管每一郡县的行政官。在司法领域中:主管全部领土的最高法院;在最高法院之下的各省法院;在各省法院之下的郡县法院。一般规范(制定法或习惯法规则)的执行,由从最低级的行政或司法机关的行为,即从郡县行政官的行政行为或郡县法院的判决开始的、三个连结层次中的行政或司法机关,来

加以推行。但由这些最低级机关的行为所创造的规范却并不是最终的。有关当事人可以从低级机关向高级机关上诉，从郡县行政
314 官向省长上诉，从郡县法院向省法院上诉。高级机关有权撤销低级机关所创造的规范，结果后一机关必须制定一个新的规范；或者高级机关有权以另一个别规范来代替低级机关创造的规范。但如果有向最高机关，即向行政首长或部长或最高法院上诉的可能性时，那么，上述个别规范也并不是最终的。

在行政分权制度下，行政机关创造的规范并不是独立的，而法院所创造的规范却是独立的。最高行政机关有权决定由低级机关所创造的规范的内容。低级机关有义务服从高级机关的指示。可是在高级法院和低级法院的关系中，情况并不如此。法院是独立的，这意指，它们的判决按例是不能由高级司法或行政机关来决定，而只能由立法机关、制定法或习惯法一般规则来决定。如果高级法院的判决具有判例的性质，低级法院就较少独立，而司法也就较少分权（更多集权）。总的来说，"法院的独立性"意味着在所谓行政分权体系内的一种较高程度的分权。司法程序的分权比行政程序的分权更为完全。由于最高行政机关是中央机关，在这一层次上没有分权，所以就独立性而论，在最高行政机关和最高司法机关之间就并无区别。最高行政机关，根据它们的本性，就像法院一样是独立的。

（六）地方自治的分权

所谓地方自治（local autonomy）是分权和民主这两种观念的直接和周密的结合。创造地方规范的机关在这里是由这些规范对

其有效力的那些人所选出的。自治地区单位的例子就是市政府和市长。这是地方的、分权的自治政府。这种分权只是指某些特殊地方利益的事项;市政权力的范围限于个别规范那一层次。但有时,选举产生的行政机关、市政委员会,有权发布一般规范,即所谓自治法规(autonomous statutes);但这些法规必须处于国家立法机关所发布的中央制定法的框架之内。

地方自治通常代表了一种比较完全的分权类型。由自治机关 315
所发布的规范是最终的和独立的,至少就中央国家行政机关方面来说是这样的,尤其是如果这些机关具有或多或少的专制性质,意思就是,如果它们本身并不是由人民选出的合议机关,而是由行政首长、特别是由君主所任命的单人机关时更是这样的。地方自治在君主制下有很重要意义。有时中央行政机关有权监督自治机关的活动;它们可以废除自治机关所发布的、违反国家立法机关所发出的中央制定法的规范,但它们不能以自己创造的规范来代替这些规范。

几个自治单位可以结合成为一个较高级自治单位,因而行政不仅在最低级上,而且在较高级上,都是民主的。在这种情况下,选举产生的委员会和市长(或行政长官)领导下的领土较大的自治共同体,就再划为几个较小的自治共同体。由于上级和下级行政机关都具有民主性质,所以在这两种机关之间关系中的分权程度也就可能缩减。分权可能不完全,不及上级行政机关具有或多或少专制性质的情况。当事人可能有权对小共同体机关的决定向大共同体机关提出上诉;而后一机关可能有权废除前一机关发布的规范,或以它自己创造的规范来代替那些规范。

自治机关，尤其是市政府，在现代国家中所享有的比较高程度的分权，大体上可以追溯到一个历史事实：它们起源于这样一个时候，当时各国，尤其是它们的中央机关，具有或多或少专制性质，而地方政府，尤其是城市的行政，却是或多或少民主的。通过民主组织的自治政府的那种分权，意味着专制中央机关影响的消除。争取地方自治的斗争最初是在专制国家中争取民主的斗争。但当国家已经具有一个主要是民主的组织时，对一定领土集团授予地方自治只意味着分权而已。

自治机关的地方自治并不是——就像人们往往断言的——这些机关对抗国家的一种权利；那只是自然法学说所提出的作为一种自然权利的一个政治假设而已。在国家行政和地方自治行政之
316 间并没有对立。后一行政不过是国家行政的某个层次。如果这一层次有民主性质，而其他层次有专制性质，那就可能出现对立的现象。但如果整个国家都是民主地组织的，就不再有任何理由以国家行政来反对地方自治行政。

（七）自治省的分权

在地方自治的情况下，分权原则上只限于行政，即，限于由行政机关所创造的个别规范。但分权也可以扩大到立法，一般规范的创造上。这通常是和有关规范的比较大的属地效力范围这一点联系着的。这就是自治省的分权类型。自治省的机关就是由该省公民所选出的地方立法机关，以及还可能是由该省地方立法机关所选出或由人民直接选出的地方行政机关。情况往往是，省的自治行政的首长是由该省公民或立法机关所选出的省长。如果省长

由国家元首任命,分权以及因而自治的程度就较小。省长可能同选举产生的行政机关一起执行职能,也可能独立于这一机关之外。自治省通常并没有司法机关。法院被认为是国家的法院,而不是自治省的法院。这意味着司法已不再有相当于行政分权类型那样的分权了。只有立法和行政,而不是司法,才具有自治性质;只有立法和行政才在中央的和地方的法律共同体之间加以划分。

四、联邦和邦联

(一)立法的集权

1. 联邦

划分为自治省的单一国(unitary state),只是在分权的程度上
才有别于联邦(federal state)。就如联邦之有别于单一国一样,一
个国际的邦联(confedercy of state)也只是由于较高程度的分权才
有别于联邦。在分权的天平上,联邦处于单一国和国家及国际联
合之间。它体现了与国内法所构成的法律共同体,即国家,仍然相 317
容的分权程度,以及与国际法律共同体、国际法所构成的共同体,
并不相容的集权程度。

联邦的法律秩序是由对其全部领土都有效力的中央规范和只对这一领土各个部分,即对“组成(或成员)国”有效力的地方规范所组成的。中央一般规范、“联邦法律”,是由中央立法机关、“联邦”的立法机关所创造的,而地方一般规范则由地方立法机关组成国(component state)的立法机关所创造。这就预定联邦法律秩序

的属事效力范围，或者换句话说，国家的立法权限，在一个中央机关和各地方机关之间进行划分。在这一点上，在联邦的结构和区分为各自治省的单一国的结构之间，存在了很大的相似性。中央机关的权限、联邦的权限愈广泛，地方机关的权限、组成国的权限也就愈狭小，而集权的程度也愈高。在这一点上，联邦之不同于有自治省的单一国只是由于以下事实：属于组成国立法的事项比属于自治省立法的事项为数较多且更为重要。

中央规范组成一个用以构成一个部分法律共同体的中央法律秩序，它包括了凡住居在联邦全部领土内所有的人。这一由中央法律秩序构成的部分共同体就是“联邦”。它是整个联邦的一部分，正如中央法律秩序是联邦的整个法律秩序的一部分一样。只对全部领土中一定部分有效力的地方规范，则组成借以构成部分法律共同体的地方法律秩序。每个部分法律共同体包括了居住在每个部分领土内的人。这些部分法律共同体就是“组成国”。每一个人因而就同时属于一个组成国和联邦。联邦、整个法律共同体，因而就由联邦、一个中央法律共同体，和各组成国、若干地方法律共同体所构成。传统学说错误地将联邦与整个联邦国等同起来。

每个部分法律共同体，联邦和各组成国，都有赖于其自己的宪法——联邦的宪法和各组成国的宪法。然而，联邦的宪法、“联邦宪法”同时就是整个联邦的宪法。

318 联邦的特征在于各组成国拥有一定程度的宪法自治，这就是说，每一组成国的立法机关在有关这一共同体的宪法事项上是有权限的，因而组成国宪法的变更可由组成国自己的法律来完成。但组成国的这种宪法自治是受限制的。组成国受联邦宪法的某些宪法原则的约束,例如,根据联邦宪法,组成国可能必须有民主——共和国宪法。由于组成国的这种宪法自治——即使是受限制的,才使联邦有别于由各自治省组成的相对分权的单一国。如果这些省之所以被仅仅看作自治省而不是组成国,这不仅是因为它们的权限,尤其是省立法的权限,是相对地受限制的,而且还因为这些省并无宪法自治,因为它们的组建是由整个国家的宪法为它们规定的并且只能通过这一宪法的变更才能加以变更。在宪法问题上的立法在这里是完全集权的,而在联邦中,它只是不完全集权的;那就是说,直到某一点为止,它是分权的。

联邦中的集权,即整个法律秩序的相当大一部分规范在整个联邦范围内都有效力这一事实,是受限制的,中央的创造法律机关是在下述形式下组成的,而这种形式尤其在联邦里是典型的,那就是:它由两院所组成。其中一院议员是由联邦的全体人民直接选 447
出,这就是所谓下议院(House of Representative)或众议院(Chamber of Deputies),或者称为国民院(Popular House)。第二院则由或者是每一组成国的人民或者是该国的立法机关选出的人所组成。他们被认为是这些组成国的代表。这个第二院名为上议院(House of States)或参议院(Senate)。它符合联邦国家的理想类型,各组成国在上议院、参议院应平等地代表,每一组成国,不问其大小,即不问其领土范围或居民人数,都应向下议院、参议院派出同等数目的代表。

通常,一个联邦通过几个独立国家所缔结的一项国际条约而成立。每一组成国在参议院中以同样数目的代表这一事实就表明各组成国原来是独立国家而现在仍然根据通称为国家平等的国际法原则来加以对待。上议院或参议院的这种组成，就保证各组成国、各地方共同体，“作为各组成国、各地方共同体”参与中央的立法程序，这就等于是分权的一个因素。然而，这一基于各组成国的平等观念的分权因素，由于上议院根据多数原则通过其决议这一事实，而几乎完全被抵销。正是由于这一事实，这一立法机关也就被剥夺了它的国际性质。

2. 邦联

纯粹的国际性的国家联合等于有组织的共同体，所谓邦联，如果国际联盟(League of Nations)，可以在许多方面像联邦一样，这一共同体的宪法就是国际条约的内容，就像联邦通常也是这样情况。邦联的宪法是这一国际共同体的所有各国的全部领土中都是有效力的法律秩序。它有一个中央秩序的性质并构成一个部分共同体——“邦联”。单独的国家，所谓“成员国”，就像联邦的组成国一样，也是由地方的，即由其国内法律秩序构成的部分共同体。邦联连同各成员国组成整个共同体——邦联国。中央共同体的宪法，它同时也是整个共同体邦联的宪法，它可以建立一个中央机关，有权制定对共同体所有国家，即在这一联合的全部范围内，都有效力的规范。这一机关可以比之于联邦的中央立法机关。它通常是由各成员国代表组成的一个议事会；这些代表分别由其本国政府任命。中央机关通常以全体一致投票表决拘束这一联合的各成员国的决议，在中央机关有代表的每个成员国有相同的票数。不排除有拘束力的多数通过的决议，但它们只是例外。例如，国际联盟大会便是这样一个机关。

邦联的宪法通常并不包含关于成员国宪法的规定。可是即使是一个纯粹国际联合成员的宪法自治也可能在某种程度上受到限制。例如,国际联盟公约要求每一成员必须是“充分自治”的国家。一个邦联宪法含有使成员国应有民主——共和国宪法的协议,不 320
是不可能的。

(二)执行的集权

1. 联邦

在联邦国中,在联邦和组成国之间加以划分的不仅是立法权,而且还有司法权和行政权。除联邦法院外,还有组成国的法院;除联邦的行政机关外,还有组成国的行政机关。联邦最高法院有权不仅处理某些个人争端和惩治某些个人罪行,而且还判决组成国之间的争端。联邦行政的顶端有一个被授予执行权的联邦政府,这一权力不仅可以在对个人的执行制裁的形式下加以应用,而且还可以在组成国,即其机关,违反联邦宪法时(正如已指出的,这一宪法同时也是整个联邦国的宪法),作为所谓联邦执行,用来反对组成国本身。

在每一组成国行政的顶端,有这一国家的一个政府。联邦的或组成国的政府形式可以是君主制的或共和制的。在后一种形式下,则多少符合民主原则。政府可能是一个单人的或一个合议的机关,这就是说,它可能由单独一个人或几个人所组成,而这些人可能——但并不必须——构成一个以多数表决通过决议的议事会。政府,尤其是一个共和制联邦国的首脑,或者是直接由人民所选出或者由立法机关所选出。

2. 邦联

国际邦联、国家的联合或联盟的宪法，也可以建立一个中央法院和中央政府。但通常，法院仅有权处理各成员之间的争端；私人只是例外地才准许作为原告与被告。中央治理机关具有一种议事会(board)的性质。如果它不是一个上面已讲过的中央立法机关之类的机关，那就不是所有成员都可以在那里有代表，或者并不都
321 是在同样方式下有代表。国际联盟行政院便是一个例子，那里只有大国才一直有代表，一部分其他成员国只一定时期才有代表。这一机关的决议也推行一致通过的原则。

(三) 联邦与邦联中权限的分配

在联邦中，全部外交事务往往属于联邦权限的事项，因而具体地说是：国际条约的缔结、宣战、媾和，以及对武装力量的控制。这就是说，陆、海、空军是联邦的机关，而不是组成国的机关。组成国本身与国际事务是无关的。武装力量通常受联邦元首统率。偶然也可能由组成国保留关于武装力量的某些管辖权。但这只能是极不重要的，因为武装力量是同对外政策最密切地联系着的，而对外政策是专属于联邦的。正好在所谓国家权力最明显的领域中，联邦宪法对组成国权限，或者对它们的主权(人们往往这样称呼它们在这方面的权限)，规定很大的限制。

国际邦联的权限往往被限于处理各成员国之间的争端和反对外来侵略的国防。成员国的权限在实际上仍不受限制。执行权力的集权是没有的。邦联并无它自己的警察，陆、海或空军。成员国仍不受限制地拥有所有其权力手段，尤其是其武装力量。如果有

必要对邦联外国家进行战争的话，成员国就必须将必要的武装力量交由邦联的中央机关处置。如果将对一个违反邦联宪法的成员国执行军事制裁，这也只有用其他成员国为此目的而提供的武装力量才有可能。由于制裁所针对的那个国家拥有其自己的陆、海、空军，所以制裁的执行就意味着共同体内部的战争。而对邦联宪法的违反可能就是一个成员国对另一成员国诉诸战争。在联邦中，如果执行权集权，以至成员国没有归它们处置的军事武装力量（通常就是这样情况），所有上面这些现象也就都不存在。

（四）国籍 322

联邦的特有因素是有联邦国籍，即使每一组成国也有其自己的国籍。如果是这样的话，那么，每个人既是某一组成国的公民又是联邦的公民。必须有用以调整这两种制度之间关系的规定。在国际邦联中，并无邦联的国籍。个人只是各成员国的公民。他们只是间接地、通过他们的国家，才在法律上属于国际共同体。

（五）直接的和间接的承担义务与授予权利

联邦的中央机关在其他事项上的管辖权并不像在对外事务、军事和国籍领域中那么重要。通常地说，联邦在经济领域中，尤其在关于货币事项，以及在关税领域中（有关对外关系），也有相当大权利。联邦通常构成一个单一的关税和单位。然而，重要的是联邦有权征税以支付其在立法、司法和行政活动方面的开支。由于联邦的税法和军事法，个人就直接负责履行某些义务。在邦联中，各成员国必须向邦联提供军队和固定数目的金钱；因而在它们自己方面说，首先必须制定用以使个人服军役和纳税义务所需的法律。然而，在联邦中，对个人的要求是直接由联邦法律规定的法律义务的事项。中央规范、联邦法律直接使个人承担义务并对其授予权利，而不经地方规范、组成国法律的任何中介这一事实，是联邦的一个特色。

在这一点上，联邦特别明显地不同于国际的邦联。构成邦联的法律秩序的中央规范只是直接使国家承担义务并对它授予权利；个人只是由于他们所属的那些国家的法律秩序的中介才间接地受到影响。对个人的仅仅间接的承担义务和授予权利，正如本书以下将表明的③，是国际法技术的一个典型因素。联邦的法律
323 秩序的中央规范建立了对个人的直接的义务和授权这一事实，就证明这一秩序是国内的，而不是国际的法律秩序。而在这一方面，由于联邦中法律秩序的中央规范和地方规范的关系，对个人的直接的和间接的承担义务和授予权利之间的区别，也显然可以从集权和分权的角度来加以设想。显然，如果中央规范只有通过地方规范的中介才能使个人承担义务和对他授予权利，它就意味着一定的分权，或较少程度的集权；反过来也是这样，如果中央规范不需要地方规范的这种中介而使个人承担义务并对他授予权利，它就意味着一定的集权。在这一方面，与一个纯国际邦联相比，联邦也体现了较高程度的集权，并且也正因为这样，所以才是一个国家，而不单纯是一个国家的联合。

这种差别在下述事实中也是显然的，即：国际共同体的，尤其

---

③　参见本书第 341 页及其后几页。

是一个邦联的成员国，通常可以离开共同体，从这一联合中退出，而就联邦的组成国来说，这种可能性在法律上是不存在的。一个联邦的组成国通常并不是国际法的主体。只有联邦才具有国际权利和义务。如果成为国际法的一个主体被认为是国家的一个要素的话，那么联邦的所谓组成国就不是国家一词真正意义上的国家，至少不是国际法意义上的国家。

（六）国际化与集权

如果整个对外政策都委托给一个联邦的中央机关，尤其是所有国际条约均由联邦的主管机关缔结，那么就必须使联邦有可能执行这些条约。由于国际条约可能涉及任何可设想的事项，甚至涉及保留于组成国的立法和执行的事项，这就必须使联邦有可能干预组成国的这种权限。因而，随着文化和经济生活的广泛国际化，组成国的权限也就必须相应地受限制。这种集权的趋势、从联邦向单一国的逐渐过渡，还受到其他情况所促进，它们倾向于国家对经济生活的控制，倾向于国家资本主义的发展。几乎不可避免的是，在经济领域中的这样的集权当然要导致政治上的集权，并从而也导致文化领域中的趋同，如果联合在一个联邦中的各组成国原来代表了不同文化的话。 324

（七）单一国向联邦或邦联的转化

人们只有将联邦的实质设想为分权的特定程度和具体形式，才可能仅根据具体的实在宪法的内容，就认出这个国家是一个联邦。从这一角度出发，联邦的创造模式就无关紧要：无论它是由于在迄今以前几个"主权"国家，即仅隶属国际法律秩序的几个国家之间的一个国际条约（确认联邦宪法）而成立；或者是由于一个单一国被自己通过增加其分权的程度而转化为一个联邦的那种立法行为。奥地利共和国，具有各自治省的一个单一国，在1920年就在这种方式下通过对宪法的一次修正而转化为一个联邦。

邦联也是这样。通常，一个邦联由一个国际条约所建立，但也不排除一个国家，特别是一个联邦通过其立法机关修改其宪法的行为而转化为一个邦联，例如，这就是1931年英帝国通过所谓威斯敏斯特法（Statute of Westminster，英国议会的一个法案）而成为一个单纯的几个国家的联合的方式。

这是一种分权的方式。如果新宪法体现了像作为一个邦联特征那样的分权程度，那么，联邦的组成国也就成为国际法意义上的完全的国家，联邦即趋于消失。相反方向的发展也是可能的。几个独立国家可能以一个国际条约而不仅结成一个联邦而且还可以结成一个单一国，如果该条约所确认的宪法体现了相应程度的集权的话。

如果联邦或单一国的宪法是国际条约的内容，那么这一宪法就具有国际法的性质，并且作为一个国家的宪法，而这意思就是作为一个国内法律秩序的基础，同时具有国内法的性质。如果一个联邦的宪法由于这一国家的立法行为而转化成为一个邦联的宪法，它就取得了国际法的性质，虽然，作为一个国家机关制定的法律的内容，它同时也是国内法。

五、国际法律共同体 325

(一)国内法与国际法并无绝对界线

国家(多半是联邦)由国际条约所建立以及邦联由立法行为所建立是无可置疑的事实,它清楚地表明,国内法不能由国际法创造以及国际法不能导源于国内法[4]这种传统观念是不正确的。在国内法和国际法之间并无绝对的界线。一些规范就其创造来说,因为是由国际条约所建立的,因而具有国际法性质;而就其内容来说,可能是有国内法的性质,因为它们建立了一个相对集权的组织。而反过来,一些规范,就其创造来说,因为是由一个国家的行为所制定,因而具有国内法性质,但就其内容来说,却可能具有国际法性质,因为它们构成了一个相对分权的组织。

(二)国内法作为相对集权的法律秩序

国内法和国际法之间的差别只是相对的:它首先在于集权和分权的程度上。国内法是相对集权的法律秩序。特别是法律适用的集权,有权确认不法行为并命令和执行制裁的那些中央司法机关的设置,是构成国家的法律秩序的特征。由于司法的集权,国家就有别于前国家的法律共同体。也正是集权程度,才使国家有别于国际法律秩序所构成的国际的和超国家的(super-statal)法律

④　参见 W. W. 威洛比:《公法的基本撅念》,第 284 页。

共同体。同国内法相比，国际法是一个较分权的法律秩序。它表现了实在法中所出现的最高度的分权。

（三）国际法的分权

为了了解这一问题，人们必须将全部实在法、国际法律秩序以及所有各国内法律秩序，看作是一个普遍的(universal)法律制度。在这一制度内，所谓一般国际法规范是这样一种中央规范，它对包括所有实际上存在的国家的领土以及国家所可能存在的领土在内
326 都有效力。至于各国的法律秩序则是这一制度的地方规范。一国
的领土、一个国内法律秩序的属地效力范围受国际法条款的限制，而国际法律秩序本身的属地效力范围在法律上却不受限制。国际法在其规范必须被适用的任何地方都是有效力的。

然而，国际法和国内法之间并没有绝对的差别。只是实际有效的法律秩序才有这样一种受限制的属地效力规范。国际法的进化将导致一个世界国家的建立，这并不是先验地被排除的。这意思就是实际上有效力的国际法律秩序会以集权的方式使自己转化成国内法律秩序，后者的属地效力范围同实际上有效力的国际法的属地效力范围趋于一致。

1. 静态分权

国际法或被称为“国际社会”的国际法律共同体的高度分权，首先体现在这一事实中：这一法律秩序的中央规范、所谓一般国际法规范，无论在数目和重要性上，都远不及地方规范、国内法律秩序的规范。它们是普遍法律秩序内的部分法律秩序；由这些部分法律秩序，即国家，所构成的法律共同体，是普遍法律共同体内的

部分法律共同体。在这一普遍法律秩序内，一般国际法只组成一个部分法律秩序，它连同各国内法律秩序一起，才组成普遍法律秩序。

然而，国内法律秩序并不是普遍秩序的唯一地方规范。照例由国际条约所创造的所谓特殊国际法规范也是地方规范。这些特殊国际法规范的属地范围通常包括了产生这些规范的缔约国的领土。一般国际法规范无论在数目和重要性上都次于这些特殊国际法规范。因而，在普遍法律秩序内，地方规范显然胜过中央规范。普遍法律秩序如果和它所最密切地联系着的法律秩序类型，即联邦或邦联相比的话，就显著地表明了它的高度分权。

国际法分权的另一方面是，它的规范照例只使法人，即国家，承担义务并授予它们权利，这意味着，就如我们将在下面看到的，
国际法只间接地，通过国内法律秩序的中介，才调整个人的行为。 327
间接地使之承担义务和授予权利具有一种分权的效果这一事实，本书在关于联邦和邦联之间的差别那一章中就已指出过[⑤]。

2. 动态分权

普遍法律秩序的动态分权还是大于其静态分权。一般国际法并不建立任何根据分工原则进行工作的专门机关。就一般国际法而论，法律的创造和适用都完全取决于国际法的主体：国家。习惯和条约——两者都是创造法律的分权方法——是一般国际法所仅有的法律渊源。特别值得注意的是，法律的适用也是完全分权的。一般国际法让争端当事者去确定是否其中一方要像另一方所主张

⑤　参见本书第 323 页。

的那样对不法行为负责，并决定和执行制裁。从这一方面说，一般国际法也是一种原始法（primitive law）。它运用自助（self-help）手段。权利被侵犯的国家有权诉诸战争或报复以反击侵犯者。这些是一般国际法所规定的特殊制裁。

3. 经由特殊国际法的相对集权

一种较高程度的集权可以由特殊国际法来实现。法院、行政机关，以及甚至立法机关，都可以由国际条约所建立。这样的条约所建立的那些国际共同体，其集权远超过由一般国际法所构成的国际共同体的集权。这样一个相对集权化的国际共同体就是邦联。如果这种集权更进一步，那么这一共同体也就变为联邦甚至单一国，而由国际条约所创造的法律秩序也就具有国内法的性质。

这就是所设想的普遍法律共同体的结构。但是否真的有这样一种普遍法律共同体呢？是否能容许对实际存在的国际秩序以这样方式来解释呢？是否可以把实在国际法与不同国家的实在法一起设想为一个普遍法律秩序呢？这便是本书最后部分所必须论述的问题。

第六章　国内法与国际法 328

一、国际法的法律性质

（一）国际法中的不法行为与制裁

在考虑国际法律秩序和各种国内法律秩序是否都是一个法律体系的组成部分以前，我们必须首先回答这一问题：称之为“国际法”的规范是否真正是像国内法一样意义上的“法律”，这就是说，是否是本书第一编中所下定义意义上的法律，科学地陈述的话，这就是所谓国际法是否能以“法律规则”的词语来加以说明的问题。

正如在本书第一编中所讲的[①]，法律规则是一个假设性判断，就是使强制行为，对一个主体利益范围的强制干预，成为同一主体或另一主体的一定行为的后果。法律规则所规定为后果的强制行为就是制裁；作为条件来说的该主体的行为被认为是“非法的”，是不法行为。制裁则被解释为法律共同体对不法行为的反应。不法行为是人们不希望有的行为，特别是对另一主体利益范围的强制干预，一种强制行为。所以，强制行为或者是不法行为、制裁的条

---

① 参见本书第 45 页及其后几页。

件，从而是被禁止的；或者就是一种制裁，不法行为的后果，从而是被容许的。这种非此即彼的选择是被称为法律的强制秩序的一个主要特征。

如果国家的强制行为，一个国家对另一国家的利益的强制干预，只是作为对不法行为的一种反应才能被容许，而使用武力以达到其他任何目的均被禁止的话；如果作为对不法行为所作的反应可被解释为国际法律共同体的一种反应，那么，国际法就是这种意义的法律。如果体现为国际法的材料有可能以这样一种方式来加以说明的话，即一个国家针对另一国家所使用的武力，只能解释为或者是不法行为或者是制裁，那么，国际法就是像国内法一样意义上的法律。

在讲到国际法时，人们所说的只是一般国际法，而不是特殊国
329 际法。所以问题必须表达如下：第一，根据一般国际法，是否有像不法行为这样一种事物，即通常被认为一个国家的非法行为？第二，根据一般国际法，是否有像制裁这样一种事物，即被规定为不法行为的后果并针对非法行为国家的强制行为；即如果必要的话，使用武力以剥夺所有权；也是否要对不法行为负责的那一国家的通常受保护的利益范围进行强制干预？从本书第一编所曾讲过的来说，结果就是在法学上讲，一个国家的特定行为，只有在国际法以制裁赋予这种行为时，才被认为是不法行为。

人们公认：在国际法中有像不法行为这样一种事物，即被认为是非法的、违反国际法的并因而是对国际法的一种侵犯的国家行为。这来自以下事实：国际法被认为是一个规范体系，它为各国规定了一定的行为，即确认这种行为是各国所应遵循的一种模式。

如果国家并无国际法所承认的特殊理由而竟侵犯了根据国际法属于另一国家的领土，或者如果一个国家不遵守根据国际法与另一国缔结的条约，那么，这个国家的行为之被认为违反秩序，正像从道德观点来看，一个说谎的人之违反道德秩序一样。在这种意义上，在国际法中无疑是有不法行为。但在国际法中，是否有特殊法律意义上的不法行为这种事物，即是否也有由国际法所规定的制裁，针对应对不法行为负责的那一国家的制裁呢？

对国际法中的“制裁”，许多学者是指赔偿过错，特别是赔偿非法造成损害的义务。那就可以说是一种代替的(substitute)义务，即当一个国家不履行其主要或者首先的义务时所产生的一种义务。加以赔偿的义务代替了被违反的义务[2]。然而，加以赔偿的义务，是一般国际法规定为不法行为的一个自动后果？或只是受不法行为影响的国家与应对不法行为负责的那一国家所缔结的一个条约的结果？这是有疑问的。作者倾向于后一种见解。[3] 但即使加以赔偿由一般国际法规定为不法行为的自动后果，这种代替义务也不能被认为是制裁。只有不履行这种代替义务的后果、由法律规则所陈述的最终后果，才构成真正的制裁。法律秩序的特殊制裁只能是强制行为，即法律秩序规定在一个义务被侵犯的情况下，以及如果代替义务确定时，这一代替义务又被侵犯的情况下 330
的一个强制行为。是否有一般国际法规定为国际不法行为后果的强制行为？是否有对为不法行为负责的那些国家通常被保护利益

② 参见本书第138页及其后几页。

③ 参见本书第357页及下页。

范围的强制干预？这些都是问题。

(二)报复与战争

如果对以国际法为名的全部材料都加以考察的话,有两种对国家的通常受国际法保护利益范围的强制干预。这两种干预的差别在于干预的程度:这种干预在原则上是受限制的还是不受限制的;对国家所采取的行动,其目的仅仅在于侵犯这一国家的某些利益,还是要使这一国家完全屈从或全部灭亡。

关于一个国家对另一国家利益范围的有限制的干预的特征,公认的看法是:这样一种干预或者被认为是国际法意义上的不法行为,或者被认为是一个报复(reprisal)。然而,它之被容许作为一种报复,只限于它是对不法行为所实行的反应。一个报复、对另一国家的通常受保护利益的有限干预,只能作为对这一国家所犯过错(wrong)的反应才被容许,这种观念已被普遍接受并构成实在国际法的一个不容争辩的部分。作为报复而对一个国家利益范围的干预,并不一定需要伴随武力的使用,但诉诸报复时使用武力是容许的,特别是如果抗拒报复使它成为必要的话。同样地,国内法的制裁,刑罚和民事制裁,也只有在抗拒的情况下才由武力来加以执行④。

我们把报复称为国际法的一种制裁是可以成立的。至于对别国的利益范围的无限制干预是否也是这样则尚待讨论。这种干预往往称为战争,因为这是由武装力量——陆、海、空军所执行的行

④　参见本书第18页及下页。

动。所以，这就导致如下问题：根据国际法，战争的意义是什么？是否也能把战争像对别国利益范围的有限干预一样，解释为不法行业或者解释为对不法行为的反应，即制裁？换句话说，是否可以说，根据国际法，战争只有作为一种制裁才被容许，而并无制裁性质的任何战争都为国际法所禁止，都是不法行为？

（三）战争的两种解释 331

关于战争的解释，存在着两种截然相反的观点。根据一种看法，战争既非不法行为也非制裁。任何国家，凡不受特殊条约明文禁止对别国进行战争的约束，或者只有在某些固定条件下必须诉诸战争，就可以根据任何理由对任何其他国家进行战争而并不违反国际法。根据这种看法，战争永不会构成不法行为。因为称为战争的那种国家行为，并未由一般国际法所禁止，因而，在这一范围内，战争是容许的。但战争也不能构成制裁。因为根据这种看法，在国际法中并无授权国家诉诸战争的特别规定。一般国际法并未提出战争是对国家的非法行为的制裁。

然而，与此对立的看法则认为，根据一般国际法，战争在原则上是被禁止的。它只有在对非法行为即不法行为的反应，并且只有在针对为这一不法行为负责的那个国家时，才是被容许的。就如报复一样，战争如果不称为不法行为，那就必须是制裁。这就是bellium justum（正义战争）的学说。

问这两种看法到底哪一种正确，那是天真的。因为每一种看法都由杰出的权威所首倡并以有力的论据加以辩护。这一事实在本质上就使在这两种学说之间作出任何明确的决定、任何肯定的选择，都是极端困难的。

根据一般国际法，战争除非作为对过错之害——即对不法行为——的反应才被容许这一命题，可以以什么论据来加以攻击或辩护呢？仅仅在这种形式下陈述这个问题，就表明那些代表正义战争学说的人的立场是更难持有的；因为他们要负举证之责，而相反的观点却只限于否定这一命题，正如众所周知，negantis major potestas（否定更有力量）。

（四）正义战争的学说

1. 国际舆论

如果问到正义战争学说的命题，即国际法原则上禁止战争怎样才能证明，首先就碰到了困难。根据严格的法学思想，在某一法律体系中，当一个特定的制裁赋予一个行为时，这一行为就被禁止。一般国际法对一个不容许战争所能规定的唯一可能的反应就是战争本身，即对不顾国际法而诉诸战争的那一国家的“反抗战争”（counter war）。根据一般国际法的当前的技术条件来说，不
332 可能有其他制裁。但这意味着，战争，或者更确切些说，反抗战争，必须被预定是一种制裁，以便将战争解释为不法行为。然而，这样一种观点显然是用未经证明的论点来辩论，因而在逻辑上是不容许作为正义战争学说命题的证据的。

但是，关于这一问题还有另一种办法：考查国家意志在历史上的体现、外交文件，尤其是战争的宣告与国家之间的条约，所有这些都非常清楚地表明：各国，即代表它们的政治家们，都认为战争是一个非法的行为，一般国际法原则上是禁止的，只有作为对过错

之害的反应才被容许。这证明符合正义战争学说命题的一种法律信念是存在的。这种信念体现在如下事实中：诉诸战争的各国的政府总是试图对其本国人民以至整个世界为这一战争进行辩护。在历史记录中几乎没有这样一个例证：居然有一个国家并不试图宣称它自己的理由是正义的和正当的。如果这种宣称并没有出现在官方的战争宣告中，那么，在其他文件中，或者也许在国家控制的报纸上，就可以找到它们。永远没有一个政府居然会宣布，它之诉诸战争只因为它感到它有诉诸战争的自由，或者是因为这样一个步骤似乎是有利的。如果考查一下诉诸战争的各种各样的辩护，就揭示出通常所主张的总是说别国已犯下过错，或者是作了不正当的侵略行为而处于犯过错的边缘，或者至少是准备这样行为，或者有这样做的意图。毋庸置疑，大体上说，国内舆论也像国际舆论一样，是不赞成战争的而只有例外地作为一个实现正当的和正义理由的手段才容许战争。战争的最激烈的代言人、最极端的帝国主义的哲学家，在他们企图颂扬战争并诋毁和平主义时，也总是将战争当作一个达到正当目的的手段来加以辩护的。

2. 实在国际法中的正义战争观念

一般承认，干涉(intervention)按例是国际法所禁止的。干涉就是一国对另一国的事务的专横干预。专横干预指武力的使用或威胁的干预。对另一国的内外事务不加干涉的义务被认为是国际法保护各国对内和对外的独立这一事实的结果。这一原则同下述
学说是不相容的，即认为国家，由于其主权，就可以基于任何理由 333
对任何其他国家诉诸战争而并不违反一般国际法。战争是包括使用武力对另一国事务的无限制的干预；它是一种可能导致完全摧

毁另一国的对外和对内独立的干涉。普遍接受的不干涉的原则是以正义战争学说为前提的。根据传统的看法[⑤]，在有些情况下，国家例外地有权进行干涉；对这些情况的分析表明，对另一国事务的专横干预，只能容许作为对被干预国家违反国际法的一种反应。这种违反可能是这一国家并不遵守限制其对外或对内独立性的条约，例如在保护国（protectorate）条约基础上，或在一个保证另一国政府形式的条约基础上的干涉，或者是对一国对外事务的干涉，而根据一个国际条约，这种事务同时就是干涉国的事务。这种违反也可能是不遵守一般国际法的一项规则，例如，公海自由的原则，或者是使国家负有以一定方式对待外国人的义务的规则。有些作者主张，如果干涉是由于自保的利益而进行的话，那么便不是非法的；但自保只不过是违反国际法的道德、政治上的辩解而不是国家的权利。有些作者也主张，有利于势力均衡的干涉是可容许的。但这也是政治上的而不是法律上的原则。在法律上，干涉只是作为对违反国际法的一种反应来行使才是被容许的；这是确认正义战争学说的一项规则。

人们极易证明正义战争学说组成实在国际法中许多非常重要文件的基础，例如，凡尔赛和约、国际联盟盟约和凯洛格公约。

凡尔赛和约第231条确认德国的战争犯罪（war guilt），根据德国及其盟国对侵略行为负有责任的主张而证明强使德国负担赔偿是正当的。这意思就是第231条将这种侵略说成是一种非法行为，一种不法行为，而如果和约的制定者赞同这种意见：每个国家

⑤　奥本海：《国际法》，第1卷，第251页及下页。

都有权以任何理由对任何其他国家诉诸战争，那就不可能会有第231条这样的规定。如果德国被迫承认的侵略不被认为是“非法”的话，那么，就不能依靠它作为德国对侵略所造成的损失和损害进 334
行赔偿义务的理由。凡尔赛和约所加予德国的并不是一种“战争赔款”(war-indemnity)，而是对非法造成损害进行“赔偿”(reparation)的义务。德国及其盟国的侵略之所以被认为是非法的，因为它们在1914年所诉诸的战争被认为是“强加于”协约国的一种战争。这意思只能是指德国及其盟国诉诸战争而并无充分理由。也就是说，协约国或任何其中一国并未犯有过错。只有在正义战争学说的基础上，“战争罪行”的观念才是可能的。

国际联盟盟约第15条第6项允许盟员国，在一定条件下对其他盟员国从事战争，但只限于“为了维护权利和正义”。只有正义战争才被容许。

凯洛格公约禁止战争，但只是禁止将它作为一种国家政策的工具。这是对禁止的一个非常重要的条件。对凯洛格公约的合理解释，即不企图使它成为无用或多余的文件的解释，是：战争作为国际政策的手段是不被禁止的，尤其作为对违反国际法的反应，作为维护和实现国际法的工具来说，是不被禁止的。这正是正义战争学说的观念。然而，由于凡尔赛和约、国际联盟盟约和凯洛格公约都是只对缔约国有效的特殊国际法的例证，所以，这些关于战争的“非法性”的规定，可能被认为只是一个普遍接受的国际法律信念的实际存在的表示而已。

3. 原始社会中的正义战争观念

刚刚提到的法律信念并不是现代文明的成就。它是在最原始的情况下发现的。甚至在最野蛮的部落关系中，它就已毫不含糊地表示出来。通常，在原始部落或集团之间的战争实质上是一种仇杀（vendetta），一种复仇行为；这样，它就是对一定利益的侵犯的反应，对被认为是过错的一种反应。仇杀可能是对过错之害的社会有组织反应的原始形式、最初的社会有组织的制裁。如果法律是制裁的社会组织的话，那么，法律的原始形式必定是部落间的法律，而这样的法律是国际法之类的法律。

原始的部落间的法律，按其本质来说，是“正义战争”的原则。著名的人类学家拉德克里夫-布朗（A. R. Radcliffe-Brown）描绘极
335 原始的澳大利亚人之间的战争如下：“在某些共同体中，如在澳大利亚游牧部落中，进行战争通常是由一个集团对应向所遭受的伤害负责的另一集团所实行的一种复仇行为，而其程序则由等于现代国家的国际法的一批公认的习惯来加以调整。”[⑥]一般说来，这是原始人中间的有战争的典型。如果国际法是一种原始法律的话，那么，正义战争原则在这一法律秩序中应被遵守，这也是很自然的。

4. 古代、中世纪和近代关于正义战争的学说

因此，人们在古代希腊城邦之间的法律中遇到正义战争的观念，是不足为奇的。科尔曼·菲列普逊（Coleman Phillipson）在其论早期希腊和罗马国际法的著作中这样说过：“交战国如不主张它

⑥　A. R. 拉德克里夫-布朗：《原始法律》（1933 年英文版），载《社会科学百科全书》，第 9 卷，第 203 页。

们认为是一个有效的和充分的理由，就不会进行任何战争。”[7]甚至连罗马的帝国主义也相信它不能没有能用来将其战争辩称为合法行动的意识形态。战争法是与所谓监督外事的祭司法（jus fetiale）密切联系着的。只有那些遵照祭司法规则而进行的战争才被认为是“正义战争”。的确，这些规则实质上只具有形式的性质。但可被认为是古代罗马有代表性的法律哲学家西塞罗（Cicero），在这一点上大概也只不过表达了一般流行的舆论。他说，只有基于防卫或报复而进行的战争才被认为是合法行动：“没有理由而进行的战争是非正义的战争。除非旨在报复或击退敌人，就不能发动正义战争。”[8]圣·奥古斯丁（Saint Augustine）和伊西多罗·德·塞维利亚（Isidoro de Sevilla）在他们的“正义战争”学说里，就受到西塞罗的影响[9]。“正义战争”的学说由《格拉提安教令》（*Decretum Gratiani*）从这些基督教作者的著作接受过来，最终并入圣·托马斯·阿奎那的《神学大全》（*Summa Theologica*）中。它
成了中世纪占统治地位的学说，后被16—18世纪的自然法学说所 336
吸收。格老秀斯特别阐明了这种观点：根据自然法，每一个战争必须有一个正当理由，而最后分析起来，这个“正当理由”只能是过错之害。这一观念一直到18世纪末，仍然占有优势，但在19世纪中，却已从实在国际法理论中几乎完全消失，虽然它仍然是舆论和

---

[7] 科尔曼·菲利普逊：《古代希腊和罗马的国际法与习惯》，1911年英文版，第179页。

[8] 西塞罗：《国家论》，第3卷，第xxiii节。

[9] 参见威廉·巴里斯（Willam Ballis）：《战争的法律地位》，1937年英文版，第27页及下页。

各国政府政治意识形态的基础。只是在第一次世界大战结束后，某些作者才重新提出了这种“正义战争”的学说[10]。

（五）反对正义战争学说的论据

对这种学说，即根据一般国际法，战争在原则上是被禁止的，只是作为对违反国际法反应才被容许，持反对意见者有各种不同论据，且具有不同重要性。其中肯定是最脆弱的一种，流行于19世纪，是在那一时期人们所最经常和最成功地依靠的，即：限制一个国家诉诸战争的权利是与这个国家的主权不相容的。根据这种观点，一个国家的主权特别体现在战争中，而主权是国家的真正实质。

无疑地，除非作为对本国受罪过之害的反应，禁止一国对另一国诉诸战争的任何规范，是同国家主权的观念相违反的。然而，这一论据与其说是反对正义战争学说，倒不如说是反对整个国际法，反对国家行为的任何规范性法律秩序化。因为使国家负有以一定方式行为义务的任何法律秩序，都只能被设想是国家之上的一种权威，因而就是与国家主权观念不相容的。因为将主权归诸国家就意味着这一国家本身是最高的权威，在它之上和之外不能有调整和决定其行为的更高权威。这一特殊论据并不真正构成反对“正义战争”学说的国际法概念。它并未对实在国际法的内容问题提供一个不同的解答。它无非是整个地否认了国际法作为使各国承担义务并向它们授权的法律秩序。然而，对战争的法律上的重

⑩　参见里奥·斯特里索尔（Leo Strisower）：《战争和国际法》，1919年德文版。

要性的任何讨论,都是以使各国承担义务并授权它们的一个法律秩序的存在为前提的。

一个比较严肃的论据是:凡有利于正义战争的可能说法都只能证明战争在道德上是被禁止的。但这些说法并未证明国际法在原则上禁止战争,并只容许战争作为对罪过之害的一种反应。对 337
于这一论据,可以作如下回答:如果可能证明,国家或代表国家的个人,实际上将它们相互行为建立在这种观念的基础上,即任何战争,如果并不是对罪过的反应,其本身就构成罪过;只有用来纠正罪过的战争才是一个正当的战争,那么,说不能把这种战争当作制裁,就似乎毫无正当理由了。如果是这样的话,那么,关于战争性质的判断肯定是一种"法理上的判断"。在这些情况下,就可能用纯叙述意义的词语,以法律规则的形式来说明"战争"现象对其他现象的关系。因而凡非制裁的任何战争在法律上就可被认为是"不法行为"。

特别严肃的反对意见是,一国对另一国的战争永远不能成为一种制裁,因为由于技术上的理由,任何战争都不能执行制裁的职能。战争永远不能担保只有过错行为者才受制裁灾难的打击。在战争中,胜利者并不是"对"的一方而却是最强有力的一方。由于这一理由,如果受过错之害的一方是双方中较弱的一方,那么,战争就不能成为对过错的反应。除非有一个组织来执行强制行为,它具有超越过错行为者的力量以至不可能有严重的抗拒,否则就谈不到什么制裁问题。

然而,对正义战争学说的最有分量的反对意见是:根据一般国际法,战争不能被解释为一种制裁或者是一种不法行为。到底由谁来决定关于一国是否实际上侵犯了另一国的权利这一争论问题？一般国际法并无决定这一问题的法院。因而，这一问题只能通过双方相互协定来决定。但这只能是例外，因为一个国家总不会承认自己侵犯了另一国的权利。如果冲突双方不能达成协定，那么，实际上是否已违反国际法以及谁对违反负责的问题，就不能一致地加以决定，并且肯定地也不能——就像人们时常相信那样——由法律科学来加以决定。不是法律科学，也不是法学家，而仅仅是冲突国家的政府，才被授权决定这一问题；而它们可以以不同方式来决定这一问题。如果对在一定情况下，是否有不法行为的问题并无一致的回答，那么，关于作为一种反应而进行的战争实际上是否是一个“正义战争”，这一战争的性质是制裁还是不法行
338 为的问题，也就没有一致的回答。这样一来，作为制裁的战争和作为不法行为的战争之间的区别，也就极成问题了。而且，在两种学说之间也似乎并无不同了：一种学说主张，国家有权在它所愿意的任何时候并对任何人诉诸战争；而根据另一种学说，战争只有作为不法行为的一种反应才是容许的，任何其他战争本身就是不法行为，但是这一学说也不得不承认，在一般国际法中，将这些原则令人满意地适用于任何具体情况，几乎是不可能的。

（六）原始法律秩序

试图回答所有以上这些反对意见决非想掩饰这一问题的种种理论上的困难。对“正义战争”学说（从而对一般国际法的法律性质）所提出的反对意见，首先是根据一般国际法在技术上的缺陷。

就其技术方面而论，一般国际法是一种原始的法律，除了其他

方式以外，它完全缺乏一个负责对具体情况适用法律规范的特殊机关这一点，就是证明。在原始法律中[11]，法律所保护的是利益被侵犯的人本身，由法律秩序授权以该法律秩序所规定的所有强制手段去反对过错行为者。这称为“自助”。每个人都将法律放在自己手中。血亲复仇是原始法律技术最具特征的形式。无论是不法行为的确认或者是制裁的执行，都不授予有关当事人或有利害关系当事人以外的一个机关。在这两个方面，法律秩序是完全分权的。既没有法院、也没有集权的执行机关。被杀害人的亲属、丧失亲人的人，必须自行决定是否应该采取报复行动，以及如果要采取的话，他们又应该对谁进行。

然而，在一个原始共同体中，向一个他认定是杀害其父的杀人者进行报复的那个人，并不被认为是一个杀人者而却是共同体的一个机关。因为正是由于这一行为，他执行了一项法律义务，执行了构成共同体的社会秩序的一个规范。正是这一规范才授权他，而且只授权于他，在某些情况下，而且只是在某些情况下，去杀有嫌疑的杀人者。万一他的同样行为并非是由他的共同体的法律秩序规定的情况所促成的，万一他不只是作为一个报复者而行为，那么，这个人就不复作为其共同体的机关或工具来行为，而只是自己
作为一个杀人者。作为一个不法行为的杀人者同作为履行一项报 339
复义务的杀人者之间的区分，对原始社会来说，是最具重大意义的。这就是说，杀人者只有作为其共同体的一个机关来行为，他的行动只是用以执行法律秩序，杀人才是被容许的。强制行为保留

[11] 参见本书第17、327页。

于共同体，其结果是这一共同体的一种垄断。适用法律的分权并不妨碍强制行为本身被严格地垄断。这便是在原始社会中解释这些事件的方式；而这种解释是原始社会的最重要的意识形态基础之一，虽然在一个具体场合下，这一杀人是否仅构成报复、制裁，或者它本身应被认为是不法行为，这是大有可疑的，而且尽管事实是血亲复仇很难是保护弱者反对强者的一种合适手段。

一个尚未进步到超出自助原则的社会秩序可能会产生很多不能使人满意的状态。然而人们仍可能认为这一状态是一种法律状态，这种分权秩序是法律秩序。因为这一秩序可被解释为强制行为是共同体垄断的一种秩序，而人们之所以容许这样解释，也因为从属这一秩序的人自己就是这样解释的。历史教导说，任何地方的进化都是血亲复仇走向法院的设立和集权执行权力的发展，即：走向强制的社会秩序的逐步增长的集权。尽管有诸如自助那种颇为粗陋的技术，但我们还是完全有理由将原始社会的仍然分权的强制秩序称之为“法律”，因为这种分权秩序构成最终导致国家的法律、导致集权强制秩序的进化的第一步。正如母亲腹内的胚胎从一开始就是一个人一样，原始自助的分权的强制秩序已经是法律，是处于 statu nascendi（萌芽状态）的法律。

（七）国际法作为原始法律

从到目前为止所说的问题中可以推论出，以自助的法律技术为特征的一般国际法，可以像以血亲复仇（仇杀）制度为特征的原始法律秩序一样来加以解释。我们只有像原始人那样，划分开作为不法行为的杀人同作为制裁的杀人时，才能理解这种原始法律。

为了要理解国际法，也就必须对作为不法行为的战争同作为制裁的战争之间作出区别，尽管事实上在一个具体场合下这种分别的实际运用可能是有困难的，在某些场合下甚至是不可能的，而且纵 340 然战争，像仇杀一样，作为一种制裁在技术上也是不充分的。

用来反对将战争解释为制裁的每一句话，也都可以用来反对报复。然而，反对"正义战争"学说的人只承认战争是一种制裁，却并不认为有必要用他们的论据来反对将报复解释为制裁。

但是，如果同"正义战争"学说相反，我们不承认战争在原则上是受禁止的而只能被容许作为反对不法行为的一种反应的话，那么，我们就不能设想一般国际法是一种使运用武力变为共同体垄断的秩序。在这些情况下，一般国际法就不再被认为是一种法律秩序。如果被称为"战争"的那种对他人利益的无限制干预，在原则上是不受国际法禁止的话，以及如果任何国家可以随心所欲地对任何其他国家诉诸战争的话，那么，国际法也就不能保护从属国际法秩序的国家的利益范围；各国也就毫无被保护利益范围可言；而由所谓国际法创造的事物状态也就不能是法律状态。

国际法能否被认为是真正的法律，取决于是否有可能在正义战争学说意义上来解释国际法，换句话说，取决于是否有可能认定，根据一般国际法，战争在原则上是被禁止的，只有作为一种制裁，即作为反对不法行为的一种制裁，才被容许。

正义战争学说的反对者，或者至少是其中多数人，并不想怀疑国际法的法律性质。相反地，他们坚称国际法为真正的法律。正由于这一理由，他们并不否认报复，即对一国利益范围的有限制的干预，只是作为对过错的反应，作为制裁，是被容许的。这种对国际法的解释所产生的结果，老实说，不止是荒谬的。任何一个国家都无权对别国利益范围进行有限制的干预，但每一个国家却完全有理由在这样一个范围内进行无限制的干预。根据这种解释，如果一个国家使别国遭受有限制的损害，它就违反了国际法，并且在这种情况下，其敌国就被授权对它进行报复。但是，这个国家对其他国家利益范围的干预足以使其敌国的全体居民和整个国家遭受死亡和毁灭之害，它却并不违反国际法，并不使自己负制裁之责。这就类似这样一种社会秩序：小偷受罚，而武装大盗却逍遥法外。

341 这样一种社会秩序在逻辑上不是不可能的，但一个实在社会秩序，尤其是国际法，居然有这样一种内容，在政治上是很不适合的，纵然这一秩序将使用武力保留于共同体，建立起共同体对武力的垄断的意图，不完全地加以实现。

一般国际法在技术上的缺陷，确实在某种程度上证明正义战争学说反对者们的解释是有理由的。但是任何人企图作这样的解释，也必须首尾一致：他必须不把国际法当作真正的法律。然而，与此相反的解释，即以正义战争学说为依据的解释，正如已表明的，却也是可能的。这种情况的特征可能有双重解释。成为社会科学对象的材料的特点之一是：这种材料不能不有双重解释。因而客观的科学也就不能偏从一种解释。使正义战争学说具有优先地位的，并不是科学的而是政治的决定。这种优先地位是以下述事实为理由的：只有这种解释才将国际法秩序设想为法律，纵使是被认为是原始的法律，设想为进化中的第一步，这种进化在民族共同体内，即国家内，已导向被公认为法律的一个规范体系。目前的国际法含有这样一种进化的全部潜力，是很少有怀疑余地的：它甚至已表明了向这一方面发展的一种明确倾向。只有在这样一种进化能被承认是不可避免时，在科学上才有理由宣称正义战争学说是国际法唯一正确的解释。然而，这样一种假设反映了政治的愿望而不是科学的思维。从一个严格的科学观点来看，国际关系的一种截然相反的进化并不是绝对地排除的。战争在原则上是一个不法行为，只有作为制裁才被容许，只是国际关系的一种可能的解释，但并不是唯一的解释。

在说明所谓国际法可以被认为像国内法一样意义上的“法律”之后，我们现在就转向考察国际法律秩序同各国内法律秩序之间的关系。

二、国际法与国家

（一）国际法的主体：国际法间接地使个人承担义务并向个人授权

传统学说是从国际法与国家之间的关系方面来考虑国际法同国内法之间的关系。我们已看到，国家对国际法具有内在的关系： 342
国家的所有“要素”都是由国际法决定的。现在我们要从国际法角度出发来研究这一关系。我们将看到，国际法预定要有国内法律秩序，正如这些秩序预定要有国际法一样。国际法调整各国相互行为；但这并不意味国际法只对国家而不对个人设定义务和授予权利。传统观点认为国际法主体只是国家而非个人，认为国际法由于其本性不能使个人承担义务并授予其权利，这是错误的。

所有法律都是对人的行为的调整。法律规范所涉及的唯一社会现实是人们之间的关系。因而，法律义务以及法律权利的内容不是别的而只是个人的行为而已。所以，如果国际法不使个人承担义务并授予权利，国际法所规定的义务和权利也将毫无内容可言，国际法也将不使任何人承担义务并授予其权利去做任何事情。

目前的问题类似于本书第一编中所论及的问题[12]：国内法律秩序如何能对法人设定义务和授予权利。国家，作为国际法的主体，事实上只是一个法人。国家，作为一个行为人，仅仅体现在被认为是其机关的人们的活动中。作为国家机关而行为的人表明他的活动归属于国内法律秩序人格化的统一体。因此，在国际法使国家承担义务并授予其权利时，这并不意味着国际法不使个人承担义务并授予其权利；这意味着国际法使作为国家机关的那些个人承担义务并授予其权利。但是国际法通过国内法律秩序的中介，间接地调整这些个人的行为。这其实是国际法的一个技术上的特点。当传统学说讲只有国家而非个人才是国际法的主体时，它所想的显然是这一特点，但却错误地加以解释。当国际法为甲国设定对乙国为一定行为的义务，并从而授予乙国以主张甲国履行其义务的权利时，所决定的只是甲国的名义应做什么以及乙国的名义可以做什么；而并没有决定谁，这就是说，哪一个作为国家机关的个人，必须履行国际法所规定的义务，以及谁，这就是说，哪
343 一个作为国家机关的个人，必须行使国际法所规定的权利。其行为成为国际义务和权利内容的那些个人，则留交国际法使之承担

---

⑫ 参见本书第 96 页及其后几页。

义务和授予其权利的各国法律秩序来决定。这就是国际法间接地使个人承担义务并授予其权利的方式。

（二）国际法规范是不完全的规范

在本书第一编中已指明，法律规范所调整的人的行为由以下两个要素所构成：属事要素，即：什么是应该做的和什么是不应该做的；以及属人要素，即：谁应该做或不应该做。规范只有在决定了这两个要素时才是完全的。国际法规范通常只决定属事要素，在这一意义上它们是不完全的，有待国内法规范的补充。

下述例子可阐明上述说法。普通国际法有一个由来已久的规则，大意是战争不应未经正式宣告以前开始。1907 年的第三海牙公约将该规则订为条文（第 1 条）：敌对行为“非有明显的预先警告，或以说明理由的宣战形式，或以附条件宣战的最后通牒（ultimatum）形式，彼此间不应开始。”

这一规范只说明必须提出宣战，但没有说明到底由谁，这就是说，由哪一个作为国家机关的个人来提出。多数宪法授权国家元首宣战。美国宪法（第 1 条第 8 项）规定：“国会有宣战之权。”美国宪法就这样决定了属人要素，完成了刚才述及的国际法规范。

国际法“只使国家承担义务”的特征，仅仅在于：它的规范一般只决定属事要素，而将属人要素留交国内法决定。

（三）国际法直接地使个人承担义务并授予其权利

1. 个人作为国际义务的直接主体

然而国际法有为个人直接设定义务并授予其权利的重要规

344 范。禁止海盗行为(piracy)规范便是这一类规范。海盗行为是私船船员对其他船只在公海上所犯的任何非法暴行。所有海事国均由一般国际法授权在公海上捕获所有犯有海盗行为之人以便对他们进行惩办。这一国际法规范使针对海盗行为之人的制裁,赋予这一规范本身所确定的“海盗行为”的事实,它禁止海盗行为,是使个人而不是使国家,承担义务不犯这一不法行为的义务。个人在其承担国内法义务同样直接的形式下,承担国际法的不犯海盗行为的义务。

从以下事实中就可以看出捕获和惩办海盗是执行国际法规范所规定的制裁:如果没有这一规范,在公海上对海盗的强制行为就违反了国际法。公海自由的原则、国际法的一条很重要的原则,禁止在公海上对外国船只的任何强制行为。授权各国捕获和惩办海盗的规则是关于公海自由原则的一项限制;既然公海自由是由一般国际法的一个规则,那么前一规则也必须同样是一般国际法的一条规则。

国际法授权各国对海盗诉诸制裁,但它却并不直接决定这些制裁;它留交各国,意思就是各国内法律秩序,自行决定。尽管如此,这种制裁,就像战争和报复一样,仍必须被认为是国际法的一种反应。然而,国际法间接地规定的对海盗行为的制裁,具有一种全然不同于国际法直接规定的普通制裁的性质。战争和报复是针对国家本身的;这意思是说它们是根据集体责任的原则来执行的。由于这一理由,它们就构成作为法人的国家的法律义务[13]。对海

⑬ 参见本书第103页及其后几页。

盗行为规定的制裁并不是针对国家的，尤其不是针对海盗为该国公民的那个国家的。制裁之针对海盗，就如针对已违反了国际法义务的个人一样。这种国际法的制裁是根据个人责任原则来执行的。由于这一理由，它就构成了个人的国际法律义务而不构成国家的法律义务。在一般国际法直接使个人承担义务的例外情况中，也出现针对国际法直接决定的那些个人的例外制裁。然而，制
裁本身未必要直接由国际法律秩序来加以决定；它可以经由国际 345
法为此目的而委托的国内法律秩序来具体规定。

不论国家法律秩序关于海盗行为规定什么强制行为，惩办海盗的国家都作为国际法律共同体的机关而行为。因为国家对海盗所适用的正是国际法。国家可能同时适用本国国内法规范，本国有关海盗罪行的刑法典的条款是附带的现象。人们甚至可以问，这些条款对适用国际法的这些规范来说，是否真正有必要。由于存在着授权国家惩办海盗的国际法规范，所以即使在没有任何国内法规范时，法无明文不为罪的原则是真正遵守的。

其他由国际法直接规定的个人义务来自关于封锁(blockade)和战时违禁物(contraband of war)的规则。破坏封锁，即船只不顾已宣布的和有效的封锁，未经批准而进出，这是由一般国际法所直接决定的不法行为，或如某些作者所宣称，是一种“犯罪行为”。由一般国际法所直接规定的制裁就是对船只和货物的没收。制裁并不是针对国家的，尤其不是针对船只或船主或货物所有主所属的国家。制裁所针对的是私人的财产。它并不具有惩罚一词特定意义的性质。不破坏封锁义务的主体是各国船只的船长。在法律上要对不法行为负责的是船只和货物的所有主。在以前，当对船

员的监禁甚至死刑是由一般国际法所授权的法律制裁时，船员也是不法行为的法律义务或在法律上对不法行为负责的主体。因而，个人作为法律义务和法律责任的主体，就是国际法的直接主体。对有关战时违禁物规范的分析，具有类似的结果。违禁物的运载是一般国际法直接决定的不法行为；其制裁也由一般国际法直接决定，不仅是违禁物本身的没收，而且所有其他全部货物连同船只一起没收。在这种情况下，制裁也不是针对国家，而是针对私人。

按照一般国际法关于战争行为的规则，不属于敌国武装力量
346 的个人的敌对行为，是非法的作战行为。被侵犯国家的当局有权对侵犯者作为战犯来处理并因而加以惩办。由于授权各国对在战时拿起武器反对其武装力量的个人作为罪犯来处理，一般国际法就直接决定了这种特殊的非法作战的不法行为，并间接决定了留交被侵犯国加以具体规定和执行的那种制裁。这样，国际法就直接为个人设定了不为不法行为的法律义务⑭。

在一方面，关于海盗行为以及上述非法作战行为的国际法规

⑭　奥本海：《国际法》，第 2 卷，第 170 页中主张，根据国际法的公认习惯规则，私人的敌对行为并不是合法的作战行为，违犯者可被作为战犯来处理和惩办。但奥本海也说："虽然国际法并不禁止，而且作为国家之间的法律，也无权禁止私人拿起武器来反对敌人，然而国际法的确给予敌国以权利，将私人所为敌对行为作为非法作战行为来处理。"由于授权国家惩办作出国际法所决定的行为的个人，国际法就将这一行为作为不法行为加以禁止，也就证明它有权对私人设定法律义务。国际法是一种'国家之间的法律'，因为它是一种属于不同国家的个人之间的法律。国际法因其本性（作为"国家之间的法律"）就无权为私人设定义务这种错误看法，是由于奥本海还没有消除"国家"的人格化而将国家作为一个不同于"组成"国家的个人的事物。

范，同另一方面关于封锁以及战时违禁物规范之间的差别，就在于：后一种规范直接决定了制裁，而前一种规范只间接地决定。然而，在所有这些情况下，不法行为在关于非法行为方面属人和属事要素，都是直接由一般国际法所决定的。

个人不仅根据一般国际法，而且根据特殊国际法，都可以成为国际义务的主体。1884 年 3 月 14 日于巴黎签订的国际保护海底电线公约规定："凡故意或重大疏忽而切断或破坏公海海底电线，致全部或部分中断或妨碍电报通讯行为，是应予惩罚的罪行。但所处惩罚并不妨碍要求赔偿的民事追诉。"国际条约法的一个规范直接规定不法行为并使这一规范决定的个人所犯的行为赋予刑事和民事制裁。该公约使各国负有义务由它们的国内法具体规定第 2 条所规定的制裁（惩罚和民事执行），并使犯下第 2 条所确定的 347
不法行为的船只所属国负有执行制裁的义务。国内法院通过惩罚因切断或损坏海底电线的个人，或通过命令赔偿由不法行为所造成的损害，执行了国际法，即使它们同时也适用了国内法。有关个人因国际法而承担不为国际法所决定的不法行为的义务，尽管他们的国内法也要求同样禁止。

个人直接义务的另一个例子是 1922 年 2 月 6 日在华盛顿签订的关于使用潜水艇的未生效的条约。这一条约的第 3 条规定，为任何国家服役的任何人，不论是否根据政府上级的命令，凡违反这一条约关于攻击、捕获或毁灭商船的任何规则，"应被视为已违反战争法并应像海盗行为一样受审判和惩罚之责，而且，可交由行为人所在地管辖权范围内的任何国家的普通或军事法庭予以审理。"在这一情况下，也是特殊国际法的一个规范直接决定了一个不法行为的属人和属事的要素并且通过授权各国惩办个别不法行为人而使制裁赋予这一不法行为。

2. 个人作为国际权利的直接主体

个人只有在他们能出庭作为原告的国际法院时，才有国际权利。国际条约可以建立这样的法院。根据1907年10月18日于海牙签订的关于成立国际捕获法院的未生效公约第2条，关于捕获事务的第一审管辖权，由交战的捕获国的捕获法院行使。根据第3条，国内捕获法院的判决可提交国际捕获法院；根据第4条，上诉不仅可以由一个中立国提出，而且在某些情况下，还可以"由一个中立国的个人"以及"由一个敌国的个别国民或公民"提出。这样，条约就授予个人以国际权利。凡尔赛和约和结束第一次世界大战的其他和约提供了其他的例证。这些条约授权协约国的国民对德国的非常战争措施所造成的损害请求赔偿（第297条第5项）；而且它们规定设立混合仲裁法庭，以便这些国民可以对德国提出追诉。

这些仲裁法庭（由第304条第2项）还有仲裁管辖权，即授予
348 在凡尔赛和约成立前德国国民和协约国公民之间缔结合同所产生的所有争端。这里排斥了德国法庭的职权而代之以一个国际法庭。这些案件中的原被告双方都是私人；而且由于法院是按照国际法行使职能的，这些私人就成了国际法权利和义务的主体。条约本文并未规定法庭在解决这类争端时应适用什么法律。如果这些法庭适用当事人一方的国内法，那么这一法律就通过接受而成为国际法。但此外，程序法无论如何都是国际的；而构成技术意义上的权利，并从而构成权利主体属性的，正是程序法。根据第304

条第 7 项，法庭的判决必须由被判刑人所属国家予以执行。

1922 年 5 月 15 日关于上西里西亚的德波协定也提供了国际法上个人权利的另一个例证。这一协定在其第 5 条中授权私人在一个国际法院中对侵犯该协定所保护的个人的某些利益的国家，提起诉讼。

然而，国际法直接使个人承担义务或授予其权利，只是例外的情况。如果这能成为通例的话，那么，国际法和国内法之间的界限也就消失了。

（四）国内法由国际法所“委托”

整个说来，目前的国际法通过各国内法律秩序的中介，间接地使个人承担义务并授予其权利。国际法规范大多是不完全的规范，它们需要国内法规范来完成。国际法律秩序预定要有国内法律秩序的存在。没有国内法律秩序，国际法律秩序就会是法律秩序的不能适用的断片。因此，参照国内法是国际法规范意义中所固有的。在这一意义上，国际法律秩序“委托”国内法律秩序来完成自己的规范。

国际法与国内法之间的关系在这里类似国内法与道德之间的关系，例如，一国的民法使人民承担在一定情况下根据通行的道德
规范而行为的义务。民法因而应预定要有这些规范的存在；民法 349
并不直接以它自己的规范来调整个人之间的某种关系；它将对这些事项的调整“委托”给道德规范。因而，国际法也将对其规范的属人要素“委托”国内法决定。国际法律秩序与国内法律秩序之间的关系甚至更加类似于国内法律秩序与社团之间所存在的关系。

本书第一编中[15]已证明，国内法律秩序为构成社团的章程所决定的个人，设定义务并授予权利，因而就为社团设定义务并授予权利。社团章程是国内法律秩序中的部分法律秩序，国内法律秩序由于决定了章程得以成立的条件而使社团的组织成为可能。

（五）国际法的主要功能

如果我们就目前国际法规范所调整的事项来考察这些规范，我们可以区别出两类不同规范。第一类规范的事项只能由国际法调整而不容许通过国内法来调整。在这些规范中，国际法的主要功能是一目了然的。第二类规范的事项包括也可以由国内法来加以调整，并且由于国际习惯法和条约并未规定而实际上只能由国内法加以调整，例如关于国籍的取得和丧失的规范。第二类规范可能是国际法规范；第一类规范则必然是国际法规范的规范。

当规范所涉及的事项，由于其本质，不能由国内法调整，因而就被划归为必然是国际法规范时，人们就预定要有某种国家之间关系的概念。这是一个几乎是所有国际法学家们都接受的概念，姑且不论他们对国际法的性质的看法如何。根据这一概念，所有国家都是平等的，每个国家在由一个规范秩序所划定的和他国范围分开的自己范围内存在。在考查所谓国家的要素时，我们已经确定，这种存在范围至少在属地和属人方面是划定了的。每个国家所能主张是“它的领土”的，只是空间的一部分；所能主张是“它的人民”的，只能是人类的一部分。一国对另一国范围的干预被认

[15] 参见本书第96页及其后几页。

为是禁止的，是对他国“权利”的一种侵犯。这样一种对国家存在范围的规范性划界，甚至连那些否认国际秩序的法律性质的人也是承认的。进一步关于这种规范性划界是否也具有法律性质的问 350
题在这里是次要的。但必须记住的是，只是这种规范性划界才使各国有可能作为平等的主体在一起和平共存。

这种划界不能由属于一国法律秩序的规范来实现，因为每一个这样的秩序在该国的属地和属人的效力方面，是被限制的。这种划界必须来源于这样一个规范秩序，它的属地和属人的效力范围包含了所有国内秩序的属地和属人的效力范围。据我们所知道的符合这种要求的唯一规范秩序就是国际法。事实上，各国内法律秩序的属地和属人的以至属时效力范围，都是由国际法加以决定的。这种决定就是国际法的主要功能。调整这一事项的规范主要是并且必然是国际法。

（六）国际法律秩序对国内法律秩序效力范围的决定

我们对所谓国家要素的分析[16]的结果是，国内法律秩序的属地和属人的效力范围，国家的属地和属人方面的存在，都是根据实效性原则由国际法加以决定和划定同别国的界限的。人的行为的强制秩序，对该强制秩序长期有实效的领土和人口来说，是有效力的法律。由该强制秩序所构成的共同体，就是国际法意义上的国家。国际法也根据这一原则决定国内法律秩序的属时的效力范围，即国家的产生和灭亡；因为只有在强制秩序有实效时，这一强

⑯　参见本书第207页及其后几页。

制秩序才仍然有效力，由该秩序构成的共同体才仍然是国家。

国际法与国内法律秩序的属事效力范围也有关系。由于国际法规范，特别是由国际条约所创造的规范，能调整任何事项，因而也就能调整那些可以由国内法所调整的事项，所以它就限制了国内法的属事效力范围。的确，各国即使根据国际法也在原则上依然有权调整可以由在属地范围内受限制的秩序所调整的全部事项；但各国只是在国际法并不调整特定事项时才持有的这种权限。
351 一个事项由国际法调整的事实，其结果是国内法就不再能任意调整这一事项。关于某些事项的一个国际条约，对缔约国以本国立法调整这些事项，在法律上有约束力，例如，如果两个国家缔结了一项条约，根据该条约其中每一方负有只有一定条件下才使另一方公民入籍的义务。如果制定一个以不同方式规定入籍的法律就是对国际法的违反。这意思就是国家的属事权限，它在调整它所选择的任何事项方面的权力，是受国际法限制的；但它在法律上只受国际法限制。

因而，国内法律秩序，即构成一个国家的一种秩序，就可以被界说为一个相对集权的强制秩序，它的属地、属人和属时的效力范围是由国际法决定的，而它的属事效力范围则只受国际法的限制。这就是国家在法学上的定义。这显然只有以国际法是一个有效力的秩序的推定才有可能。

（七）国家作为国际法律秩序的机关（国际法的创造）

既然国际法律秩序不仅需要国内法律秩序作为一种必要的补充，而且还决定国内法律秩序在各方面的效力范围，所以国际法和国内法就组成了一个不可分割的整体。

这种统一性的一个方面就是，国家作为行为人，是国际法的机关，或者是由国际法所构成的共同体的机关。一个秩序的创造和执行是该秩序机关的功能，而国际法律秩序就是由各国所创造和执行的。

特别是条约对国际法的创造清楚地显示出国家作为国际共同体的机关。许多学者的意见是，国际条约是创造国际法的唯一方法。因而习惯对国际法的创造，国际法的另一渊源，就被这些学者解释成为“默示的”条约。这是一个明显的虚构，其动机在于希望将整个国际法都追溯到国家的“自由意志”，从而主张国家是“主权者”的观念，意思就是国家并不从属于一个限制其自由的高级法律秩序。

国际习惯是一个“默示的”条约，以及因而条约是国际法的唯一渊源的学说，并不能达到这一学说所预期达到的目的。国际习惯之所以被说成一种条约，是因为人们推定国际条约所创造的规 352
范只使缔约国承担义务。如果条约真是国际法唯一渊源的话，那么任何国家在没有或违反其意志时，在法律上就能承担义务。然而，习惯不能被解释为一种条约，因为由国际习惯所创造的法律规则也使显然并不曾参与创造习惯规则的国家承担义务。使国际共同体全体成员都承担义务的一般国际法，是习惯法；但人们公认，一个国家不能以证明它并未参与一个一般国际法规范的创造，就规避这一规范的效力。否则，就不可能认为一个新国家从属于一般国际法。不可能认为一个以往是内陆国的国家，在沿海以后，就从属于一般海洋法。

国际习惯是一个“默示的”条约这种虚构之所以是无用的，还因为国际条约只使缔约当事国承担义务的原则有许多重要的例外。实在国际法承认对第三国有影响的条约，甚至承认赋予非缔约国以义务的条约。例如，以上有一章[17]所指出的，第三国因确立国家地役的条约而承担义务。

另一类可能规定第三国义务的国际条约就是创立新国家条约。例如凡尔赛和约创立了但泽自由市并且为这一自由市设定了对波兰的某些义务。由于但泽自由市并不是，而且也不可能是凡尔赛和约的一个缔约国，对但泽来说，这一条约就是使第三国承担义务的国际条约。[18]

另一个例子是1929年2月11日在罗马天主教会首领的教皇同意大利政府之间所缔结的所谓拉特兰条约(Lateran Treaty)。

根据这一条约创立了梵蒂冈城国家。该条约为这一新创立的国家设定了义务，不参与其他国家间的世俗纠纷和有关这些问题的国际会议，除非这些当事国共同吁请教皇的和解使命，教皇保留了在任何情况下行使其道义和精神权力的权利。

授予第三国以权利的国际条约也是可能的。例如，波兰和主要协约国之间在1919年6月28日所签订的关于保护少数的公约
353 就是这样一种条约。在这一条约中，波兰对属于种族、宗教或语言方面少数的人，承担了某些义务。其中第12条第2项规定如下：

---

[17] 参见本书第207页及其后几页。

[18] 参见本书作者论文：“论国际条约学说的贡献”，载《国际法学评论》，1936年法文本，第10期，第253—292页。

"波兰同意国际联盟行政院的任何成员国"——有些行政院成员国并非这一条约的缔约国——"有权提请行政院注意对这些义务中任何义务的任何违反或任何违反之虞，从而行政院得采取和给予它认为与情况相当并有效的行动和指示。"更重要的是第 3 项："波兰还同意，波兰政府和主要协约国任何一国或国际联盟行政院成员国任何一国之间对这些条文所产生的法律和事实问题上的任何意见分歧，均应被认为是国际联盟盟约第 14 条规定的国际性质的争端。波兰政府因而同意，如果争端另一方要求时，任何这样的争端均应提交国际常设法院。常设法院的判决为终审判决并具有盟约第 13 条所规定的裁决的同一效力。"那意思就是，这一条约以权利授予了虽非该条约缔约国的行政院成员国。根据这一条约，这些国家具有真正的权利，因而它们对波兰违反这一条约所规定的义务，不仅有权诉诸国际联盟行政院，而且还有权诉诸国际常设法院。

即使整个国际法都具有契约法性质，也不可能主张以下观念，即：国家是主权者；因为它们并不从属于一个限制其自由意志的高级法律秩序的。因为 pacta sunt servanda（约定必须遵守）的规则，一切国际条约的法律基础，作为实在国际法规则来说，只是有限制地符合自治原则。

还有，这一规则只有在作为各国所从属的一个法律秩序的组成部分时，才具有效力，因为这一秩序使各国承担义务并从而限制了它们的自由。只有在有一个一般法律规范，它使条约作为创造规范事实时，由两国所缔结的条约才能有法律效果，这就是说，才 354
能产生缔约国或第三国的义务和权利，换句话说，一个国际条约才能创造使缔约国(或第三国)承担义务并授予其权利的个别规范。这个一般规范不能属于任何个别国家的法律秩序。一国的法律秩序不能为另一国设定义务或授予权利,因为每一国家的权限,一个国内法律秩序的效力范围,仅限于它自己的范围之内。两个国家在一起也不可能只通过它们自己的法律秩序,建立起一个对两国范围都均有效力的规范,就像由一个国际条约所创造的规范一样。两个国家的权限不能像数学上的量一样加起来。要能够创造对一个以上国家都有效力的规范,这些国家就必须由一个高于它们自己法律秩序之上的法律秩序所授权,即一个法律秩序,其属地的和属人的效力范围包括了该规范对之应有效力的国家的范围。所以这一必要的规范必须是划定各国范围界限的那个法律秩序的组成部分。

正是国际法,作为高于各国的法律秩序,才可能创造出对两个或两个以上国家的范围均有效力的规范,即国际法规范。正是一般国际法,特别是根据它的约定必须遵守的规则,才建立了这样的规范,它使各国承担尊重条约的义务,像由它们缔结的条约所规定的那样行为。

法律调整其自己的创造,国际法也是这样。国际法的创造是其自己的职能。当两个国家缔结一个条约时,它们就行使着作为国际法机关的职能。两个缔约国的代表一起就组成了创造契约规范的复合机关。它是一个由一般国际法所构成的国际共同体的机关。缔约国的代表是这一复合机关的部分机关。国际法律秩序让每个国内法律秩序去决定作为国家的一个代表,有权和另一国代表缔结条约的那个人。因而一个缔约国的代表首先是国际共同体的一个(部分)机关,其次才是他本国的一个机关。人们在主权教条的影响下,总是说各国以条约创造了国际法。实际上,国际共同体,利用各国作为它的机关才创造了国际法,正如国内共同体——国家——用它的机关创造了国内法一样。

"国家作为国际法的一个机关"——这只是下述事实的一个比喻的说法,即每个国家的法律秩序,每一国内法律秩序,是同国际法律秩序,以及通过这一秩序,同每个其他国内法律秩序,有机地联系着的,因而所有法律秩序就会合成为一个完整的法律体系(integrated legal system)。

(八) 国家的国际责任

1. 国家的集体责任和个人作为国际法主体的个人责任

国际法为国家设定义务的事实,实质上与国家对违反这些义务而在法律上负责的事实是联系的。如果国家因为主管机关没有按国际法所规定的那样行为,或者就是说,如果国家违反了国际法,那么,国际法所规定的制裁并不是针对以国家机关资格负有义务应这样行为但却并未这样行为的个人。根据一般国际法规则,任何国家都不能对别国,意思就是对别国的行为,主张管辖权。如果对国际法的违反具有国家行为的行质,以国家机关资格作出这种行为的个人,并不向受害国法院负责。受害国可以对应就违反法律负责的那个国家采取报复或战争;但受害国的法院对违法国的行为却并无刑事或民事管辖权,这些法院无权对个人以有关国家机关的资格所作出的行为进行追诉。在法律上要对因国家行为所作出的对国际法的违反负有责任的,是国家,而不是它的机关[19]。这意思是国际法的制裁——报复和战争——针对着国家本身。这一点通常所表达的说法是:国家在其权利被另一国侵犯时,由一般国际法授权对其权利的侵犯者诉诸报复或战争。

看来在巴黎公约(所谓凯洛格公约)生效以后,批准该条约的各国,除对违反公约的国家外,已丧失了诉诸战争的法律可能性。这至少是对这一公约的通常解释。但公约只禁止以战争作为国家政策的工具,但战争作为对国际法违反者的一种反应来说,却是国际政策而非国家政策的一种工具。根据这样一种有限制的解释,战争可被认为,甚至被巴黎公约缔约国所认为,是报复以外的国际法的一种制裁。

356 报复是对其所针对的那个国家利益的有限制的侵犯,而战争则是无限制的侵犯。但报复和战争都在于强行剥夺受制裁国家的人的生命、自由或财产。这些人既未犯不法行为也无法阻止这种行为。因而组成该国人口的人就要为国家所犯不法行为负责。所谓国家违反国际法的责任,就是该国人民对国家机关不履行国家的国际义务的集体责任。当我们消除了国家概念中所包含的人格化,如果我们试图透过这种人格化的帷幕而看到法律现实,即看到个人之间的法律关系时,那么,国家的国际责任是一种集体的而非个人的责任就清楚了。然而,如果国家被认为是一个真实的存在,一种超人,那么就造成一种错觉,认为国际法所规定的制裁是针对违反法律的同一个人的,换句话说,我们就有了国家作为一个国际

---

[19] 参见作者论文:"国际法中特别关于惩罚战犯的集体责任和个人责任",载《加利福尼亚法律评论》,1943 年,第 31 期,第 538 页及其后几页。

人格者的个人责任的错觉了。

正如已指出过的，国家不仅为国家，而且也例外地为个人，设定义务。在这些情况下，国际法所规定的制裁，根据它们的本性，并不像报复和战争那样，是针对国家本身的。报复和战争构成了集体责任(collective responsibility)。在国际法直接为个人设定义务的情况下，通行的是个人责任(individual responsibility)原则，因为制裁是针对由国际法个别决定的一个人，而不是针对这个人作为一个国民所属的那个国家的。这些制裁或者是直接由国际法所决定，如有破坏封锁和运载战时违禁物的情况，制裁就是捕获和没收船只及其货物；或者制裁是间接地由国际法所决定，如有海盗行为和非法作战行为的情况，国际法就授权各国惩办违反有关国际法规则的人并且将惩罚以及用以对罪犯处刑的程序留交各国决定。违反由国际法直接对个人设定的国际义务，被称为“国际罪行”(international crimes)，以区别于违反对国家所设定的国际义务，又被称为“国际不法行为”(international delinquencies)。所谓“对国际法的罪行”(crimes against law of nations)，就是对国内法的违反，即：违反一国刑法规定某些对外国的行为成为犯罪行为。

2. 赔偿的义务 357

按照一种公认的看法，国家所犯的任何不法行为都招致该国赔偿损害的义务，意思就是回复原状，或者如果这不可能的话，就赔偿因不法行为而造成的精神的和物质的损害。赔偿可以是赎罪行为，例如正式道歉、向被害国的国旗或纹章致敬，等等；撤销违反国际法的行为；惩罚犯罪的个人；如有物质损害给予金钱赔偿。一般国际法并不决定对各种不法行为的赔偿内容。为了确定赔偿的具体义务，有必要在不法行为国和不法行为受害国之间缔结一个赔偿条约以决定赔偿的内容。如果这样一个条约由于不法行为国拒绝提供受害国所要求的赔偿，那么受害国就被授权对不法行为国诉诸报复或战争。

一般国际法是否真正规定赔偿义务是有怀疑的，因为这样一种义务只有在其内容已确定时才存在，而一般国际法并未规定这一义务的内容在任何情况下都能决定的程序。在这方面，一般国际法不同于国内法。与前者不同，国内法设置了具有强制管辖权的法院，从而在任何非法造成损害的情况下，一个确定的赔偿可以由一个公正的机关来加以决定。建立一个国际法庭，由有关各国自愿缔结国际条约，是必要的；而缔结一个仲裁条约，授权法庭决定赔偿的意志却往往是缺乏的。

人们甚至怀疑，一般国际法是否使受害国在诉诸报复和战争以前必须试图与不法行为国达成一个关于后者赔偿的协议。另一方面，不法行为国并不负有义务接受被害国所要求的任何赔偿。如果这种要求是过分的话，不法行为国就有理由加以拒绝，因而任何赔偿损害的具体义务都不能生效。

无论如何，赔偿对另一国所加过错的义务，不论是否由一般国际法所直接规定或由有关两国之间的协议所确定，并不是一种制裁（就如有时人们所说的），而却只是一种代替义务（substitute ob-
358 ligation）以代替由国际不法行为所违反的原始义务。不履行赔偿由不法行为所造成的精神的和物质的损害是国际法赋予特定制裁，即报复和战争的条件。

在法律上对一个不法行为负责，根据我们的定义来说，就是赋予这一不法行为以制裁。正如已经指出的，在法律上负有义务不为不法行为的那个人未必一定要对不法行为负责。法律责任(legal responsibility)的概念并不等于法律义务(legal obligation)的概念。因而将法律责任同任何法律义务，特别是同赔偿由不法行为造成的精神的和物质的损害的义务等同起来，是不正确的。国家在法律上对国际不法行为负责，并不是因为它在法律上负有义务赔偿因不法行为所造成的损害，而是因为而且也只是赋予不法行为的制裁，即报复和战争，是针对国家的，而这意思就是因为而且也只是引起了这一类制裁所构成的集体责任。由于这些制裁只是而且专门赋予国家所犯的不法行为，所以国家也就始终要为其自己的不法行为负责。但国家也可能在法律上负有义务赔偿并非国家本身所犯的违反国际法而造成的精神的和物质的损害。国家在法律上所负责的只是不履行这一赔偿过错的义务；这又是对它自己的不法行为的责任，而并不是对另一个人所犯的不法行为的责任。

3. 所谓“间接的”或“转承的”责任

有些学者将国家的“直接”责任和“间接”责任加以区分。根据这种区分，国家对其自己的行为直接负责，对个人违反国际法行为间接负责[20]。奥本海[21]则区分出“原始”(original responsibility)和“转承”责任(vicarious responsibility)。“‘原始’责任是国家对自己的——即对其政府——的行为以及对下级政府人员或私人经政

[20] 赫尔西(Hershey)：《国际公法的要素》，第253页。

[21] 奥本海：《国际法》(第5版)，第1卷，第274页。

府命令或政府授权而作出的行为所负的责任。但国家除负担上述责任外，还要负担另一种责任。因为依照国际法，国家在一定意义上对某些不是其自己的行为——即其工作人员、国民、甚至暂时居住在其领土内的外国人的未经授权的侵权行为——负责。国家对其自己行为以外的行为所负的责任就是‘转承’责任”。

然而，国家的“间接”的或“转承”的责任只不过是国家赔偿国
359 际不法行为所造成的精神的和物质的损害的义务，这些不法行为，由于某种理由，并不被认为是国家的行为；而在某些情况下，是防止这些行为并惩办不法行为人的义务。

全部问题的焦点就在于“国家行为”的概念。谁从事国家的行为？对这一问题的解答根据它基于国内法还是国际法而不同。根据国内法，国家的行为是由国家机关所作的行为。它是由个人所作但却归属于国家，即国内法律秩序的人格化统一体的行为。这种归属只有在这一行为符合法律秩序而作时才有可能。符合法律秩序乃是一个行为归属于作为国内法律秩序人格化的国家的一个主要条件。在国内法中，只有法律行为才能归属于国家；但这一点并不排除下述事实，即：作出合法行为而具有国家机关性质的那些个人，有时也作出不法行为，而国家在法律上就负有义务撤销这些行为，惩办有罪过的个人，赔偿因这些不法行为所造成的损害。

人们通常就讲到一个人“在行使其作为国家机关的公务职能”时所作出的不法行为。正如已指出的，这种表述方式是不正确的，因为个人在作出不法行为时，不能被认为是国家的一个机关。更正确地说应该是个人在同他作为国家机关的公务职能有联系时所

作出的非法行为[22]。

根据国内法，任何国家机关的行为都是国家的行为；而根提国际法，国家的行为只是对其他国家有权代表国家的一个机关所作出的行为。这一机关就是政府，此词的意义也包括国家元首。政府可以对由其命令或授权的下级机关而行为。根据现代国家的宪法，并非所有国家机关都隶属政府，而这意思就是：并非所有机关都可以在法律上由政府所命令或授权。议会和法院是对政府独立的，只有行政机关（包括外交人员和武装力量）才受政府的支配。因而议会和法院的行为就亦不被认为是国际法意义上的国家行为。但这并不排除这些行为违反国际法，正如这种行政机关违反 360
国际法一样，它们并未受政府命令或授权，从而并非是国际法意义上的国家行为，或者正如私人行为违反国际法一样。

上面所提到的区分，即遵照国内法律秩序而作出的国家机关的行为，同由个人在与其作为国家机关的公务职能相联系时所作出的不法行为之间的区分，从国际法的观点来看，是无关紧要的。由政府成员直接作出的或通过政府的命令或授权的下级机关所作出的行为，不论是否遵照国内法律秩序，但却是同行为人作为一个国家机关的公务职能相联系时作出的行为，从国际法观点看来，必须被认为是国家的行为。而如果这一行为构成了对国际法的违反，它就必须被认为是国家的不法行为，或者在通常的用语里，被认为是国家的国际不法行为，国家要对这些行为负责。

并非国家的不法行为或国际不法行为，而却成为国际法的违

[22] 参见本书第200页。

反就是：国家行政机关并未由政府所命令或授权而所为的行为；议会或法院所为的行为；私人所为的行为。

国家在法律上负有义务全部赔偿由行政机关未经政府命令或授权的行为所造成的精神和物质损害；国家负有义务通过向受害国政府表示遗憾甚至道歉，撤销、否认和否定这些行为；负有义务惩办有罪过的人，并支付金钱赔偿。议会或法院的行为也可能产生国家赔偿的义务。然而，在这些情况下，履行赔偿损害的义务，如果不是不可能的话，就总是十分困难的。议会的法案或司法判决通常是不能被撤销的，它们不能由政府加以否认或否定，因为政府对这些机关通常并无法律权力。如果国家的国际义务根据其宪法只能经由议会的行为，经由一个法律来加以履行，而如果议会并不制定这一法律，政府就没有履行国家的法律义务或进行充分赔偿的法律权力。如果一个实在的立法行为违反国际法，以及如果政府并无阻止执行这一法律的法律权力，就产生类似的情况。关于独立法院的判决也是如此。在这些情况下的赔偿实际上有可能的只是金钱赔偿形式。但在很多情况下这类赔偿可能被认为是不够的。

361 对于私人行为对国际法的违反方面，我们一定要区分开两类不同情况：第一类，不法行为，例如海盗行为，私人对敌国所为的敌对行为，破坏封锁、运载违禁物等等，在这些情况下，不法行为人的本国根本没有赔偿过错的义务。像在海盗行为情况中的任何国家，或者像在私人对敌国行为的敌对行为、破坏封锁、运载违禁物情况中的不法行为的受害国，均由国际法授权针对不法行为作出确定的制裁。

第二类则包括了私人损害外国、其机关或公民的某些行为，例如外国的尊严因而受侵犯，其公民的生命或财产被侵袭，在一国领土上筹措侵犯另一国的武装部队等等行为。根据一般国际法，每个国家均负有义务采取必要措施以防止居住在其领土之内的人（公民和外国人）从事以上这些行为。如果国家并不履行这一义务，它就必须对受害国提供充分的赔偿（包括惩办侵犯者和支付损害赔偿）。如果国家已采取一切必要措施，而不法行为仍作出的话，那么，国家有义务惩办侵犯者并强令他们支付损害赔偿。在这种情况下，国家本身并无义务支付损害赔偿。这一原则对叛乱者和暴动者的行为也是可以适用的[23]。

4. 国家的绝对责任

关于国家的国际责任具有绝对责任（absolute responsibility or liability）的性质还是基于过失（fault，cupability）责任的性质是经常讨论的问题。对这一问题的解答取决于它所指的是要为国家机关的行为违反国际法集体地负责的那些人，还是指以国家机关的资格其行为违反国际法的个人。正如已指出的[24]，集体责任总是绝对责任，因为它不能以负责者，即制裁所针对的那些人的过失为依据。但只有在不法行为曾由直接不法行为人故意作出时，才能使这些人负责。因而，他们的责任并不是以他们自己的过失，而是以不法行为人的过失为依据的。

国家的不法行为总是作为国家机关而行为的个人的行为。因 362

㉓　参见奥本海：《国际法》，第 1 卷，第 294 页及其后几页。

㉔　参见本书第 70 页及下页。

而，国家的国际责任是绝对责任还是过失责任的问题，也可以看作这样一个问题，即，其行为归属于国家的那个人的过失是否是国际法对国家所规定的制裁的一个必要条件。有些学者主张，损害另一国的国家行为，虽然在客观上构成对国际法的违反，但如果不是故意和恶意地也不是疏忽地(negligently)作出，那么，这一行为就不是一个国际不法行为(这意思就是，并不是制裁的一个条件)。相反地，别的学者却主张，在一般国际法中，就其行为构成不法行为的那些人来说，通行的是——至少在原则上是——绝对责任。一般地回答这一问题几乎是不可能的。无疑地，国家要对其机关的疏忽负责。按例，在能证明国家的主管机关已采取必要措施以避免对其他国家的侵犯，那么对这一国家的制裁是没有理由的。但国家不能以只证明其机关并未故意和恶意地违反国际法就能逃避责任。如果"以过失为依据的责任"不仅指故意和恶意地违反的情况，而且指疏忽地违反的情况，那么，就集体地负责的那些人来说，国家的国际责任就具有绝对责任的性质；但就其行为构成国际不法行为的那些人来说，在原则上就具有过错的性质。然而，如果疏忽不被认为是一类过错——而这一点，正如已指出过的[25]，是正确的看法——，那么，国家的国际责任，在任何方面来说，都具有绝对责任的性质。在有些情况下，国家甚至在其机关并无疏忽时也要负责。例如，根据1907年关于陆战法律和习惯的海牙公约的第3条，国家要为其武装力量成员违反作战规则的一切行为负责，不论这些行为是否故意和恶意地或疏忽地作出。国家只有在故意和

㉕　参见本书第66页及下页。

恶意地违反时才负有责任，国家如证明只因疏忽就可以避免责任，这是办不到的。即使在国内法中，疏忽已往往并不是没有制裁的；在这种情况下只是规定了较轻的制裁而已。但一般国际法是没有 363
这种区分的。

三、国内法与国际法的统一（一元论与多元论）

（一）一元论与多元论

对国际法的分析已表明，大部分的国际法规范是不完全的规范，它们从国内法规范那里才得以完成。这样一来，国际法律秩序只有作为也包括所有国内法律秩序在内的一个普遍法律秩序的组成部分，才有意义可言。这种分析进一步导致这样的结论：国际法律秩序决定了各国内法律秩序的属地的、属人的和属时的效力范围，从而使许多国家有可能共存。我们最后还见到，国际法律秩序使各国内法律秩序在它们自己的本来可以由国家任意加以调整的事项方面服从一定的调整，从而就限制了它们的属事效力范围。

这种一元论（monistic）的观点是分析实在国际法关于国家，即关于国内法律秩序规范的结果。这是从国际法的角度出发，才见到国际法与国内法的联系以及从而与普遍法律秩序的联系。但是——虽然可能看来很奇怪——大部分国际法学家都并不赞同这种一元论观点。他们认为，国际法与国内法是两个分开的、相互独立的法律秩序，它们调整完全不同的事项并且有完全不同的渊源。

正如我们已见到的，这种二元论(dualism)，或者考虑到许多国内法律秩序的存在，这种多元论(pluralism)，是同国际法的内容有矛盾的，因为国际法本身建立了在它的规范和不同国内法律秩序规范之间的一种关系。多元论同实在法也是相矛盾的，如果国际法被认为有效力的法律秩序的话。可是这种学说的代表人物却把国际法看作实在法。

但多元论观点在逻辑上也是没有根据的。如果国际法和国内法这两个体系的规范被认为是对同一空间和同一时间都有效力的话，那么国际法和国内法就不能是不同的和相互独立的规范体系。在逻辑上不可能推定同时有效力的规范却分属于不同的、相互独立的体系。

364 多元论者并不否认国际法和国内法规范是同时有效力的。相反地，由于推定两者同时有效力，他们就断言在这两者之间存在某种关系，即相互独立的关系；这意思就是在这两种有效力的规范体系之间并不存在任何关系。正如我们将看到的，这是一个真正的矛盾。

(二)国内法与国际法的事项

国际法和国内法的相互独立往往是以下述所谓事实来证实，即：两种体系调整不同的事项。据说，国内法调整个人的行为，而国际法则调整国家的行为。我们已表明，国家的行为可以还原为代表国家的那些个人的行为。因而，国际法和国内法之间在事项上的所谓差别就不能是它们所调整的各类行为主体之间的差别。

下述论断也被用来支持多元论的解释，即国内法所调整的是一国之内的关系，而国际法则调整超越一国范围的关系。或者也有人这样提出，国内法涉及国家的“内部”关系，所谓“对内事务”；而国际法涉及国家的“外部”关系，国家的“对外事务”。人们把国家具体化为一个实体的、占有空间的事物，具有内部结构和其他客体的外部关系。当我们试图找出这一比喻背后的思想，并不用比喻而来加以陈述时，就会得出这种思想是错误的结论。

将国家的所谓“对内事务”和“对外事务”区分为法律调整的两个事项是不可能的。国家的每一个所谓对内事务都可以成为一个国际条约的主题，并从而变为一个对外事务。例如，雇主和雇员之间的关系肯定是国家内部的关系，对它的法律调整肯定是一个典型的“对内”事务。但一旦一个国家和其他国家缔结了关于调整这种关系的条约，它就成为一个对外事务。如果我们抛开空间上比喻，我们就发现国内法和国际法在事项上的差别只是一个同义反复。国家的所谓“对内事务”，按照定义来说，就是那些由国内法所调整的事务；而“对外事务”则按照定义来说就是那些由国际法所调整的事务。国内法调整对内事务，国际法调整对外事务这种论断，归结起来就是这种不说明任何问题的讲法，即：国内法调整由国内法所调整的事项，而国际法则调整由国际法所调整的事项。 365

然而国际法是“各国之间”的法律、而国内法则可谓是一国的法律这种说法，仍然有着一定的道理。但这种差别并不关系到事项，它关系到国际法和国内法的创造。国内法由单独一国所创造，而国际法则通常由两国或几国所合作创造。这对于国际习惯法以及国际协议法来说都是适用的。的确，有某些专属于国际法的事项，只能由两国或几国协同创造的规范来加以调整的事项。这些事项就如我们所知道的，就是国内法律秩序效力范围的决定，我们现在可以再加上创造国际法本身的程序。但是只能由国内法调整而不能由国际法调整的事项却是没有的。凡由或可以由国内法调整的每个事项，也都可以由国际法调整。因此，以国际法和国内法在事项上的差别来证实多元论观点是不可能的。

（三）国内法与国际法的“渊源”

为支持多元论，人们辩论，不同规范体系来自不同渊源。“法律的渊源”(source of law)这一用语是另一个比喻性表示，就如我们已见到的，它至少具有两种不同的含义。“法律的渊源”一方面是创造规范的程序；另一方面是为什么规范有效力的理由。让我们首先看一下，如果把这一用语理解为前一种意义，这种论点又会如何。

人们在前一意义上区分出两种“法律的渊源”：习惯和立法(任何制定法创造的最广义的立法)[26]。当人们将习惯当作法律的一个渊源时，他们就预定人民应当行为得像他们习惯地行为一样。当人们认为立法是法律的一个渊源时，他们就推定人民应当像被授权创造法律的专门机关(最广义的立法者)所命令的那样行为。通常的狭义的立法，只是制定法创造的一种特殊情况，即由专门机关创造一般规范。但个别规范也可以具有制定法——有别于习惯法——的性质，例如，司法判决或由契约或条约所创造的规范。

习惯和制定两种创造法律的方式，在国际法和国内法中都有。

㉖ 参见本书第114页。

一般国际法的确并不承认立法和司法机关的造法，即现代国家的 366
两种最重要的创造规范的方式。但法院和立法机关可以由国际条约所创造，条约本身就是创造制定法的一个方式。国际法院的判决是国际法的规范，而国际联盟大会的某些决议也是，它们拘束联盟的全体成员并从而类似于国内法的制定法。条约也能创造合议机关，它有权通过对条约签订国有拘束力的多数表决的决议。如果条约所实现的集权并不太大，这些决议也仍然是国际法规范（并不同时具有国内法性质）。

既然国际立法和司法造法（judicial law making）只有以条约为基础才有可能，而条约的拘束力是以国际法习惯一个规则为基础的，所以就可以说，国际法的主要渊源（在造法方式意义上）就是条约和习惯，而国内法的主要渊源可以是习惯或立法。而且，创造国际法的习惯和条约，确实包含了两国或几国的合作；而创造国内法的习惯和立法则只是一个国家的一些机关的职能。在这方面说，国内法和国际法的造法方式是不同的；但这并不是一个原则上的不同。而且即使国内法是在完全不同于创造国际法的方式下创造的（情况并不如此），那么，在渊源上的这种不同也并不意味着以不同方式所创造的规范就属于不同的和相互独立的法律体系。习惯和立法间的不同远胜过国际法的条约和国内法的契约之间的不同。可是，同一国内法律体系却包含了习惯法和制定法两者。

（四）国内法与国际法的效力理由

1. 国内法律秩序的效力理由由国际法所决定

为了回答国际法与国内法是不同的和相互独立的法律秩序，

还是组成一个普遍的法律体系这一问题，为了在多元论和一元论之间作出一个决定，我们必须考虑下述一般的问题，即什么使一个规范属于一个特定的法律秩序，什么是使那些规范组成独立的法律秩序；还是组成一个普遍的法律体系这一问题，为了在多元论和一元论之间作出一个决定，我们必须考虑下述一般的问题，即什么使一个规范属于一个特定的法律秩序，什么是使那些规范组成同
367 一规范体系的理由。在本书第一编中[27]，已表明，如果那些规范都从同一基础规范中得来其效力，那么，所有这些规范就属于同一法律秩序。为什么一个规范是有效力的问题必然要回溯到一个我们并不怀疑其效力的最终规范。如果那些规范都从同一基础规范中接受到它们的效力，那么——按照定义来说——它们就都成为同一体系的组成部分。为什么某个规范是美国法律规范或者是国际法规范的问题因而就成为美国法律或国际法的基础规范问题。要决定国内法和国际法之间的关系，我们就必须考查这两者的规范是否从不同的规范或从同一基础规范中得来其效力。

正如我们已了解的，“法律的渊源”一词有时被理解为简单地指为什么一个规范是有效力的理由。如果我们坚持该词的这种意义，国际法和国内法是分开的体系因为它们具有分开的“渊源”的论据，也就是对的了。因而，我们必须要追问：国内法效力的最终理由是什么？国际法效力的最终理由又是什么？

关于国内法和国际法之间的关系问题，早已以这种方式提出，

[27] 参见本书第110页及其后几页。

尤其在德文的著作中[28]。但是通常所提供的答案是，国内法效力理由在于一国的“意志”。而国际法效力却以几个国家的“联合意志”为依据，这不过是一种拟人论的比喻。逻辑的分析会揭露这一比喻掩盖了一个空洞的同义反复。

关于国内法律秩序的基础规范问题的回答，在本书第一编就已提出[29]。如果只考察国内法而不管国际法，那么，国内法效力的最终理由就是将“宪法缔造者”当作创造法律权威的一个假设性规范。然而如果将国际法也考虑在内，那么，我们就发现这一假设性规范可以从国际法律秩序的一个实在规范：实效性中得来。正是根据这一原则，国际法授权“宪法缔造者”行使一国的第一批立法者的职能。历史上第一个宪法之所以是有效力的，就因为在其基础上所建立的强制秩序就整个来说是有实效的。因而，国际法律秩序，通过实效性原则，不仅决定了各国内法律秩序的效力范围，而且还决定了它们的效力的理由。由于国内法律秩序的基础规范是由国际法的一个规范决定的，所以这些基础规范只是相对意义 368
上的基础规范。国际法律秩序的基础规范是各国内法律秩序的效力的最终理由。

高级规范可以或者是具体决定低级规范将被创造的程序，或者是授权机关以其自行裁量创造低级规范。国际法正是在后一形式上组成国内法律秩序的基础。国际法规定：一个人或人的集团，凡能获得对其所建立的强制秩序的永久服从，就被认为是一个合

[28] 参见本书作者著作：《主权问题和国际法学说》(1923 年德文第 2 版)。

[29] 参见本书第 115 页。

法的法定的权威。国际法因而就“委托”了由它决定其效力范围的各国内法律秩序。

2. 根据国际法革命或政变作为创造法律的事实

国际法在决定各国内法律秩序的效力理由时，就调整着国内法的创造。这里要再次提到一种情况，就清楚地说明了这一点。这就是一国宪法的变更不是通过宪法本身所规定的方式，而是通过暴力，也就是对宪法的破坏。如果一个君主国由于人民的一次革命而变为共和国，或者一个共和国由于总统的政变而变为君主国，而如果新政府有能力有实效地维护新宪法，那么，根据国际法，这一政府及这一宪法就是该国的合法政府和有效力的宪法。这就是为什么我们在另一个地方曾经讲过[30]，那种取得胜利的革命和成功的政变，根据国际法，是创造法律的事实。只要预先假定有一个国际法规定，它承认取得胜利的革命和成功的政变是变更宪法的法律方法，我们才可能推定：只要领土和人口仍然大体相同，国内法的连续性，或者也就是说国家的同一性，不受革命或政变的影响。例如，任何一个法学家都不怀疑，在沙皇宪法下存在的俄国同现在在布尔什维克宪法下并以苏联这一新名义所存在的俄国，在法律上是同一国家。但如果我们无视国际法，限于一定时期中所存在的俄国宪法，那么，上述解释就是不可能的。因而俄国法律秩序的连续性和俄国的同一性也就成为不能理解的了。如果从这种观点出发来判断情况，那么，只有在宪法原封未动或根据其自己规定加以变更时，国家及其法律秩序才是相同的。这就是为什么亚

---

[30] 参见本书第 220 页及下页。

里士多德说："当政制改变其性质并变得不同时，城邦也就不再是 369
相同的。"[31]

如果有人像亚里士多德那样试图理解国家的性质而不顾国际法，那么，上述观点是不可避免的。现代法学家——自觉或不自觉地——预先假定国际法是根据实效性原则在各个方面决定国家存在的法律秩序，因而才相信国内法的连续性和国家在法律上的同一性而不管宪法的暴力变更如何。

国际法在根据其实效性原则调整国家宪法的创造时，也决定了一切国内法律秩序的效力理由。

3. 国际法的基础规范

由于国内法在国际法上有其效力理由，从而有其在这一意义上的"渊源"，所以，国内法的最终渊源一定是和国际法最终渊源相同的。这样，多元论观点就不能以国内法和国际法具有不同的和相互独立的"渊源"这种推论来加以辩解了。不论国内法律秩序的"渊源"是什么，正是国内法的"渊源"才使国内法和国际法合在一起。那么，什么是国际法的渊源，即基础规范呢？

为了找到国际法律秩序的渊源，我们必须遵循类似引导我们找到国内法律秩序的基础规范的途径，我们必须从国际法内最低规范，即从国际法院的判决开始。如果我们问为什么由这样一个判决的创造的规范是有效力的，那么设置法院所依据的国际条约就提供了解答。如果我们再问为什么这一条约是有效力的，我们就在回溯到使各国负有义务按照它们所缔结的条约来行为的那个

㉛ 亚里士多德：《政治学》，Ⅲ，1276b。

一般规范，即通常以约定必须遵守这一用语来表示的一个规范。这是一个一般国际法的规范，而一般国际法是由各国行为构成的习惯所创造的。所以，国际法的基础规范一定是一个容许习惯作为创造法律事实的规范，并且可以将其陈述如下："各国应当像它们习惯地行为那样行为。"在这一规范基础上发展起来的国际习惯
370 法，是国际法律秩序内的第一层次。第二层次是由国际条约创造的规范组成的。这些规范的效力有赖于约定必须遵守的规范，它本身则是属于一般国际法第一层次的一个规范，它是由各国行为构成的习惯所创造的法律。第三层次是本身由国际条约创造的机关所创造的规范所组成的，例如国际联盟行政院的决议或国际常设法院的判决。

4. 历史的和逻辑、法学的观点

借以创造国际法的习惯在于各国的行为。因而，有人可能反对说，在任何国际法之前必须先已有国家。但是如果国际法的产生预定要有国内法的存在，那么国内法又如何能从国际法中得来其效力呢？国际习惯法存在的事实并不一定意味着国家的存在先于国际法的存在。原始社会集团发展成为国家是和国际法同时发展的，这是完全可能的。部落法律至少并不是后于部落间法律的产物这一事实[32]，容许这样一种臆测。但即使国家的存在确实先于国际法的存在，国内法和国际法之间的历史关系也并不排斥我们所主张的、在它们的效力根据之间所存在的逻辑关系。

在没有国际法时，国内法的效力理由就不是国际法决定的。

---

[32] 参见本书第 334 页。

如果国际法并不存在，或者并不被预定作为一个使各国承担义务或授予其权利的法律秩序而存在，那么，实效性的原则就不是一个实在法的规范而只是法学思想的一种假设。

然而，当国际法兴起以及实效性原则变为其中一部分时，国内法律秩序就同国际法发生一元论所断言的那种关系。当国际法不存在或不被推定存在时，国家就是主权者。但如果国际法存在或被预定存在，一个高于各国法律秩序的法律秩序是有效力的，这样，在国际法中，国家便不是主权者。或者也就是说，国际法律秩序，由于规定了各国内法律秩序效力的范围和理由，就同各国内法律秩序一起，组成一个普遍的法律秩序。

（五）国内法与国际法的冲突 371

有人说，国际法和国内法并不是一个规范体系的组成部分，因为它们可以，并且事实上也是，相互矛盾的。当一个国家制定一个违反某些国际法规范的法律时，这项法律仍然取得法律效力。同时，国际法规范也依然有效。根据对一元论的批评者来说，这一状况包含了一个逻辑上的矛盾。如果这真是一个逻辑上的矛盾的话，那么，他们关于国内法和国际法并不组成一个规范体系的结论，无疑是正确的。但是上述矛盾只是表面上的。

如果在一个已确定的国际法规范同一个比较近似的国内法律之间有冲突的话，国家机关并不一定要认为该法律是一个有效力的规范，法院被授权拒绝适用这一法律，正如它们有时有权拒绝适用一个违宪法律一样，这是很可能的。然而，在现行实在法中，这是一个例外。因此在这里，我们将推定国家机关必须认为该法律是有效力的，纵然它是违反国际法的。一个既定的国际法规范同一个国内法规范之间的冲突，是高级规范同低级规范之间的冲突。这种冲突也发生在国内法律秩序内部但却并不因而危及这一秩序的统一性。在我们过去研究这一问题时[33]，我们得出的结论是：一个“违反规范”（norm-violating）的规范——一个“违宪”法律或一个“不合法”或“非法”法院判决——是一个很引人误解的词语。像有人所说的，一个低级规范“不符合”一个高级规范，实际上指该低级规范是这样一种方式下创造的，或具有这样的内容，即：根据高级规范，它可以在非通常方式撤销；但是在低级规范未被撤销以前，根据高级规范，它却依然是有效力的。高级规范的意义是使这种撤销成为可能。

然而，一个高级规范决定一个低级规范的创造或内容这一事实，可以只指创造“不符合”高级规范的低级规范的那个机关，应受个人制裁。因而，由负责机关所创造的规范将不致被撤销。在这两种情况下，高级规范同“不符合”它的低级规范之间，都没有什么逻辑上的矛盾。一个规范的非法性是指废弃该规范或惩罚创造规范机关的可能性。

372 构建一个“违反规范”的规范可以是一个法律秩序赋予制裁的不法行为。从我们先前的考虑来看，一个事实的发生同使该事实成为一个不法行为的规范在逻辑上并不是矛盾的，这是显然的。不法行为并不是同法律发生矛盾，它并不是对法律的一个否定，它是由法律所决定的一个条件。所以，承认有效力的规范可能来自

[33] 参见本书第153页及其后几页。

一个不法行为，在逻辑上是并不困难的。Ex injuria jus non oritur（不法行为不产生权利）的原则，可能属于特定的实在法律秩序，但却并不一定是这样。就其一般形式而论，该原则并不是一个逻辑上的而却是一个政治上的假设。经由革命或政变而创造出一个有效力的宪法是一个明证。某一规范的创造，根据一个高级规范，可以是一个不法行为并使其创造者受制裁，但该规范本身，仍根据高级规范，也可能是有效力的，而有效力的意义不仅是在它未被撤销时依然有效力，而且也是它不能仅因来源于不法行为，就成为可以无效的。

这正是国际法和国内法间关系的情况。国际法通常使一个国家在下述意义上负有义务在其国内法规范中有某种内容，即：如果该国制定具有其他内容的规范，那么该国就应受国际法制裁。像人们所说的，"违反"一般国际法而制定的一个规范，即使根据一般国际法，也依然是有效力的。一般国际法并未规定可以废止（从国际法角度来看）"非法的"国内法规范的程序。这样一种程序只在特殊国际法和国内法中才有。

如果一个国内法律秩序的规范的内容是由国际法决定的，那么这只是任选意义，它并未排除其他内容规范的可能性，这样的规范只有在制定它们的行为成为一个国际不法行为时，才另作别论。但无论是制定规范的国际不法行为，或者是规范本身，在逻辑上和国际法之不相矛盾，不亚于所谓违宪法律和宪法在逻辑上不相矛盾。所以，正如"违宪法律"的可能性并不影响国内法法律秩序的统一性一样，国内法"违反"国际法的可能性也不影响包括这两种法律在内的法律体系的统一性。因而当多元论的拥护者认为一经指出国内法和国际法之间的可能矛盾就可以驳斥两者的统一性时，他们是错误的。

373 （六）国内法与国际法的统一作为法律理论的假设

1. 两种规范体系之间的可能关系

国内法和国际法的统一性是认识论的假设。法学家把这两者当作两套有效力的规范，就必须试图把它们理解为一个和谐体系的各组成部分。这在两种不同方式的任何一种方式下，都是先天地可能的。两套规范可以是一个规范体系的各组成部分，因为作为一个下级秩序的其中一个秩序，从作为一个上级秩序的另一秩序中得来它的效力。下级秩序在上级秩序中有其相对的基础规范，而这意思就是对它的产生的基本决定。或者是两套规范组成一个规范体系，因为它们两者作为两个相等的秩序，都从相同的第三个秩序中得来它们的效力，而这第三个秩序作为一个上级秩序，不仅决定了它们的效力范围，而且还决定了它们的效力的理由，而这意思就是决定了这两个下级秩序的创造。

就如已指出过的，一个下级秩序的创造程序及其效力的理由，可以由一个上级秩序直接或间接地决定。上级秩序可以自己规定创造下级秩序规范的程序，或仅仅授权一个机关自由裁量地创造某一范围的规范。人们说高级秩序“委托”了低级秩序。由于下级秩序的相对的基础规范是上级秩序的组成部分，所以下级秩序本身就可以被设想为作为整个秩序的上级秩序之内的部分秩序。上级秩序的基础规范是所有规范，包括下级秩序规范在内的效力的最终理由。

国际法和国内法的关系一定要符合这两种类型中的一种，或者是国际法可以驾于国内法之上，或者是国内法可以驾于国际法之上；或者是国际法可以和国内法相等。相等预定要有一个驾于两者之上的第三个秩序。既然并没有驾于两者之上的第三个秩序，那么，它们本身就一定处于一种上下级的关系。完全没有这样可能性：它们彼此独立地并肩存在，并未由一个上级秩序使它们相等起来。

多元论学说主张情况就是这样，它引用法律同道德间的关系来支持这种论断。这两种规范体系的确是彼此独立的，因为其中每一体系都有其自己的基础规范。但是法律同道德间的关系本身表明，除非这两种规范体系被认为是一个单一体系的各组成部分，它们就不能被同时认为是有效力的。

2. 实在法与道德的关系 374

让我们考虑实在法规范同道德规范冲突的情况。例如，实在法可以规定服兵役的义务，这意味着在战争中杀人的义务，而道德或某种道德秩序，却无条件地禁止杀人。在这种情况下，法学家会说，“在道德上，杀人可以被禁止，但这与法律无关。”从一个作为有效力规范体系的实在法的角度来说，道德并不是这样的。或者换句话说，如果实在法被认为是一个有效力的规范体系的话，道德就根本不能算作这样一种有效的体系。如果从这种观点来看，有服兵役的义务，而不是相反的义务。同样地，道德家会说，“在法律上，有人可以有服兵役并在战争中杀人的义务，但与道德无关。”这就是说，如果我们将我们的规范考虑以道德为依据，那么，法律根本不体现为一个有效力的规范体系。从这种观点来看，有拒服兵役的义务、而不是相反的义务。无论法学家或道德家都不主张这两种规范体系是有效力的。法学家之无视道德是一个有效力规范体系，正如道德家无视实在法是这样一种体系一样。无论从这一观点或从另一观点来看，都不同时存在彼此矛盾的两种义务。第三种观点是没有的。

只有在一个秩序被认为“委托”另一种秩序时，才有可能从同一观点出发而认为法律和道德是同时有效力的。实在法往往参照某一道德体系。至少是用以调整某种特殊的人类关系；而许多道德体系也承认——在或多或少广泛的保留下——现行实在法。被委托的道德部分是实在法的组成部分，而被委托的法律部分对道德也具有同样的关系。从同一观点出发认为法律和道德都是有效力的秩序，或者也就是说，将法律和道德都接受为同时有效力的体系，意思就是推定包含两者在内的一个单一体系的存在。

一切对科学知识的探索的动机都是力求在现象的表面的多样性中发现统一性。因而，科学的任务在于从首尾一致的论述中，即并不相互矛盾的陈述中，来说明对象。对法律和道德这两种科学，即以规范为其对象的两种科学来说，也是这样。在这些科学领域内，矛盾也是被禁止的。正如既主张“甲是”又主张“甲不是”在逻辑上是不可能的一样，所以，既主张“甲应当是”又主张“甲不应当是”，在逻辑上也是不可能的。有效力的只能是以像“你应当……”
375 之类词语来加以说明。正是以这种词语，法学家用来说明假设是有效力的法律规范体系，道德家则用来说明假设是有效力的道德规范体系。两个在意义上相互矛盾并因而在逻辑上相互排斥的规范，不能同时被推定有效。法学家的主要任务之一就是首尾一致地提出他所处理的材料。由于这种材料是以语言提出的，它们就先天地可能含有矛盾。法学解释的特定功能就是指明它们仅仅是伪装的矛盾，从而消除这些矛盾。正是通过法学解释，法律材料才转化为法律体系。

3. 义务的冲突

在反对我们关于两种矛盾的规范不能都有效力的论题，有人可以辩说，毕竟还有诸如义务的冲突这样的事情。我们的回答是："规范"和"义务"之类的词是含义混乱的。一方面，它们具有只有用一种应当的陈述（主要意义）来表达的含义。另一方面，它们又被用来指可以用一种"是"的陈述（次要意义）来加以说明的事实，也即这样一种心理学上的事实：一个人有一个规范观念，他相信自己受一个（主要意义的）义务的约束，而这种观念或这种信念（次要意义的规范或义务）使他遵循某种行为方向。同一个人在同一时候具有两种规范观念，他相信自己受两种相互矛盾并从而在逻辑上相互排斥的义务的约束，这是可能的。例如，一个使他负有服兵役的义务的实在法规范的观念，以及一个使他负有拒服兵役义务的道德规范的观念。然而，说明这种心理学上事实的陈述之并无矛盾，正如例如两种对立的势力在同一点上动作这种陈述之并无矛盾一样。一个逻辑上的矛盾总是几种判断或陈述的意义之间的一种关系，而决不会是几个事实之间的一种关系。规范或义务的所谓冲突的概念，是指这样一种心理学上的事实：一个人处于被推向相反方向的两种观念的影响下，而不是指两个相互矛盾的规范同时有效力。

4. 规范性与事实性

对像“规范”和“义务”这些词的两种意义不加区别，是人们为
376 什么不了解这两套有效力的规范一定是一个单一体系的各组成部分的主要原因。当“规范”一词用来（在其次要意义上）表示人们具有规范观念，人们相信他们自己受规范所约束并由这些规范所推动时，如果“规范”一词指的是一种“是”而不是一种“应当”，那么，就有可能主张存在相互矛盾的规范；因而也就有可能主张存在相互矛盾的规范；因而也就有可能主张并肩地“存在着”并非同一规范体系的各组成部分的规范集合体。但这些陈述所说的规范是心理学和社会学的对象，而不是法学理论的对象。法学理论并不关系到人们实际具有什么观念和信念，并不关系到例如服兵役，它只关系到人们在法律上是否应当服兵役、是否负有服兵役义务的问题。即关系到主要意义上的规范或义务。社会学家或心理学家可以观察到某些人相信他们自己负有义务，另一些人则不相信，而某些人则摇摆于这两种看法之间。社会学家或心理学家所看到的只是法律和道德的事实方面，而不是它们的规范方面。他设想法律和道德是许多事实的一个集合体，而不是一个有效力的规范的体系。所以，他不能就一个人是否应服兵役的问题提供解答。这个问题只能由法学家或道德家来加以解答，他们把法律和道德看作是有效力规范的体系，也就是说，看作关于人们应当作什么命题的体系，而不是陈述关于人们实际上所做的或实际上相信他们应当做的。它是规范性的观点，而不是事实性的观点。

(七)国内法的首要地位或国际法的首要地位

1. 国家的国内人格与国际人格

这里关于将国内法和国际法理解为一个普遍体系的成分的必要性所讲的一切,都指的是作为一个有效力规范体系的法律,而不是指作为事实集合体的法律。在法律规范的多元性中建立统一性,是所有法律思想所共有的倾向。甚至在那些鼓吹多元论者的学说中,也盛行这种倾向。通常,他们并不否认国家是国际法的主体和国内法律秩序的支撑。那么,如果在国际法和国内法之间没有统一关系的话,前一种资格的国家就必须是一个和后一种资格的国家完全分割的实体。从法学的观点来看,那就会存在着两个具有同一名称的不同国家,两个法国,两个美国,等等,一个国内法的法国以及一个国际法的法国,等等。多元论者是不接受这种荒 377 521
谬结论的。

的确,有时多元论者断言,国家的国际人格(personality)和国内人格是不同的[34]。但他们的意思只是说,同一国家既具有国际人格又具有国内人格,正如一个人既具有道德人格又具有法律人格一样。同一个墨西哥,它在国际法范围中和另一国家缔结了一项国际条约,又在国内法范围中执行这项条约,这一事实人们从未争论过。例如,根据一项条约,一国负有义务只在别国公民已由别

㉞ 安兹罗蒂(D. Anzilotti):《国际法》,1929 年法文版,第 54、405 页。这位作者是多元论学说的一贯鼓吹者。所以他在讲到"国家"一词时说:"'国家'一词指……国内法律秩序的主体,它所决定的主体完全不同于作为国际法主体的国家。"

国解除他们国籍的条件下才使他们入籍。因而显然是同一国家，它作为国际法的一个主体，曾缔结条约；而作为国内法的一个主体，则制定了一个用以根据条约来调整国籍的取得和丧失的法律。人们可能说，一个人既有法律人格又有道德人格，而这些人格，作为同一个人的两种不同属性，并不是等同的。因为人是一个生物学——心理学上的单位，本身就是这两种不同人格的根基。同一个人"既有法律人格又有道德人格"这一说法是以比喻方式来表示以下事实：同一个人——作为某一生物学——心理学上的单位——的行为，既从属法律规范又从属道德规范。

但是国家并不是一个生物学——心理学上的单位，甚至也不是一个社会学上的单位[35]。国家与法律之间的关系完全不同于个人同法律之间的关系。法律调整国家的行为的陈述是指法律调整个人在"国家"形态下的行为。国家并不像人那样，是法律调整的一个对象而却是法律调整本身，一种特定的法律秩序。国家之所以被认为是调整的一个对象，只是因为对这一秩序的拟人论的人格化导致我们先把它当作一个人，然后又将它误认为一个超人。

这种不能容许的实体化（hypostatization）是国家和个人可以具有两种人格的信念的源泉。如果国家并不像一个人那样，是法律调整的对象，而却是法律调整本身，一种法律秩序，那么，国家的
378 同一性（identity）便是法律秩序的同一性。多元论者并不否认国家作为其国际法人格和国内法人格的共同基础（substratum）。他们不能否认，例如，根据国际法，在对别国的敌对行为开始以前，负

㉟　参见本书第181页及其后几页。

有宣战的义务；而根据其宪法，实体上发出战争宣告的，正是同一个国家。但如果他们不借助于拟人论人格化来说明法律现实的话，那么，他们就必须承认，国家的同一性并不是同调整它的秩序有所不同的那一基础的同一性，而却是这一秩序的同一性，这一秩序调整着个人作为这一秩序的机关的资格的行为。国家作为国际法主体和作为国内法主体的同一性是指，最后，使国家承担义务并对其授权的国际法律秩序，同决定作为国家机关执行国家的国际义务和行使其国际权利的那个国内法律秩序，组成同一普遍法律秩序。

2. 国际法向国内法的转化

如果有人推定国内法同国际法是互不关联的规范体系，那么，他也就一定要推定国际规范不能直接由国家机关适用，而国家机关，尤其是法院，能直接适用的只是国内法规范。如果国际法规范，例如国际条约，将由一国法院所适用的话，那么，按照这种观点来说，就必须首先由一立法行为，创造一个具有和该条约相同内容的法律和命令，将该规范变为国内法。多元论学说的这种后果是不符合实在法的实际内容的。国际法之需要转化为国内法，只是当国家的宪法规定有这种转化的必要性。如果宪法在这一点上未作规定——有时就是这样，那么，国家的法院有权直接适用国际法，特别是由其本国政府根据宪法同其他国家缔结的条约。这种情况只是在条约所创造规范按其本身意义将由国家法院直接适用才有可能。假使国际条约使国家只承担发布其内容由条约所决定的一项法律的义务时，情况就不是这样。

当然，有些国际法规范并没有由国家司法和行政机关直接适

用的意思。例如有一项国际条约规定国家必须以特定方式对待少
379 数人时，它只能有这种意义，即：国家必须通过其立法机关，制定一项将由其法院和行政机关适用的合适的法律。但该条约也可以作这样规定：使它能直接由法院和行政机关来适用。因此，国际法——通过国家的立法行为——转化为国内法，就是多余的，除非有这种必要，例如国家的宪法规定法院和行政机关仅能适用国内法律（或国内习惯法规范）和命令。

如果国家机关被授权直接适用国际法（如国内法并不阻止，它们就将适用），在国内法和国际法彼此“矛盾”时就发生它们将适用什么规范的问题。这一问题只能由实在法加以解答。宪法可能规定，或者是应始终适用国内法，即使它和国际法有抵触；或者是这种抵触应根据后法优于前法的原则加以解决。在后一情况下，法院就必须适用一个和以前条约相“矛盾”的法律，纵然该条约并不曾由法律根据国际法加以废除。该法律的适用构成一个国际不法行为。最后，宪法也可能规定国际法应始终优于国内法。法院可能被授权拒绝适用或废除该法律，因该法律同国际条约或共同国际法规范有抵触。因而，根据某些宪法，处理违反国际法的法律，就如处理违反宪法的法律一样。

在这三种可能性之中，在特定情况下究竟采取哪一种，只能取决于有关实在法律秩序的解释。同样地，国际法之转化为国内法是否有必要的问题，也只能由实在法回答，而不能由关于国际法或国内法的性质或它们的相互关系的一种学说来加以回答。由于从所谓国内法对国际法的独立性中推论出转化的一般必要性，多元论学说也就与实在法发生抵触并从而证明它是不适当的。仅从多

元论学说假定这样的转化总是必要的这一事实来看，这一学说的缺点也就是足够明显的。

3. 仅一个国内法律秩序是有效规范体系

如果多元论者是始终一致的话，如果他们真正认为国内法和
国际法，就像法律和道德那样，是两种不同的和相互独立的秩序的 380
话，那么，他们就必须否认国际法和国内法两者都是同时有效力的规范体系。正如法学家之忽视道德、道德学家忽视法律一样，国际法学家也应当忽视国内法，而国内法学家则应当忽视国际法。国际法理论家之对国内法，或反过来，国内法理论家之对国际法，必须只将它们当作一个事实，而不是当作一个有效力规范体系来接受。然而，多元论学说的拥护者们都拿国内法和国际法当作两国同时有效力的规范体系来看待，而且他们也必须这样做，因为没有国内法律秩序，国际法律秩序也就毫无意义了；而不考虑决定国家在法律上的存在的国际法，国家的存在也就不能被理解了。

如果有人决定拿国内法看作单单有效力的话，那么他就必须选择一个国内法律秩序作为唯一有效力的规范体系。凡关于国际法与国内法的关系所讲的，对各不同国内法律秩序间的关系，也都是适用的。两个国内法律秩序之同时有效力，只在这两者被认为组成一个单一的体系时才能断定。国际法是可以在它们之间建立起来这样一种联系的唯一法律秩序。如果国内法和国际法不相联系，那么，各不同国内法律秩序也一定是不相联系的。一个坚持多元论观点的理论家因而也就必须宣告一个国内法律秩序——例如在本国的国内法律秩序——是唯一有效力的法律秩序。

认为本集团的社会秩序是唯一真正的“法律”，是一种典型的

原始观点，这等于认为唯有他本集团的成员才是真正的人的观点。在某些原始部落的语言中，称呼“人”的词同部落成员称呼他们自己的词是一样的，以区别于其他部落的成员。古代希腊人最初认为只有他们自己的 polis（城邦）才是法律共同体，而将所有外国人都当作不受法律保护的野蛮人排斥于外。甚至在今天，有人还倾向于不把另一个共同体的社会秩序当作完全意义上的“法律”来接受，尤其是在这种秩序体现了不同于他们自己的政治原则时更是如此。

4. 国际法的承认

由于一方面，国内法的效力被认为理所当然的，而另一方面，又不大可能干脆否认国际法的效力，多元论者就求助于一种假设，因此他们就——无意地取消了他们所希望维护的国内法和国际法
381 526 的相互独立性。由于这种假设，他们又建立起不同国内法律秩序之间的一种规范关系并从而重申国际法律秩序同一切国内法律秩序都是有效力规范体系的可能性。我们所指的就是这著名的陈述：国际法只有在它被国家所“承认”时，才有效力。

这决不是实在国际法的规则。实在国际法并没有使其对一国的效力有赖于这一国家的承认。当一个新国家成立时，根据国际法，这一国家就立即接受了这一秩序为一国家所设定的全部义务和所授予它的全部权利，而不依该国是否承认国际法为转移。根据国际法本身来说，为了能主张在一个具体情况下，这个国家违反义务或另一国家侵犯这一国家由有关规范所规定的权利，并无必要去证明这一国家已同意一般国际法有关规范。一个国际法规范使其本身对国家的效力，有赖于该国对它的承认，这在逻辑上是不

可能的，因为这样一个规范的效力就预先假定国际法不依对其承认为转移的效力。

一国在法律上的存在是否有赖于其他国家的承认，是一个不同的问题。这一问题已在本书以前一章中给予肯定的回答[36]。有些作者推定，待承认国对国际法的承认是它之被承认为国家的必要条件。然而，正如已指出的，国际法本身在没有而且也不能规定各国对它的承认是其对各国有效力的条件。国际法只是使其对两个共同体之间关系的适用，有赖于它们相互承认为国家的事实。正是国际法本身才给予一国为另一国的承认以特有的法律效果。共同体之相互承认为国家预定有国际法的效力。

承认一个共同体为国家，是由实在国际法所规定的行为。至于一国之承认国际法——作为它的那个国家的效力的承认——不可能是国际法所预期的一种行为，因为正如已指出的，这样一种行为预定要有国际法的效力。国际法只在它由一个国家所承认时才变为对该国有效力的命题，是理论法学家们企图理解法律世界时所作的假设。它决不关系到实在法的内容；但它关系到国际法效
力的假设理由。相反的命题，即“国际法不经各国承认就对它们有 382
效力”，也只是法学上的假设，而不是国际法的实在规范，国际法在这一点上是，而且也应当是，不加规定的。

5. 国内法的首要地位

国际法只有在由一个国家承认时才对那个国家有效力的命题，就等于说“国际法为什么对一个国家有效的理由”就是这一国

---

[36] 参见本书第221页及其后几页。

家的“意志”。按照这种观点，这是指只有在一个国家的法律秩序包含了一个规范，它规定这一国家对其他国家的关系要从属国际法，这时国际法才对这一国家有效力。国内法同国际法之间的关系因而就被认为类似国内法同一定道德体系之间的关系，即当国内法为了调整某种人类关系而参照一定道德体系，或者——用这里所提词语来说——当法律秩序在某种范围内“委托”道德秩序时的关系。国际法被认为是国内法的一部分。

通常，国内法律秩序并不明文“委托”国际法，换句话说，在通常情况下，国家并不经由立法或行政行为承认国际法。所以有人就讲国家对国际法的默示的承认，其证明就是像对别国派遣外交代表和接受别国的这种代表，或者是成立国际条约这种确定性行动。的确有时会有某个国内法律秩序的规范明示地参引国际法。德国魏玛宪法（第 14 条）规定说：“公认的国际法规则有作为德意志联邦法律有约束力的构成部分之效力。”对这样一个规范的解释就有赖于我们关于国内法同国际法之间关系的学说。如果推定国际法不需国家的承认就对该国有效力，那么，这个规范不过是由这一特定宪法规定国际法向国内法的一般转化。然而，如果推定国际法只有为国家所“承认”时才对该国有效力，那么，这个规范就被认为是国内法对国际法的一种“承认”。

根据第一种学说，国际法是一个驾于所有国内法律秩序之上的法律秩序，作为下级法律秩序的所有国内法律秩序，都是受国际法律秩序“委托”的，并且和国际法律秩序一起，组成了一个普遍的
383 法律秩序。根据第二种学说，国内法律秩序是驾于国际法律秩序之上的，它从国内法律秩序那里取得效力。因而，国际法就成了国

内法的一个组成部分，并且这一学说也确定了这两种法律的统一性。事实上，保证这种统一性是"承认"说的真实目的，它预先假定国内法对国际法的首要地位，而另一学说却预先假定国际法对国内法的首要地位。

（八）主权

1. 主权作为规范秩序的特质

从国内法的首要地位出发的学说的最重要结果是：其国内法律秩序是这全部学说构造出发点的国家，可以被认为是主权者(sovereign)。因为这一国家的法律秩序被预定为最高的秩序，在它之上并不存在任何其他法律秩序。这也是多元论学说的结果。这一学说也拒不认为国际法是在各国及其法律秩序之上的法律秩序。然而，多元论学说正式地包含了承认学说。由于这样做，它就放弃了国内法和国际法的二元论并从而放弃了法学的多元论。所以，我们可以推测，二元论学说的真正目的与其说是在于如何主张国内法和国际法的相互独立性，却毋宁说是维护国家主权的观念。

认为主权是国家的一种主要特性这种说法，意味着国家是一个最高的权威。"权威"(authority)往往被界说为发布强制性命令的权利或权力。强制别人做一定行为的实际力量并不足以构成一个权威。作为或具有权威的个人必须授权发布强制性命令的权利，从而其他人有义务服从。这样一种权利或权力只能由规范性秩序授予个人。因而权威原先是一个规范性秩序的特征。只有规范性秩序才能是"主权者"，也就是说，最高的权威，即个人受权把它们作为"命令"发布而其他人有义务服从的那些规范的效力的最终理由。物质的力量作为一个纯粹的自然现象，永远不可能是真正意义的“主权者”。在被归诸物质力量时，“主权”就似乎只能意味着像作为 prima causa（首因）属性的某种事物。但首因观念是在用语上的一个矛盾。如果根据因果关系的原则，每一个现象
384 必须被认为是一个原因的结果，每一个被认为是一个结果的原因的现象又必须同时被认为是另一个原因的结果。在因果的无限链条中，即在自然现实内，不可能有一个首因，所以也就没有主权。

国家以其作为法律权威的资格，是一定和国内法律秩序相等同的。国家是主权者，这意思就是国内法律秩序是一种秩序，在它之上再无更高的秩序。唯一可以被假定驾于国内法律秩序之上的秩序，就是国际法律秩序。国家究竟是不是主权者的问题，因而就和国际法究竟是不是一个驾于国内法之上的秩序的问题相一致的。

认为一个秩序驾于另一秩序之“上”——正如我们已指出过的[37]——是一个比喻性的说法。它的意思是一个秩序（下级秩序）从另一秩序（高级秩序）中，得来它的效力的理由、它的相对的基础规范。国家主权问题并不是一个自然客体是否具有一定属性的问题。它不能像例如关于什么是一个金属的比重的问题用下列方式来回答；这就是说，通过对自然现象的观察，或者在一种类似的方式下，通过对实在法（国内法和国际法）的内容的分析来回答。我们分析的结果是：国际法，通过其实效性原则，决定着国内法的效力的范围和理由，因而法律本身的内容就赋予了国际法对国内法

---

[37] 参见本书第 123 页及其后几页；第 373 页及其后几页。

的优越地位。但从承认学说的观点看来，国际法只有在它具有某些效力时才决定国内法的效力的范围和理由；而国际法只有在被国家承认时才是有效力的。在国家承认了国际法以后，这一秩序，由于它的内容，决定着国内法律秩序的效力的范围以至于它的理由。但既然这种结果只是由国家对国际法的承认所促成的，所以国际法也只是在相对意义上决定着国内法的效力的范围和理由。最后，国内法是最高的秩序，而且国际法的效力的理由寓于国内法之中。根据承认学说，国内法律秩序的基础规范是一切法律的效力的绝对的最高源泉，因而国家就可以被设想为主权者。

承认学说的命题：国内法对国际法的首要地位——正如已指出过的——，正像相反的命题：国际法的首要地位一样，只是一个法律上的假设。因而，"国家的主权"并不是一个能或不能加以观 385
察的事实。国家并非"是"或"不是"主权者；它只能被预先假定为是或不是主权者；而这种预定有赖于我们用来研究法律现象范围的假设。如果我们接受国际法的首要地位的假设，那么国家便"不是"主权者。在这种假设下，国家只有在下述相对意义上才能被宣称为主权者，即：除国际法律秩序以外，别无其他秩序驾于国内法律秩序之上，以致国家只直接受国际法的支配。另一方面，如果我们接受国内法的首要地位的假设，那么，国家便"是"原先的绝对意义上的主权者，驾于包括国际法在内的任何其他秩序之上。

2. 主权作为仅一个秩序的专有特质

如果对法律现象根据国内法首要地位的假设来解释，只有一个国内法律秩序，因而也就只有一个国家，才能被设想为主权者。这种假设只有从一个国内法律秩序的观点来看才有可能。只有那个国家才能被预定为主权者，它的法律秩序是全部学说构造的出发点。在这一国家和其他国家之间的必要关系只是由国际法，而且也只有在承认国际法决定这些国家的法律秩序的效力范围时才能成立。然而，根据国内法首要地位基本假设来说，国际法之所以有效力，只是因为它是由首先提到的那个国家所承认的，这个国家“是”主权者，因为国际法律秩序被认为是这一国家的法律秩序的一部分，从而是在这一秩序之下的。由于其他国内法律秩序是从国际法中得来它们的效力的，它们也就必须被认为在这一国家的法律秩序之下：这一第一个国家是主权者，所以只是它才能被预定为主权者。这一国内法律秩序，通过作为其组成部分的国际法的中介，也就包括了由国际法律秩序所“委托”的一切其他国内法律秩序。根据国际法，这些其他国内法律秩序对它们特定的属地和属人范围，是唯一地有效的，并且只有根据它们自己的宪法才能加以创造和修改。但是，从这种解释的观点来看，保证其他国家有这种相对主权的国际法，其效力理由来自上述解释出发点的国内法律秩序。只有这一国内法律秩序，在其他国内法律秩序的效力理由方面，而不是在这些秩序的内容方面，体现为普遍法律秩序，才是绝对的主权者，而这意思是指，只有这一国家才是原来意义上的
386 主权者。一个国家的主权排除了其他每一个国家的主权。

这是以国内法首要地位为依据的承认学说的一个不可避免的结果。然而，这些观点的大多数支持者并没想到它们的最后结果。他们设想法律世界是许多孤立的国内法律秩序，其中每一个都是主权者而且其中每一个都包含了作为组成部分之一的国际法。根据已经说明的理由，这种法律上的多元论在逻辑上是不可能的。

附带地说，按照这种观点，就像有无数不同的国家或国内法律秩序一样，会有无数不同的国际法律秩序。然而，不同的理论家经由不同国家的主权出发来解释法律世界，这在逻辑上都是可能的。每一理论家都可能预定他本国的主权，这就是说，他可以接受他本国国内法律秩序的首要地位的假设。因而，他就必须认为建立了对其他国家法律秩序关系的国际法和这些国内法律秩序，都是他本国法律秩序的组成部分，他本国的法律秩序被设想为一个普遍的法律秩序。这意味着法律世界会随那一国家作为解释基础而变。依国内法首要地位的假设所建立的这些体系的每一个内部，只有一个国家才是主权者，而决不会同一国家是其中任何两个体系的主权者。

（九）两种一元论假设的哲学和法学含义

1. 主观论与客观论

国内法的首要地位的假设是主观论（subjectivism）哲学的一个对等物，这种哲学，为了理解世界，从哲学家本人的自我（ego）出发，并从而将世界解释为主体的意志和观念。这种声称自我主权的哲学，无法将另一个主体（非我，non-ego），即也主张是一个自我的你（tu）理解为一个平等的存在。自我的主权和你的主权是不相容的。这样一种主观论哲学的最终结局便是唯我论（solipsism）。

国内法的首要地位的学说是国家的主观论。它使作为其解释出发点的国家，即理论家自己的国家，成为法律世界的主权中心。但这种法律哲学无法理解其他国家是和哲学家自己的国家平等的，而这意思就是无法理解其他国家也是作为主权者的法律存在。

387 “自我”国家的主权和“你”国家的主权是不相容的。国内法的首要地位的最终结局是国家的唯我论。

只有在我们的哲学是从客观世界出发，在这个客观世界中，自我和你都作为组成部分而存在，而且无论自我和你都不是整体的主权中心，那么我和你才可能被设想为平等的存在。同样地，只有在我们把国际法的首要地位当作我们解释法律现象的根据时，一切国家平等的观念才能加以保持。各国只有在它们不被预定为主权者时，才能被认为是平等的。

无论国际法首要地位的假设或者是国内法首要地位的假设，反正都不涉及实在法的实质内容。不论所推定的这一或另一假设，各国的国际义务和权利完全一样。某一国家的实在法宣称国际法律秩序为其国内法律秩序的一部分这一事实，并不妨碍法律理论去推定国际法的效力不依赖于国家的承认，即接受国际法首要地位的假设。实在国际法决定各国内法律秩序效力的范围和理由这一事实，也并不禁止下述推定：国际法只有在为一个国家承认时才对这一国家有效力，这就是国内法首要地位的假设。

2. 两种假设的误用

的确，两种假设——它们仅仅是将一切法律现象理解为一个单一体系的组成部分的两种不同方式——有时被滥用为断定关于实在法内容的依据。有人从假定为国内法或国际法首要地位出发，企图得出反对实在法实际内容的结论。这样一来，在那些预定国内法的首要地位的人看来，国家的主权意味着国家并不总是受它与别国缔结的条约的约束；或者是国家不能受国际法院的强制管辖权的支配；或者是合议制国际机构多数通过的决议不能使国家违反自己的意志而承担义务；或者是国内法不能在国际法的程序中产生；特别是，国家的主权和关于国家的宪法为一项国际条约所创造的观念是不相容的；以及其他等等。所有这些问题都不能从主权概念中的推论来解答，而只能用对实在法的分析来解答；而 388
实在法表明，这里所引证的一切论断都是不正确的。然而那些接受国际法首要地位的人，与他们主张国际法推翻国内法，主张如果国内法规范和国际法规范相矛盾，前一规范就是无效的，这也同样是错误的。只有在存在一个实在法规范，规定由于一个国内法规范和国际法规范相矛盾而废除该国内法规范的手段时，上面那种主张才会成立。无论如何，一般国际法并不包含任何这样的规范。

这两种一元论学说都是认识论上的假设，它们并不具有实在法任何含义，所以在国内实在法或国际实在法的任何特定规定面前，都可以被采纳或拒绝。

3. 这两种假设的选择

在对它们之间的选择中，我们像在对主观论哲学和客观论哲学之间进行选择中一样自由。正如对后者不能受自然科学支配一样，对前者的选择，也不能由法律科学来为我们作出。在我们的选择中，我们显然受伦理的和政治的偏爱的指导。一个抱有民族主义与帝国主义政治态度的人，将自然地倾向于接受国内法的首要地位的假设。一个对国际主义与和平主义抱有同情的人，将倾向于接受国际法的首要地位的假设。从法律科学的角度来看，究竟选择哪一种假设是没有关系的。但从政治意识形态的角度来看，这种选择就重要了，因为它是和主权观念连在一起的。

即使在这两种假设之间所作出的决定是超乎科学之外的，但科学仍然具有证明这两种假设同一定的具有伦理或政治性质的价值体系之间的关系的任务。科学可以使法学家明了他的选择的理由和他所选择的假设的性质,并从而防止他得出基于经验的实在法所不承认的结论。

附录　自然法学说与法律实证主义 389

汉斯·凯尔森　著

沃尔夫冈·赫伯特·克劳斯　译

一、自然法观念与实在法的实质 391

（一）社会理论与正义问题

作为科学知识一个对象的社会问题，原先是决定人类关系的一种正义秩序的问题。社会学作为伦理学、政治学、法学而出现，无论是独立于神学之外出现或者是作为神学的一个系统的组成部分而出现。在每一种情况下，社会学都是一种规范性科学、一种价值的学说。只是随着19世纪的开始，在处理社会理论问题上才开始出现因果方法的倾向。社会学不再提倡探讨正义，而却提倡探讨人的实际行为中的因果必然性；它并不谋求决定人应当如何行为，而却成了他们实际上如何行为以及根据因果法则一定行为的研究。

社会理论从一种规范探讨向因果探讨的整个转化，表示其知识对象的质变。自然科学因而迫使社会科学采取一种等于是自我毁灭的行为，是不能完全用以下事实来解释的，即自然科学在19～20世纪中的成就而使其方法成为典范。社会关系的科学从一门伦理科学向因果社会学的这一转变，即转变为解释实际行为的现实并从而对价值不加关注，多半是现在才完成的。从根本上说，它是社会学说在这样一个对象面前的撤退，它已丧失了加以征服的一切希望。这是一个古老的科学的被迫承认，至少暂时，它已把它的主要问题作为不能解决的问题而放弃。

特别是19～20世纪的法律科学，公开宣称它自己无法将正义问题纳入它所探讨的范围中来。至少在原则上，实证主义使自己限于实在法的理论及其解释。因而，它切望保持“正义的”和“合法的”之间的区别以至对比，也即体现在法律哲学和法律科学之间的鲜明的分立的那种对立。直到19世纪初以前，情况并不是这样的。在历史法学派胜利地兴起以前，正义问题是被法律科学当作它的根本问题的。在此以前法律科学之所以是自然法科学这一事实的意义就在于此而非其他。这并不意味法律科学不关心实在
392 法，而仅仅是它相信必须将实在法只同自然法，即同正义，密切结合起来。

（二）自然法与实在法中的效力原则；强制因素；法与国家

自然法学说，不论是作为伦理学或神学的一部分，或者是作为一门自主的学科，其特征是往往依靠“自然秩序”的假设而运行。在这一“自然秩序”中所通行的、治理人的行为的那些规则，不像实在法规则，并不是因为它们是由一个特定的人类权威所“人为地”

制定的才有效，而是因为它们来之于上帝、自然或理性并因而也就是善的、正确的和正义的规则，所以才有效。相比于自然法，这就是一个法律体系的“实证性”，所进来的地方：它是由人类意志所作出的——同自然法完全格格不入的一个效力根据，因为作为一种“自然秩序”来说，自然法是不能由人所创造的，而且根据自然法本身的假设，它也是不能由人的行为来创造的。这里就存在了效力的实质原则和形式原则之间的对比。这种形式原则是实在法的被人过分强调了的并往往误解了的“形式主义”的主要原因。

既然自然法观念是“自然秩序”的观念，结果就是其规则直接来自自然、上帝或理性，就像逻辑规则那样是立即自明的，因而并不要求以武力来加以实现。这是自然法之所以不同于实在法的第二点。实在法实质上是一个强制秩序。不像自然法规则，实在法规则是从人类权威的专断意志中得来的，由于这一来源的本性，因而决定了它们不能具有立即自明的特性。实在法规则的内容缺乏自然法由于其来源而独有的那种内在的“必然性”。实在法规则并不规定社会关系的最终决定，它们容许这些关系也可以由其他实在法规则另行决定的可能性；或者是由同一规则以后另行决定；或者是同时由另一法律权威的规则加以规定。我们不能推定，在这种形态下被调整行为的那些人由于这些规则，已获得了关于正当性和正义的信念，他们的实际行为显然可能完全不同于实在法规则的规定。由于这一理由，强制就成了实在法的一个不可缺少的部分，宣称强制是法律的一个主要特征的学说，是实证主义的学说并且单单关系到实在法。

实在法既然是规定了强制行为这一意义上讲的强制秩序，所 393

以它的发展必然导致建立为实现相应法制行为之用的专门机构。对过错行为者执行法律的人，不再像在原始法律中那样，是利益被损害的个人，而却是一个在分工基础上所建立起来的狭义的专门“机构”或“机关”（“法官”或“官员”）。我们可以将这样的机关创立看作是严格的、技术意义上的“组织”的真正开端。实在法作为人类的、专断的秩序，其规则缺乏自明的正当性，必然要求一个机关来实现强制行为，并且显示出从强制秩序进化为一种专门的强制“组织”的内在倾向。这一强制秩序，尤其是当它成为一种组织时，就等于国家。这样也就可以说，国家是实在法的完善形式。从原则上说，自然法是一种非强制性的、无政府状态的秩序。每一种自然法学说，只要它持有纯自然法观念时，就一定是理想的无政府主义。每一种无政府主义，从原始基督教以来一直到现代马克思主义为止，从根本上说，都是一种自然法学说。

（三）“应当”：绝对效力与相对效力

虽然实在法是一种强制秩序，而自然法却是一种非强制性的秩序，但两者，仅都因作为秩序，所以都是其规则只能由“应当”来表达的规范体系。自然法体系，就如实在法体系一样，并不符合因果意义上的必然性规则，而却符合实质上不同的“应当”规则，即规范性的规则。

这种规范性规则如果要被当作既是实在法又是自然法的形式的话，那就一定要在完全相对的和形式的意义上来加以理解。首先，现实的规范（“是”和“应当”）的对比必须被认为是相对的。因为，就对自然法的关系来说，实在法就仿佛是某种人为的，即某种由经验的、人的意志行为所作出的事物，这种行为是发生在是(being)的领域中的，即发生在实际事件领域中的。这样一来，实在法就仿佛是面对着作为价值的自然法的一种现实。实在法好坏的可能性就来自这种关系。只有用一个其效力被认为理所当然的自然法的尺度来加以衡量，一个特定的实在性，一定历史共同体的法律，才仿佛有善恶、"正义"或"非正义"之分。另一方面，实在法，作为一个规范，从其本身的内在角度说，是一种"应当"并因而就是一种价值，并在这种外观下，面对着人的实际行为的现实，实在法评定这种行为是合法的或非法的行为。这其实就是法律的实证性问题：法律同时体现为"应当"和"是"，而在逻辑上，这两个范畴是相互排斥的。 394

进一步，如果我们希望将自然法和实在法都理解为规范性的但又保持这两者之间的区别，那么，我们就一定要避免将"应当"的范畴同实质意义上的"善"、"正当"或"正义"这些观念混为一谈的那种常犯的错误。只有自然法规则中的规范成分才具有人们往往用来同"正义"概念连在一起的这种绝对性的意义。如果我们认为实在法内在地表达了一个规范或规则，我们不可避免地会发现在实在法中的表示的"应当"，然而，它是一个只具有一种相对意义的"应当"。结果就是"应当"(规范性)的范畴只具有一种形式的意义，除非它关系到一个单独就具有"善"或"正义"资格的确定内容。当然，即使宣称某一事物只在实在法意义上是合法的，这一宣称的意思就是指它不知为什么是"正当"或"正义"的。由于某个只是实在地合法的事物，从其他某种观点来看，可能是错误的或不正义的可能性依然存在，所以，包含在实在法观念中的"正当"和"正义"，也只能是一个相对的词。这里,“相对”是指实在法律规范所规定的行为方向,只是在其“正当”和“正义”还未被确定这一推定下,才被认为是这一“正当”的内容,并从而是“正当”和“正义”的。在这种意义上,每一种实质的法律内容,如果它是实在法的话,就必须被认为是“正当”和“正义”的。实在法的“应当”只能是假设性的。这是区分实在法和自然法的效力根据性质的必然结果。实在法规范之所以“有效力”,即它们应当被服从,并不是因为它们像自然法法律那样,是从自然、上帝或理性中得来的,是从一个绝对的善、正当或正义的原则中得来的,是从一个绝对地至高无上的价值或基本规范中得来的,这种价值或规范本身就被赋予主张有绝对效力的权利。实在法规范之所以“有效力”,仅仅是因为它们是在某种方式下或由某个人所创造的。这并不包含关于创造法律方法的或者是起实在法法律权威作用的人的价值的绝对陈述;这种价值是一个假设性的推定。如果推定人们应当遵守某一君主的命令或人们应该根据某一议会决议而行为,那么,这一君主的命令和议会的决议就是法律。它们是“有效力”的规范,人的行为应当符合于它们的内容。自然法规范的绝对效力符合自然法观念,而实在法规范的仅仅假设一相对的效力则符合实在法的观念。所以,实在法
395 规范之所以有效力只基于一个推定:有一个基础规范,它建立了最高的、创造法律的权威。这一基础规范的效力是未被证明的并必须这样保留在实在法本身的范围之内。

(四) 实在法的基础规范

这一基础规范建立了实在法的效力并代表一个只赋予实在法

效力的规范体系的假设——相对性。这并不只是一个特殊的法律学说的假设。它仅仅是对任何实证地掌握法律材料所必要的那种推定的陈述。它仅仅是将所有的法学家所正在(甚至无意识地)做的事情提高到自觉性的水平上来,即当他们在理解他们的主题时,他们拒绝了自然法(就是使他们自己局限于实在法)而把我们的认识材料,不当作仅仅是权力事实,而却当作是法律,是规范。他们平常并不把他们所涉及的法律关系作为因果自然关系来理解,而却作为义务和权利的规范关系。但是为什么一个在时间和空间中发生的并由五官所知觉得到的人的行为,要被解释为任何实在法(德国法、法国法或英国法)意义内的一个法律行为(一个私法行为或一个司法判决)?为什么这样一个行为居然要被认为是一个规范而不简单地看作是现实中的一个事件?为什么这一行为的主观意义又被授予一种客观意义?换句话说,为什么人们并不简单地说某一个人要求另一个人在特定方式下行为,而却实际上主张,这个人有权规定而另一个人负有义务根据这种规定来行为?为什么我们推定该行为所主观地传达的事物,一定要在客观上,由法律来进行?实证主义法学家的回答是:因为这一个别行为是以一个规范、一个一般规则、一个法律为依据的,因为法律规定了一个人行为要像双方在其私法行为中所已协议那样,或者像法官在其判决中所已命令那样来行为。人们还可以问,为什么这一"法律"代表了一个规范,为什么它在客观上是有效力的。乍一看来,"法律"仅仅是一个实际事项,即这样一件事:一些人已表达了他们的这种意志,其他人此后就应在一定方式下行为。但是为什么这些人在这些情况下所表达的意志,会标志一个"法律",如果由别人在别的情

况下表达，就决不会有同样含义？这里的回答就是：我们解释为制定一个法律的事件是按照一个还要高的规范，即宪法，因为这些人
396 已被宪法赋予制定法律的权力。反过来，这一“宪法”也不过是一个表面看来的实际事件，它的规范意义也只能借助前一宪法才能找到，这一宪法就是根据前一宪法的规则所创造的。这种求助一定要到起初的宪法为止才最终结束，这第一个宪法不可能是从一个更早的宪法中得来的。实证主义法学家，不能超过上述基本事实，就推定这一起初的历史事实实际上具有“宪法”的意义，一个国民大会的决议或一个篡位者的命令都具有一个基本法的规范含义。只有作出这种推定，实证主义法学家才能论证他理解为法律行为的所有其他行为的规范意义，理由仅仅是因为他把这些行为最后都回溯到起初的宪法上。确认起初的立法者的那个假设性基础规范，就表示了这种推定：它不过有意识地陈述了上述推定而已。这意思就是，法律实证主义并不超越这一起初宪法之外而去制造一个法律秩序的实质的和绝对的根据。它在那一点停止。基础规范是一个不可缺少的推定，因为没有它，基本历史事件的规范性也就不能成立。这一最终行为，也即实证主义法学家所借助的并且也不超越其范围的那一行为，就被解释为仿佛在基础规范中所表示的一个制造法律的行为，它并不是反过来又由一个更高规范来论证。所以，它本身只传达了假设性的效力。

实证主义的主要特征，和自然法学说相对比的话，可能正在于艰苦地摈弃一种绝对的、实质的根据，在于这种自我否认和自我承担限制，即限于基础规范中的一个仅仅假设的、形式的根基。实证主义和(认识论上的)相对论同属一起，正如自然法学说和(形而上

学的)绝对论同属一起。凡企图将实在法推出到其相对的、假设的根基以外,即从一个证明实在法效力的假设有效力的基本规范移向一个绝对有效力的基本规范(由于明显的政治理由而经常出现的一种企图),就意味着放弃实在法和自然法之间的区分。它就意味着自然法理论对实在法的科学处理的侵犯,如果容许与自然科学来类比的话,那就是形而上学对科学领域的侵入。

(五) 自然法的不变性

自然法依靠起源于一种绝对的价值,就主张自己有绝对的效力并因而就和它的纯粹观念和谐一致。它使自己体现为一个永恒的、不变的秩序。另一方面,实在法,由于它的仅仅是假设性的、相 397
对的效力,就内在地是一个无限地可变的秩序,当条件在空间和时间上起变化时,它可以使自己适应这些条件。对自然法学说的特定方法的分析一再表明,这一理论已直接地或间接地倾向于放弃或削弱不变性的准则。它主张有一种可变的和适应特殊情况的仅仅是假设的相对的自然法,以代替或补充绝对的自然法。在这种形式下,人们企图沟通纯自然法和实在法之间的空隙。通过模糊这两种体系之间的界限,人们就力图有意或无意地使一个只具有假设、相对效力的可变的实在法正式成为像自然法那样仅仅有假设的、相对的效力,或至少成为自然法一类:即人们力图论证其正义。

(六) 自然法观念的局限性

澄清自然法和实在法两种规范体系性质的比较,最后使我们达到这一地步，在那里，代替实质上的差别，而却出现了一个根本性的近似，可是，这也是一个暴露了自然法的可疑性的近似。问题主要在于使一般（抽象）规范个别化（具体化）的必然性，这种必然性是任何规范秩序（无论是自然法体系还是实在法体系）所固有的。一旦自然法必须被付诸实行时，一旦其规范，就像实在法那样，被直接用来对准它们想决定的实际社会生活条件时，即，一当它们被适用于具体场合时，下述问题就产生了：自然法是否还能保持其脱离实在法的存在？是否自然法本身的观念还能容许一个不同于实在法并独立于它之外的规范体系的存在？

对这一问题的进一步考查就表明，自然法秩序，果真存在的话，在其适用于具体社会生活条件时，必然要使之成为实在的，因为自然法的一般抽象规范通过人的行为只能成为具体的、个别的规范。假设甲要求乙归还一项附有利息的借款，乙加以拒绝，断言他没有收过这些钱或者他并没有将这些钱当作借款收过，只是为了甲的利益才花了这笔钱。如果这一争端将根据自然法规则来决
398 定的话，那么，必须适用该规范的人要能完全准确地决定，发生纠纷的钱是否曾作为借款给过，是否它曾真正为了出借人利益而花去，即使这是在出借人无委托的情况下发生的。换句话说，他一定要知道，适用该自然法规则所不可缺少的那些决定性事实，在目前情况下是否实际上将被发现。还有，他也必须知道，自然法赋予这些决定性事实以什么后果，在这种情况下自然法认为“正当的”或“正义的”是什么；归还借款，有无利息，或因其用途而不交付，等等。最后，他必须不仅知道所有这些问题，而且他还必须在善意的激发下根据自然法规则来作出决定，即创造出一个符合一般自然

法规范的个别规范。这一个别规范，即使在它充分符合一般规范时，至少在形式上，也只能是一个实在法规范，因为它是由人的行为所产生的。如果双方当事人直接具有必要的知识和意愿，并从而避免任何争端的话，那么，建立一个在争端当事人之上以个别规范解决争端的专门机关，也会是多余的。这是一个明显的乌托邦的推定。如果人们丢掉这样一种推定的话，他就必须想到不充分的知识（无论是关于条件事实方面或者是关于后果方面的知识）以及恶意，将阻止自然法的实现。显然，在理想上不依人的活动和意愿为转移的自然法规范，为了实行其目的，最后就会要求人的行为的中介。上述目的就是人们之间关系的决定。因而，自然法的实现就有赖于人们的知识和意志。通过这些人的作为将抽象的自然法转化为一种具体的法律关系。至于鉴于人的知识和意愿的不充分，自然法（始终推定它是存在的）的这样一种实现，到底能实现到何种程度，那是另一个问题。无论如何，在这里我们遇到了自然法观念的局限性，这是必须加以承认的[①]。

二、自然法与实在法作为规范体系

（一）规范体系的统一

上面已将自然法和实在法称为规范体系。

① 参见作者论文："自然法观念"，载《公法杂志》，1928 年，德文本第 7 期，第 221 页。

它们是否真正是两种不同的规范体系呢？这似乎是可疑的，
399 因为这两种秩序都显然涉及同一对象，即人的行为。然而，这两者在调整人的行为中所运用的方法实质上是不同的。一种秩序进行的方式是将社会上所需要的行为规定为“应当”的内容；另一种秩序进行的方式是规定这样一种强制行为，它应当适用于其行为构成与所需要行为的直接对立面的那个人。第二种秩序体现为强制秩序。也许这种不同的重要性本身并不重要到足以成立两个不同的体系，除非人们记住，这种不同回归到它们的渊源的不同，即回归到两者各自的效力理由。正是最终效力理由的统一性和特殊性才构成了规范体系的统一性和特殊性。

不同规范构成了一个秩序并且属于一个规范体系，如果这些规范必须被追溯到同一效力理由，如果——用普通讲法来说，它们是从同一“渊源”中产生的话；或者用人们熟知的拟人化用语来说，如果同一“意志”是它们效力的理由，这最后一个公式已经具有一种强烈的实证主义的气息。它是依靠规范由人的意志所创造这一推定而提出的。最后，对一个自然法体系来说，适用上述公式要注意并充分认识到它的仅仅是类推的性质，例如，自然法将其规则的创造归诸上帝的意志。否则，人们就要准备接受一个歪曲了的和削弱了的纯自然法观念。已经讲过，任何规范的效力根据只能是另一个规范；一个“应当”只能从一个“应当”而不能从一个“是”得来，而被当作最高的和最终有效力的规范就是基础规范。一旦探究两个不同规范的效力理由，将我们领回到两个不同的、相互独立和排斥的基础规范时，意思就是指这两个不同规范并不属于同一体系，而却属于两个由其基本规范的特征所个别化了的不同秩序。

(二)自然法的静态原则与实在法的动态原则

在一个体系的规范中通行的统一性,在对它们的基础规范的主要关系方面,可以有两种类型。根据这些规范中通行的“得来”(derivation)方法,可以区别为静态体系和动态体系。一个秩序的规范可以直接或间接地从其基础规范中“得来”并从而获得其效力。在前一种情况下,基础规范展现为各种内容的规范,正如一个 400
一般概念产生出由它所概括的许多特殊概念。真理或真理性的基础规范产生出这些规范:“你不应欺骗人”、“你应守信”,等等;爱的基础规范则产生出这些规范:“你不应伤害任何人”、“你应帮助穷人”,等等。继这些特殊规范之后,就有许多更特殊的规范,例如:商人不应隐瞒他货物中的他所明知的缺陷、买受人应在约定时间支付所承诺的价款、一个人一定不去损害任何人的名誉或对任何人施加肉体上的伤害,等等。所有这些规范都是随着基础规范而来而并不需要一个制造规范的特殊行为,即人的意志行为。它们从一开始起就全都包含在基础规范中,而只要通过一种智力的作用就可以从中得来。一个动态体系就不一样。它的基础规范仅授权一个特定的人的意志去创造规范。“服从你的双亲”就是这样一个基础规范。仅仅智力作用不能从其中得来一个单独的特殊规范。这就需要双亲的一个具有特定内容的命令(例如:“上学去”),即一个特殊的创造规范或制定法律的行为。这一特殊规范并不简单因为其内容和基础规范一致,所以就有效力,就如一个特殊事物和一个一般事物的关系一样,它之所以有效力只是因为它的创造是按照基础规范所讲的规则进行的,是因为它是像基础规范所规定的那样制造出来的。从基础规范中接受其权力的那个权威,转过来,可以将其管辖权的全部范围或部分范围委托出去。因而,双亲可以委托一个教师教育其子女,而这一委托可以一直进行到底。动态体系的统一性是委托体系的统一性。

结果就是:自然法在理想上倾向于成为静态规范体系,纵使问题依然存在,即由于人的不充分的意志和智力的特性,这一点是否可能。从以上讨论中也可以明显看出,实在法的基础规范在于制造法律权威的委托,所以实在法构成了一种动态体系。"实在法"实际上就在于动态原则。在某种意义上说,自然法和实在法之间的对比就体现为静态规范体系和动态规范体系之间的对比。当自然法理论不再根据一种静态原则去发展其自然秩序而代之以动态原则时,即,当自然法在适用到实际生活条件中去实现自己而不得不推行委托原则时,自然法也就难以察觉地变为实在法了。

401

(三)实证主义的局限性

另一方面,反过来,静态原则也向实在法体系接近。这并不是因为由基础规范所构成的权威自己不能创造纯委托规范以外的规范。宪法立法者不仅仅决定立法机关,而且还决定立法程序;而且有时,决定其规范,即宪法,在决定这些规范应包括什么和不应包括什么的最低限度时,就在所谓基本权利和自由法案中决定了许多法律的内容,尤其是一般立法者决不会满足建立司法和行政机构。他们发布调整这些机构程序的规范和其他的规范。通过这些规范基本上决定那些要求适用法律机关加以创造的个别规范的内容。一般实在法规范对具体情况的适用,包含了就如从自然法一般的规范中推论出个别规范一样的智力作用。可是任何一个个别规范，作为一个实在规范来说，都不会像特殊来自一般那样，简单地从一个一般法律规范（例如："一个偷窃者应受惩罚"）中产生出来，而却只有在这样一个个别规范已由适用法律机关所创造时才能产生出来。在实在法体系内的任何规范，即使是实质规范，除非已在最终由基础规范所定出的形式下被创造出来，都不是有效力的。纯委托规范以外规范的存在，并不标志着动态原则在实在法中的局限性。这样一种局限性来自另一方向。

首先是，即使一定实在法律秩序的基础规范的效力并不依据动态原则。这一原则首先出现在基础规范中并通过它而出现。基础规范本身并不是一个被制造出来的规范，而是一个假设的、预定了的规范；它并不是实在法，而只是实在法的条件。即使这一点也表明了法律上的"实在性"观念的局限性。基础规范之所以有效力，并不是因为它已在一定方式上被创造出来，而是因为它的效力是依靠其内容而被推定的。因而，就像一个自然法规范一样，不管它仅仅有假设的效力，但却是有效力的。纯实在法观念，就如自然法观念一样，有其局限性。

（四）实在法作为有意义的秩序

这种局限性还表现在另一方面。一个实在法律秩序中的基础规范的意义，不能像"实在性"观念所要求的那样，被定为纯粹的和简单的委托。基础规范不能仅仅指建立一个制造法律的机关。的确，它一定不包括任何会在实质的、绝对的"正义"意义上决定其实 402
在法律秩序规范的事物。实在法律秩序的基础规范不能有保证这一体系的"正义"的功能。这与"实在法"原则是不可调和的。可是，如果建立在基础规范上的实在法律规范体系，是一个有意义的整体、一个可理解的模式、一个在任何意义上的可能的认识对象（对法律科学来说一个不可避免的推定，为了理解起见而利用基础规范的假设），那么，基础规范就必须为此作出规定。它必须建立一种不是关于正义的但却是一种有意义的秩序。由于基础规范之助，作为实在法而被制造出来的法律材料，就一定是一个可以理解为有意义的整体，即，它们必须有助于理性的解释。

纯委托原则不能保证这一点。因为它对任何内容，即使是最无意义的，只要它已在某种方式下被创造出来，都赋予效力。它证明任何规范，不管其内容如何，即使是一个具有自我矛盾内容的规范或者是两个其内容在逻辑上是不相容的规范，都是有根据的。正如我们在以下将见到的，同一律对规范（"应当"）领域和事实（"是"）领域，都同等适用。在这两种范围里，"甲应当"和"甲不应当"这两个判断之相互排斥正如"甲是"或"甲不是"的判断一样。如果人的认识在法律材料中遇到这种破坏意义的矛盾时，如果法律行为体现出这些主观意义时，那么，在同一体系中的这种矛盾，一定要加以清除。一个自我矛盾的主观意义不能成为一个客观意义。

实际上，法学上的认识，在解释其对象时，是从这种矛盾是可以解决的自明的推定出发的。当内容相互矛盾的几个规范在产生时间上有所不同，当一个规范在时间上先于另一个规范，就适用后法胜于前法的原则。这一原则，虽然平常并没有规定为实在法律规则，但只要宪法规定了立法修改的可能性，就被认为是理所当然的。一般地说，在实在法律秩序体现为一个可变规范体系的情况下它就适用。由于这样一个原则并未被明示规定，所以它就只可能通过解释，即通过对法律材料的解释，而被确认。它仅仅意味着：它被很适当地预定为解释一定法律材料的一个原则，因为一个可变的法律秩序没有这样一个预先假定，就不能有意义地解释。

此外，当两个规范属于同一级时，按例也援用后法胜于前法的 403
原则。在涉及一个高级规范和一个低级规范的关系时，例如，在一个宪法和一个单行法律之间或在一个法律和一个司法判决之间的关系中，就可能适用另一原则：如有冲突，低级规范让位于高级规范，即它成为无效的。当低级规范时间上在后，就可能适用前法胜于后法的原则。

一个规范可能被解释得以致冲突只是表面的并随着这种解释而消失。例如，制定一个违宪的法律。在这种情况下，控制制造法律过程的宪法规范就被解释为仅仅是指：一个法律应在一定方式下制定，例如，由某一普选议会的 2/3 多数的决议并由国家元首加以批准。可是，一个由简单多数所另行制定的法律也不是无效的，但它可以由某个机关，例如最高法院，宣布无效。宪法甚至可能规定制造一个“违宪”法律只是惩罚一个应对合宪性负责的机关的条件。

再有，一个司法判决也可能和法律有矛盾。但这一矛盾可能被消除，如果法律的意思是指法官应当按法律进行判决，但他也可以作出一个违反法律的有效力的判决，如果这个判决已取得了法律效力，即当法律秩序已不可能废除或变更法官判决（res judicata［确定判决］）。司法判决一旦已具有法律效力，即使它并不是按照法律的，但也是有效力的这一原则，是据实在法律秩序所公认并接受的。所有实在法律秩序都限制使司法判决因违反法律而归于无效或加以变更的可能性。一般地说，一个法律争端一旦判决后就告结束似乎比判决在任何情况下都符合法律更为重要。这不过是说即使是一个违反法律的判决也可能成为有效力的法律本身。

所有这些解释未必就是有关解释的任何实在法律规则的适用，甚至往往是和实在法律规则的措辞背道而驰的，这些规则规定立法过程必须保持某些形式，且不明示地容许那些违反这些规则而通过的法案成为有效力的法律。同样地，任何一个刑事法律都不会包含这样一个明显规定：不是真正的“偷窃者”应受惩罚，而会规定一个人应受惩罚，一个有相应管辖权的法院已对他下了这样有法律效力的判决，虽然这个人可能并没有“真正”犯有偷窃罪。
404 这是对这样一种刑事法律唯一可行的解释，这种法律规定：一个判决，在一定时间后并在某些条件下，就不再能归于无效或加以变更。凡其判决已取得法律效力的人，就已被合法地判决。在法律思想领域中，并无“无辜”被判的人。有的只是可以归于无效或变更的判决和其他已不再能归于无效或变更的判决。同一法律命令对偷窃者惩罚，并规定凡已由相应管辖权法院合法地宣布已犯有偷窃罪的人，就必须被认为是一个偷窃者。法律措辞一定要在这种意义上重新加以解释，以便避免否则就会在法律和司法判决之间所发生的逻辑上的矛盾。

如果某一法律包含了逻辑上矛盾的、相互排斥的条款，这就提出了两种可能性。该法律可以作此解释。它使负责适用的机关行使自由裁量并这样或那样决定，适用这一或另一条款。或者，也可以主张两个条款相互抵消，法律材料并未提供任何可资适用的意义，因而该法律的这一内容在法律上是无关的。这些解释也是并无实在法根据的重新解释。它们和法律材料的措辞以及所意图达到的意义，即主观意义是有抵触的。

(五) 法律材料的主观意义和客观意义

也还有其他一些情况，在那里，法律认识有必要取消那些根据基础规范(宪法)所创造出来的法律材料，有必要将它们看作是非法律和在法律上无关的事物。这适用于所有不符合实在法律规则基本形式的材料，通过这些形式，一定的强制行为是与一定条件相联结的，所有那些材料都属于这里名之为 Lex imperfecta(不完善的法律)。即这样一些规则：它们虽然作为法律命令等等法律形式出现，但却不能直接或间接地和一个强制行为连在一起。这不仅适用于并无强制制裁的条款，而且也适用于理论性质的陈述，立法者动机的提出以及其他诸如此类的事物，它们在法律、命令、条约和其他法律文件的文本中是屡见不鲜的。人们可以论证说，有人虽然对这些材料置之不顾，但真正的法律内容方面不会有丝毫改变。

一般地说，必须强调的是：制造法律过程所提出的法律材料只有通过解释才成为有意义的，而这种解释最终取决于预先假定的 405
基础规范。这种意义是客观的并且来自法律认识，它可能不同于材料在提交客观解释时所呈现的主观意义。假如，如果一个宪法包含以下条款："共和国总统任命国家官员"，科学的解释会发现这一条款的意义并不是它所意味的那样。它仅指总统在任命作为一个部分机关的官员时的合作，只要宪法含有另一条款：总统的每个行为，为了有效力起见，就需要有一个内阁部长的合作。即使这里援用了另一实在法条款，但对前一条款的不同解释也还是与其实在法律陈述公开抵触的。这样做仅仅是为了努力克服逻辑上的矛盾，这在条文的主观意义如果被当作其客观意义来接受时就会发生的。总统（单人机关）应任命官员和另一个完全不同的机关（复合机关，由总统和另一个部长所组成）应做同一件事，当然是一个矛盾。

当实证主义意指只有宪法程序所创造的才是法律时，它并不是指每个这样创造出来的，都可以作为法律来接受，或者将它接受为它所自封的法律。

推定一个为制造法律的目的而建立一个最高权威的基础规范，是一个最终的预定，它使我们只将那些通过一定方式所形成的材料才认为是法律。对法律材料的上述解释实际上早已为法律科学所使用。如果它是对的话，以及如果这种客观意义的归属是可能的话（没有这种归属，也就不能有法律科学），那么，将法律含义给予由一定程序的产生的材料者，一定是基础规范本身。还有，从这一基础规范中，也一定可以确定那一部分材料是有效力的“法律”，也可以确定法律材料的客观意义，它们实际上可能同这些材料本身的主观意义是抵触的。基础规范的假设只不过表示了为法律认识所必要的推定。基础规范仅仅陈述了经验材料可以由法律科学更严密地界定为实在法的条件。

所以，基础规范的功能是，首先建立一个最高的制造法律的权威，这是一个委托功能。然而，基础规范的职能并不以此为限。它并不仅仅宣称凡这一权威所创造者应为法律，因为它们是由这一

权威所创造的，因而其他任何事物都不算法律。基础规范还含有 406
这种保证，凡经这样创造出来的事物都可以被理解为是有意义的。它规定一个人应服从最高权威以及由最高权威所委托的那些权威的命令，而且这些命令一定要被解释为一个有意义的整体。

（六）实在法中的基础规范在方法论上的重要性

如果人们考虑到由于基础规范可以理解为法律的材料的实际性质，那么，显然，基础规范本身一定表示了实在法的强制性质。所以，基础规范的公式并不像刚才以简略形式所称的那样：凡由最高权威命令的均应实行。更确切地说：在最高权威规定的某些条件下，将在最高权威所决定的形式下适用强制。基础规范具有法律规则的基本形式和模式。由于这一理由，解释就可能将凡不具这一形式的法律材料当作法律上无关的事物而置之不理。由于每个实在法律秩序的这种假设都有法律规则的形式，所以法制（legality），即符合法律的观念，是这一假定中所固有的。这就是下述观念：一定结果和一定事实条件相连结，如果这一结果和这一条件相连结，那么就可以有这种结果而非其他结果（或并无结果）。基础规范规定，在甲条件下，乙结果应发生。它因而也就规定：在甲条件下，非乙就不应同时发生。因为在法律观念中必须有同一律，没有它，法制观念就会被毁灭。

单是基础规范中所包含的这一预定，就为法律认识提供了对法律材料的有意义的解释。这并没有首创法律科学的任何新方法。它仅仅通过分析实际上所遵循的程序而揭示了一个长期使用方法中的逻辑推定。上述各种解释原则，后法胜于前法的原则，低级规范必须让位于高级规范的原则，对有关制定法律的宪法条文的不同解释，同一法律的两个矛盾条文的规则，宣称一个法律的部分内容可能在法律上是无关的，等等，——所有这些，除了对实在
407 法的解释给予有意义的解释外，别无其他目的，它们都是通过在规范领域中应用矛盾律而做的。就其中大部分而论，它们并不是实在法规则，并不是已建立的规范，而不过是法律认识的预先假定而已。这就是指它们是基础规范意义的组成部分，基础规范因而也就保证了实在法作为一个体系统一性的那种统一性，这一体系如果未必是正义的话，至少也是有意义的。最后正是基础规范，才保证这一规范集合体成为一个秩序②。

三、自然法对实在法的关系 自然法学说的政治含义

(一) 一个规范体系的排他的效力：规范效力范围中的矛盾的逻辑律

两种规范体系可以压缩为两个不同的基础规范，它们的差别不一定像在静态类型和动态类型之间的差别那样一般和重要。可

② 为了使问题简化起见，我们将实在法体现为单独一个国家的法律秩序而暂且不管它和国际法的关系。如果我们要考虑包括国际法及其下属的各国内法律秩序的一个法律制度的全体，那么，假设性基础规范问题也就要改变。在那种情况下，在国内秩序中建立宪法立法者的规范就表现为仅仅是一个国际法的实在法律规则，我们也就会只论及国际法的基础规范。

以有同一性质的两种不同基础规范，例如爱的规范和公共福利的规范，或者是委托教皇为上帝代理人的规范和另一个设立皇帝或某个其他世俗权威为最高统治者的规范。如果有两个不同规范体系的话，那么，从关于规范效力的认识角度来说，仅其中一个体系才能被推定是有效力的。

为了简化起见，这里姑且暂定这两个规范体系都关系到同一对象，联系到在时间和空间中发生的人的行为，即：它们具有相同的属时、属地、属人和属事的效力范围。当然，这对自然法和实在法都是适用的，而我们这里所涉及的也只不过是它们的关系问题。所以，这并不要求证明，规范对象（即法律秩序的属时、属地、属人和属事的效力范围）的限制，连同具有不同对象的两种规范体系共存的可能性，都要取决于构成这两种体系的基础规范的一定限制。建立限定对象体系的基础规范，一定要隶属于一个设定这一限制的更高规范，因而也就隶属于一个更高的规范体系。结果就是这 408
两个所假设的基础规范并不是真正的基础规范，由它们所相对地建立的并且在对象上（即在效力范围上）有限制的规范体系，只能是一些部分秩序。显然，这样两个限于不同对象或效力范围的秩序，只可能是在同一个体系之内的。因而有两种真正不同体系的推定也就表明是虚伪的。如果因为基础规范的不同，有了两个实际上不同的、在其效力上相互独立的规范体系，但两者都关系到同一对象（在具有同一效力范围方面），那么，在这两者之间就不能没有难以解决的逻辑上的矛盾。一个规范体系可以为某一个人、在某一条件下、在某一时间和地点，规定甲行为；另一规范体系可以在同一条件下并为同一个人，规定非甲的行为。这种状态对规范认识来说是不可能的。“甲应当是”和“甲不应当是”(例如:“你应当说真话”和“你不应当说真话”)之不相容,正如“甲是”和“甲不是”相互间之不相容一样。因为矛盾律对认识之完全有效力,在规范效力领域中和在经验现实领域中一样。为什么上述情况不应该被理所当然地接受的唯一理由,就是“是”和“应当”并未被充分区分开。在这两种判断之间,是没有逻辑上的矛盾的,即:“甲应当是”和“甲不是”(例如:“乙应当讲真话”和“甲现在在说谎”)。两者在同一时候都是可能的(乙在说谎,虽然他不应当说谎)。它们仅仅指出了在是什么和应当是什么之间的一种实际冲突的情况,也可以说是一种目的论上的(teleological)而不是逻辑上的冲突的情况。只有在甲和非甲两个内容都出现在“应当”的形式中时,或者两者都出现于“是”的形式中时,两者才的确在逻辑上相互排斥。

(二)规范作为“应当”和作为心理学上的事实:义务的冲突与规范的矛盾

对这种情况的忽视经常导致反复提出一个反对意见:难道“现实”还不表明,两个矛盾的规范以及因而两种在效力和内容上相互独立的、不同的规范体系,可以并存并产生“义务的冲突”的事实,就像道德和实在法的情况,或者像两个国家的法律秩序的情况?可是一当表明“规范”、“法律规范”、“法律秩序”这些词的双关语
409 时,这种反对意见的表面的根据也就消失了,上述论据就是从这种双关义中取得其欺骗力的。这些词的意思并不只是指在其特定效力中的“应当”、规范、法律、秩序,这种特定效力是规范效力。它们也被用来指想象或凭意愿要求一个规范的事实,也即发生在“存

在”领域中的一个心理学行为。只是由于在同一论证过程中，改变“规范”一词的用法，时而指这种意义，时而指那种意义，逻辑上的矛盾才被掩饰起来，主张甲规范（作为一个道德规范）和非甲规范（作为一个法律规范）在同时都有效力，也就是说，甲和非甲应当在同时通行，这是有矛盾的。一个是法律规范而另一个是道德规范并不排除逻辑上的矛盾，如果这两者都被确认为规范，即都处于同一“应当”领域中，因而也就处于同一认识体系中。如果一个人主张甲法律规范是有效力的，即使经验的（“是”）事实坚持人们相信，设想或凭意愿要求非甲应当如此，也并没有什么矛盾。规定甲行为的那个法律规范的规范效力，是不受下述事实影响的，即：一个应该服从这一法律规范来行为的人，实际上却表现非甲的行为；当然也更不受他的相应信念、想象和意志的（因为他的道德概念这样激发着他）。一个人具有服从国家元首的动员令的实在法律义务（即相应法律规范具有“应当”的效力）这种说法，和以下这种说法在逻辑上是不矛盾的，即：同一个人，由于道德理由，认为他自己应该不这样做，也就是存在了一个具有这种内容的概念或意志的经验事实的陈述。这里所主张的并不是一个和法律规范相矛盾的道德规范的效力。确认甲是一个实在法规范（一个“应当”）的内容的判断，所面对的并不是确认非甲是一个道德的“应当”的内容那种判断。那是没有意义的。不如说，第一个规范判断所面对的，或真正处于并肩地位的，是一个事实（“是”）的判断。平常称为“义务的冲突”的，并不是一件发生在规范领域中且包含两种规范判断的矛盾的事情，而却不过是推向不同方向的两个不同动机、两个心理学上的冲击的一种竞争。因而，它是一个完全属于经验现实领域的状态。一个意识到甲和非甲从两个不同方向同时向他提出要求，这说明这种状态的判断并不含有逻辑矛盾，正如说明两个对立势力对一个物体发生作用的影响这种判断一样。这两种判断实质上
410 不同于另外两种判断：它们陈述关于两个冲突内容，甲和非甲的“应当”的某种事物。这后两种判断，和心理学上的或有形的活动，即同存在或经验现实的领域，毫不相干。

（三）法律与道德：体系统一的假设

实际上，这样一个矛盾是避免了的。只要讲到法律和道德之间的冲突时，严密的考查就表明，这并不真正是指两个秩序同时有效力。这毋宁是指，某种事情从法律角度说受到命令，虽然从道德角度说却遭到禁止，反过来说，也是这样。人们就想到（也许不是很自觉地），这种情况可以或者从法律角度出发来判断，或者从道德角度出发来判断，但从一个角度出发的判断就排斥了从另一角度出发的判断。这就是下面这种老一套论调的意思：某一行为道德上是可以反对的，但在法律上却唯有这一行为才是对的。对任何法学家来说显然都是：作为一个法学家——即在涉及法律规范的认识时——他一定不问道德方面如何。任何一个道德家也不会想到要让实在法观点来干预从他的角度出发他所承认的那些规范的效力。同样地，法官在一个案件的判决中，只能适用，例如或者是德国法律，或者是法国法律，因为在这种特别指“应当”，指法律“效力”的适用行为里，只有德国法律或法国法律才被认为是有效力的，也就是，才被认为是拘束适用法律机关的。在这一方面，我们当然不考虑这样一些情况：实在法明示地参引道德规范，道德明

示地参引实在法规则，或者德国法律引用法国法律（或者反过来法国法律引用德国法律）。在以上第一种情况下，受委托的道德变成了法律；在第二种情况下，受委托的法律变成了道德；在第三种情况下，法国法律变成了德国法律（或者德国法律变成了法国法律）。受委托的秩序隶属于委托的秩序。然而，这样一种隶属关系只有在统治秩序和隶属秩序都包括在内的同一整体的秩序内，才是可能的。了解一个对象和承认它是一个统一体，指的是同一件事。

一个规范体系只有在所有其他具有同样效力范围的规范体系已被排除后，才能是有效力的。一个规范体系的统一性标志着它的独一无二性。这只不过是统一性原则的一个结果，这一原则对包括规范认识在内的所有认识来说，都是基本的原则，这一原则的反面准则就在于逻辑矛盾的不可能性。

（四）实在法与自然法并存在逻辑上的不可能性

一当实在法和自然法被认为是在效力的最终理由方面相互不同的两种规范体系时，它们的关系也就不能还在两种不同的和同时有效力的体系这种意义上来讨论了。因为一种“关系”只是在同一体系的各种因素之间才有可能。可以称之为有效力规范体系的，或者是自然法或者是实在法。在这一意义上，实在法对自然法的关系和实在法对道德的关系，或国内法律秩序对国际法的关系[③]，是一样的。凡企图根据同时有效力的秩序而来建立两种规

③　参见作者的研究：“国内法体系与国际公法体系的关系”，载《海牙国际法研究所讲义》，1929年法文版。

范体系之间的一种关系，最终就导致这两种体系根据统属关系的混合，也就是说，导致认实在法为自然法或认自然法为实在法。我们有着无数这样的企图，它们往往在没有学者方面的充分自觉下，表示出对知识对象统一性的不可压制的倾向。对规范体系具有排他效力的逻辑必然性的洞察导致对自然法学说极端有意义的结论。如果有人推定自然法律秩序的效力，他不可能推定存在一个具有同一效力范围的同时有效力的实在法律秩序。从一个彻底的实证主义角度来看，它认为实在法律秩序是最高的，并不是派生的，因而也就不是引用一个上级规范体系作为自己的根据的，所以自然法的效力是不能被承认的。同样地，从自然法的角度看来，就它符合其纯粹观念而论就不能有实在法效力的余地。自然法和实在法作为两种不同规范体系的并存在逻辑上是被排除的，因为两者的矛盾是可能的。如果实在法规范和自然法规范相矛盾，那么前一法律就一定被认为是非正义的。正是这种可能性才不得不有实在法和自然法之分。最后，在实在法和自然法之间不仅有一种可能的而且还有一种必然的矛盾，因为一个法律是强制性秩序，而另一个法律，理想地说，不仅是非强制的，而且实际上必须禁止人间有任何强制。因而，如果那些单容许人们主张“自然”秩序的效力的推定可以成立的话，那么，实在法在自然法一旁，不仅从形式逻辑角度来看是不可能的，而且从实质的目的论角度来看，也是多余的。因为，如果在一个“自然”秩序中能发现一种正义的规定，它
412 对众人都是一目了然的而且又是和善意的众人所想的事情相协调的，那么，为什么还需要有一个人类的、专断的秩序来调整人类行为？规定任何强制行为来实现这样一种自然秩序，不仅是多此一

举,而且可以被认为是实在有害的并且恰好容易产生一些邪恶,而强制的唯一理由就是防止和清除这些邪恶。

(五)自然法与实在法之间的委托关系的不可能性

从纯自然法观点的角度来看,自然法和实在法之间的任何委托关系一定是不可能的。上面已经指出,通过这样一种委托办法,一种体系就必须与另一种体系合在一起,因而任何这样构造结果必然是消灭其中一个体系的特性。人们特别采取这种企图,这是经常地并在一切可能的变态下反复采取的。那就是:将实在法建立于自然法的委托之上(例如,公共权威由上帝所设立)。严密的考查就表明,自然法秩序如不违背其本身效力的基本原则,实际上不使自己瓦解并让位于实在法秩序,就不能提供这样一种委托。这是历史上自然法学说的一个主要之点。在理论上正确地掌握这一点是理解自然法学说的一个根本性的推定,而这一点已提出了2000多年之久。这里只要这样说就够了,即:实在法由自然法所委托只能指这样:自然法体系一定包含一个规范,从而使一个最高权威被授权制造实在法,而实在法规范之所以有效力,并不是由于它们内容的正义性,而是由于它们是由这个自然法制造的权威所发布的。另一方面,自然法规范,与其基本观念相一致,从它们内容的客观"正义"中得来它们的效力。委托规范和这种观念之不相协调是显然的。这种推定而且还代表了逻辑上不可能的企图,即:虽然实在法效力原则和自然法效力原则是不相容的,但却要借自然法效力原则之助而建立实在法效力原则。由于事实是实在法,按原则来说,至少在其属事和属时效力方面是不受限制的(这里暂

413 且不论国际法律秩序对国内法律秩序所加的限制)，所以，对委托创造实在法的那种自然法规范，也就不能容许有这种限制。如果推定，在这种委托规范一旁，还有其他自然法的实质规范，那么，实在法由自然法所委托就是指自然法授权实在法代替自己。这实际上就是委托论所有意或无意希望有的结果，等于它也可以保证不这样而掩饰这一结果。在全部自然法规范中，只留下了那个委托实在法的规范(而这个规范事实上也根本不是自然法)。这样一种变质了的自然法，除了使实在法合法以外，就别无其他功能。自然法观念已转化为一种实在法的意识形态。将实在法了解为自然法所“委托”的法律这种企图，当它代表明显地和公开地舍弃自在的自然法秩序的推定的效力时，也就不再在这方面和我们有关系了。

(六) 仅作为事实的实在法对作为规范的自然法的关系

尽管这样，有人还可以反对说，实在法的存在是一个“事实”，它体现在国家甚至国家共同体的“生活”中。此外，如果有人也感到不得不推定还有一个“自然”法律秩序的存在，那么，我们迄今所否认的关于这两种法律之间的“关系”，显然就是有的，而对其性质的决定也就成了法律科学的一项不可规避的任务了。但是，这种反对意见也是以我们所已阐明的关于“规范”一词的双关语及其必然结论为根据的。我们是在这样一种双重意义上讲到法律的“存在”的：法律规则的规范效力的意义和关于人们对包括法律规则在内的概念和意志的实效性的意义，也就是具有因果特性的功能的意义。如果推定自然法律秩序的效力，那么，实在法的“事实上的”存在只不过指我们不拿实在法当作一个具有“应当”效力的规范体系，而完全当作仅仅是一个经验的事实。由于这一理由，例如无政府主义者，他们否认实在法的假设性基础规范的效力（理论上的无政府主义者总是具有自然法立场的，而纯自然法理论总具有无政府主义的立场），认为实在法对人类关系的实在调整（诸如财产、雇佣契约）仅仅是各种权力关系，而这些关系的作为“应当”规范的叙述只是一种“虚构”，只是一种提供辩护性的意识形态的企图。自然法及实在法的事实（这种实在法是一个事实现象而不是规范效力意义上的实在法）并不是作为两种有效力的规范体系相互联系着的，而只是在一个是规范另一个是实际事件这种意义上相互联
系着的，规范在实质上和实际事件处于同等地位：即：它们处于一 414
种可能一致或不一致的关系中。个人的行为可能符合主管规范，如果实际行为的内容（“是”的内容）和规范内容（“应当”的内容）相一致的话。它也可能不符合规范，违反或“破坏”该规范，如果它的内容和该规范内容在逻辑上有矛盾的话。始终要记住的是：规范的（应当的）内容和人的实际行为的（是）内容之间的矛盾，并不意味规范本身（“应当”）和人的实际行为（是）之间的一种逻辑上的矛盾。

人们只有在这种意义上才能讲到自然法对实在法的一种关系，才能一直把自然法当作一种具有规范效力的规则体系：那些人的实际的、内在或外在的行动，他们创造或执行、发布或服从实在法规则，从事这种行动中所包含的精神或肉体行为，是否符合或违反自然秩序规范？只要仅仅作为事实方面而论的实在法，符合自然法时，那么，它就像那种实际行动一样是“正义的”，这种行动例如在主管法院有效判决宣判后对杀人者的执行死刑是“合法的”，

因为它符合现在就规范方面而论的实在法。当实在法符合自然法，它就是正义的实在法；和自然法矛盾时，它就是“非正义的”实在法。因为在这里，实在法对自然法的关系来说根本无“效力”可言(从自然法看来它仅仅是一个事实而不是一批有效力的规范)，所以，从纯粹的和彻底发挥了的自然法观念的立场来看，不发生实在法规范因为与自然法的协调或冲突有无效力的问题④。

(七)自然法学说史中关于自然法对实在法的关系

尽管这样，历史上的自然法学说并没有坚持这种纯自然法观念。自然法在实际现实中，也就是说，当它由自然法学说已表达了2000多年时，表现了和刚才所概括的最初的那幅图画很重大的变
415 态。这主要是由于自然法的这种倾向，并不将实在法看作仅仅是一个事实，而却看作是一种有效力的规范体系，看作是一个具有规范效力的和同样了解的自然法并肩存在的法律秩序。一般说，自然法学说谋求保持自然法和实在法两者都作为同时有效力的秩序。为了达到这一目的，它就直接或间接地、有意或无意地，构造了这两者之间的一种关系，它预定包括两者在内的一种规范体系的统一性。由于实在法当其效力一旦被承认后所占的优势地位，自然法就必须使自己适应这种实在法，以便设法接近这一包括实在法的统一的体系。结果就是自然法，至少在一种完全排斥实在

④　有种倾向甚至在自命为实证主义的理论中也不断出现，就是将实在法的“效力”及其实效等同起来并否认实在法有离开这种实效的任何特定效力，最终起源于自然法观点。这种倾向和法律科学中的“社会学的”思潮有某种类似性，这种思潮的自然法性质只是用因果关系的词汇拙劣地掩盖着而已。

法观念的特殊伪装下，已不再能保持了。正是自然法学说关于实在法方面的这种基本立场，才推动了自然法观念本身在其不同作者手中所经历的各种修改；这些修改实际上导致对自然法的多少不令人注目的消灭。这是该学说由于理论范围以外的理由所持有的并必须持有的一个立场。

各民族和各时代的自然法都曾着重否认与自然法并存在的实在法是多余的或有害的观点。这种理论甚至已很少接受与自然法并存的实在法在逻辑上是不可能的观念[5]。作为一个特别的例证，人们不妨从梅兰希顿(Melanchthon)[*]的一部著作中引用下面一段话，我们可以将他当作是自然法学说的一个典型的代表人物。他实质上根源于托马斯·阿奎那的中世纪天主教理论，同时他又奠定了17～18世纪几乎是新教徒专有的自然法学说的基础。他在论伦理的著作中写道："虽然许多无知的人愚蠢地说不需要成文法，而只要那些在场的人关于自然的看法，就可以判决案子。但显然，这种错误看法是不能接受的。相反地，要教育人们最好有成文法律，使大家尊重它、喜爱它。"[6]实在法，作为在自然法一旁的有效力的规范体系，它的绝对必然性是自然法学认为理所当然的。这种立场如果没有对纯自然法观念的相当大的修改，显然是不可能的。自然法和实在法的这种二元论一旦被肯定地确认后，这两 416

---

[5] 参见作者论文："自然法和实在法的相互关系的探讨"，载《国际法学期刊》，1928年，德文本第2期，第81页及其后几页。

[*] P. 梅兰希顿，16世纪德意志基督教新教神学家。——译者注

[6] 《伦理学原理》，载《宗教改革全书》，1850年拉丁文本，第16卷，第234页及下页。

种法律间的可能发生冲突的问题也就变得更逐渐困难了。

(八) 自然法作为实在法的辩护

历史上的自然法理论在这一点上又抱什么态度呢？这种态度对评价自然法理论是有决定意义的。首先，它避免明白地和毫不含糊地提出问题。大多数人，即使是自然法的最重要的作者们，根本不问这一问题，或者只是偶然地加以回答，仿佛它并不包含了一个重要的理论问题。此外，当理论在发展自然法规范时，也很少以这些规范为依据来对实在法材料进行认真的批判。自然法作者所研讨的只是最重要的实在法制度，只是他们时代的任何实在法，其目的在于根据自然秩序证明这些制度的正当性，例如官职、私有财产、奴隶制和婚姻。结果是，几乎毫无例外地，对这些制度以自然法为依据作的辩护，并从而也就是实在法法律秩序（它归根结底不过是这些基本制度的展现）通过更高的自然法秩序的合法化。还有，这种理论还发展了许多方法，其目的或者是为了使实在法和自然法之间的任何冲突成为不可能，或者是，如果冲突居然可能，那么，就使它成为对自然法来说不像会有或干脆没有危险的。这样一些方法、自然法学说特有的方法，显然是纯自然法观念的进一步变质的征象。因为，在这种过程中，纯自然法观念的内容必须日益增多地类似实在法或缩减成为空洞的公式，例如"平等的事物应得到平等的待遇"；"各人应得的归于各人"(suum cuique)；"如无正当理由就不能伤害任何人"；"行善避恶"，等等。如不预先假定实在法律秩序的存在，所有这些公式就是毫无意义的；但如果将它们和任何实在法律秩序连在一起的话，这些公式就可以为这一秩序进行辩护。进一步，自然法作者们还用一种从教父们起到康德为止都一直保留的老一套说法，即实在法是从自然法中得来全部效力的；实在法实质上不过是自然法的产物；法律或判决的作出并不是任意创造，这不过复制了总是存在了的那种真正法律，而一当实在法（复本）和自然法（范本或模型）相矛盾时，它就不能有任何效力。

对这些论题的更详细的研究，将表明这些论题对实在法的效力是绝对无关的：一般自然法学说的性质及其主流，是严格地保守
的。这种理论所断言的自然法实质上是一种意识形态，它被用来 417
支持、辩护实在法，或者也就是国家的权威，使它们成为一个绝对物。自然法胜于实在法这种论据，就由一种精心作出的学说使它成为实际上无害的，并且只是为了外表才必须被保持下来，以便为自然法保留其对实在法进行辩护的功能。这是自然法学说所描绘的法律世界的典型的图画——可谓是它的法律世界的图画：在最前列的是实在法，其效力实质是不容争辩的；在实在法之后，在一种特有的形式下将它复制，代表更高秩序的自然法，全部效力和社会价值的渊源，它的功能主要是为实在法辩护。

当然，在任何时代也有反对的潮流，它在占统治地位的思潮面前，提倡一种多少是革命的理论，并在被官方科学所变质了的自然法面前，又重新阐释自然法的纯粹观念。但是这些理智运动很少传给我们什么东西。所有仍然有一点声望的自然法作者都属于保守主义一方。如何能不这样呢？他们不都是国家的忠实和驯服的仆人，或者是国家教会的神父、教授、使节、枢密官等等吗？毕竟，自然法学说的高潮，它的古典时期，是和最充分的政治绝对主义时

代相汇合的，在这种绝对主义的压力下，革命的理论没有机会发展成为一种学术运动，更何况在大学里正式讲授。

（九）自然法学说的假想的革命性

为什么今天在学者间盛行的关于自然法理论的看法，呈现出刚好相反的图画呢？人们辩称自然法关于社会契约的个人主义学说具有一种特别革命的，或者至少有一种激进的改良主义的性质。我们在这里不能对这种观点中所固有的错误，尤其是它对自然法契约论含义的误解，进行详尽的讨论。这样说也就够了，那就是：由弗里德赖希·朱利叶斯·斯塔尔（F. J. Stahl）[7]所首创，后来由皮格波姆（C. Bergbohm）[8]所采用的关于自然法的革命的毁灭性的论据，是由以下这一事实引起的：在这个几千年之久思潮中的一
418 个特殊阶段，即卢梭的18世纪中叶的法律和政治理论，被简单地同一般自然学说等同起来。这里我们可以不去问卢梭教义的革命性质问题。顺便讲一下，这一问题决不是像平常所认定那样是自明的。可是法国革命的确提供了对卢梭的自然法学说的一种彻底革命的解释。最有意思的事实是：这就是大学中所讲授的官方法律科学抛弃自然法学说的理由。虽然几个世代以来，自然法学说都证明了它在支持王权和祭坛方面的保守主义价值，但它显然也可以供截然相反的目的之用。这就难怪我们发现了一个代替旧自然法学说而出现的新意识形态：历史法学派，因为自然法学说已不

---

[7] 斯塔尔：《法律哲学》，德文第4版，第175页及其后几页，第289页。

[8] 皮格波姆：《法理学和法律哲学》，1892年德文版，第116、200页，第217页及其后几页。

再可靠地履行其作为实在法、作为国家所确立的秩序的卫士的功能了。这里我们对以下事实也可以置之不问，即：历史法学派之具有一种自然法性质不亚于官方法律科学所曾有过的。历史法学派仅仅以民族精神(volkgeist)代替理性或自然作为一个自然秩序的渊源，而这种秩序是人造秩序的对立物，因而我们只能说：历史法学派，为了使它对自然法学说的革命观点的斗争更为有效起见，使用了一种代表任何新理论的新手段。任何新理论都使自己表现出，对一个部分的斗争就是对一个整体的斗争，它之对一个体系的错误的斗争就是对整个体系的斗争，它代表了一个科学中的一个根本变革。这就是为什么自然法革命性质的理论会在19～20世纪被如此广泛地接受的理由。这是思想史中的一个错误，而这种错误由于自然法观念可以实际上具有革命性质的事实而更为加强了，可是在其历史现实中，除了上面所提及的例外，自然法学说表明的刚好与此相反。

自然法学说的保守主义性质并不单单由于我们在这里所概述的这些政治动机，而后者完全可以令人理解，在任何政治和法律理论中，都扮演了一个重要的角色。这种保守主义基本上根源于一个谋求理解国家和法律性质的科学在认识论上的情况。这种地位产生了一个特别的困难，成为批判地分析任何政治和法律理论的一种障碍：揭露政治动机愈是困难(这种动机的有效性是随历史情况而变的)，那么，认识论倾向也就愈是和政治动机相并行，而认识论倾向可以在一定程度上模糊和掩饰政治动机。

419 四、认识论的(形而上学的)与心理学的基础

(一) 形而上学的二元论

1. 自然现实范围中的认识对象的双重化;反映论

这是一个独特的并且经常为人论及的事实,即:人的认识,一当它天真地和无批判地追随其最初的冲力时,就有着一种将其对象双重化的倾向。理由是人根本不满足于他自己的感觉所提出的和他自己的理性所理解的事物。如果他停止在他自己的存在所给予的境界之内,而这种境界具有他通过他自己的心灵的力量能感觉和理解其性质,那么,他对知识的最初的渴望还是没有得到满足。深入到事物本质中的希望,推动他追问事物"背后"是什么。由于他不能在他自己的经验范围内,也即在由他的理性所控制和指挥的感官世界范围内,找到一个对上述这一问题的回答,所以他就大胆地推定一个在他的经验之外的领域。这便是据说隐藏他所寻求的根据和原因的那个领域,也就是人们体验到的一切尘间事物的观念或原型、本来的事物、不依感官和理性为转移而存在的"自在之物",也就是由于他的感官所不能接近的,所以同时据说就对他永远隐藏着的一个范围。这个人们用以制造出超越他自己的幻想的那种离奇的假设,不朽的闵希豪生(Muuchausen)* 爬上他

* 德国拉斯佩(R. Raspe)所著冒险故事中的主人公,一个惯于吹牛的人。——译者注

自己的肩头这种古怪的企图，就成了一切形而上学和宗教的核心。虽然这一真正是悲喜的事业自古以来就曾经是人类精神的骄傲，但它最终却根源于这种人类精神自然具有的一种古怪的猜疑。只是由于人们显然缺乏对他的感觉和他的理性的完全信任，所以他就不安于他的自我创造和自我安排的知识世界。只不过是这种对他自己的贬低，才诱使他将这个自我认作是仅仅一个残片，另一个世界的一株低下的树苗，而这另一世界是超出对它的认识之外的，正因为它是“实在的”、“最后的”、“完全的”和“真正的”世界，而且就它是这种世界而论，所以才超出对它的认识之外。

“今世”和“来世”、这一世界和另一世界、经验和先验的这种形而上学的二元论，必然导致通称为反映论(image theory)的广泛接受的认识论学说。它实质上是说人的认识仅仅像镜子一样，提供了一个对“实在”的、“自在的”事物的反映。由于镜子中所用材 420
料的不足(仅仅是人的感官、人的理性)，所以它是一个对永不为人的力量所及的那种现实或真理的一种不充分的、影子似的反映。人的认识和镜子的这种比较的决定性的重要意义就在于这一事实：真正的和实在的世界是镜子之外的，即超出人的认识之外的，而任何在这种框架内所了解的东西——人们用他的感官和理性所经验的世界——只是一个外表，只是一个更高的、先验的世界的微弱的反射。形而上学的二元论在我们的平常的想法中是如此根深蒂固，以致由特有的二元论的反映论所决定的，关于我们的了解对其客体关系的概念，不管它的显然自相矛盾的性质，要比其他任何概念，更能令人所了解。它甚至仿佛是自明的并因而几乎是难以根除的。可是也再没有任何事情比这种推定更为矛盾，并因而更难令人理解，这种推定是：我们的认识反映了一个我们的认识不能接近的世界。再没有任何事情比这种企图更成问题，它解释说：它是由那个非它所给予的、可理解的东西是由那个不可理解的东西所给予的。同样似是而非的是这种认识论状态的心理学上的背景：一种被削弱了的自我感觉竟容许人类精神功能堕落成一种仅仅是依赖性的、根本不是创造性的复写；同时它又容许这一在认识过程中只能不充分地复制的精神，用它自己的手段，去构造整个的先验世界。仿佛人类精神蔑视其理性和感官时，以其主观想象来补偿自己。

2. 价值领域中的认识对象的双重化

对象的双重化这种离奇现象，不仅在认识过程中有，在狭义的认识本质或现实中有，而且在“评价”的理智功能上也有。就这种功能是以“应当”的陈述来表示的而论，它就可以被认为是对价值或规范的认识。对价值的认识，不同于对现实的认识，并不关系到解释，而却关系到根据。在这一范围中，我们也可以见到：对“为什么”（在这里，也就是指可以用“应当”来表示的任何价值根据）的调查，如何超出理智领域中总能给予的和可以达到的事物，也即类似于自然经验的事物，而深入到先验价值的世界中。直接可以为人知道的经验价值，为了有价值起见，必须被表达为那个先验世界的产物。这里又有了这样一种明显的倾向：这对价值判断的直接对象加上一个在这个对象之后和之上的第二个对象的办法，来评价一个对象、论证某种内容。直接给予的对象必须表现为第二个对
421 象的复本或复制，因而它才可以被解释为有价值的并似乎是有根据的。例如，在任何共同体中都是有效力的并且根据时间和地方

而特别地形成的实在道德，就被代表一种不朽的和神圣的法律的产物。同样地，在自然法学说中，在国家的实在法背后，兴起了一种人类行为的自然秩序。形而上学的自然哲学特别想把经验世界描绘为一个超验现实的不精确的重现，并且借助于它的特别的反映论，仅仅容许人的认识反映而不是创造这一经验世界。上面所说的自然法哲学持有同样的观念，它坚持说，与外表相反，实在法并不是一个人类立法者和法官的自由创造，而不过是这一实在法以外的自然法的复制，"自在之法律"的不完全的复本，并因这一理由，实在法才具有效力和价值。自然法的政治和法律哲学由于这种实在秩序和自然秩序的二元论，而使自己陷入的困难，在方法论上类似于形而上学的自然哲学因它的"今世"和"来世"、经验和超验的二元论所产生的困难。在这两种情况下，都有一种对原型的难以达到性和无望的企图，在一种情况下是解释为被给予的事物，而在另一种情况下却是为之进行辩护。在每一种情况下，都不仅有着继续不断的威胁，即在一个总已接受的理想和一个并不符合该理想的现实之间的一种难以解决的矛盾，而且还有通过符合认识统一性的假设而克服这种二元论的内在倾向。正是在这种争取脱离形而上学的科学的努力中，自然科学才使自己从神学中解放出来，法律和政治科学则使自己从自然法学说中解放出来。

关于宇宙和生活的这种二元论观点，当它贯串于现实和价值、自然和法律的哲学中时，可以根据推行二元论的程度，而体现在不同时期或不同强度中。这些时期将在下面进一步阐述。值得记住的是，某一自然哲学的时期在认识论上与同该自然哲学一致的法律哲学的时期，并不必然是联结的。法律哲学在其向更高形式发展时，遇到比自然哲学大得多的障碍，自然哲学或者完全不受政治、即政府利益的影响，或者只是间接地受到它的影响。总之，以下概述不应（至少是不应主要地）理解为进化阶段的历史、遗传学叙述，它们是根据一个严格规则而相互连续地进化的。

422 **3. 原始人的自然与法律理论**

原始人关于其自然环境结构的概念是由他在自然的强大和压倒一切的体现面前所体验到的无能为力所决定的。当他的生活充满了对自然的困难和危险的斗争时，就尤其这样了。原始人对自然的解释是由他富有特色地缺乏自我意识所决定的；他的自然哲学，如果可以说有的话，就是他的自卑感的表示。每一种东西对他都似乎是神。对原始人来说，树木隐藏着一个精灵、一个恶魔，使树木生长和开花结果。他想象太阳是由一个男性的神推动，而月亮则由一个女性的神推动。他将动物，尤其是对他的生存有重要意义的狩猎的动物，当作是高于他自己之上的存在，未经要求它们的原宥，他就不敢杀它们。他甚至深信没有它们的意愿，他就不能杀它们，只有在他依它们所赞同的方式下行为时，它们才同意由他所杀。这种信念在他虽然已发明了十分有效的武器并已启用巧妙的狩猎方法时还依然存在。任何事情都不能像以下事实更能说明原始人从他的脆弱的自我感中产生出来的那种神话般的自然概念，这种事实甚至是很近时期在一个野蛮部落中观察到的：部落成员将他们自制的工具、他们的锤子和锯，当作神来崇拜。即使在原始人已用他自己的双手，借他的肉体和心灵来进行创造时，他还是不相信他自己的能力。他相信应该将他的产物推崇为超自然力的产物，推崇为神的作品。对他而论，这些产物决不是什么“任意”的东西，不是“人为的”东西或人的手工品；他把它们解释为，就像我们会说的那样，是某种“自然的”东西，对他来说，这是指某种神圣的东西，一个神在他那里并通过他所创造的某种东西。

原始人对他在某中生活的社会秩序、对实在法，都抱同样的态度。这些实在法，作为酋长、咒术师、祭司、法官或其他权威的命令。要求他的服从，或者在古老习惯的形式下，由同样这些权威来加以适用。他并不认为构成他的社会共同体的这些个别和一般规范是人的法律，而却认为是神的意志的直接表示。原始人还没有这种信念，即在这个实在法一旁或这一法律之上，有一个自然法，因为他并没有将实在法体验为这样的法律，而却直接体验为某种自然的或神圣的东西。他的法律理论还不是完全二元论的，超过他的自然哲学。它只不过含有这种二元论的萌芽。原始人还没有想象到在自然之上，在他自己的世界之上的一种神圣的外在，一个在自然范围之上的超自然的范围。他仅仅使自然世界充斥鬼神而拿他所体验的东西双重化一下而已。创造和维持社会的那个法律的直接神圣性的概念，是同来自不发达的自我意识的那种信念，即这个实在法并不是一个人为的人工作品的信念，连在一起的。这体现在相对发展的社会条件中还可以遇到的一种神话中，那就是说国家的法律秩序曾由本族的神通过一个被神圣般地崇敬的首领的中介所创造出来，或者是这一法律秩序最终回归为这样一个神圣的制造法律的行为。因为，据说耶和华（上帝）就曾在西奈山上将法典授予摩西（Moses）。安拉（Allah）或加百列天使长（Archangel Gabriel），据说曾口授可兰经给穆罕默德。汉谟拉比据说从太阳神那里取得他的法典。迪克（Dike），法律之神，对古代希腊人来说似乎是宙斯(Zeus)神的礼物和女儿。弗里斯兰人(Frisian)传说中说,阿西琴(Asegen),最老的雄辩家和立法者、第一个立法者,由一位神教导过法律。这不过是同一个观念的一个变种而已。那就是:有权制造实在法的统治者本人被推崇为一个神或一个神圣祖先之子或更远的后裔。这种神话的政治含义是一目了然的。作为一种自然哲学来说,它必须说明自然,而作为法律和国家的一种意识形态来说,它就必须为实在秩序进行辩护,并通过创造出一种以恐惧神秘的、万能的神为基础的无条件的顺从,来尽可能提高这种实在秩序的有效性。这种从自卑感中产生出来的神话,至少在社会范围内,具有加强这种感觉的功能。

4. 形而上学的、宗教的二元论

当人们增长了他的自然知识时,他就日益寻求和发现混沌事物中的一个内在的秩序,他越来越意识到自然总是一个和谐的整体。现在他就不再将每一个单独的事物双重化,而却代之以开始将自然双重化为一个整体。他看到这株树木出于小灌木,小灌木来自树苗,而树苗则来自一粒种子,反过来,种子又来自树木的果实。当树木还是一粒种子时,森林女神又在哪里?当人们认识到自然中的变化以及通过这种变化又认识到事物的相互联系时,他就从事物那里移开了神圣的一半,将它从他的可见和可感知世界的相互联结事物中移出来,而让它接合到一个离开他的感官和理性的次一个、超自然的世界中去。只是到现在,形而上学的二元论才趋于完备,它由包括绝对真理的一个来世和罪过的人所仅达到的经验世界、先验和经验、理念和现实所构成。

424 在实在法方面也发生了同样的概念上的转变。就更加善于批判的眼光来说，当实在法日益多地显露出是一种可由许多立法者所创造的、依时间和空间而不同的、可变的和不断变化的规范体系时，人们也就认识到这种实在法是人工作品。在他自己的政府秩序（现在他认为它只是许多秩序中之一）和他个人关于本民族的神之间的那种人身联系，在他的意识中瓦解了。他形成了一种永恒的和不变的神圣秩序的概念，形成了一种凌驾于任何实在的、在时间和空间上不同的任何法律之上自然的、绝对的正义。法律神圣性的原始观念已发展成为自然法和实在法的二元论。

正如我们所已知道的，这种形而上学的、宗教的二元论，同朴素的神话学中的自然和社会哲学相比，已经代表了某种批判的深思的结果。然而，人的精神不能忍受关于“今世”和“来世”、人和神、法律和正义这种可怕的和原则上是不可调和的对比。所以，对这种冲突的深入观察发展起来时，也就产生了克服这种冲突的不可遏制的愿望。如果将人类精神史看作是这种形而上学的、宗教的二元论在其各种不同形式中的发展是可能的，那么，就必须同时也将这种发展看作是人类精神使自己从这场巨大的冲突中解放出来的不断更新的努力，人类精神深入这一冲突中，而且看来悲剧性注定要永远一次一次地进入这一冲突中去。

按照形而上学的、宗教的二元论使自己分解的方式来看，人们可以分出实质上三种基本类型。哲学家在其关于宇宙和道德哲学的二元论体系内，可能强调了来世，即理念和正义的领域；或者他可能强调了经验世界、即经验和实在法的领域；或者第三种，他可能采取一种妥协的立场并想尽方法来平衡天平的两端，其中一端会使他升入天堂，另一端则会使他投入地狱。我们可以推定在人的宇宙和道德哲学同他的个性(personality)之间有着一种内在的一致[9]。在这一基础上,这三种类型的第一种可解释为一种自我意识的基本上悲观的心情,并不是本质上脆弱,但却可以说是针对自己的,并不是一种真正缺少意识的心情,而却是一种自我贬低意识的心情。第二种类型起源于一种昂扬的和上升的自我意识,它
425 甚至已近乎一种夸大了的自尊。第三种类型所联系的个性是其基本心情是一种疲惫的或审慎的忍受心情,这种个性调和于两种极端之间,有时偏向这一方,有时偏向另一方。

5. 悲观主义的二元论:个性类型和形而上学态度

第一种类型的二元论显然是向着先验领域的。在那里,才有一切存在的真实、真正最初的反映,才有一种光彩夺目的理念,而这是人,至少是在他的肉体存在里见不到的。在今世的曙光中有着一种影子般存在的那些世上事物,好容易才带来了上面这些理念的一点微光。这整个经验现实的世界,从根本上说,完全不是"真实的",它不过是外表和伪装而已。真正的现实只是在人们希望当他死后所进入的"来世"中。这种对"来世"的愿望仅仅是恐惧和逃避当前存在的一种意识形态上的隐藏,但却使人们认为由他的感官和理性所给予的整个世界,不仅是没有价值的东西,而且甚至根本是没有的东西。这个由他的恐惧所构造的"来世"的功能就在于摧毁感官和理性经验所给予的世界。"放过这个世界,它是空的"。它是这种悲观主义的基本心情在哲学上的表达。这种心情

⑨　参见米勒-弗里恩费尔斯(Mulle-Freienfels):《个性和世界观》,1923年德文第5版。

的代表人物是苦行者类型人物，圣人。

几乎不用再说，这种加上重点符号的二元论，在政治和法律哲学中，就导致把实在法和现行国家当作多余的和有害的东西而完全加以拒绝，就认为超越一切实在秩序和国家而存在的“自然”秩序才是“法律”，只存在于来世的正义的、圣人的共同体才是“真正的”国家。这就是我们在另一地方所已熟知的理想的无政府主义的立场，是纯自然法的立场，而在这种法律立场的眼光里，实在法并没显出是一种有效力的规范规则的秩序，而仅仅是一种赤裸裸的权力关系的大合唱，国家则和一帮匪徒毫无差别。在这里，先验秩序只有这种职能：废除实在的、人间的秩序，使它显得什么都不是。一当这样一种社会悲观主义在一种具有强烈的意志地位的个性中，在一种所谓“侵略性”类型中发展起来时，那么，大地就要准备好革命的到来。更加生根于形而上学的圣人，期望一个此生以外的天堂，而乌托邦的革命派，则梦想一个人间的天堂（然而，这个天堂一定会被推到遥遥无期的将来），但两者并不构成什么实质上的差别。

6. 悲观主义的二元论：其社会学说；革命派的立场 426

这里我们用乐观主义和悲观主义的对比来说明一些基本的精神情绪，这些情绪对两种不同类型的形而上学二元论提供了一种心理学上的解释。可是这种对比，尤其是如果用来作心理学上和性格学上的根据的话，一定不要当作是绝对的。人永远不会完全地或整个地或者是乐观主义的或者是悲观主义的。其中任何一种态度都会使他超出心理学的境界之外，而心理学类型却只有在这些境界之内才有任何意义，因为超出这些境界，我们就只好说是病理学现象了。即令是我们这里所用的基本类型，也仅仅表明其中一个对比因素对其他因素的优势，而不是其中之一被完全排斥。一个人以他的存在的一部分和以两种态度中一种来应付目前，应付他所生活的并设想还将继续生活一些时候的实际条件，而以其存在的另一部分和两种态度中的另一态度来应付他所要求或畏惧的比较遥远的未来，这肯定是可能的。正是这种不同的态度才使社会悲观主义者和社会乐观主义者区别开来。在这一意义上，如果一个人只是对目前才是悲观主义的，如果他认为目前的社会环境是彻底地不好的，甚至是值得加以毁灭的，因为它们与他的愿望和利益相冲突，那么，他可以被称之为一个完全的悲观主义者。他不能继续深思，而必须从事达到这一目的的行动，他就成了一个革命派。这未必妨碍他想象未来根据他的要求和希望来设计的、和目前完全相反的景象。正由于他害怕和逃避目前，所以他只生活在未来中。同时，他也一定要把他对目前的态度扩大到对过去，因为过去对他来说，只是目前邪恶的根源。结果就是这种类型的理想无政府主义者缺乏历史感，在接触社会条件时不重视它们的有机发展。可是对一个黄金时代的信仰往往突出地和这种社会悲观主义联结在一起。的确，这种传奇在其各式各样的理智的联系和变化中，是特别模糊不明的。在一个悲观主义形而上学二元论的体系中，一个地位被移到时间之初（或者相应地被移到时间之末）去的天堂，意思就是指这是最重要：因为幸福在目前是发现不了的，它只可能存在于太古时代，如果它毕竟是可能的话。在传奇中，黄金时代的一个突出之点在于：仿佛有一个基本的障碍物，一个不可逾越的深渊，将它同导致目前的历史发展分离开来，正如

“来世”之和经验世界相分离，理念之和现实相分离、神的真理之和人的谬论相分离一样。人的可怕的犯罪造成了施行报复和惩罚的 427
诸神的干预，并永远地烧毁了地面上的天堂。这种天堂总是被放在时间的连续性以外。人们讲到天堂只是为了使邪恶的目前，在这幅光明背景的宽慰相比之下，显得更加黑暗。归根结底，这一黄金时代就是正义和自然秩序的理念，它面对着实在和真实的国家以便暴露出它们实质上之毫无价值。这就表明了这种类型的形而上学二元论的极端悲观主义的品性。

7. 乐观主义的二元论：个性类型和形而上学的态度

当形而上学二元论也不再是指一切真正的现实和价值只能在来世中发现时，这就是向乐观主义的一个决定性转折，就是加强人对他自己，对他的感官知觉和理性成就的信心的一个象征。经验世界的现实性已不再被否认；它已被承认是实在的，或者至少，承认它的现实性，或认识建立它的现实性已成为一种知识的假设。来世世界，虽然有其真理模型，已不再具有否认“今世”，即人的经验世界的功能，而却不过有解释它们的功能。人们已不再设法以一个世界消灭另一个世界的办法，而却以肯定这两个世界的联系性，来克服它们之间的冲突。因而，世间的事物被认为是实质上类似超自然模型的产物。努力使自己与其先验理念同化起来，已被认为是每个经验实体的生存法则，内在的法则。一个人虽不能指望复本和模型的完全一致，但他却安然地甚至骄傲地确信：世上的事物和天上的事物并不是由一个深渊隔开的，而却是世上在一种神秘的方式下掌握天上。一个人在通过其感官和理性认识世界时，虽然不能洞悉最终的秘密，但却仍能抓住“神的无边的长袍”。

人在追求知识时，并不认为自己永远是一个徘徊在黑暗中的盲目的动物。这种乐观主义在认识论中特别显著，它发展出这样一种可能性的信念：借人文科学之助，如果达不到真理，那么至少可以牢靠地接近真理。乐观主义二元论不仅认为今世是“真实的”，而且也是有价值的世界；它甚至倾向于认为这是最好的，或者无论如何是一切经验世界中最可能好的世界。

然而，不应忘记，先验的理念，当它们不去否定而是去解释经验时，就必须使自己适应这种经验。就这种程度来说，即在相信其科学的人日益获得“复本”的详细知识时，就扩大和加深了知识，最
428 初的反映本身，即理念，也就一定按照经验而改变其内容，或者是，既然这种变迁与理念的实质相矛盾，那么这些反映或理念也就一定会逐渐缺乏内容，并或多或少自觉地和公然地转变为形式的模型。因而，自认为上帝反映的人，首先在他自己的反映中设计出神，然后，又渐渐害怕上帝和人一样，所以就拿上帝形成一个空虚的概念。这便是形而上学二元论开始变为一种完全不同类型的地方。

8. 乐观主义的二元论；其政治和法律哲学；保守主义

乐观主义类型的形而上学二元论平时就称为“理想主义”，虽然悲观主义类型之应有这种称号不亚于它。这一词语特别联系到理想主义制度的价值判断，联系到法律和政治哲学成为其中一个主要部分的理想主义的伦理。正是在伦理领域中，在善和恶的领域中，这种理想主义才相信它得到完全的实现，因为在这里，世上的事物最完全地参与了天上的事物，人最靠拢了神。这种所谓“理想主义”二元论的国家和法律哲学表明与它的自然哲学完全并行。

它远远离开正义只在实在法之外这样推定；它认为实在法的政治秩序是一个完全有效力的“应当”规范的体系而决不仅仅是赤裸裸的武力的表示。它承认国家和法律首先是人的一种权宜之计。可是它推定驾于实在秩序之上的自然的神圣秩序，并未被分配有废除实在秩序或者即使怀疑这一秩序效力的功能。相反地，它宣称，既然理念世界必须为经验世界的现实奠定基础，即必须解释自然现实，那么，自然法的应有含义就是为实在法辩护，以荣光授予实在法。实在法也就因而被认为，即使不是十全十美的，也是对自然法的最可能的近似，而任何实在法也必须被承认具有仿照最初反映的内在倾向。这种法律哲学的主要因素在另一地方早已概述过。这理想主义二元论体系内，有着这种鲜明的倾向：使国家的实在法合法化为正义的，是人类所可能有的法律，并且通过把它当作是神圣的自然法产物这种办法，来提高它的效力的要求，或者甚至使这种要求绝对化。

这种法律哲学的政治品性就是保守主义的品性。如果我们在这里推定这种保守主义是以社会乐观主义为依据的话，那么，这是在这一意义上说的，即我们看作是一个乐观主义的人是：对他看来，目前之所以是良好的，就因为它与他的愿望和利益是一致的并且是与他的理想相符合的。他将肯定目前并在其中生活，正由于 429
这一理由，他对未来是悲观主义的，他对未来无所希望，因为他完全满足于目前，对未来感到不信任并怀有恐惧。他的格言是：“以后不会有再好的。”因而，保守派在他设法保存目前时，也设法规避任何变革。他对目前（它被认为是过去的必然产物）的看法，就容易并愉快地扩大到对过去的看法上。保守派是一个 Landator

temporis acti（怀旧的人）。可是他并不说什么和坏的目前相对照的"过去的好时代"，而只拿过去说作是某种以感激心情来回忆的东西。对过去作为目前的摇篮和渊源加以虔诚的祈祷；崇敬人们的历史并崇尚人们回溯到其业绩被神圣地颂扬的那些英雄人物，还有历史感；所有这些是凭借社会乐观主义的保守派的特征。这种乐观主义符合于（这一点在这里值得特别加以强调）自然哲学的同一倾向，它将经验现实建立在先验理念之上并从而设法肯定而不是否定这一现实的真正的真实性。

这种保守主义原则维护现存的实在法和国家，甚至加强它们的效力的实效性，所以，即令不说什么政治动机，也是可以令人理解的。然而，我们一定不要低估这种政治动机的意义，即那些直接或间接统治国家的人对存在和尽可能广泛地接受这样一种法律和政治哲学方面的显著利益。在这样一种自然法法律哲学与理想主义的，即具有乐观主义倾向的宗教、形而上学的自然科学之间的联系，使人了解到为什么统治集团始终不变地偏废一种"理想主义的"世界概念。形而上学的、二元论的自然哲学能不顾其与迅速进步的自然科学发生日益增长的冲突而坚忍不拔地自立，这是一个奇怪的事实。这一现象只有在估计到统治集团在一种"理想主义"哲学方面所特有的政治利益，才能加以充分说明。

随着自然科学的日益发展，自然哲学的先验理念，正如我们已指出过的，就一定要起变化或转成空虚的公式。同样地，在法律哲学领域中，自然法也一定要或者是变成实在法的一个或多或少忠实的摹本；或者是由于它已被"识破"，而不再能完成这一目的时，就一定要消失成为这样一些空洞公式，它们适合任何法律秩序，同任何秩序都不起冲突并为所有秩序进行辩护。从形式化了的形而上学和这样一种自然法理论出发，到一个完全摒弃形而上学二元论的、完全不同的法律和政治哲学，只有短短的一步。

9. 形而上学二元论的妥协类型 430

在试图概括出这一哲学的基本格式以前，我们应该考虑到在形而上学二元论中仍然是可能的第三种类型。它的特征在于试图在形而上学二元论的悲观主义和乐观主义两种形式之间找出一条中间道路。它的目标是在两种极端之间的妥协。所以，它便呈现了它所谋求调和的两种哲学的特色。它的整幅图画根本不是统一的，而却往往是颇为矛盾的，这正是由于这种妥协性，在一开头这种妥协性就使它不同于其他两种哲学的不妥协立场。在这里，基础又是经验的“今世”和先验的“来世”的形而上学二元论。它的自然哲学并无突出之处。当它多少适应乐观主义二元论时，它就使自己改为更加强烈在感到纯粹理念和模糊的现实之间、神圣精神和不完善的、人的精神之间的冲突，因而它在以人的精神掌握神圣真理方面的能力，在经验领域里，较少信心。它渗透着某种怀疑论，但即令这样，它也不像悲观主义二元论，并不对人的理解的可能性完全绝望，且并不相信一切世间事物的四大皆空。

这种妥协型的特点以及历史意义，在自然哲学范围中（它甚至无须去发展它）并不像在伦理学范围，尤其是法律和政治哲学范围中那么多。它也是从驾于实在法之上的神圣的、自然的秩序这一概念开始的。这里，它又是比社会乐观主义更强烈地感到理想和现实、正义和法律的冲突。同这种特别的二元论乐观主义相适应的个性类型的特征是它应该受这种冲突之苦。它又试图如何应付这种进退维谷之境呢？对这一问题的回答表明在这一体系内部缺乏一种协调的、一贯的和有目的的想法。特别在这一点上，我们越发体会到它和开展这种体系的人的性情的关系，人们越发强烈地了解到，在每本“书”后面有着一个具有他的冲突的人。

10. 妥协类型：个性和形而上学

上面提出来的两种形而上学，可以归结为贬低的自我意识或自我信心的悲观主义和抬高了的自我意识或自我信心的乐观主
431 义。因而也就可能推定，在两种极端之间通过建立一种调和而保持平衡的那种法律和自然哲学体系，就和这样一种个性类型相一致：它就像在悲观主义的自卑和乐观主义的自负之间游移不决，它的总是不稳定的精神钟摆在两个方向之间摇摆不定，所以它首先希望精神的平衡与安宁。它的基本心情是一种高尚的忍受，既不是素质上的弱点的结果，也不是胆怯的产物，它想远离感情冲动的绝望和凶暴的憎恨，就像想远离盲目的恋爱和惊天动地的希望一样。它并不对自己掩盖下述事实：这并不是最可能好的世界，它坚定地面对事实，它的理性并不弱于它的感情，坚强到是以不受它的要求和利益的蒙骗。所以它明白实在法和国家的秩序有着使它们成为仿佛是不能令人忍受的严重缺陷。但是它并不赞同悲观主义对这一问题上的见识，而乐观主义则干脆拒绝面对这一问题。它仅仅决心接受现存世界并勇敢地忍受着这一世界而不顾它所持有的一切不幸。这就是指一个人必须服从命令，尤其是实在法和政治权威的命令，就如服从当权的立法者的有效力规范一样，即令在那些命令看来是不公正的时候。当人们设法忍受这一世界时，这一世界也就逐渐变得可以忍受了。任何一个对它屈从的人会发现

它并不像看来那么坏，在它表面上的缺点、粗暴和非正义下面，还有某种被隐藏着的正确的、良好的和正义的事物，且不论是否它的邪恶是由于一个人自己的罪过或者也不论他是否学会将这些邪恶理解成这种罪过的惩罚。经验世界，尤其是社会世界，因为它们并不是绝对地坏，所以就被解释为相对地良好。由于善与恶、正义与非正义已成为相对的词，在这一体系中就产生了一种很重要的变化。在政治和法律理论的领域中，这种变化是由相对的自然法学说所表达的。正如在社会乐观主义体系中一样，妥协类型也就致力于承认实在法是正义的，因而也就像自然法一样。可是批判地洞察这一实在法的实际条件，却并不容许人们一般地引用自然法来为它辩护。在理念和现实之间仿佛又引入了一个中间层次。在神圣正义的绝对自然法同实在法的不充分的人的产品之间，插入了一个相对自然法的观念，一种适应特殊环境，尤其适应人性的不足的自然法，一种在主要自然法之下的次要的自然法。从这一层次出发，要比从价值金字塔的最高层次出发，容易为实在法进行辩护。显然，这种同力求妥协和怀疑论倾向相一致的相对论，和这一

体系的形而上学的基础是有冲突的，这一体系依然坚持二元论并 432
最终推定有一个绝对真理、一个绝对价值。绝对是不容忍等次的：它是十足的“非此即彼”。绝对的善构成一个价值的连续系列中的一端，而其相反的一端则由绝对的恶所代表，这种概念事实上就是对绝对的抛弃。这不仅因为善与恶两者都是走向无止境的距离的，因而由于难于为行动和认识所达到就只好被放弃，而且也因为在这些极端之间的任何经验立场同时显出善与恶。这之所以可能只是善与恶都被当作仅仅是相对的或者是善恶的反而都被当作是

量的问题。可是一贯坚持一个一度选定的基本原则就不会有助于一种谋求在两个对立面之间加以调和的学说。这样一种学说之关心对一个难以解决的问题加以截然解决，当然不及关心于合适地回避这一问题。这一学说迄今还没有力量使自己完全摆脱开形而上学二元论的整个问题。但是从这种妥协的以及几乎是怀疑论的相对论态度导向摒弃形而上学二元论有一条道路，有一种我们已指出的解决办法。

11. 妥协类型：其法律—政治态度。妥协和进化立场

这样一种妥协哲学的信徒们使自己听命于目前，尤其是听命于既定社会条件。他并不认为它们是如此之坏以致要像悲观主义二元论者想要求的那样，在认识论上必须完全否定它们，或者在政治上则必须毁灭它们。他的态度，即一般地赞同世界并在原则上赞同实在法和既定国家，是敌视任何革命的。他不像社会乐观主义者那样不信任未来；他并不反对现存条件的每种变革；他并不是那么极端保守主义的。他认为现存条件能够改善；他相信有向更高阶段进化的可能性而不拒绝必要的改革。同时，也不像悲观主义类型的革命乌托邦者那样，他并不相信有一个同目前地狱 toto coelo(完全)不同的未来天堂。他的相对论及其对逐渐发展观念的同情，使他不可能相信有这种事情。他毋宁寻求社会理想在过去的实现。他是这样地善于批判和认真以致使他自己不会承担许诺一个预期的黄金时代的责任。所以处于在时间开端的天堂是他的特色。“曾有一个时候”——这个美妙的故事在他的体系中扮演了一个最显著的角色。这个故事并不是一些无希望的幻梦和一个
433 永久失去了的永远埋没了的人世幸福的表示。对他来说，当神在

人们中间行走并直接向他们讲话的时代这种传奇，毋宁是人间与天上的可调和性的一个令人安慰的象征。这种关于 aurea aetus（黄金时代）的反映，并不像在乌托邦革命论体系中那样，是同未来完美社会的相反的反映作对比的，这个未来完美社会只能来自目前的毁灭，它是如此彻底之恶，所以必须加以消灭。社会理想在过去的实现，也不像悲观主义二元论那样，被说成是由一个不可逾越的深渊同目前分隔开的。相反地，他们企图找到一座桥梁，它从幸福的过去走向幸福较少的现在，办法是揭示现存秩序的全部实质因素，至少在其萌芽形式下，都可以在人类原始天堂中发现。正是在这种特别属于妥协类型体系的看法中，黄金时代或天堂中人的纯洁的原始状态这种推定，才为自然法理论取得了它的巨大意义。正好是在这种形式下，才可能造成对国家的实在秩序的辩护。

（二）科学一批判的哲学

1. 形而上学二元论的终止

特别由于经验科学的进展，人们发现了抛弃在其经验之外的先验领域的勇气，因为这一领域是一个不可知的、不能控制的并从而在科学上是无用的假设。这时，天上与人间，上帝与世上的形而上学的宗教的二元论，也就被克服了。他对他自己的感官和理性的信心现在已变得充分强大到使他对世界的科学观点限于经验现实。这里我们不能概述从一种体系向另一体系过渡的各种不同形式。人们可以挑出将上帝置于世上的泛神论（pantheistic）体系来说，因为它是在自然法理论史中扮演了一个巨大角色的体系。一个求得自己从一切形而上学中解放出来的哲学，它的代表性的图画在这里只能勾画到这种程度，即能用来说明它与从一切自然法理论中解放出来的法律和政治学说的并比。

这里被描绘为科学的、拒绝形而上学二元论的哲学，即在经验以外的对象上的任何陈述。这种哲学并不依靠这样的推定：旨在超出这一界限之外的特殊的形而上学二元论，是完全没有根据的。一个即使摆脱形而上学并仅以科学经验为依据的哲学，也必须依然意识到在各个方面包围着经验世界的那种永恒的秘密。只有盲目或虚幻才能敢于否认宇宙之谜，或宣称它在科学上是可以解决
434 的。正在论述的哲学上的理想类型（只有它才配称为“科学的”）所抱的态度是在它自由认识的最终之谜面前停止，因为它意识到人类知识的局限性。它是人的精神的一种自律，这种精神意识到它的力量就像意识到它的不能逾越的局限性一样。这种哲学观的信徒并不知道这一世界的事物及其关系是否像他的感官或理性所表示它们那样“真实”，可是他把对这些事物的理念或模式的任何思辨，“自在之物”，当作完全是无结果的和无用的东西而加以谢绝。但他仍然保留了“自在之物”这一概念作为仿佛是经验界限的一个象征。他自认没有能力背离来世并作为存在无权这样做。对他而言，“自在之物”并不是一个先验现实的表示，而不过是经验的无限过程中的一条绝路。他不能将经验的材料降低到仅是“现象”的地步并将现实从这一世界取出，否则它就会变成仅仅是表面的东西。出现在我们面前的世界，因为我们没有而且也不能有另一个世界，所以就是唯一真实的世界。

2. 科学观的认识论；其心理学—逻辑基础

知识的反映论属于形而上学二元论。认识在对其对象的关系

来说不能仅仅是消极的；它不能限于反映总是本来有的事物，存在于一个先验范围中的事物。一当我们不再相信这些事物有一种先验的、独立于我们认识之外的存在时，认识也就在对其对象的关系上一定要担当起一种主动的、创造性的任务。认识本身就从感官所提供的材料中并根据其内在法则，创造它的对象。正是这种对法则的符合就保证了认识过程结果的客观效力。的确，本体论(ontological)判断不再主张有绝对真理；因为它们已不再能依靠它们对一个先验绝对物的关系来维持自己了。在这一体系内被肯定的真理永远不过是一个相对真理而已，所以，和形而上学的、绝对真理来比，它仿佛仅仅是一个形式的真理。仿佛一个创造其本身对象的认识只能主张有对其判断的主观效力。实际上有一种危险：如果我们不把真理寄托在一个驾于一切人的认识之上的先验领域，我们就会落入主观论的无底深渊中去，落入一个无边无际的唯我论中去。我们的类型由于一直不断强调符合法则来创造其对象的认识，由于认为阐明这种符合性是自己的主要任务之一，所以就防止了上述危险。代替形而上学的思辨，我们有一种关于法则的 435
决定，即发生认识过程所处的客观条件的决定。人们在力求超越物质经验科学范围时，可以深入到这一点但却只到此为止。一种批判的知识理论代替了形而上学，“先验的”(康德哲学意义上)代替了先验。可是这一哲学也是二元论的；只不过它不再是一种形而上学的二元论，而却是一种它所依据的认识论的、批判的二元论。同形而上学哲学相对比，我们可以将这一哲学称之为批判论的哲学。

在说明同这种反形而上学的、批判的态度相适应的个性类型的特征时，我们可以推定在它那里占优势的是理智的精力和对知识的追求。比之于用意志掌握世界，并且根据那种达到满足本能愿望的要求来形成、改造或甚至统治世界来说，这种个性类型更加关心理解世界，关心用认识来体验世界。意识的理智成分要比感情成分为强。培育出一切形而上学思辨的那种精神泉水、满足希望的想象，在一个怀疑论理性占统治地位的地方，是很少泛滥的。因而，乐观主义和悲观主义的对比对这一类型来说已不再适用。因为乐观主义者和悲观主义者描绘世界的图画，首先是根据他们的意志和要求，根据他们的利益那种影响来决定的。然而，科学的、批判的哲学类型的特征主要在于：被迫努力使知识摆脱开那些容易来自主观希望和利益的影响。由于在这种情况下存在了一种自我否定和自负之间的平衡，所以就可以努力使自我从认识过程中清除出去。客观性理想就出而占支配地位。所以，我们也就发现逻辑的优势和相对论的倾向。绝对物观念在意志领域中要比在认识领域中更有其心理学上的根源。

3. 法律实证主义；法律与权力

这就是严肃地拒绝自然法推定并被称为法律实证主义的那种法律理论的哲学和心理学的基础。这种理论的认识论方面的性质可以在这里概括出其要点。当实证主义对自己否认了任何自然法思辨，即有了承认一种“自在之法”的任何企图时，它便使自己局限于实在法理论。因而实在法就被完全当作一种人类的产品，人的认识所难于达到的自然秩序绝不被认为是它的必要根据。同时，
436 法律不再主要有任何绝对价值。它被认为具有一种完全假设的、相对的效力，这在上面另一个地方已考查过。法律的这种假设的、相对的效力并不妨碍人们将实在法设想为一种有效力的“应当”规

范体系。法学实证主义拒绝将实在法看作仅仅是经验事实的一种集合体，而国家则不过是实际权力关系的一种合成物。正如批判的自然哲学之拒绝类似主观主义者的唯我论，法学实证主义不同于个人主义的无政府主义，也就是毫无理想的无政府主义，它将政治、法律秩序的假设的客观和规范效力看作仅仅是一种虚构或意识形态。从法学实证主义观点来说，只有自然法才被认为是这样一种意识形态。法律实证主义体系摈弃了从自然和理性中引申出实质规范来的企图，这种实质规范是在实在法之外的，可以充当实在法的模型。这是这样一种企图，它永远只能表面上成功而结果只落得是假装有内容的公式。相反地，法律实证主义体系却周详地考查全部实在的、而在实质上无限变化的法律的假设性推定，即这种法律的仅仅"形式的"条件。我们已接触过基础规范，从法律实证主义角度来说，它构成了任何实在法律秩序的最终推定和假设性基础，并委托了最高的造法权威。正如认识的先验的逻辑原则（在康德意义上的）并不是经验的法律，而仅仅是一切经验的条件一样，基础规范本身也不是实在法律规则，不是实在法律，因为它不是被造出来的，而只是被假设为全部实在法律规范的条件。正如人们不能从先验的逻辑原则中，而只能借助于这些原则知道法律，所以实在法也不能从基础规范中，而只能借助基础规范得来。基础规范的内容，即由基础规范将它规定为最初的造法事实的那种特殊的历史事实，完全有赖于被当作是实在法的材料，有赖于在主观上主张是法律行为的那些丰富的经验授予的行为。客观上，这些行为不过是由于它们和基础行为的联系而才有效力，上述基础行为，凭借基础规范，被假设为最初的造法事实。所以，任何法律秩序，为了要成为实在的法律秩序，就必须在某种程度上和它所想调整的人的实际行为相一致。违反法律秩序的行为的可能性永不会完全被排除；它们在某种程度上总是要发生的。与实际行为没有冲突的秩序，只有在它使自己限于规定为这样一种规范才是可能的，即它只规定实际上发生或将发生的事件，这样一种秩序作为一种规范秩序来说是没有意义的。规范和存在、“应当”和“是”之间的紧张关系，一定不要落到某种最低限度之下。另一方
437 面，法律规范和社会存在的相应实际也一定不要超过某种最高限度之外。实际行为一定不要与调整它的法律秩序完全发生矛盾。这一点也可以以另一种方式来表示：基础规范只能建立这样一种造法权威，它的规范大体上是被遵守的，因而社会生活，从总的来说，符合于以假设性规范为基础的那一法律秩序。实证主义法学家在确认基础规范时，他是以下述倾向为指引的，即将最大可能数目的经验授予的行为是客观法律，而这些行为的主观意义则是合法行为。这些行为——创造法律和执行法律的行为——组成了所谓历史的、政治的现实。这样一来，在一定意义上，基础规范就意味着权力向法律的转变。

4. 先验的、逻辑的自然法学说。法律实证主义在政治上的不偏不倚

已经指出，基础规范的功能不仅要将历史授予的材料认作是法律，而且还要将这种材料了解为一个有意义的整体。我们必须坦白承认（而且也已讲过）：借助于纯实证主义，即仅仅借助于在实在法基础规范中所表示的动态委托原则，那么，上述这样一种成就是不会可能的。由于有一个有意义的，即同一秩序的假设，法律科

学就越过了纯实证主义的境界。放弃这一假设，就会同时造成法律科学的自我放弃。这里的基础规范被说成是任何实证主义法律认识的主要预定。如果有人希望将它看作一个自然法学说的成分而不顾它之弃绝实质正义的任何成分，也就很少异议，正如事实上很少反对将康德的先验哲学范畴称为形而上学一样，因为这些范畴并不是经验的材料，而是经验的条件。在康德那里不过涉及最低限度的形而上学，而在我们这里只不过涉及最低限度的自然法，但没有这最低限度的东西，无论对自然或对法律的认识都是不可能的。假设性基础规范回答了下述问题：实在法如何有可能成为认识的对象、成为法律科学的对象，以及结果，法律科学如何有可能。因而，基础规范的理论可被视作信守康德的先验逻辑的一种自然法学说。但巨大差别依然存在，这种差别将一方面、全部经验知识的先验条件以及因而是流行于自然中的法则，同另一方面超出全部经验以外的先验的形而上学，分割开来，而且一定要永远地分割开来。在仅仅使有可能认识实在法是一种有意义的秩序的基 438
础规范，和建议成立一种超出并独立于全部实在法之外的正义秩序的那种自然法学说之间，也有着类似的差别。它是作为一种经验理论的批判哲学同主观的思辨之间的一种差别[10]。所以最好将

[10] 当形而上学想离开主观想象范围时，就必定成为天启教(revealed religion)所独断论，当自然法思辨在某处寻找确定性时，就流入在教会、即一个权力组织的权威下所构成的实在法律规范中，这种规范主张有权代表一种具有高于国家法律效力之上的效力的秩序，它在一定方式下限制着国家法律的范围并决定其内容。这些教会规范平常就体现为自然法，即使只不过为了论证它们对国家的实在法的优越性。实际上，它们也不过是实在法，因为教会只不过是一个特种的国家。天启教和实在法的平行关系是显然的，对客观性的要求势必要有实在性。

这种实在法理论称为批判实证主义，它了解自己的推定和局限性。

正如批判的自然哲学首先要求符合客观性的假设一样，所以法学实证主义的理想就是保护实在法理论不受任何政治倾向，或者说，不受任何主观价值判断的影响。它的知识在政治上冷淡这一意义上的纯洁性，就是它的突出的目的。这仅仅是指它接受既定法律秩序而不对它本身加以评价，并且力求在提出和解释法律材料时最大公无私。尤其是，它拒绝在某种借口下来支持任何政治利益，即通过一个自然法规范来解释实在法或提供必要的更正，假装这样一个规范是实在法，而实际上它却是和实在法有冲突的。完全一样，批判的实证主义者依然完全意识到他所涉及的法律秩序的内容，有多少其本身就是政治影响的结果。关于实在法律秩序的内容起源于什么地方、关于什么因素造成了这种内容的问题，是在这种认识范围之外的，这种认识限于特定的在其“应当”属性

下的实在法律规范体系。如果有人提出那个问题的话，那么回答就在于这种平凡的见识：每一个法律秩序，只要它具有使它成为实在法律秩序所必需的实效性程度，那么，它就或多或少就是相互冲突的利益集团在其夺取权力的斗争中，在其决定社会秩序内容的对抗倾向中的一种妥协。这种夺取权力的斗争总体现为争取“正义”而进行斗争的；所有进行斗争的集团都使用“自然法”的意识形态。它们永不会将它们所谋求实现的利益说成仅仅是集团利益，而却说成是“真正的”、“共同的”、“普遍的”利益。这种斗争的结果
439 决定了法律秩序的暂时内容。这种结果，正如它的各组成部分一样，都不是普遍利益、更高的“国家利益”、“利益集团”之上的、超党派的表示。还有，这种“国家利益”的概念隐藏着绝对正义价值的

观念、一种自然法的观念，这种自然法是人格化为国家的实在法律秩序的绝对根据。实现着“共同”或“普遍”利益并构成一个完全连带一致的社会这样一种秩序的概念，是和纯自然法的乌托邦相等的。实在法律秩序的内容不过是相互冲突利益的妥协，结果其中任何一方都没有完全满足或不满足。实在法律秩序的内容是一种社会均衡的表示，它体现在法律秩序的实效性中，体现在法律秩序一般来说为人所服从而并未遭到严重抗拒。在这一意义上，批判的实证主义承认每一个实在法律秩序是一个和平的秩序。

5. 正义的理想变为逻辑形态

如果像上面所说的那样，假设的基础规范的功能是使经验法律材料形成为一种有意义的，即一种不矛盾的秩序，那么，法律实证主义的结果看来颇为接近自然法学说的结果。这两者都为实在法提供基础这一点并不是决定性的；实证主义直接地和有意识地提供，而自然法学说则间接地而且大部分是无意识地提供的。决定性之点是：自然法学说在为实在法规定一个绝对价值尺度时，在将正义界说为其模型时所作全部努力，最终都集中在一个形式秩序的观念，集中在一个不矛盾的体系的观念，集中在一个公式，换句话说，这种学说和任何实在法都是相协调的。正义的理想，除了批判实证主义的假设的基础规范及其将经验法律材料构成一种秩序的功能外，最终别无其他意义。

例如，自然法的信徒们最经常地断定是正义实质的平等观念，也就是平等的事物一定要平等地对待的原则，或者换句话说，平等的人应平等对待，各人应得的归于各人原则，实际上不过宣告了逻辑上的同一律或矛盾律而已。它所表达的不过是秩序的观念，不过是体系内部统一性的观念。自然法学者觉得平等原则是正义的实质，可是对他们就这一原则的概念分析进行一番考查，就表明他们永远没有办法决定什么是平等的或谁是平等的。人们总是简单地提出如果甲等于乙，那么两者应同样对待。由于在实际上，两个完全平等的人是没有的，所以平等作为一个正义原则来说就是指：
440 各个人之间的某些差别是被认为无关的。然而，在一定情况下，甲和乙是否"相等"，而这就是指在甲和乙之间所实际存在的不同有哪些才是无关的问题，是不能由自然法学说回答的。这种回答只能由实在法来作出。平等原则作为一个正义原则来说只意味着：如果以某种方式对待甲，而乙又和甲相等，那么结果就是乙必须受同样待遇，否则便会有一个逻辑上的矛盾；同一律便会被违反，体系统一性的观念就会被消灭。将正义观念压缩为平等或秩序统一性观念，不多不少意味着逻辑理想替代伦理理想。它意味着原来非理性的正义观念的理性化，原来不合乎逻各斯（logos）* 的一种理想的逻辑化，它是企图将正义，一种意志和行动的价值，变为一个认识问题的不可避免的结果，而认识则必然从属真理的价值，即从属不矛盾的统一性的观念。

由于自然法学说最终到达与批判实证主义相同的结果，所以批判实证主义就可能被引向对正义问题采取一种肯定的态度。自然法学说以一切可以设想的强调，来断言在实在法之上有一种绝对的正义；可是它所能创造出来的不过是秩序或平等的形式观念而已。在这种情况下，批判实证主义，无须多费周折，就可以主张，

* 逻各斯——起源于希腊文，指言词、思想、概念、理性等。——译者注

它也已在其基础规范中掌握了正义的实质，这种基础规范将实在法构成为一个不矛盾的秩序，特别是如果批判实证主义借助于这一基础规范，将实在法理解为一种和平的秩序。这是一个诱惑，尤其是对目前渴望形而上学的怜悯来说更是这样。虽然对人类永恒地探索正义，作出一个虚假的回答，比根本不加回答，可能会更令人感谢，然而批判实证主义却仍必须放弃这种利益。作为一门科学来说，它首先关心认识的价值。直接性的义务迫使它陈述：正义的科学概念与意志原来所仰望的理想毫无共同之处。同等的人要求平等的待遇这句老生常谈规避了真实的问题。关于什么是平等的和谁是平等的，即关于正义秩序的内容这种主要问题的回答，是被默示地预定了的。两个人之间的那些差别是无关的这一问题的解决，必须取决于实在的立法者。这样人们就证实了科学无法也因而无资格提供价值判断这个古老真理。这对法律科学同样适用，即使法律科学被认为是一种价值的科学的话。就像每一门价
值科学一样，法律科学在于认识价值，但它不能制造这些价值。法 441
律科学可以理解规范，但它不能创造规范[11]。在自然科学形式中的认识不能制造经验材料，它仅能从感官所产生的材料中来创立一个特定的对象。在法律科学领域中，认识当然不适于制造实际价值；它只能确认由意志所产生的价值和评价行为是一个特定的对象，一个不矛盾的规范体系。一个秩序一旦被确认后，它就要求它所适用的那些人的服从，对追求原先的正义理想来说，那是无关

⑪　因为这一理由，实证主义才断然拒绝将法律科学的特定的自然法学说作为法律的一个渊源。

的。可是形式平等的观念并不要求别的什么东西。从一个实质价值角度来看,它所关心的只是为了要成为正义的必须有什么样的秩序内容。即使是最不矛盾的法律秩序和最完全地实现平等的形式观念,也可能构成极度的非正义的条件。即使是一个和平的秩序也可能不过如此。“和平”无须指“正义”,即使是利益的连带关系意义上的“正义”也不是。可能只有一个集团有兴趣于“和平”,即这一秩序对它的利益要比对其他集团的利益保护得更好。这些其他集团也可能并没有违反秩序。它们之可能维持和平状态,并不是因为它们认为这个秩序是正义的,而只是因为它们自己的软弱,必须满足于这一秩序对其利益所提供的最低限度的保护。冀求和平按例意味着抛弃原先的正义理想。可是经由认识所获得的正义概念,将为任何一种秩序,最后是任何实在法秩序所构成的任何和平状态,进行辩护。这是作为一种正义学说的法律哲学的保守主义功能的最深刻的根源,是不依一切政治倾向为转移的。

一旦正义变成认识的对象后,由于认识的内在倾向,就不能不使正义的伦理理想的本性变为不矛盾的体系统一性的那种秩序的逻辑观念,一个完全不合于上述理想的概念。可是科学仍将永远企图回答正义问题,而政治学也将永远要求科学回答这一问题。实际上,认识,即法律科学或法律哲学,在借口将政府规定为意志,即权力时,最终结果就是宣称实在法是正义的而使权力的产物合法化。这恰好是批判的实证主义希望避免的那种对认识的滥用。

6. 理想类型的方法

前面所论述的那些哲学类型是理想的类型。它们是从一个特别的角度出发,即从宇宙观与生活哲学的联系,自然哲学与社会哲

学的联系这种角度出发而创立的。这从一开始就形成了这个方案 442
的某种片面性。所以知识史中的任何一个哲学体系都不完全适合我们的方案，也就不足为奇了。正如不会有任何一个活人，完全体现一种不论如何构成的个性类型，也不会有任何一个历史上出名的思想家，会创造出一个在各个方面都符合我们的理想类型的自然或社会哲学体系。这些历史体系仅仅或多或少地显示出一种接近一种理想类型的倾向。这就是为什么理想类型的方法在许多人的看法中是如此值得怀疑的原因。但如果我们不放过这种方法的真正性质，它还是有它缺点中的优点的。比各种具体的哲学、法学体系的任何叙述为优，这种理想类型的方法说明自然和社会这两种哲学问题之间的广泛的平行关系以及在它们各自的解决办法之间的可能联系。这对我们来说是特别重要的。相比来说，只要实在倾向可以借助理想方案充分解释，那么，现实情况并不总符合这种可能性就关系不大。特别应记住的是：同一个人的自然哲学与社会哲学之间的联系可被各种不同因素所扰乱，在某种情况下，这种联系甚至可以被完全断绝。这便是思想家的社会地位扮演主要角色的地方；他在一个阶级中所处的成员地位以及他之有意或无意地推崇现存权力，尤其是他的社会的政治权威：所有这些都是含义深长的。可能是也会是：一种基本的哲学性质，例如悲观主义二元论哲学，在自然哲学中要比在道德哲学中体现得更加鲜明，因为在道德哲学中，它的体现可能会遇到很严重的外来阻力。例如，在政治和法律哲学中，这样一种性质可以使自己颠倒过来。另一方面，无可否认的是：正好是一个思想家在政治和法律哲学中的立场，即使这种立场是由外在情况决定的，影响着他的形而上学和认识论。在一种稍微不同于原来含义上的意义来说，人们在这里实际上可以讲实践理性对理论理性的优越地位。但对形成一种社会哲学，尤其是形成一种政治和法律哲学来说，还有一些其他的重要因素，它们强大到足以更改并甚至破坏从既定宇宙观出发的方向。采取一种和在个性中根深蒂固的方向相反的态度，其最大的刺激可能是涉及人们相互关系以及和这些关系一起的法律和政治权威的地位，这两者都深刻地影响着思想家的个人利益。在某些条件下，尤其是在尊贵和高傲的本性那种情况下，这样一种对原先的方
443 向的脱离更加可能发生。最后，人们还可能无法确认一个特殊思想家的自然哲学和伦理哲学之间的联系，因为可能由于和这些因素有关的理由，他只发挥了一种自然哲学而没有什么政治和法律哲学。他也可能从一开始就将自己的体系限于社会哲学，正如近来可以十分经常地见到的。

7. 理想类型在知识史中的实现

记住这些保留条件，我们现在就可以试图回答关于实际历史上的学说中哪一种最密切地符合我们的理想类型。蔑视世界和逃避世界鼓舞着悲观主义二元论，它之对自然现实以及实在法的激烈的否定态度，使它除了作为一种神秘学说外，一般地阻碍了对它的作用。因而，对任何希望得到即使是多数有教养的人支持的体系来说，它是行不通的。结果，符合这种类型的法律和政治理论，只能在反对占支配地位的自然法学说潮流中找到，这种潮流在各个方面都体现为统治集团或统治阶级的自然法学说。原始基督教和后来苦行的禁欲主义(ascdtic monasticism)，以及某些教派的教义、革命的自由主义，都可以被当作这种反对派的代表者，它阐述

自然法的纯粹观念以反对它在占支配地位教条中的实际。当代革命的无政府社会主义也显示了这种类型自然法学说的主要特征，至少在根据原则它是少数派和反对派的观点时就是这样[12]。

只有这样一种类型的乐观主义二元论，它从容地肯定自然现实以及既定的社会生活秩序，才命定要成为一种“流行”学说。忍受的二元论的妥协类型也是这样，它的根本的智慧就是屈从现实。在柏拉图—亚里士多德的哲学中，乐观主义类型相对地说最鲜明地发挥出来，而妥协类型则发挥在斯多葛体系中。人类知识史中最富意义的事实之一是，通过使徒保罗（Pauline）的发挥，基督教主要在政治和法律哲学领域中，依靠了（部分地是有意识地）斯多葛哲学，从一个严格的悲观主义类型向妥协类型演化。当保罗派基督教这一年轻的和生气勃勃的新兴运动，主要从人民的下层集团中招募成员，以斯多葛派的冷漠忍从罗马国家及实在法时，这种忍从所具有的那种气质，多少不同于推动它的希腊和罗马的古典模型的教义。斯多葛的社会哲学在罗马皇帝的著作中达到顶峰并 444
不是偶然的；它的忍从是一种古老文化的果实，这种文化贯串在哲学思辨和政治斗争的所有时期，并且艰苦地防卫过分的悲观主义或乐观主义。原始基督教的忍从，在其同情于斯多葛哲学时，与其说是或者并不那么是宗教谦逊的结果，毋宁说是一种活力，是一种在受外来境遇所阻碍并在现存权力面前谨慎小心的象征。这种谨

[12] 关于自由主义和社会主义理论中一旦其中一方变为统治集团或接近统治地位的集团的意识形态时所发生的变化，可参见作者的著作：《马克思或拉萨尔》，1924 年德文版，第 1 页及其后几页。

慎小心当它由某种信心所鼓舞时，即相信未来属于这样保留下来的力量时，也就更容易发挥了。因而，一当基督教义已征服了它在开始曾谨慎小心地顺从的罗马国家后，它就通过在它的柏拉图—亚里士多德的形而上学上面加上一种完全调和的自然法学说的办法，从妥协类型变为乐观主义二元论的类型。在新教基督教的学说中，这种变化，尤其在政治和法律领域内，就走到一个无与伦比的顶峰。考虑到这种新教理论对 17～18 世纪古典自然法学说的极端重要性，那么，整个自然法学说发展的终点也处于这一顶峰所通过的线上，也就不是偶然的。

8. 康德的批判唯心主义与法律实证主义

我们在这里所发挥的最后那一类型，与形而上学成为对照，称之为批判的二元论，它显然带着康德的批判唯心主义哲学的特色。可是人们将马上注意到，康德的哲学体系多少不同于我们的理想图画。这在他的自然哲学中就已如此。这位哲学上的天才人物在科学的支持下对形而上学所进行的斗争并使它赢得“毁灭一切者”称号的那场斗争，实际上并没有由他推进到最后的结论。在品性上说，他大概不是真正的战士而只是想调和冲突。“自在之物”在他的体系中扮演的角色就表明了许多形而上学的先验性。由于这一理由，我们在他那里就找不到相对论的一种坦率的和不加妥协的自认，而这种自认却是对形而上学的任何真正清除的无可避免的结果。对像康德那样的仍然深深扎根于基督教的个性来说，从形而上学中完全解放出来大概是不可能的。这在他的实践哲学中
445 最为明显。这正是基督教义的重要所在，他的实践哲学的形而上学二元论，也就是他在其理论哲学中所这样顽强不屈地与之斗争

的同一二元论，完全侵入了他的体系。在这一点上，康德抛弃了他的先验逻辑的方法。这种在批判唯心主义体系内部的矛盾已为人充分注意。所以情况就是：虽然康德的先验逻辑哲学杰出地命定要为实证主义法律和政治学说提供基础，但康德本人，作为一位法律哲学家来说，却还停留在自然法学说的老一套格式中。其实，他的《道德形而上学原理》可被认为是古典自然法学说17～18世纪在新教基督教基础上演化时的最完美的表达。对这一事实的轻率解释一定会忽视乐观主义形而上学二元论的自然法理论，如何密切地接近实证主义的法律和国家学说。在其他地方我们已讲到这两者都主要关系到实在法律秩序的效力和政府权威。事实上，这种自然法学说所承认的不过是实在法律秩序的效力而已。它之有别于实证主义仅仅是由于它之确认实在法秩序效力的方式，在一种情况下这种方式是绝对的，而在另一情况下，这种方式却不过是相对的。归根到底，实证主义之所以是实证主义只在于抛弃了自然法理论在其论证实在法时所使用的那种特别的意识形态而已。

然而，清除一种合法化之用的意识形态，是极端困难的，这不仅是因为认识论上的理由，而且更加是因为政治上的理由；对特定社会秩序的绝对基础的要求是如此有力，以致即使19～20世纪的所谓实证主义法律和政治理论也永未完全放弃这种要求，因而就常常虽然是不公开地但却十分彻底地为自然法因素所击中。20世纪20年代正在人们以为实证主义已肯定击败自然法思辨的时候，一个深思熟虑的自然法运动开始了。这一运动与自然哲学从康德批判主义的方向转向一个新形而上学以及宗教感的复活，汇合在一起。人类精神的永远起伏不定的运动，使人类精神从自卑或自负走向自我的消灭，从悲观主义或乐观主义走向客观性的理想，从形而上学走向知识的批判，然后又走回来——这种运动，看来已由大战的压倒一切的经验所加速了。一个以客观性为其理想的反形而上学的、科学的批判的哲学，像法律实证主义那样，似乎只能在相对安宁的时代，在社会平衡的时期，才能兴起。社会基础以及与它们一起的个人的自信，在我们的时代已深深地被震撼。
446 多数迄今为止被认为是不言而喻的价值已受人怀疑；各利益集团之间的冲突已大大地加剧，随之而来的是正在进行为争取新秩序的斗争。在这样的时代，就出现了为在斗争中提出的那些假设提供绝对根据的大大加强了的需要。如果连个人也会将他的暂时利益天真地体验为一种“权利”，那么，每个利益集团在实现其要求时想要诉诸“正义”，也就可想而知了。预示形而上学的以及从而是自然法的复兴的那种反动，就在我们有理指望它之前就已来临。

在我们知识史中的这一时刻，本文企图探讨自然法理论的和实证主义的基础。如果本文能表明法律科学中的这两种基本倾向的不同扎根于哲学和个性的最终深处，并且这种不同包含了一个永远休止的冲突，那么，本文就算是成功的。

参考文献 447

BOOKS

Die Staatslehre des Dante Alighieri (Wien, Leipzig, 1905). 149 pp.

Kommentar zur österreichischen Reichsratswahlordnung (Wien, 1907). 217 pp.

Hauptprobleme der Staatsrechtslehre, entwickelt aus der Lehre vom Rechtssatze. 2nd ed. (Tübingen, 1923). xxxvi+709 pp.

Ueber Grenzen zwischen juristischer und soziologischer Methode (Tübingen, 1911). 64 pp. 611

Das Problem der Souveränität und die Theorie des Völkerrechts. Beitrag zu einer reinen Rechtslehre. 2nd ed. (Tübingen, 1928). xii+320 pp.

Sozialismus und Staat. Eine Untersuchung der politischen Theorie des Marxismus. 2nd ed. (Leipzig, 1923). viii+208 pp.

Vom Wesen und Wert der Demokratie. 2nd ed. (Tübingen, 1929). viii+119 pp.

Die Verfassungsgesetze der Republik Deutsch-Oesterreich, mit einer historischen Uebersicht und kritischen Erläuterungen (a commentary). 5 vols. (Wien, Leipzig, 1919 – 1922).

Der soziologische und der juristische Staatsbegriff. Kritische Untersuchung des Verhältnisses zwischen Staat und Recht. 2nd ed. (Tübingen, 1928). viii+253 pp.

Rechtswissenschaft und Recht. Erledigung eines Versuches zur Ueberwind-

ung der "Rechtsdogmatik"(Wien, Leipzig, 1922). 135 pp.

Oesterreichisches Staatsrecht; ein Grundriss entwicklungsgeschichtlich dargestellt (Tübingen, 1923). 256 pp.

Marx oder Lassalle? (Leipzig, 1924). 50 pp.

Allgemeine Staatslehre (Berlin, 1925). xiv+433 pp.

Der Staat als Uebermensch. Eine Erwiderung (Wien, 1926). 24 pp.

Das Problem des Parlamentarismus (Wien, Leipzig, 1925). 44 pp.

Grundriss einer allgemeinen Theorie des Staates (Wien, 1926). 64 pp.

Les Rapports de système entre le droit interne et le droit international public, Académie de droit international, Recueil des cours, vol. 14(1926), part IV, pp. 231 - 331.

448 *Rechtsgeschichte gegen Rechtsphilosophie? Eine Erwiderung* (Wien, 1928). 31 pp.

Die philosophischen Grundlagen der Naturrechtslehre und des Rechtspositivismus (Charlottenburg, 1928). 78 pp.

Der Staat als Integration. Eine prinzipielle Auseinandersetzung (Wien, 1930). 91 pp.

Wer soll Hüter der Verfassung sein? (Berlin, 1931). 53 pp.

Théorie générale du droit international public. Problèmes choisis. Académie de droit international, Recueil des cours, vol. 42 (1932), part iv, pp. 116- 351.

Staatsform und Weltanschauung (Tübingen, 1933). 30 pp.

Reine Rechtslehre, Einleitung in die rechtswissenschaftliche Problematik (Leipzig, Wien, 1934). xv+236 pp.

The Legal Process and International Order: The New Commonwealth. Research Bureau Publications, Series A, no. 1 (London, 1934). 27 pp.

La Dictature de parti. Institut International de droit public (Paris, 1934). 19 pp.

Legal Technique in International Law, A Textual Critique of the League Covenant. Geneva Studies, vol. X, no. 6 (Geneva, 1939). 178 pp.

Law and Peace in International Relations (Cambridge: Harvard University Press, 1942). xi+181 pp.

El Contrato y el Tratado. Analizados desde el punto de vista de la Teoría Pura del Derecho (Mexico: Imprenta Universitaria, 1943). xiii+164 pp.

Society and Nature. A Sociological Inquiry (Chicago: The University of Chicago Press, 1943). viii+391 pp.

Peace Through Law (Chapel Hill: The University of North Carolina Press, 1944). xii+155 pp.

ARTICLES

"Zur Soziologie des Rechts. Kritische Betrachtungen," *Archiv für Sozialwissenschaft und Sozialpolitik*, 34:601-614(1912).

"Ueber Staatsunrecht. Zugleich ein Beitrag zur Frage der Deliktsfähigkeit juristischer Personen und zur Lehre vom fehlerhaften Staatsakt," *Zeitschrift für das Privat-und öffentliche Recht der Gegenwart*, 40:1-114 (1913).

"Politische Weltanschauung und Erziehung," *Anndalen für soziale Politik und Gesetzgebung*, 2:1-26 (1913).

"Zur Lehre vom öffentlichen Rechtsgeschäft," *Archiv des öffentlichen* 449
Rechts, 31:53-98, 190-249(1913).

"Rechtsstaat und Staatsrecht," *Oesterreichische Rundschau*, 36: 88-94 (1913).

"Zur Lehre vom Gesetz im formellen und materiellen Sinn, mit besonderer Berücksichtigung der österreichischen Verfassung," *Juristische Blätter*, 42:229-232(1913).

"Reichsgesetz und Landesgesetz nach der österreichischen Verfassung," *Archiv des öffentlichen Rechts*, 32:202—245, 390—438(1914).

"Eine Grundlegung der Rechtssoziologie," *Archiv für Sozialwissenschaft und Sozialpolitik*, 39:839—876 (1915).

"Die Rechtswissenschaft als Norm-oder als Kulturwissenschaft. Eine methodenkritische Untersuchung," *Schmollers Jahrbuch für Gesetzgebung, Verwaltung und Volkswirtschaft im Deutschen Reiche*, 40: 1181—1239 (1916).

"Zur Theorie der juristischen Fiktionen. Mit besonderer Berücksichtigung von Vaihingers Philosophie des Als-Ob," *Annalen der Philosophie*, 1: 630—658 (1919).

"Der Staatsbegriff der 'verstehenden Soziologie'," *Zeitschrift für Volkswirtschaft und Sozialpolitik*, *Neue Folge*, 1: 104—119 (1921).

"Das Verhältnis von Staat und Recht im Lichte der Erkenntniskritik," *Zeitschrift für öffentliches Recht*, 2: 453—510 (1921).

"Staat und Recht. Zum Problem der soziologischen oder juristischen Erkenntnis des Staates," *Kölner Vierteljahrsschrift für Soziologie. Reihe A: Sozilolgische Hefte*, 2: 18—37(1922).

"Der Begriff des Staates und die Sozialpsychologie. Mit besonderer Berücksichtigung von Freuds Theorie der Masse," *Imago, Zeitschrift für Anwendung der Psychoanalyse auf die Geisteswissenschaften*, 8: 97—141 (1922).

"Gott und Staat," *Logos, Internationale Zeitschrift für Philosophie der Kultur*, 11: 261—284 (1922/23).

"Die Lehre von den drei Gewalten oder Funktionen des Staates," Kant-Festschrift zu Kants 200. Geburtstag am 22. April 1924, *Archiv für Rechts-und Wirtschaftsphilosophie*, 17: 374—408 (1924).

"The Conception of the State and Social Psychology. With Special Reference to Freud's Group Theory," *The International Journal of Psycho-Analysis*, 5: 1—38 (1924).

"Souveränität, völkerrechtliche," *Wörterbuch des Völkerrechts und der Diplomatie*, 2: 554—559 (Berlin, 1925).

450 "Staat und Völkerrecht," *Zeitschrift für öffentliches Recht*, 4: 207—222 (1925).

"Das Wesen des Staates," 1: *Internationale Zeitschrift für Theorie des Rechts*: 5—17 (1926).

"Staatsform als Rechtsform," *Zeitschrift für öffentliches Recht*, 5:73—93 (1926).

"Die Bundesexekution. Ein Beitrag zur Theorie und Praxis des Bundesstaates, unter besonderer Berücksichtigung der Deutschen Reichsund der österreichischen Bundesverfassung," *Festgabe für Fritz Fleiner* (Tübingen,1927). 61 pp.

"Naturrecht und positives Recht. Eine Untersuchung ihres gegenseitigen Verhältnisses," *Internationale Zeitschrift für Theorie des Rechts*, 2: 71—94 (1927/28).

"Die Idee des Naturrechts," *Zeitschrift für öffentliches Recht*, 7:221—250 (1927).

"Wesen und Entwicklung der Staatsgerichtsbarkeit, Bericht, erstattet der Tagung der Deutschen Staatsrechtslehrer zu Wien am 23. und 24. April 1928," *Veröffentlichungen der Vereinigung der Deutschen Staatsrechtslehrer*, Heft 5 (Berlin, Leipzig,1929):30—88,117—123.

"Zum Begriff des Kompetenzkonfliktes," *Zeitschrift für öffentliches Recht*, 7:583—599 (1928).

"Der Begriff des Kompetenzkonfliktes nach geltendem österreichischen Recht," *Juristische Blätter*, 57:105—110 (1928).

"La Garantie juridictionnelle de la Constitution (La Justice Constitutionnelle)," *Revue du droit public et de la science politique en France et à l'étranger*, 45:197—257 (1928):*Annuaire de l'Institut International de Droit Public*, 1929, pp. 52—143.

"Justiz und Verwaltung," *Zeitschrift für soziales Recht*: 1:80—93 (1929). Wien, 1929. 25 pp.

"Souveränität," *Die neue Rundschau*, 40:433—446 (1929).

"Juristischer Formalismus und Reine Rechtslehre," *Juristische Wochenschrift*, 58:1723—1726(1929).

"La Naissance de l'État et la formation de sa nationalité, les principes, leur application au cas de la Tchécoslovaquie," *Revue de droit international*, 4: 613—641 (1929).

Publications de la Cour Permanente de Justice Internationale, Série C. no. 68 (Leyden, 1933), pp. 71—102.

451 "Der Wandel des Souveränitätsbegriffes," *Studi filosofico-giuridici dedicati al Prof. Giorgio Del Vecchio* (Modena: Società Tipografica Modenese, 1931), 2:1—11.

"Allgemeine Rechtslehre im Lichte materialistischer Geschichtsauffassung," *Archiv für Sozialwissenschaft und Sozialpolitik*, 66:449—521 (1932).

"Unrecht und Unrechtsfolge im Völkerrecht," *Zeitschrift für öffentliches Recht*, 12:481—608 (1932).

"Die platonische Gerechtigkeit," *Kant-Studien*, 38:91—117 (1933).

"Die platonische Liebe," *Imago, Zeitschrift für psychoanalytische Psychologie, ihre Grenzgebiete und Anwendungen*, 19: 34—98, 225—255 (1933).

"Die hellenisch-makedonische Politik und die 'Politik' des Aristoteles," *Zeitschrift für öffentliches Recht*, 13:625—678 (1933).

"Zur Theorie der Interpretation," *Internationale Zeitschrift für Theorie des Rechts*, 8:9—17(1934).

"La Méthode et la notion fondamentale de la théorie pure du droit," *Revue de Métaphysique et de Morale*, 41:183—204 (1934).

"Die Technik des Völkerrechts und die Organisation des Friedens," *Zeitschrift für öffentliches Recht*, 14:240—255 (1934).

"Völkerrechtliche Verträge zu Lasten Dritter," *Prager Juristische Zeitschrift*, 14:Spalte 419—431 (1934).

"The Pure Theory of Law, its Method and Fundamental Concepts," *The Law Quarterly Review*, 50:474—498 (1934); 51:517—535 (1935).

"Traités internationaux à la charge d'États tiers," *Mélanges offerts à Ernest Mahaim* (Paris: Sirey, 1935) 11, 164—172.

"La Transformation du droit international en droit interne,"*Revue générale de droit international public*,43:5—49 (1936).

"The Party-Dictatorship,"*Politica*,2:19—32 (London,1936).

"L'âme et le droit,"*IIe Annuaire de l'Institut International de Philosophie de Droit et de Sociologie Juridique* (Paris:Sirey,1936),pp. 60—82.

"Droit et État du point de vue d'une théorie pure,"*Annales de l'Institut de Droit comparé de l'Université de Paris* (Paris:Sirey,1936),pp. 17—59.

"Contribution à la théorie du traité international,"*Revue internationale de la théorie du droit*, 10:253—292 (1936).

"Die ziele der Reinen Rechtslehre," Pocta k sesdesiatym narodeninam dr. 452
Karla Lastovku, *Knihovna pravnickej fakulty university Komenskeho* (Bratislava),sv. 45 (1936),pp. 203—212.

"Centralization and Decentralization,"A paper delivered at the Harvard Tercentenary Conference of Arts and Sciences, *Authority and the Individual*, Harvard Tercentenary Publications (Cambridge: Harvard University Press,1937),pp. 210—239.

"Wissenschaft und Demokratie,"*Neue Zürcher Zeitung*, 23./24. 2. (1937), no,321,no. 327.

"Die Parteidiktatur,"*Festschrift für Dolenc,Krek, Kusej und Skerlj* (Lublana:Jugoslovanska Tsikarna,1937),pp. 421—430.

"The Soul and the Law,"*The Review of Religion*,1:357—360 (1937).

"Zur rechtstechnischen Revision des Völkerbundstatuts," *Zeitschrift für öffentliches Recht*,17:401—490,590—622 (1937).

"The Philosophy of Aristotle and the Hellenic-Macedonian Policy,"*Ethics, An International Journal of Social, Political, and Legal Philosophy*, 48:1—64 (1937).

"The Function of the Pure Theory of Law,"*Law, A Century of Progress 1835—1935*. Contributions in Celebration of the 100th Anniversary of the Founding of the School of Law of the New York University (New York:New York University Press,1937,11,231—241).

"Platonic Justice," *Ethics, An International Journal of Social, Political, and Legal Philosophy*, 48:367—400 (1937/38).

"De la séparation du pacte de la Société des Nations et des traités de paix," *La Crise Mondiale*, collection d'études publiée à l'occasion du 10e anniversaire de l'Institut Universitaire de Hautes Études Internationales, Zurich (Editions Polygraphiques, Paris: Sirey, 1938), pp. 143—173.

"The Separation of the Covenant of the League of Nations from the Peace Treaties," *The World Crisis*, Symposium of Studies published on the occasion of the Tenth Anniversary of the Graduate Institute of International Studies (London, New York, Toronto: Longmans Green & Co., 1938), pp. 133—159.

"Contributions à l'étude de la révision juridico-technique du Statut de la Société des Nations," *Revue générale du droit international public*, 44: 625—680 (1937); 45: 5—43, 161—240 (1938).

"Zur Reform des Völkerbundes" (Prag: Pax Edition, 1938). 10 pp.

"Zur Lehre vom Primat des Völkerrechts," *Revue internationale de la théorie du droit*, 12:211—216 (1938).

453 "Die Entstehung des Kausalgesetzes aus dem Vergeltungsprinzip," *The Journal of Unified Science (Erkenntnis)*, 8:69—130 (1939).

"International Peace — by Court or Government?" *The Americal Journal of Sociology*, 46:571—581 (1941).

"The Essential Conditions of International Justice," *Proceedings of the 35th Annual Meeting of the American Society of International Law* (Washington, 1941), 70—86.

"Pure Theory of Law and Analytical Jurisprudence," *Harvard Law Review*, 40:44—70 (1941).

"Causality and Retribution," *Philosophy of Science*, 8:533—556 (1941).

"Recognition in International Law," *The American Journal of International Law*, 35:605—617 (1941).

"The Law as a Specific Social Technique," *The University of Chicago Law*

Review, 9:75—97 (1941).

"Judicial Review of Legislation. A Comparative Study of the Austrian and the American Constitution," *The Journal of Politics*, 4:183—200 (1942).

"Value Judgments in the Science of Law," *Journal of Social Philosophy and Jurisprudence*, 7:312—333 (1942).

"Revision of the Covenant of the League of Nations," *World Organization*, 1942, pp. 392—412.

"Platonic Love," *The American Imago*, 3:1—112 (1942).

"Post-War Problems," *Proceedings of the American Academy of Arts and Sciences*, 75:11—13 (1942).

"Compulsory Adjudication of International Disputes," *The American Journal of International Law*, 37:397—406 (1943).

"Quincy Wright's A Study of War and the Bellum Justum Theory," *Ethics, An International Journal of Social, Political and Legal Philosophy*, 53:208—211 (1943).

"Peace Through Law," *Journal of Legal and Political Sociology*, 2:52—67 (1943).

"La Paz por el Derecho. Una Liga Permanente para el Mantenimiento de la Paz," *Rivista del Colegio de Abogados de Buenos Aires*, 21: 1—39 (1943).

"Collective and Individual Responsibility in International Law with Particular Regard to the Punishment of War Criminals," *California Law Review*, 31:530—571 (1943).

"The Principle of Sovereign Equality of States as a Basis for International Or- 454
ganization," *Yale Law Journal*, 53:207—220 (1944).

"The Strategy of Peace," *The American Journal of Sociology*, 49:381—389 (1944).

"The International Legal Status of Germany to be Established Immediately upon Termination of the War," *The American Journal of International Law*, 39:689—694 (1944).

"The Old and the New League," *The American Journal of International Law*, 40:45—83 (1945).

TRANSLATIONS

French

La Démocratie. Sa nature — sa valeur, Bibliothèque constitutionnelle et parlementaire contemporaine, Ⅲ (Paris: Recueil Sirey, 1932). x + 121 pp.

"Aperçu d'une théorie générale de l'État," *Revue du droit public et de la science politique en France et à l'étranger*, 43: 561—646 (1926). Paris, 1927. 94 pp.

"La Justice platonicienne," *Revue philosophique de la France et de l'étranger*, 57e année 104:364—396 (1932).

"La Technique du droit international et l'organisation de la paix," *Revue de droit international et de législation comparée*, 61e année (1934), pp. 5—24.

Spanish

Teoría General del Estado, Enciclopedia de ciencias jurídicas y sociales (Barcelona, Madrid, Buenos Aires: Editorial Labor S. A., 1934). xix+544 pp.

Compendio esquemático de una teoría general del estado (Barcelona, 1928). Nunez y Comp., xxvi+131 pp.

La Teoría Pura del Derecho (Madrid, 1933). 83 pp.

Esencia y valor de la democracia (Barcelona: Labor, 1935). 159 pp.

"La técnica del derecho internacional y la organización de la paz," *Revista general de legislación y jurisprudencia*, año 84 (1935), 146:769—789.

"Dictaturas de Partido," *Universidad de Panamá*, vol. 1, no. 4 (1936), pp. 1—12.

La Teoría Pura del Derecho; *Introducción a la Problemática científica del Derecho*, Biblioteca del Instituto Argentino de Filosofía Jurídicay Social (Buenos Aires: Editorial Losado, s. a., 1941). 213 pp. 455

"La Teoría Pura del Derecho y la Jurisprudencia Analitica," *La Ley*, Buenos Aires, Diciembre, 1941, pp. 1—6.

Derecho y Paz en las relaciones internacionales (Mexico: Fondo de cultura economica, 1943). 209 pp.

"La Idea del Derecho Natural," Boletín de la Facultad de Derecho y Ciencias Sociales de Córdoba, 6: no. 5 (1943).

"La responsabilidad colectiva e individual en Derecho internacional, con especial consideración al castigo de los criminales de guerra," *Revista de la Universidad Nacional de Córdoba*, 31 (1944). 54 pp.

"El principio de igualdad de soberanía entre los Estados, como base de la organización internacional," *Revista de la Universidad Nacional de Córdoba*, 31 (1944). 22 pp.

Portuguese

Teoria geral do Estado (São Paulo: Livraria Academica, Saraiva, 1938), 159 pp.

Teoria geral do Estado, Colecção Studium Temas Filosóficos, Jurídicos e Sociais (Coimbra, 1938). 159 pp.

Teoria pura do direito (São Paulo: Livraria Academica, Saraiva, 1939). 112 pp.

Teoria pura do direito, Colecção Studium Temas Filosóficos, Jurídicos e Sociais (Coimbra, 1939). 112 pp.

Italian

"Intorno alla natura ed al valore della democrazia," Lineamenti di una teoria generale dello Stato e altri scritti, a cura di Arnaldo Volpicelli, Roma, 1933, A. R. E., pp. 69—99.

"Diritto publico e privato,"*Rivista internazionale di filosofia del diritto*,4° anno,1924,pp. 340—357.

"Il problema del parlamentarismo,"*Nuovi Studi di diritto*,*economia e politica*,2:182—204 (1929),Lineamenti di una teoria generale dello Stato e altri scritti,a cura di A. Volpicelli,Roma,1933,A. R. E. ,p. 101—125.

"Lineamenti di una teoria generale dello Stato,"*Nuovi Studi di diritto*,*economia e politica*,2:267—281,368—376 (1929);3:208—228,325—341 (1930). Roma,1933, A. R. E. , p. 173.

456 "Concetto del diritto naturale,"*Nuovi Studi di diritto*,*economia e politica*, 3:392—421 (1930). Lineamenti di una teoria generale dello Stato e altri scritti,a cura di A. Volpicelli. Roma,1933,A. R. E. ,pp. 127—159.

"Formalismo giuridico e dottrina pura del diritto,"*Nuovi studi di diritto*, *economia e politica*, 4: 124—135 (1931). Lineamenti di una teoria generale dello Stato e altri scritti,a cura di A. Volpicelli,Roma,1933,A. R. E. ,pp. 161—173.

La dottrina pura del diritto. Metodo e concetti fondamentali (Modena: Società tipografica Modenese,1933). 53 pp.

Czech

"Sociologická a právnická idea státní,"*Sborník věd právníck a státních*, 14: 69—101 (1913/14).

O podstatě a hodnotě demokracie (Praha:Orbis,1933). 108 pp.

Základy obecní teorie státní (Brno:Barvic a Novotny,1926). 84 pp.

"Juristický formalismus a ryzí nauka právní,"*Časopis pro právní a státní vědu*,12:163—168,207—211(1929).

Ryzí nauka právní. Metoda a základní pojmy (Brno,Praha:Orbis,1933). 55 pp.

Státní forma a světový názor (Praha:Fr. Borovy,1937). 28 pp.

O reformě společnosti národu (Praha:Edice Pax,1938). 14 pp.

Polish

Zagadnienie Parlamentaryzmu (Warszawa: F. Hoesick, 1929). 32 pp.

Czysta teorja prawa. Metoda i pojecia zasadnicze (Warszawa: Gazeta administracji i policji panstwowej, 1934). 70 pp.

"Technika prawa narodow a organizacja pokoju," *Przeglad Wspolczesny*, vol. 14, no. 153 (1935), pp. 36—55.

Podstawowe zagadnienia nauki prawa panstwowego. Wrozwinieciu nauki o normie prawnej (Wilno: Universytat St. Batorego, 1935). 390 pp.

"Dyktatura Partji," *Ruch Prawniczy, ekonomiczny i socjologiezny*, vol. 16, nr. 1 (1936), pp. 1—12.

O istocie i wartosci demokracji (Warszawa: Ksiegarnia Powazechna, 1937). 138 pp.

Serb

"O granicama izmedju pravničke i sociološke metode," Beograd, 1928, Bibliothek der Rechts-und Gesellschaftswissenschaften, vol. 17, p. 47.

Roumanian

"Impartirea teritoriala a statului. Teorie asupra centralizarei si descentralizarei precum si legaturilor dintre State," *Revista de drept public*, 1: 375—395 (1926).

Teoria generala a statului, Biblioteca Institului Stiinte administrative, no. 12 (Bucuresti: Oltenia, 1928). 104 pp.

Hungarian

Az államelmélet alapvonolai (Szeged: Szegedi Tudományos Könyvtár, 1927). xiii+90 pp.

A szuverénitás fogalmának változása (Budapest: Zs. Politzer, 1931). 23 pp.

Greek

"Stoicheia genikes theorias tes politeias,"*Archeion philosophias kai theorias ton epistemon*, first year,1929,pp. 281—297,441—497.

"He kommatike diktatoria, Symbole eis ten kritiken analysin politikon ideon,"*Archeion philosophias kai theorias ton epistemon*, 1934, pp. 322—345.

Bulgarian

Technistoto utschenje za prawoto. Uwod w problematikata na prawnata nauka (Sofia: Prawna Misl,1937). 111 pp.

Swedish

"Den rena rättsläran. Dess metod och grundbegrepp," *Statsvetenskaplig Tidskrift*, thirty-sixth year,1933,pp. 193—244.

Japanese

Kihangaku matawa Bunkakagaku to shiteno Horitsugaku. Scientific treatises published by the Omura Press, vol. 19 (Tokyo, 1923). xvi + 149 pp.

Minshu Seiji to Dokusai Seiji. Demokurashii no Honshitsu to Kachi (Tokyo:Iwanami Shoten,1932). 181 pp.

Kokka Gainen Kenkyu (Tokyo: Shunjusha, 1924). vii + 400 pp. 2nd ed., *Shakaigakuteki Kokka Gainen to Horisugakuteki Kokka Gainen* (Tokyo:Shunjusha,1929). 268 pp.

"'Kihanteki Taikei' to shiteno Kokka,"*Hogaku Ronso*, 11: 117—134, 260—270,387—396,528—550 (Kyoto,1924).

458 "Kokka Genri Teiyo,"*Waseda Law Review*,7:1—118 (1927).

"Hōritsugakuteki Kokka Gainen," *Wien Gakuha Horitsugaku to sono Shomondai* (Tokyo:Taitokaku,1927),pp. 169—243.

"Junsui Hōgaku no Hatten to sono Bunken," *Shogaku Ronso, Wakayama*, 2: 68—96 (1927).

Wien Gakuha no Horitsugaku to sono Shomondai (Tokyo: Taitokaku, 1927), pp. 153—168.

Shizen Hōgaku to Ho Jisshoshugi (Tokyo: Ohata Shoten, 1932). 133 pp.

Ippan Kokka Gainen (Tokyo: Iwanami, 1936). xiii+823 pp.

CHINESE

I Pum Kuo Kia Hsio Ta Kan (Peiping: Koue Yo, 1935). 92 pp.

PUBLICATIONS ON THE PURE THEORY OF LAW

(This list is not complete. It contains only the more important contributions to the discussion of the problems concerned.)

Akzin, Benjamin, "L'école autrichienne et le droit des gens," *Revue de droit international*, 1: 342—372 (1927).

Amézaga Alvardo, Armando M., *Algunas consideraciones sobre el concepto del Derecho de la Escuela Vienesa* (México: 1935). 26 pp.

Budnik, Josef, "Kelsenovy námitky proti možnosti dualistické konstrukce mezinárodního práva," *Časopis pro právní a státní vědu*, 16: 303—315 (1933).

Campbell, A. H., "Some Reflections of an English Lawyer on Kelsen's Theory of Law and the State," in: R. Höhn, Th. Maunz, E. Swoboda, *Grundfragen der Rechtsauffassung* (München: 1938). pp. 31—43.

Castiglia, Tommaso Antonio, *Stato e diritto in Hans Kelsen* (1932). 195 pp.

Cohen, Hyman E., *Recent Theories of Sovereignty* (1937): Chapter: Pure Jurisprudence and International Law — Kelsen, pp. 224—234.

Condorelli, Orazio, "Il rapporto fra Stato e diritto secondo il Kelsen," *Rivista internazionale di filosofia del diritto*, 3: 307—315 (1923).

Cossio, Carlos, *Hans Kelsen, El jursita de la época contempóranea* (Buenos Aires: 1941). 20 pp.

Davy, Georges, "Le problème de l'obligation chez Duguit et Kelsen," *Archives de philosophie du droit et de sociologie juridique*, no. 1—2: 7—46 (1933).

459 Druks, Stanislaw, *Z zagadnien filozofji prawa. Kelsen i jego szkola* (1924).

Ebenstein, W., *Die rechtsphilosophische Schule der Reinen Rechtslehre* (1938). 180 pp.

——, *The Pure Theory of Law* (Madison, Univ. of Wisconsin Press: 1945). 211 pp.

Ereky, István, "A jogtudomány módszerei. A Duguit-és Kelsen-féle módszertani álláspontok birálata," *Városi Szemle*, 14: 1—64 (1929).

Fernández Llano, Ataulfo, *Teoría general del Estado: la doctrina normativista de Kelsen* (Habana: 1937). 63 pp.

Gómez Arias, Alejandro, *Al margen de Kelsen, notas sobre el sentido estético del Derecho* (México: 1938). 50 pp.

Hägerström, Axel, "Hans Kelsen, Allgemeine Staatslehre," *Litteris*, 5: 20—40, 83—99 (1928).

Heck, Philipp, "Die Reine Rechtslehre und die jungösterreichische Schule der Rechtswissenschaft," *Archiv für die zivilistische Praxis*, N. F. 2: 173—194 (1924).

Henrich, Walter, "Dei Primat der Völkerrechtsordnung. Kritische Bemerkungen zu Kelsens Konstruktion des Völkerrechts," *Philosophie und Recht*, 1: 126—128 (1922).

Hintze, Otto, "Kelsens Staatslehre," *Historische Zeitschrift*, 135: 66—75 (1926).

Hippel, E., "Zur Kritik einiger Grundbegriffe in der 'Reinen Rechtslehre' Kelsens," *Archiv des öffentlichen Rechts*, N. F. 5: 327—346 (1923).

Horneffer, Reinhold, *Hans Kelsens Lehre von der Demokratie* (1926), 80 pp.

Husik, I., "The Legal Philosophy of Hans Kelsen," *Journal of Social Phi-*

losophy, 3:297—324 (1938).

Jaeger, F., *Le problème de la souveraineté dans la doctrine de Kelsen* (1932). 170 pp.

Janzen, Henry, "Kelsen's Theory of Law," *American Political Science Review*, 31:205—226 (1937).

Jerusalem, F. W., "Die Staatslehre Hans Kelsens," *Zeitschrift für die gesamte Staatswissenschaft*, 80:664—679 (1925—26).

Jöckel, Wilhelm, *Hans Kelsens rechtstheoretische Methode* (1930). viii + 213 pp.

Jones, J. Walter, *Historical Introduction to the Theory of Law* (1940): Chapter: Kelsen's Pure Theory of Law, pp. 224—234.

Kallab, Jaroslav, "Poznamky o vyznamu normativni teorie pro teorii prava 460
trestniho," *Vedecka rocenka pravnicke faculty Masarykovy university*, 11:41—65 (1932).

Kimura, Kameji, "Kelsen no Horitsu Shakaigaku no Hohoron," *Hogaku Shirin*, 24: no. 1, 46—75; no. 2, 70—107 (1922).

——, "Wien Gakuha to Horitsu no Kaishaku oyobi Tekiyo," *Hogaku Shirin*, 34: no. 4, 36—66 (1932).

Kilnghoffer, Hans, "Direito Público e Direito Privado. Resumo da Teoria de Hans Kelsen," *Revista Forense*, 397—399 (1942).

Kockler, Claus, *Begriff der Souveränität und die Wiener Rechtsschule*. Kölner jur. Dissertation (1930). iv+79 pp.

Koettgen, Arnold, "Kelsen und die Demokratie," Zeitschrift für die gesamte Staatswissenschaft, 90: 97—107 (1931).

Kraft-Fuchs, Margit, "Kelsens Staatstheorie und die Soziologie des Staates," *Zeitschrift für öffentliches Recht*, 11:402—415 (1931).

Kunz, Josef L., *Völkerrechtswissenschaft und Reine Rechtslehre* (1923). 86 pp.

——, "The 'Vienna School' and International Law," *New York University Law Quarterly Review*, 11: no. 3, 1—52 (1934).

Kuroda, Satoru, *Wien Gakuha no Horitsugaku to sono Shomondai* (1927). 417 pp.

——, "Tagen teki Kokkaron to Wien Hogaku," *Hogakuronso*, 25: no. 1, 57—74: no. 3, 87—107: no. 4, 96—111 (1931).

Lagerroth, Fredrik, "Boström ock Kelsen, En Jämförelse," *Statsvetenskaplig Tidskrift*, 28: 1—37 (1925).

Lande, Jerzy, "Norma a zjawisko prawne. Rozwa źania nad podstawami teorji prawa na tle krytyki systemu Kelsena," *Czasopismo Prawnicze i ekonomiczne*, 23: 235—348 (1925).

Lauterpacht, H., "Kelsen's Pure Science of Law," *Modern Theories of Law*, 105—138 (Oxford, 1933).

Legaz y Lacambra, Luis *Kelsen. Estudio crítico de la teoría pura del Derecho y del Estado de la Escuela de Viena* (1933). 371 pp.

——, *Prologo a la traducción española del libro del Prof. Kelsen* (1934). 5 pp.

——, "Notas sobre el valor actual de la teoría pura del Derecho," *La Ley* (Buenos Aires, Sept. 5, 1944), pp. 1—5.

Lenz, Heinrich, "Autorität und Demokratie in der Staatslehre von Hans Kelsen," *Schmollers Jahrbuch für Gesetzgebung, Verwaltung und Volkswirtschaftim Deutschen Reiche*, 50: 589—620 (1926).

461 Lüttger, Heinz, "Die Lehre von den Grundrechten und Grundpflichten der Staaten im Völkerrecht. Ein kritischer Beitrag im Sinne der Kelsenschen Rechtslehre," *Zeitschrift für öffentliches Recht*, 6: 203—212 (1926—27).

Makino, Eiichi, "Horitsuteki Shokyokushugi. Junsui Horitsu Riron to Keiho," *Hogaku Shirin*, 35: 1—47 (1932).

Man, Georges, *L'École de Vienne et le développement du droit des gens* (Paris: 1938). 146 pp.

Markovic, Ceda, "Dr. Hans Kelsen o ispitivanju ustavnosti zakona," *Archiv za pravne i društvene nauke*, 11: 250—251 (1925).

Mattern, Johannes, *Concepts of State, Sovereignty and International Law* (1928): Chapter: The State and the Civitas Maxima according to the Austrian School, pp. 121—139.

Maury, J., "Observations sur les idées du prof. Kelsen," *Revue critique de législation et de jurisprudence*, 49: no. 11/12, 537—563.

——, "Observaciones sobre las ideas del professor H. Kelsen," *Revista de Derecho Privado*, 16: 305—320 (1929).

Mayer, Hans, "Staatsheorie und Staatspolitik. Bemerkungen zu Hans Kelsens Schrift 'Der Staat als Integration,'" *Die Justiz*, 7: 249—259 (1932).

Menzel, Adolf, "Kelsens 'Allgemeine Staatslehre' und die Soziologie," *Jahrbuch für Soziologie*, 2: 261—275 (1926).

Merkl, Adolf, "Hans Kelsens System einer Reinen Rechtslehre," *Archiv des öffentlichen Rechts*, 41: 171—201 (1921).

——, "Neue Wege der Rechtswissenschaft. Zu Hans Kelsens Rechtstheorie," *Schweizerische Juristen-Zeitung*, 18: 303—307 (1922).

——, "Hans Kelsen als Verfassungspolitiker," *Juristische Blätter*, 60: 385—388 (1931).

Métall, Rudolf A., "Hans Kelsens Bedeutung für das österreichische Recht," *Österreichische Anwalts-Zeitung*, 8: 362—365 (1931).

——, "O Plano Kelsen de Organização Jurídica da Paz," *Direito*, n. XXIV, Ano IV (1943). 24 pp.

Minobe, Tatsukichi, "Kelsen Kyoju no Kokuho oyobi Kokusaiho Riron no Hihyo," *Kokkagakukai Zasshi*, 44: no. 8, 1—36: no. 9, 47—78 (1930).

Missong, Alfred, "Die Juristische Grundlegung des Pazifismus durch den Souveränitätsbegriff der Reinen Rechtslehre," *Die Menschheit*, 15: 216—217 (1928).

Mokre, Hans, "Gegenstandstheorie und Reine Rechtslehre," *Zeitschrift für* 462
öffentliches Recht, 9: 321—356 (1930).

Moór, Julius, "Reine Rechtslehre, Naturrecht und Rechtspositivismus," *Gesellschaft, Staat und Recht, Festschrift für Hans Kelsen*, 58—105

(1931).

Morawetz, Carl, "Challenge to Ostriches. Kelsen's Normative Theory of Law," *The School of Law Review*. University of Toronto, 2: no. 2; 1, 8 (1944).

Müller, Hellmut, *Über das Dogma der Einheit des Erkenntnisstandpunktes in der Kelsenschen Rechtslehre*. Breslauer jur. Dissertation (1933). 55 pp.

Mycielski, Andrzej, *O przestrzennych granicach pánstwa w świetle krytyki Kelsena* (1933). 21 pp.

Nakamura, Yasoji, "Note on Professor Kelsen's New Work 'Allgemeine Staatslehre,'" *Waseda Law Review*, 5: 1—11 (1925).

Neubauer, Zdenek, "O pojem prava," *Všehrd*, 3: 68—71 (1922).

——, "T. G. Masaryk o normativní teorii," *Časopis pro pravni a státni vědu*, 9: 53—60 (1926).

Olsson, Gustaf, *Det statsrealistiska problemet. Med särskild hänsyn till den rättsfilosofiska Skolan i Wien* (1925). ii+271 pp.

Otaka, Tomoo, "Künftige Aufgaben der Reinen Rechtslehre," *Gesellschaft, Staat und Recht, Festschrift für Hans Kelsen*, 106—135 (1931).

Pagano, Antonio, "Per la critica di alcuni concetti fondamentali della 'Reine Rechtslehre' del Kelsen," *Rivista internazionale di filosofia del diritto*, 4: 80—81 (1924).

Pallares, Eduardo, *El Derecho deshumanizado* (México: 1941). 141 pp.

Pitamic, Leonidas, "Plato, Aristoteles und die Reine Rechtslehre," *Zeitschrift für öffentliches Recht*, 2: 683—700 (1920—21).

——, "Kritische Bemerkungen zum Gesellschafts-, Staats-und Gottesbegriff bei Kelsen," *Zeitschrift für öffentliches Recht*, 3: 531—554 (1921/22).

Pohl, W., "Kelsens Parallele: Gott und Staat," *Zeitschrift für öffentliches Recht*, 4: 571—609 (1924—25).

Pound, Roscoe, "Fifty Years of Jurisprudence," *Harvard Law Review*, 51: 449—450 (1938).

Prochazka, Adolf, "Normativní teorie a tvorba práva," *Sborník Karla Engliše*, 436—455 (1930).

Rangel Frias, Raúl, *Identidad des Estado y Derecho en la teoría jurídica* 463
pura de Hans Kelsen (México: 1938). 80 pp.

Rapisardi-Mirabelli, Andrea, "Fastigi nuovi del diritto internazionale celebrati dalla 'Reine Rechtslehre,'" *Rivista internazionale di filosofia del diritto*, 5: 236—247 (1925).

Recaséns Siches, Luis, *Prólogo a la traducción española del Compendio esquemático de una Teoría general del Estado, del Prof. Hans Kelsen* (1928). xxii pp.

——, *Direcciones contemporáneas del Pensamiento jurídico* (1929). Capítulo V: "La teoría pura del Derecho (Filosofía de la Ciencia jurídica o del Derecho positivo) segtún Kelsen," pp. 108—164.

——, "Estado y Derecho. El problema acerca de si son distintos o bien una sola e idéntica entidad," *Studi Filosofico-giuridici dedicati al Prof. Giorgio Del Vecchio*, 2: 314—345 (1931).

Roffenstein, Gaston, "Kelsens Staatsbegriff und die Soziologie," *Zeitschrift für öffentliches Recht*, 4: 539—561 (1924—25).

Rohatyn, Sigmund, "Die reine Normtheorie des Rechts," *Revue internationale de la théorie du droit*, 7: 171—179 (1932—33).

Sander, Fritz, "Rechtsdogmatik oder Theorie der Rechtserfahrung? Kritische Studie zur Rechtslehre Hans Kelsens," *Zeitschrift für öffentliches Recht*, 2: 511—670 (1920—21).

——, *Kelsens Rechtslehre* (1923). 177 pp.

Sauerländer, J. D., "Zum Kampf um die Reine Rechtslehre," *Zentralblatt für die Juristische Praxis*, 47: 175—186 (1929).

van Schaik, H. L. M., *Beschouwingen naar Aanleiding van Kelsens Gelijkstelling van Staat en Recht* (1930). viii+127 pp.

Scheuner, Ulrich, "Dynamik und Statik in der Staatsrechtslehre. Eine Untersuchung zur Staats- und Rechtstheorie Léon Duguits und Hans

Kelsens," Internationale Zeitschrift für Theorie des Rechts, 3: 220—246 (1928—29).

Schreier, Fritz, "Die Wiener rechtsphilosophische Schule," *Logos*, 11: 309—328 (1923).

——, "Reine Rechtslehre und Privatrecht," *Gesellschaft, Staat und Recht, Festschrift für Hans Kelsen*, 309—343 (1931).

Simon, Walter, "Die Grundlagen der Staatslehre Professor Kelsens," *Volkswohl*, 17: 106—111, 148—153, 191—196, 221—228 (1926).

Soler, Sebastian, "Algunas observaciones a la doctrina de Hans Kelsen," *Boletin de la Facultad de Derecho y Ciencias Sociales, Universidad de Córdoba* (julio-agosto 1943), 286—311.

464 Spiegel, Ludwig, "Kelsens Rechtslehre," *Prager Juristische Zeitschrift*, 1: 1—21 (1921).

Stark, Bernhard, "Eine Paraphrase Hans Kelsens 'Das Verhältnis von Staat und Recht im Lichte der Erkenntniskritik,'" *Juristische Blätter*, 51: 4—6 (1922).

Stern, W. B., "Kelsen's Theory of International Law," *American Political Science Review*, 30: 736—741 (1936).

Stockhammer, Moritz, "Kelsen und die Opposition," *Internationale Zeitschrift für Theorie des Rechts*, 8: 201—213 (1934).

Svens Uppslagsbok, Article "Kelsen," vol. 15: 228—230 (1933).

Tasić, Djordje, "O kritičkim primedbama professora Pitamica na Kelsenove pojmove društva, države i Boga," *Archiv za pravne i društvene nauke*, 7: 330—345 (1923).

——, "Jedan kritički pogled na pokušaj moderne kritičke državnopravne teorije: Duguit-Kelsen," *Slowenski pravnik*, 41: 219—234 (1926).

——, "Le principe de légalité dans les doctrines de Duguit et Kelsen," *Revue internationale de la théorie*, 4: 55—69 (1929—30).

Tezner, Friedrich, "Betrachtungen über Kelsens Lehre vom Rechtssatz," *Archiv des öffentlichen Rechts*, 28: 325—344 (1912).

Treves, Renato, *Il fondamento filosofico della dottrina pura del diritto di Hans Kelsen*, Atti della R. Academia delle Scienze di Torino (1934). 41 pp.

Uhde, Theodor, "Kelsenova konstrukce logické formy právni normy," *Všehrd*, 6:155—168 (1925).

Ulloa Ortiz, Manuel, *Estado y Derecho: El problema de sus relaciones* (México: 1933). xii+49 pp.

Verdross, Alfred, "Völkerrecht und einheitliches Rechtssystem. Kritische Studie zu den Völkerrechtstheorien von Max Wenzel, Hans Kelsen und Fritz Sander," *Zeitschrift für Völkerrecht*, 12:405—438 (1923).

——, "Die Rechtstheorie Hans Kelsens," *Juristische Blätter*, 59: 421—423 (1930).

Victor, René, *Gerecht en Bestuur in het werk van Hans Kelsen* (1930). 24 pp.

——, "Hans Kelsen en de Intellectueele Vrijheid," *Rechtskundig Weekblad*, 2:633—638 (1933).

Virsík, Jul., "Teleologický princip a normativna teoria," *Všehrd*, 13:234—238 (1932).

Voegelin, Erich, "Reine Rechtslehre und Staatslehre," *Zeitschrift für* 465
öffentliches Recht, 4:80—131 (1924—25).

——, "Kelsen's Pure Theory of Law," *Political Science Quarterly*, 42:268—276 (1927).

——, "Die Souveränitätstheorie Dickinsons und die Reine Rechtslehre," *Zeitschrift für öffentliches Recht*, 8:413—434 (1928—29).

Volpicelli, Arnaldo, "Dalla democrazia al corporativismo. Polemizzando con H. Kelsen," *Nuovi studi di diritto, economia e politica*, 3: 1—20 (1930).

Walz, Gustav Adolf, "Zum Problem der 'monistischen' oder 'dualistischen' Konstruktion des Völkerrechts," *Zeitschrift für öffentliches Recht*, 10: 538—557 (1930).

Weyr, František, "Über zwei Hauptprobleme der Kelsenschen Staatsrechtslehre,"*Zeitschrift für das Privat- und öffentliche Recht der Gegenwart*, 40:175—188 (1914).

——,"Hans Kelsen,"*Časopis pro právní a státní vědu*,15:1—18 (1932).

Wilk,Kurt,"Law and the State as Pure Ideas. Critical Notes on the Basic Concepts of Kelsen's Legal Philosophy,"*Ethics*,51:158—184 (1941).

Wilson,Charles H. ,"The Basis of Kelsen's Theory of Law,"*Politica*,no. 1: 54—82 (1934).

Winternitz, Emanuel, "Zum Streit um Kelsens Rechtslehre," *Juristische Blätter*, 52:120—122 (1923).

Yokota,Kisaburo,*Kelsen no Junsui Hogaku* (1932),429 pp.

——,"Junsui Hogaku no Jissai teki Kino,"*Kokkagakukai Zasshi*, 47:no. 7, 1—35 (1933).

Zech, Herbert, *Die Rechtfertigung des Staates in der normativen Staatstheorie und der Integrationslehre* (1934). x+76 pp.

索　　引

（索引中的页码均为本书边码）

A

B

C

D

E

F

G

H

I

J

K

L

M

N

P

Q

R

S

T

U

V

W

Z

图书在版编目(CIP)数据

法与国家的一般理论/(奥)凯尔森著;沈宗灵译. —
北京:商务印书馆,2017
(汉译世界学术名著丛书:120 年纪念版:珍藏本)
ISBN 978 - 7 - 100 - 14494 - 0

Ⅰ. ①法… Ⅱ. ①凯… ②沈… Ⅲ. ①国家和法
的理论 Ⅳ. ①D90

中国版本图书馆 CIP 数据核字(2017)第 154111 号

汉译世界学术名著丛书
(120 年纪念版·珍藏本)
法与国家的一般理论
〔奥〕凯尔森 著
沈宗灵 译

商 务 印 书 馆 出 版
(北京王府井大街 36 号 邮政编码 100710)
商 务 印 书 馆 发 行
北京新华印刷有限公司印刷
ISBN 978 - 7 - 100 - 14494 - 0

2017 年 12 月第 1 版　　开本 710×1000 1/16
2017 年 12 月北京第 1 次印刷　　印张 48¼
定价:242.00 元